# 百年树人

清末以来的澳门教育

郑振伟 著

中国社会科学出版社

**图书在版编目（CIP）数据**

百年树人：清末以来的澳门教育 / 郑振伟著.
北京：中国社会科学出版社，2024. 8. -- ISBN 978-7-
5227-3772-0

I. G527. 659
中国国家版本馆 CIP 数据核字第 20240PB868 号

出 版 人　赵剑英
责任编辑　吴丽平
责任校对　季　静
责任印制　李寡寡

出　　版　中国社会科学出版社
社　　址　北京鼓楼西大街甲 158 号
邮　　编　100720
网　　址　http://www.csspw.cn
发 行 部　010 - 84083685
门 市 部　010 - 84029450
经　　销　新华书店及其他书店

印　　刷　北京明恒达印务有限公司
装　　订　廊坊市广阳区广增装订厂
版　　次　2024 年 8 月第 1 版
印　　次　2024 年 8 月第 1 次印刷

开　　本　710 × 1000　1/16
印　　张　21.75
插　　页　2
字　　数　281 千字
定　　价　116. 00 元

# 序　一

　　作为教育史学界的一分子，本人发现，以澳门这样一个幅员很小、人口又不多的半岛城市①为对象，进行教育史方面的研究，并且撰成各式著作，无论就数量或是品质而言，皆可谓领先群伦②。考其缘由，一则为澳门有着由多元种族与文化编织而成之的丰富的教育史实，另一则为有着像郑振伟教授这样的学者，孜孜不倦地，将零零散散地见于各处的史料，广为搜罗、详加考证、仔细爬梳、精心编纂、实予叙事、妥为解释，撰成可传诸久远的教育历史专论。

　　本人以为，郑教授将十多年来所撰成的澳门教育史论文九篇，集成之《百年树人：清末以来的澳门教育》，乃是可藏诸名山的一本教育历史文集。本人之所以说《百年树人：清末以来的澳门教育》一书是可藏诸名山的教育史著作，乃是因为本书至少有四项特点。

　　第一，就所涵盖的研究主题而言，包括了澳门教育通史及澳门教育史专题研究。前者一篇，后者八篇。通史的一篇，旨在论述清末民初澳门本土的教育活动。专题史的八篇，有新式教育下对课外活动的

--------

　　① 目前澳门半岛面积三十余平方千米，人口六十余万。
　　② 关于澳门史的研究成果请见郑润培《澳门教育史研究述略》，载张伟保主编《澳门教育史论文集》第一辑，中国社会科学出版社 2009 可版，第 17—34 页。另并请见本书第九章"回顾三十年来的澳门教育研究"第六节"澳门教育史的研究"，该节以郑文为基础，补述了 2009 年之后的研究成果。

考察、三所老学校的发展历史、师范和语文师资培育的历史回顾与前瞻，更有澳门教育研究的历史探究。这些篇章包括了学校课程史、个案学校史、师资培育史，以及教育研究史，涵盖的范围颇为广泛，是为本书的第一项特点。第二，就所运用的史料而言，包括了政府公报、法令规章、档案馆档案等政府的史料，学校的校刊、校庆特刊、学生刊物等学校的史料，期刊论文、专书论文、研讨会论文等各式学术研究的史料，新闻报道、招生广告等报纸发行的史料；另外，还有经人物访谈而得的语料及实地考察而得的资料；等等。史料运用的多元，是为本书的第二项特点。

第三，另外，就教育史呈现的形式而言，除了文字、表格之外，并适时地以招生或会务广告为辅助，再现过去的史实。多元的呈现方式，则为本书的第三项特点。

第四，更值得注意的是，郑教授在撰写本书的各篇论文时，坚持他一直以来的做法，亦即尽量运用原始文献，再从原始资料着手整理和筛选，务必做到各种史料之间的相互参酌与校正，因而在叙事与解释时，都能"持之有故、言之有理"（语出《荀子·非十二子》），而这正是本书的第四项特点。

作为郑教授多年同事与学友的本人，十分乐见其自 2006 年投入澳门教育史研究工作之后，十余年来，未有停歇，因而得于 2009 年出版《邝秉仁先生与澳门教育》（编），2016 年出版《1940 年代的澳门教育》，如今又出版《百年树人：清末以来的澳门教育》一书。郑教授勤于研究澳门教育史，且屡有优质成果，至为感佩，特为之序！

单文经[1]敬识

2022 年 9 月 1 日

---

① 前澳门大学教育学院教授兼院长（2005—2010），其间兼"澳门教育史研究"课题组召集人。

# 序　二

　　澳门教育曾经一直被认为有些"先天不足"，教育体系尤其是高等教育体系发展不够充分，这固然有着历史的原因，但也与长期以来对于澳门教育历史缺乏深入的研究有关。

　　事实上，澳门作为历史上的中西文化教育的汇合之地。如果从女学兴办而言，1835 年由德国籍传教士郭士立夫妇创办的澳门女塾可谓是中国女子接受新教育的第一所女子学校。由于当年马礼逊学校筹建之际，曾将招来的新生寄读于女塾，附设一个男生班，因此也成为我国男女生同学的先驱，并成为幼年容闳的一段难忘的教育经历。相比之，上海是在 1843 年开埠后，传教士们开始兴办女学。1850 年创办的裨文女塾，成为上海第一所女子学校。1898 年 5 月 31 日，本土华人创办经正女学（后更名为中国女学堂）开学。直到 1907 年 3 月，晚清学部颁布《女子小学堂章程》和《女子师范学堂章程》，女子教育才被正式列入学制。

　　以上仅仅是澳门教育史的一瞥。

　　澳门教育史的研究的繁荣可以说是这二十多年来，尤其是 21 世纪以来澳门教育研究值得浓墨重彩的一笔。这些成就既属于刘羡冰等前辈学者，也属于澳门大学教育学院的同仁们，自然包括郑振伟先生。

郑振伟先生本在中国古代与现代文学研究方面已经卓有成就，然在澳门教育史研究方面也格外用心用力，近年来成果丰硕，不仅编有《邝秉仁先生与澳门教育》和《澳门教育史论文集（第二辑）》，也发表了诸多有关澳门教育史的论文，出版了专著《1940年代的澳门教育》。如今面前的这部新著，更是积聚了其多年来的潜心研究，对从清末民初澳门本土的教育活动到21世纪的澳门教育，进行了长时段地探索。

通过深入地历史探究，他认为，澳门虽然曾经受葡人管治，但晚清时期的华人教育仍然承袭传统的义学和私塾制度，不仅晚清教育制度的改革和政局影响着澳门学校的发展，当时的先进知识分子维新派人士和同盟会人士都曾在澳门活动及参与学校教育，学校教育中西兼备，开风气之先，推动了澳门教育的发展。而抗战时期，又有相当数量的学校迁到澳门办学，对当时澳门整体教育水平起到了提升作用。其中，内地一些附设师范科的中学迁徙澳门办学，也成为澳门师范教育的开端。

而在关于中国语文师资的培育方面，他通过对澳门师资培训本科课程和教师的在职培训课程的研究，指出澳门特区政府自回归以来一直致力于完善相关教育的法规，在中国语文师资培育方面顺应了改革课程和教学的需要，从2010年开始规划以语文学科为重点的培训，其中尤以2008年的《澳门特别行政区非高等教育范畴语文教育政策》，为中文科教师的能力和素养定下了政策目标和政策措施，也为中文科教师专业发展定好了工作方向。

在本书的最后部分，他还对30年来的澳门教育研究及澳门教育史研究作了精到的梳理与回顾。

澳门教育并非仅仅是一个地域的概念，澳门教育的发展历史是与中国历史尤其是近现代教育发展紧密相关，更是与当代中国教育的发展息息相关。正是如此，郑振伟先生的新著值得所有关心澳门教育发展的人士阅读与参考。

是为序。

丁　钢

于华东师范大学丽娃河畔

# 目　录

# 前　言

　　20 世纪的澳门教育，尤其是世纪初期的教育，能够参考的中文方面的完整资料并不多。笔者过去曾采用旧报章、旧期刊、校刊、宪报和档案等资料，研究 20 世纪 40 年代的澳门教育，其中论及学校的发展和背景时亦已涉及较早时代的教育概况，而本书一方面是把探究的年代继续向前延伸，另一方面也关注往后年代的一些发展。近年查找原始资料已较过去方便，而社会各界更曾举办过不少与教育相关的资料展览，那些展品都是让研究者了解过去的重要文献和文物。澳门怀旧收藏学会陈树荣等诸先生于 2007 年曾举办"百年树人——澳门百年教育文物史料展"，澳门中华教育会于 2010 年亦曾举办"澳门教育史料展"，各学校单位和尹德卫、麦霖、姚鸿光和罗景新等诸先生不吝借出各类珍贵藏品，及后中华教育会更编辑出版《双源惠泽，香远益清——澳门教育史料展图集》一书以广传播，厥功甚伟。又近年澳门基金会开展的"澳门记忆"文化保育网站等，更是利便研究。此外，一些数字化资源如澳门档案馆的档案和《澳门政府公报》，"全国报刊索引"的《大众报》，澳门《华侨报》的"华侨报历史资料库"，香港公共图书馆的"多媒体资讯系统"，以及各类晚清和民国时期报刊的资料库等，这些都是数字化年代对研究者的嘉惠。

笔者一直希望能够在原始文献中挖掘更多与澳门教育相关的史料，在20世纪30年代出版的文献中就曾看到澳葡政府强迫侨校加设葡文课堂的消息，当时国民政府侨务委员会常务委员萧吉珊曾撰文报道。

澳门……除少数真正葡人及葡华混血儿（俗名土生仔）外，余均为华侨，华侨多系由南洋南美一带返国者，当地之风俗习惯，与香港广州无异，故所有华侨设立之学校（俗名书馆），悉依我教育部定章办理，华侨所设之学校计共二十余所，私塾约有五十余所，规模较大者，有崇实中学、粤华中学、汉文学校、陶英中学、尚志学校、孔教学校，已在粤教厅立案者，惟崇实及粤华两校。各校大都设有小学部，中小学均系男女分校分班，学生年龄，女生多较男生为高，课程各校多有所偏重，如尚志注意英文，粤华注意科学、算术，孔教注意经学书法，惟大都注重体育，学生尤喜玩弄乒乓球及排球，如陶英中学之乒乓球队，久已驰名港粤澳，全国运动会曾来沪表演。近年学生能听讲国语者甚多，立案之学校均加授党义，至于葡人所设之学校有四处，入学者全为葡人或混血儿，华侨所设学校，共同组一澳门教育会，加入者全为华侨各校教员。澳门葡政府对于华侨各校，向持自由主义，每届圣诞及葡国庆日（十月初五），均宴请华侨各校教职员一次，藉以联络情谊；惟民国二十二年后，稍取干涉主义，如取缔男女同班、男女同在一建筑内上课等类情事先后发生，同时并强迫中国商店招牌，一律增添葡文，二十一年冬，葡政府曾通知各校自由聘请葡文教员，但各校佥以华侨学生无学习葡文之必要，故多置之不理，今夏葡政府强迫各华侨学校周增授葡文四五小时，各校接到此项通知后，一致反对，当电请我当局提出交涉……①

---

① 萧吉珊：《澳门华侨教育近况与澳门强迫华校增授葡文之经过》，（南京）《时事月报》1936年第14卷第1期。案：当时的陶英学校是一所小学。

这类关于澳门教育的报道稀缺，故在此不惮引录。文中提及 20 世纪 30 年代中期澳门约有 80 所学校，主要以私塾为主，但当时侨委会所能掌握澳门教育的情况应不怎样全面。澳门档案馆馆藏有历年在华视学会登记的学校统计资料，部分数据见表 0 - 1：

表 0 - 1　　　　　澳门 1920—1930 年代学校及学生数据①　　　（单位：人）

| | 学校数 | | 男生 | 女生 | 学生 | 教师 | | 备注 |
|---|---|---|---|---|---|---|---|---|
| | 男 | 女 | | | | 男 | 女 | |
| 1928—29 | 97 | | 5040 | 2113 | 7153 | 246 | 73 | 日校 92,夜校 5 |
| 1929—30 | 84 | | 4811 | 2378 | 7189 | 320 | 61 | 日校 79,夜校 5 |
| 1930—31 | 81 | | 5061 | 2088 | 7149 | 251 | 82 | 日校 79,夜校 2 |
| 1931—32 | 94 | | 5296 | 2197 | 7493 | 292 | 97 | |
| 1932—33 | 98 | | 5483 | 2179 | 7662 | 304 | 103 | |
| 1933—34 | 81 | 21 | 5198 | 2391 | 7589 | 355 | 126 | 男校男生 4794,女生 1347,共 6141；女校女生 1044,男生 404,共 1448。 |
| 1934—35 | 80 | 34 | 5763 | 2584 | 8347 | 334 | 125 | 男校男生 5180,女生 1012,共 6192；女校女生 1572,男生 583,共 2155。 |
| 1936—37 | 75 | 22 | 5618 | 2402 | 8020 | 314 | 118 | 男校男生 5111,女生 1193,共 6304；女校女生 1209,男生 507,共 1716。 |
| 1937—38 | 74 | 21 | 5998 | 2563 | 8561 | / | / | 男校男生 5401,女生 1355,共 6756；女校女生 1208,男生 597,共 1805。 |
| 1938* | 76 | 21 | 7572 | 3291 | 10863 | 357 | 156 | 男校男生 6982,女生 1776,共 8758；女校女生 1515,男生 590,共 2105。 |
| | 18 | | 2449 | 1528 | 3977 | 146 | 81 | 来自广州和其他地区的学校和学生 |

\* 截至 1939 年 1 月。

---

①　澳门档案馆藏，资料号：MO/AH/EDU/JIECM/03/0002。这批资料散见于第 143—330 页。又从报告所见，当时有规定在男校就读的女生不得超过 12 岁，在女校就读的男生亦如是。

1933 年 1 月在华视学校注册的学校，部分名称如下：中学计有佩文、崇实、华侨、振华、粤华、复岭；小学计有乙奎、又进、子裳、三育、孔教、孔教义学、允文、公教、中山、平民义学（第一至第七校）、文明、立德、正明、正蒙、民权、同善堂义学、沙梨头义学、宏汉、志道、利群、育德、尚志、尚实、尚德、沼香、周樵、益智、崇德、崇本、培英、培育、培性、培智、陶英、习成、淑贤、庾南、进育女塾、启智、敏求、华粹、华强理化工艺学校、琴浦、湘澜、尊德、达人、焕熙、瑞云、新民、汉文、汉强、莲峰义学、际唐义学、齐民、维基、漳泉、养蒙、养正、洁文、锦云、励群女塾、镜湖、镜湖义学、宝觉、兰室女子职业学校、础华、浣章打字学校、民智、英华、大同、钥智、成裕、艺精、镜海、群英、文华、英文蒙学书馆、英文专修科、智朴、实用等。[①] 又据澳门档案馆的其他资料显示，1931 年有 79 所华校，学生 5881 名（男生 4242 名，女生 1639 名），[②] 1934 年 1 月注册的华人私立学校共 113 所，但当中 14 所停办，1 所解散，实存 98 所，男女生合共 7662 名。[③]

澳葡政府强迫侨校加授葡文的消息，新加坡《南洋商报》曾刊登一则"广州通讯"，提及"澳门华商总会及各界团体……特于廿六日推派代表三人由澳门来省，即日抵步，向西南政务委员会及省政府、两省外交特派员公署等机关请愿"，而《中央日报》也刊登一则"广州特信"，其中提及被推选的人就是国民党澳门分部常务委员兼崇实学校校长梁彦明，并指梁彦明有意赴京向国府呈报一切。[④] 事件的原委暂难

① 澳门档案馆藏，资料号：MO/AH/EDU/JIECM/03/0001，第 137—149 页。原文件是华视学会为警察厅整理当时注册学校的中文和葡文名字，中学 6 个，小学及其他 86 个。

② "Relação das Escólas Chinêsas de Macau Referentes ao Ano de 1931"（1931 年澳门中文学校一览），澳门档案馆藏，资料号：MO/AH/EDU/JIECM/03/0001（1926 年 2 月 3 日至 1934 年 12 月 14 日），第 104—107 页。

③ 澳门档案馆藏，资料号：MO/AH/EDU/JIECM/03/0001，第 259 页。

④ 《澳政府强迫中国人用葡文》，（新加坡）《南洋商报》1935 年 11 月 6 日；《澳门政府强迫华校授葡文》，《中央日报》1935 年 10 月 31 日第 2 张第 2 版。

追踪，但资料显示澳葡政府至迟于 1924 年便有拨款资助华人学校教授葡文，并且设有奖励措施（参见第六章），其目的当然是推广葡语。澳葡政府至迟于 1927 年也确曾要求本地学校增设葡文科，如志道学校校长尹梓琴便曾去函华视学会表示无法负担葡文教员的经费。[①] 公教学校于 1927 年 9 月 20 日及 10 月 6 日呈报华视学会于 1927—1928 年的课程和教员资料中也见两名教授葡语的教员，共有四个级别的葡语班。[②] 1934 年 7 月《澳门宪报》刊登财政厅的各项布告，其中一则即为依据第 196 号立法证书资助各学校年度经费的提案，该提案刊宪时已获通过，海岛市各学校 1080 元、公教学校 2520 元、崇实学校和振华学校 2880 元、香港学校 5520 元，合共 12000 元。[③] 1935 年也拨出相同款额，分别资助香港学校（5520 元）、海岛市学校（氹仔和路环 1080 元）、海岛市学校（横琴和若望主教岛 855 元）、崇实学校（1212 元）、望德学校（1212 元）和公教学校（2121 元）。[④] 至于文中提及的男女同校的某些规定，澳葡政府的确曾在 1930 年 2 月着令不遵守规定者将被撤销学校准照（详见本书第一章）。以上是 20 世纪 30 年代澳门教育的一些片段。

20 世纪 20 年代澳门教育的情况，在 1925 年和 1927 年的《澳门年鉴》中保存了一些资料和数据。1925 年的年鉴记录了澳门政府、公局学校、政府补贴、私立学校和非补贴传教士学校等共 19 所学校的一些班级、职教员和任教学科的资料，其中的民主学校（一校 109 名，二校 59 名，三校 29 名）和伯多禄商业学校并有学生的人数（女生 126

---

[①] 致华视学会会长诺拉斯古函件的日期是 1927 年 12 月 6 日，澳门档案馆藏，资料号：MO/AH/EDU/CP/06/0073，第 6—7 页。

[②] 《公教学校各级课程报告（1927—1928）》，澳门档案馆藏，资料号：MO/AH/EDU/CP/06/0007，第 39 页。

[③] "Proposta"，*Boletim Oficial da Colónia de Macau*，No. 27（1934.7.7），p. 730.

[④] 澳门档案馆藏，资料号：MO/AH/EDU/JIECM/03/0002，第 99 页。

名，男生 18 名），另外就是 107 所由华人办理的学校的资料，当中大部分学校只提供中文的课程，有 210 名教师，5987 名学生，其中 6 所有英文课程，1 所有葡文课程。从学校的规模来看，只有 1 名教师的学校就占 62 所，有 2 名教师的也占 17 所，可以猜想这些都是转型的私塾类型的旧式学校。

笔者在澳门档案馆中看到一份记录 1928 年澳门华人私立学校统计表，该表格的说明显示 1927 年和 1928 年间学校数量的一些变化和情况。1927 年澳门的学校和私塾共 108 间，但有 10 间不获发证照，故实数是 98 间；1928 年新报 36 间，停办 33 间，实数是 101 间，具体的数据见表 0 - 2。

表 0 - 2 　　　　　澳门华人私立学校学塾统计表 1928 年①

| 类别 | 原报数目 | 停办数目 | 现在实数 | 男生数 | 女生数 | 合计 |
| --- | --- | --- | --- | --- | --- | --- |
| 学校 | 68 | 2 | 66 | 4164 | 1588 | 5752 |
| 私塾 | 23 | 1 | 22 | 667 | 145 | 812 |
| 夜学学校 | 18 | 7 | 11 | 140 | 202 | 342 |
| 夜学私塾 | 5 | 3 | 2 | 8 | 14 | 22 |
| 合计 | 114 | 13 | 101 | 4979 | 1949 | 6928 |

就资料所见，当时大部分学校至少在名称上已改为学校。1925 年年鉴的资料显示只有 1 名或 2 名教师的学校占 79 所，这情况应是新旧交替期间，学校的教员或任教全科，又或聘用兼任教员，而这也附合现存所见一些学校报告所录的情况。年鉴中所见较具规模的学校有 12 所，分别是澳门英文学校（293 名）、德华学校（110 名）、华侨公立学校（119 名）、莲峰义学（119 名）、镜湖义学（280 名）、孔教学校

---

① 澳门档案馆藏，资料号：MO/AH/EDU/JIECM/04/0001，第 380 页。

（304 名）、觉觉学校（139 名）、佩文学校（160 名）、崇实学校（370
名）、务本学校（105 名）、齐民学校（132 名）、公教学校（304 名）
等。① 以崇实学校为例，该校 1922 年的章程显示壬戌年（1922）元月 15
日始业礼，16 日考验新生，当时或是春季始业。校址设在天神巷门牌三
十七号，学校共有 8 个教室，另有礼堂、教务室、接应室、图书仪器室、
体操场、运动器械室、憩息所、学生阅书报室等。国民学校学制四年，
高等小学学制三年，国文学校的科目有修身、国文、珠算、笔算、体操、
图画、唱歌和国语，高等小学再加经学、历史、地理、理科、英文和手
工等，又该校另附设女学，科目与男生同，并增授裁缝、刺绣、编织和
家政等科。此外，该校当时并有为能力较低的学生另设一班。② 前述 12
所华人办理的学校合计 2284 名学生，约占全体学生 38%，可见澳门当
时的主流学校仍然是那些私塾式的旧校。1927 年的年鉴记录当时的中
文学校有 94 所，总学生人数 5682 名，同样记录了澳门政府、公局、政
府资助、私立和非受资助教会学校的一些班级、职教员和任教学科的
资料，但未见学生人数。然而，年鉴却收录了那些学校过去的一些资
料，包括成立于 1923 年的幼儿园 1923—1924 学年和 1924—1925 学年
的教师和学生人数，成立于 1894 年的男子中心学校和女子中心学校
1910—1925 学年的班数、教师和学生数据，成立于 1919 年的澳门议事
公局学校和澳门议事公局女学校 1919—1920 学年至 1924—1925 学年的
年级、葡文和汉文教师人数、学生数据，氹仔、路环、若望主教岛等
公局义学 1919—1925 学年的男女学生数据，圣若瑟学校的课程（小学
教育、预备课程、第五年、商业课程、高等神学课程）、年级和 1909—

---

① *Anuario de Macau* 1925，Macau：Escola de Artes e Oficios，1925，pp. 33 - 44. 括号内的
数字为该校的学生人数。又笔者依据年鉴所列各校和各校人数计算出来的两个数字（即 107
所华人学校和 5987 名学生），亦见于 1927 年澳门年鉴的第 122 页。

② 《崇实学校章程》，"百年树人——澳门百年教育文物史料展"，澳门怀旧收藏学会，
2007 年 12 月 5—10 日。

1910 学年至 1924—1925 学年的学生数据，圣罗撒学校的课程和 1910—1911 学年至 1924—1925 学年的学生数据，仁爱会的课程和 1912—1913 学年至 1924—1925 学年的学生数据，望德堂男子学校 1910—1925 学年的学生数据，望德堂女子学校 1912—1913 学年至 1924—1925 学年的学生数据，氹仔若望主教学校、路环传教修会学校 1915—1916 学年至 1924—1925 学年男女学生的数据，圣母无原罪工艺学校的课程和 1913—1925 学年的学生人数，伯多禄商业学校的课程和 1915—1916 学年至 1924—1925 学年的学生数据，成立于 1912 年的民主学校三个年级的课程和一些发展情况，最后就是“国立”利宵学校 1909—1910 学年至 1924—1925 学年的班级和学生数据。[①] 年鉴亦同时以表列形式收录 1922—1923 学年共 25 所学校的类别、教学语言和男女生人数等资料，见表 0-3。此外，1922 年和 1925 年的澳门年鉴又同时收录了 1920 年 7 月 30 日人口普查的一些数据，其中关于各行业的统计资料见该年的教师和学生人数分别为 211 名和 4901 名，见表 0-4。19 世纪末，澳门的人口不到八万人，当中华籍 74568 人，葡籍 3898 人，其他国籍 161 人。[②] 1910 年，澳门的人口为 74866 人，当中华籍和葡籍分别为 71021 人和 3601 人，其他国籍 244 人；1920 年，澳门的人口为 83984 人，当中华籍和葡籍分别为 79807 人和 3816 人，其他国籍 361 人；1927 年澳门人口为 157175 人，当中华籍和葡籍分别为 152738 人和 3846 人，其他国籍 591 人。[③] 粗略计算，1920 年的在学人数约占总人口 5.84%，而 1927 年中文学校华籍学生人数占华人人口 3.72%。以上是 20 世纪 20 年代的澳门教育的一些片段。

---

① *Anuario de Macau – Ano de* 1927, Macau：Imprensa Nacional, 1927, pp. 112 – 131. 部分学校的年度以年为单位，部分则是跨年的。

② 《东方商埠述要》，《知新报》光绪二十三年（1897）七月十一日第 27 册，第 18 页。

③ 《澳门年鉴 1950 年》，（澳门）澳门经济总局 1950 年版，第 134 页。

表 0 – 3　　　　1922—1923 学年澳门各校学生的一般情况①

| 学　校 | 教学语言 | 注册学生总数 | 男生数 | 女生数 |
|---|---|---|---|---|
| 澳门中学校[1] | 葡文 | 46 | 35 | 11 |
| 圣若瑟学校[5] | 葡文 | 464 | 464 | — |
| 伯多禄商业学校[3] | 葡文和英文 | 49 | 25 | 24 |
| 圣罗撒女学校[3] | 葡文 | 94 | 6 | 88 |
| 男子中心学校[2] | 葡文 | 108 | 108 | — |
| 女子中心学校[2] | 葡文 | 147 | — | 147 |
| 澳门议事公局学校[2] | 葡文和中文 | 97 | 97 | — |
| 澳门议事公局女学校[2] | 葡文和中文 | 81 | — | 81 |
| 民主学校[3] | 葡文和中文 | 116 | 116 | — |
| "国立"速记学校[1] | 葡文 | 4 | 3 | 1 |
| 仁爱会[3] | 葡文 | 143 | 31 | 112 |
| 望德堂男子学校[5] | 中文 | 28 | 28 | — |
| 望德堂女子学校[5] | 中文 | 146 | — | 146 |
| 慈幼会学校（圣母无原罪学校）[3] | 葡文和中文 | 220 | 220 | — |
| 氹仔公局学校[2] | 葡文和中文 | 21 | 20 | 1 |
| 路环公局学校[2] | 葡文和中文 | 16 | 16 | — |
| 黑沙公局学校[2] | 葡文和中文 | 13 | 13 | — |
| 九澳公局学校[2] | 葡文和中文 | 16 | 16 | — |
| 鲚鱼湾公局学校（若望主教岛）[2] | 葡文和中文 | 15 | 15 | — |

---

① *Anuario de Macau – Ano de* 1927，Macau：Imprensa Nacional，1927，p. 61.

续表

| 学　校 | 教学语言 | 注册学生总数 | 男生数 | 女生数 |
|---|---|---|---|---|
| 薯莨冈公局学校（若望主教岛）[2] | 中文 | 14 | 12 | 2 |
| 鸭公仔公局学校（横琴）[2] | 中文 | 20 | 17 | 3 |
| 氹仔传教士学校[5] | 葡文和中文 | 136 | 92 | 44 |
| 路环传教士学校[5] | 葡文和中文 | 52 | 45 | 7 |
| 氹仔民主学校[3] | 葡文和中文 | 51 | 32 | 19 |
| 氹仔中文公教学校[4] | 中文 | 104 | 88 | 16 |
| 总计 | — | 2201 | 1499 | 702 |

注：[1] 为官立学校，[2] 为公局学校，[3] 为政府补贴学校，[4] 为私立学校，[5] 为非补贴传教士学校。

表 0-4　　　　　　　1920 年澳门各区教师和学生人数　　　　　　　（人）

| 地区 | 教师 | 学生 | 地区 | 教师 | 学生 |
|---|---|---|---|---|---|
| 大堂区 | 56 | 866 | 沙梨头 | 3 | 293 |
| 凤顺堂区 | 71 | 1042 | 氹仔岛 | 9 | 149 |
| 花王堂区 | 21 | 1228 | 路环岛 | 6 | 47 |
| 望德堂区 | 12 | 426 | 若望主教岛 | 3 | 50 |
| 市集区 | 27 | 739 | 总数 | 211 | 4901 |
| 望厦 | 3 | 61 | — | — | — |

资料来源：*Anuario de Macau 1922*（Macau：Imprensa Nacional，1922），p. 228，p. 328. 经笔者计算，年鉴所录各行业人数（包括无业）合计刚好是 83984 人。

20 世纪 10 年代澳门教育的情况，笔者在《香港华字日报》找到一篇早期的报道如下：

　　澳门学校如鲫，中以私塾为最多，各教馆先生往年每至交冬时则纷纷高贴馆红，今则寂然，查因迩来葡政府设有督学会，凡书塾学校，壹律须入禀注册，定有取缔规则，男学校不能收过拾式岁以上之女生，女学校不能收过拾式岁以上之男生，女学校仍准用男教员。此例壹出，拾六七岁之女生将来不能同校矣，亦防流弊之壹法。闻注册之期限至明年式月尾，未准注册，不准设立，所以多未批出，故未高贴馆红也。澳门男女学生计华人当有数千，学风极好。澳门地方多清幽，树木荫翳，南环壹带绿榕与海水沦涟，景色尤好，无他埠之烦嚣，最堪为学生修养之所。全澳汉文学校以培基最老，闻李朝宗为学董，毅力经营，该校成绩不低。至于英文与各学科，则以龙嵩街英文学校为最完善。该校开办仅壹年，学生中有高级者，已预备明年赴考香港大学次等试验。该校有式英人，壹为圣士提反前高级教员奇勒，壹为圣约瑟前高级教员衣士刺，余则有热心教育纯洁之少年数人。澳门学界往时素不讲求体育，今见有赛足球之学生甚多，廿捌号澳门英文学校与邓汉基英文书塾比赛，两处学生精神活泼，终为澳门学校胜三球。澳门学界近况如此，可为我国教育前途贺矣！①

　　20 世纪初澳门南环的风景的确很幽美，而这一则记录提及两项重要的教育举措，一是澳葡政府要求学校注册，二是男女同校须遵守某些规定。另外，文中提及培基学校、澳门英文学校和邓汉基英文书塾，以及体育活动开始普遍。该两项举措是澳葡政府有意规管华人办学，男女同校的某些规定则应是各方矛盾经妥协后的表现，而前引萧吉珊的报道亦曾提及这个延宕多时的问题。在报章上另见有一篇评论澳门教育的文章，作者的观点是要维持社会风化，也大致说明规定"十二

---

① 《澳门学界近况》，《香港华字日报》1915 年 12 月 1 日。

岁以外之男女，不得同校"和"女子十二岁以外，不能用男教员"的因由。至于有认为"难得合资格之女教员，以教十二岁以上之女生，请仍暂许男教员教授"的论点，作者以为女子十二岁以前所学已足以于日后施诸家庭教育，故十二岁以后宜专志于中馈女红，所以非女教员不能当之。① 培基学校于 1902 年设校，所以在当时算是老校了。就该校 1908 年的章程所见，是一所两等小学堂，高等四年，寻常五年。学校每年正月二十日开学至六月十五日为上学期，七月十五日开学至十二月初十日为下学期，暑假放三十天，清明放十天，孔诞放三天，星期日、端午、中秋、冬至放一天。每个月测验一次，暑假和年假均有大考，成绩会在报上登告白，并有奖赏，每班第一名如次年留校就学可酌减学费。② 1908 年该校设于蛾眉街第四号门牌，1910 年迁至龙嵩街三十二号门牌，学校广告的挂号地点分香港和澳门两地，也许是两地同时招生。③ 据王文达所述，"民国"以后学校依例改为七年制，原来的第八和九两级学生改为中学一和二年级，学校改名"培基两等小学校附设中学"，成为澳门第一所中学。④ 以上是 20 世纪 10 年代澳门教育的一些片段。

　　本书以"百年树人"为题，只因书中的专题所讨论的内容横跨了一整个世纪，本书并不是 20 世纪的澳门教育史。本书的各个专题原则上以时间先后为序。首先是从世纪之交由华人和非华人办理的教育开始，在第一章中整理出澳门当时学校的发展情况，包括公立、私立和教会办理的一些学校，另外就是当时公共教育的情况、学界的活动，

---

① 晴：《评澳门之教育》，《香港华字日报》1915 年 2 月 26 日。

② 《光绪戊申年澳门培基校简明章程》，"双源惠泽，香远益清——澳门教育史料展"，澳门中华教育会主办，2010 年 9 月 10—30 日。

③ 《澳门培基学校已迁龙嵩街三十二号门牌》（广告），《香港华字日报》1910 年 2 月 24 日。

④ 王文达：《澳门掌故》，（澳门）澳门教育出版社 2003 年版，第 301 页。

以及澳葡政府对侨校的监管等。本书第二章和第三章是关于新式教育开始以后的童子军活动和青年会活动。20世纪前期中国推广童子军活动的原意是辅助学校教育，其后却被赋予极崇高的使命，而澳门侨校的童子军参加过不少爱国和社会救济活动，是他们在课堂以外的重要学习活动。青年会活动类近学生的自治活动，培正所保存下来的文献相当丰富，足资探索学生的校园活动，而该组织在平民教育方面有不少贡献。第四至六章是关于三所学校的发展。抗战时期有不少学校迁到澳门和香港两地继续办理，有以澳门的学校为正校，也有以澳门的学校为分校，但无论如何，他们在整体上都提高了澳门的教育水平，部分最后更是落户澳门，故笔者分别追踪了其中两家学校各自的一些发展，至于本地的学校则以一所为贫童而设的义学从20世纪30—60年代的发展为重点，原因是澳门过去有不少育德树人的义学，现今某些学校本就是从义学发展而来的，而这些学校在教育匮乏的年代曾促进了本地平民教育的发展。第七章从晚清师范教育发轫之始，追踪澳门蒙学会改良教材和教学的活动，然后再分述澳门20世纪各个时期师范教育的发展，是时间跨度最长的一章。澳门进入回归的过渡期以后，在教育方面有长足的发展，第八章即以中国语文科师资培育为重点综述本地各个院校和机构在过去二十多年来为澳门持续提供的培训课程，并讨论澳门特区政府教育部门在中国语文科师资培育和培训方面所担当的重要角色。至于最后一章，就是回顾自20世纪80年代以来澳门的教育研究。

过去某些研究澳门教育的中文著述，甚少使用葡文资料，故本书除了采用中文的文献外，也尽量选用一些葡文文献，如澳门档案馆的一些档案文件，以及《澳门宪报》所刊登的关于学制、课程、学校章程、校务报告和学校考试之类的资料。文德泉神父《澳门教育》所辑录和整理的各类资料、欧礼诺《1572至1979年的澳门教育》和该书所附录的 1836—1974 年合共 39 项原始葡文文献，以及施爱萍等编纂的三册本《澳门教育历史文献》所收录的各种与教育相关的法律文本、工作报告、各级教育组织的章程等材料①，都是有助深化澳门教育研究的重要史料，期待往后有更多的研究能更广泛地采用。本书不是宏观的历史叙述，也不可能面面俱到，但在某些专题上有深度的挖掘，对于史料的应用也有所开发，希望能对澳门教育史的研究有所贡献。

---

① Padre Manuel Teixeira, *A Educação em Macau*, Macau：DSEC, 1982；Aureliano Barata, *O ensino em Macau*, 1572 – 1979：*Contributos para a sua História*, Macau：DSEJ, 1999, pp. 235 – 350；Albina dos Santos Silva, António Aresta & Aureliano Barata, eds. , *Documentos para a História da Educação em Macau*, Macau：DSEJ, 1996 – 1998, Vols. 1 – 3.

# 第一章　华洋并存：清末民初
# 澳门本土的教育活动

## 一　前言

　　19 世纪末期，澳门人口的教育水平较低，即使澳门当地的葡萄牙人也如是。若奥・安德拉德・科尔沃（João de Andrade Corvo）曾出任葡萄牙的外交部部长，他曾研究葡萄牙在亚洲的各个殖民属地，其中与澳门相关的部分保留了 1878 年澳门人口和教育的一些数据。[①] 数据显示澳门当年的人口 68086 人，93.31% 为华人（男性 40065 人，女性 23467 人），共有 73 所（含 3 所女校）为华人提供教育的学校，当时澳门华人的孩子有 10223 名，但上学的人数只有 1576 人，就学人数偏低，作者指出可能是孩子随父母学习读书的缘故。

　　20 世纪初澳门华人办学的情况，由于现存资料相当缺乏，所以报刊上的报道格外重要。1921 年 10 月的"中华民国"国庆纪念日刚好十周年，当日由中华童子军澳门分部发起，并通告各界筹备国庆纪念，

---

　　① João de Andrade Corvo, *Estudos sobre as Provincias Ultramarinas*, Lisboa：Academia Real das Sciencias, Vol. 4, 1887, pp. 169－173. 参见 "A Educação em Macau em 1878", *Documentos para a História da Educação em Macau*, Macau：DSEJ, 1996－1998, Vol. 3, pp. 233－235.

学界以智渡学校为筹办处，工界以景源工社为筹办处。① 新马路之商界以西华药局为筹办处，日间联队巡行及晚间提灯会均由童子军部统理。报道指，是日早上八点学界联队巡行，序列为童子军、智渡、齐民、佩文、培正、灵导、觉民、坤元、志道、觉觉、明道、培性、习成、德华、崇实、平民等校。晚间提灯会七点钟从南湾出发，序列为洋乐队、童子军，学界则为智渡、齐民、佩文、师范夜学、平民、坤元、淑贤、觉民、尚志、志道、建新、藻芬、德华、英华、启秀、培正、坤华、明智、冠南、澄波、道明、进育、振华、培性、尚实、觉觉、励志、习成、崇实、南洋义学、莲峰义学、议事公局女校、广智、大成、何家祠学塾、孔教等校。② 从巡行和提灯会的名单所见，可以整理出 37 所学校的名字。又黎登医生（Dr. António do Nascimento Leitão）1923 年检查澳门学校卫生的报告③，可以准确知道澳门当年有 106 所中文学校（男校 23 所，女校 4 所，男女校 79 所），学生 4786 名（男生3331 名，女生 1455 名），只可惜报告中私立中文学校的名称只有葡文的译音，原中文名字无法完全确定。另黎登医生于报告末端记录了 1920—

---

① 景源工社源于广州印务工人的组织，广东景源印务工社的主任是邝修民，设于广州的财政厅前助社内，于 1921 年 7 月 29 日立案，由公安局呈省署核准。参见梁振贤《十年来的广东工会统计》，《新广州》1931 年第 1 卷第 3 期。1921 年，香港的印务工人要求减少工时，结果引发罢工，为维持罢工工人生计，景源工社在羊城设印务局一所，又在澳门办日报，而该日报为澳门工界的机关，日报刊登各地工界的消息，资本由景源工社和某富商筹集，而当时在香港荷里活道的工界印刷所就是由景源工社所创设。参见《景源工社之新事业》，《香港华字日报》1921 年 7 月 11 日。《排字工会章程》于 1922 年 5 月在宪报上刊登，其中第一款为"在澳门组织排字工会一所，名曰景源印务工社，其会所设在大街第六号三楼"；第二款为"本会宗旨系为本行工人联络情谊守正道及设法教育……"文非一和陈以庄分别任正副会长。景源印务工社章程参见 "Portaria No. 219J"，*BOGPM*，Vol. 22，No. 21（1922. 5. 27），p. 363. 大街就是营地大街，同期另刊登多份工会的章程，基本格式和写法相当一致。

② 《补志澳门双十节之情形》，《香港华字日报》1921 年 10 月 13 日；《澳门华人国庆纪念补志》，《香港华字日报》1921 年 10 月 15 日。

③ "Relatório da Inspecção Sanitária às Escolas de Macau"，*BOGPM*，No. 6（1924. 2. 9），pp. 91 - 95；Padre Manuel Teixeira，*A Educação em Macau*，Macau：DSEC，1982，pp. 142 - 153.

1921 年《卫生公报》的资料，该年中文学校的学生数量为 3539 人，较 1923 年的少 1247 人。

## 二　非华人办理的教育

20 世纪初期除了华人办理的学校以外，传教士、土生葡人和政府也为本地居民提供基本的教育。圣母无原罪书院和圣罗撒书院主要为女童提供教育，圣若瑟修院则为男性提供教育，其中一个目的是要培养华籍的神职人员。1870—1910 年，耶稣会教士曾两度被迫离开澳门，这对于澳门土生葡人和部分华人的教育产生一定的影响，而前一事件更促成澳门土生教育协进会的成立。

（一）1880 年前后澳门的教会学校和澳门土生教育协进会

前言提及科尔沃的研究保留了 1878 年澳门人口和教育的一些数据，其中关于澳门人口识字率的数据见表 1－1。[①]

表 1－1　　　　　　　　　1878 年澳门人口的识字率

| 人口变量 | | 识字的 | 文盲 | 人口 | 以每100人为单位 | | |
| --- | --- | --- | --- | --- | --- | --- | --- |
| | | | | | 识字率（%） | 不识字率（%） | 识字率（%） |
| 男性 | 华人 | 19510 | 20555 | 40065 | — | — | — |
| | 非华人 | 1610 | 727 | 2337 | — | — | — |
| 女性 | 华人 | 372 | 23095 | 23467 | 7.50 | 92.46 | — |
| | 非华人 | 1564 | 653 | 2217 | | | 70.50 |
| 总计 | | — | 23056 | 45030 | 68086 | — | — |

---

① João de Andrade Corvo, *Estudos Sobre as Provincias Ultramarinas*, Vol. 4, pp. 169－173.

续表

| 人口变量 | 识字的 | 文盲 | 人口 | 以每100人为单位 | |
| --- | --- | --- | --- | --- | --- |
| | | | | 识字率<br>（%） | 不识字率<br>（%） |
| 华人 | — | — | — | 32 | 68 |
| 非华人 | — | — | — | 70 | 30 |
| 澳门的葡萄牙人 | — | — | — | 75 | 25 |
| 来自葡萄牙的人 | — | — | — | 49 | 51 |
| 不计入1—10岁的未成年人 | | | | — | — |
| 澳门原住民 | — | — | — | 89.23 | 10.77 |
| 来自葡萄牙的人 | — | — | — | 49.40 | 50.60 |

　　上述的资料另提及当时澳门有一所为女生开设的基础教育学校，学生30—40人，另有一所航海学校，但就读人数甚少；就《澳门地扪宪报》上所见，1879年7月的考试只见一年级2名和二年级3名学生的成绩。[①] 当时的圣若瑟修院教授小学课程、葡文、英文、拉丁文和中文，但就读的人数很少。除了公立学校外，当时还有16所私立学校，就读学生共407名，其中男性245名，女性162名。商业学校教授葡文、英文、中文、算术、代数、几何、商业簿记、物理化学

---

① "Escola de Pilotagem"，*BPMT*，Vol. 25，No. 29（1879.7.19），p. 155. 学校的老师是 Francisco Joaquim Marques，就《孖剌报行名簿1864》（*The Chronicle and Directory for the Year 1864*，HK：HK Daily Press Office，1864）所见，在"澳门名录"的政府学校的名目下，"航海和数学课程教师"也是 Francisco Joaquim Marques。澳门的航海学校可以追溯至18世纪70年代，文德泉引述曼努埃尔·玛丽亚·阿尔维斯·达·席尔瓦（Manuel Maria Alves da Silva）神父的说法，指航海和数学课程根据1862年7月5日的法令并入圣若瑟修院。新的航海学校于1906年由澳督蒙丁尼路（Martinho Pinto de Queirós Montenegro）创建。参见 Padre Manuel Teixeira，*A Educação em Macau*，pp. 17 – 35；《澳门的航海学校》，田渝译，《澳门历史研究》2011年第10期。

基础知识、地理、历史和基督教教义，据称昔年曾经有过 69 人在该校就读。另有四所学校开设英文，一所开设法文。还有一所教理问答学校（Escola de Catechése），由两名女教师管理，华人和修女各一，从事华人和葡萄牙人的教育。最后就是设在圣嘉辣女修院（Convent de Santa Clara）的圣罗撒（Santa Rosa de Lima）这机构所提供的精心教育。

1. 圣母无原罪书院

1860 年 4 月 7 日的澳门政府公告宣布成立一所名 Casa D'Educação 的教育机构，① 名字的大意为"教育会"，学生可以寄宿或走读，学校除了教授葡语外，还有法语、阅读、写作，还有这两种语言的语法，历史、地理、刺绣缝纫，以及一切有助于改善女子教育的课程；钢琴、声乐、图画和英语等课须额外缴费；又学校于当年的五月一日开始上课。其后的资料显示学校名字为"圣母无原罪书院"（Collégio Imaculada Conceição）。澳督阿穆恩（José Rodrigues Coelho do Amaral）于 1863 年 12 月 28 日公告，飞南第伯爵（Bernardino de Senna Fernandes）以他自己和澳门各个族群的名义向他提出授权建立这所女校，公告并附录辅政司（后改称"民政厅"）署款的女童学校章程。章程显示该校办学周期为四年，续办须视乎认捐和筹措所得资金而定，飞南第伯爵获推选为司库，捐献名单上共有 8 名人士。学校的教育工作由来自圣保禄修道院的法籍修女主持，开设的科目包括天主教教义、阅读、书写、计数、缝纫、礼仪规则、历史、地理以及天文学概论，同时开设法文课程，如条件许可将开设英文、音乐以及图画课程。又该校开设的葡文课程将雇用一名葡萄牙本土教师。又学校限

① "Casa D'Educação", *BGM*, Vol. 6, No. 18 (1860. 4. 7), p. 72.

收学生 100 名。① 从 1870 年 1 月 3 日公布的一份褒奖优秀学生名单来看，该校的学科包括了葡萄牙文学、葡萄牙语法、葡萄牙语、法语、英语、天文学、地理学、自然史、葡萄牙史、古代史、神圣史、教会史、算术、宗教研究、教义、音乐、针黹等。② 1892 年成立圣母无原罪保护协会，目的是维持或资助这所女校。③ 就该校于 1864 年至 1871 年的收支所见，该校部分资金来自上海和澳门的义卖，另有部分来自香港。④ 该校曾于 1870 年关闭，1872 年重开，最终因法籍修女离开澳门而于 1894 年解散，余下的基金用作开办一所工艺学堂（Escola de Artes o Oficios），该校的职业教育包括鞋匠、裁缝、皮匠、印刷、书籍钉装、机械和绘图七项。⑤

2. 圣罗撒书院

圣罗撒培幼院（Recolhimento de Santa Rosa de Lima）这个名字始见于 1782 年，它源于 1726 年的一所孤女院。⑥ 圣云仙保禄仁爱修女会（Filhas de Claridade de S. Vicente de Paula）于 1848 年 12 月 21 日开始管理圣罗撒培幼院，并为女童提供教育，后根据 1856 年 10 月 2 日法

---

① "Estatutos da Escola de Meninas", *BGM*, Vol. 9, No. 56 (1863. 12. 28), pp. 225 – 226.

② "Relação das Alumnas Premiadas no Collegio da Immaculada Conceição", *BPMT*, Vol. 16, No. 1 (1870. 1. 3), pp. 3 – 4；*BPMT*, Vol. 16, No. 2 (1870. 1. 10), pp. 7 – 8.

③ "Estatutos da 'Associação Protectora do Collegio da Immaculada Conceição'", *BOGPMT*, Vol. 38, No. 20 (1892. 5. 19), pp. 145 – 146.

④ "Conta Corrente do Collegio da Immaculada Conceição desde o Anno de 1864 até o Corrente Anno de 1871", *BPMT*, Vol. 17, No. 45 (1871. 11. 6), p. 182.

⑤ "Portaria, No. 123", *BOGPMT*, Vol. 40, No. 23 (1894. 6. 9), p. 279；Aureliano Barata, *O ensino em Macau*, 1572 – 1979：*Contributos para a sua História*, Macau：DSEJ, 1999, pp. 178 – 181, 251 – 253.

⑥ 龙思泰（Anders Ljungstedt）：《早期澳门史》，吴义雄等译，东方出版社 1997 年版，第 54 页。林家骏在《澳门教区修女的工作动向与展望》一文有相同的说法，但他在《澳门天主教教育事业的发展》一文又有别的说法，指仁慈堂于 1718 年开设孤女院，收容无依无靠的葡裔女童，1737 年因经费无着关闭，1792 年施利华主教（D. Marcelina José de Silva）再创办一所孤女院，后改名为圣罗撒培幼院。二文均参见林家骏《澳门教区历史掌故文摘》一，（澳门）澳门天主教教务行政处 1989 年编制。

令，该培幼院被列作圣嘉辣女修院的附属机构，① 1857 年 3 月正式搬迁。② 欧礼诺指出，根据 1834 年废除所有教会机构的法律，修院将随最后一位修女离世后解散。在科尔沃于 1873 年 5 月 20 日的报告中，③他也指出要尽快制定并且实施圣罗撒书院的规章制度和办学章程，并提及当圣罗撒的修女去世之后，该校将成为普通性质的学校而非教会性质的学校，所有的教职员工必须是葡萄牙籍女性。该修院最后一位修女于 1875 年离世后便告解散。④ 修院被拨作国有资产，圣罗撒书院的章程于 1875 年 2 月 18 日正式生效。按章程规定，圣罗撒培幼院在圣嘉辣修院的建筑内继续办学，为女童提供教育，并命名为圣罗撒书院。⑤1875 年 12 月 11 日，该校正式开学，⑥ 教区主教并为该校开幕致辞。⑦

据 1875 年 8 月 21 日通过的圣罗撒书院的内部条例，规定该校将提供初等（Elementar）和补充（Complementar）教育。初等（又或小学）教育分两级，第一级共四个科目，分别为读、写、整数和分数的四则运算、天主教教义和教义问答。第二级共六个科目，分别为葡文文法入门及分析原理、葡萄牙史略、地理概述及葡萄牙和海外各省地理学、礼仪基础、基础算术与法定重量和度量制度的讲解和运用、线描图画及其在日常生活中的有效应用等。补充（又或中等）教育

---

① Aureliano Barata, *O Ensino em Macau*, 1572 – 1979, pp. 64 – 65, "No. 23", *BPMT*, Vol. 21, No. 8（1875. 2. 20）, p. 35.

② Padre Manuel Teixeira, *Macau e a Sua Diocese*, Macau: Tipografia Soi Sang, Vol. 3, 1961, pp. 511 – 523.

③ "No. 28", *BPMT*, Vol. 19, No. 28（1873. 7. 12）, p. 111.

④ Aureliano Barata, *O Ensino em Macau*, 1572 – 1979, p. 182.

⑤ Aureliano Barata, *O Ensino em Macau*, 1572 – 1979, pp. 181 – 182；"Estatutos Regulamentares para o Collegio do Sexo Feminino na Cidade de Macau", *BPMT*, Vol. 21, No. 8（1875. 2. 20）, pp. 35 – 37.

⑥ Aureliano Barata, *O Ensino em Macau*, 1572 – 1979, p. 186.

⑦ "Discurso Proferido por S. S. ª Revd. ᵐᵃ o Governador do Bispado d'esta Diocese na Occasião da Abertura do Collegio da Santa Rosa de Lima", *BPMT*, Vol. 21, No. 50（1875. 12. 11）, pp. 209 – 210.

共七个科目，分别为葡文及葡文文法、法文、英文、新约和旧约圣经、线描图书画及其在日常生活中的有效应用、声乐和琴学，以及体操、卫生和家政等。除了这些科目，学校的教学还包括女红的内容，适用于不太富裕的家庭。[①] 1889 年，嘉诺撒传教女修会应明德禄主教（D. António Joaquim de Medeiros）邀请管理该校；1903 年，玛利亚方济各传教修会接掌校务，1910 年葡国成立共和国后被逐。[②] 1910 年的 8 月该校在香港英文报章上刊登的招生报道所见，该书院设有寄宿和走读，主要特色是外语教学，教师均为欧洲人士，任教葡、英、法、德等语言的都是具资格的女教师，葡国四名，英国、法国各两名，德国一名。除语文外，学生也会用母语学习地理、历史、算术、宗教、道德和礼仪等科目。此外，书院还有音乐、声乐与乐器、图画、油画与水彩、针黹与刺绣等科目。[③] 另 1912 年的上课时间表所见，共列出七位教员的姓名，提供初等教育课程（分四个年级）和补充教育课程（只有第一年），另有于周四上课的音乐和钢琴、图画和绘画课程，以及只为华籍女生而设的中文、女红和葡英会话，以及体育课程。[④]

3. 圣若瑟修院

圣若瑟修院（Seminário São José）肇始于 1728 年。1762 年葡萄牙下令驱逐耶稣会教士，修院被迫关闭。修院于 1784 年复办，1845 年法国遣使会修士离开后，修院又遭解散，直至 1862 年才又再重新

---

① "Regulamento Interno do Collegio de Santa Rosa de Lima", *BPMT*, Vol. 21 - No. 34 (1875.8.21), pp. 143 - 145; *BPMT*, Vol. 21, No. 35 (1875.8.28), pp. 147 - 150.

② 林家骏：《圣罗撒学校建校沿革简史》，载《澳门教区历史掌故文摘》一，（澳门）澳门天主教教务行政处 1989 年编制。

③ "Collegio de Santa Rosa de Lima, a High Class Boarding and Day School for Young Ladies, Macau", *Hong Kong Telegraph*, 1910.8.13. p. 4. 该招生报道亦见该报 15 日及 17 日。

④ "Collegio de Santa Roza de Lima, Horario para o Anno Lectivo 1912 - 1913", *BOGPM*, Vol. 12, No. 42 (1912.10.19), p. 460. 该校在宪报中文目录中译作"尼姑庙女学堂"。

招收学生。① 1870 年圣若瑟修院规划重组，修院重组后的宗旨，其一为教育并培养神职人员，尤其是华籍学员，为传教会和教区教堂的使命服务；另一为对无意于学习神学知识的学员提供中等教育。修院设两套课程。一是预备（preparatoria）课程，其中包含中学课程；二是高级（superior）课程，主要教育方向为神学。② 就 1872 年 8 月 29 日圣若瑟修院的公告所示，修院的委员会同意所设置的商业簿记课程必须包括数学、簿记和银行业务，学员并须学习汉文（广州话、北京话、汉文语法和翻译、中国文学），共有三名教员。③ 1881 年 12 月 22 日的政令，澳门圣若瑟修院以"澳门圣若瑟修院中学"（Seminario – lyceu de S. José de Macau）的名字进行重组编制，又同时规定航海和商业课程继续隶属于修院，作为选修的课程。④

1885—1886 学年，除了初等和补充的基础教育班外，更有为华籍学生开设葡文和拉丁文课程班，葡文课期末考试低中高班人数分别为 6 人、12 人和 4 人，拉丁文课期末考试低中高班人数则为 10 人、2 人和 2 人。⑤ 1888—1889 学年，该校附属有商业学校（Escola Commercial）和中心学校（Escola Central）。商业学校有中文课程和英文课程（分三班），参加期末考试的人数分别为 6 人和 55 人；中心学校设补充教育（分低中高三班共 112 名学生）。⑥

---

① 汤开健：《天朝异化之角：16—19 世纪西洋文明在澳门》，暨南大学出版社 2016 年版，第 901—925 页。

② "Reorganisação do Seminario de S. José de Macau", *BPMT*, Vol. 16, No. 18（1870. 11. 28），pp. 199 – 201.

③ "Seminario de S. José", *BPMT*, Vol. 18, No. 36 （1872. 8. 31），p. 158.

④ Padre Manuel Teixeira, *A Educação em Macau*, p. 240；*BPMT*, Vol. 28, No. 9（1882. 3. 4），pp. 60 – 61.

⑤ "Resultado dos Exames Finaes Relativos ao Anno Lectivo de 1885 a 1886 Que Tiveram Logar no Seminario de S. José de Macau", *BPMT*, Vol. 32, No. 33 （1886. 8. 19），pp. 317 – 318.

⑥ "Resultado dos Exames Finaes dos Alumnos d'este Seminario e das Escolas Annexas Relativo ao Anno Lectivo de 1888 a 1889", *BPMT*, Vol. 35, No. 38 （1889. 9. 19），pp. 299 – 302.

1870 年 9 月 20 日的政令第 14 条，规定学校的校长、教师和教务长都必须由葡籍教士担任。由于此举或将导致修院的课程无法开办，故社会上一些有识之士曾联名为耶稣会神父向澳督请愿，耶稣会的神父之后继续留任了一年，但学生数量从前一年的 377 人减至 270 人。1871 年 8 月修院来了新的教师，替换了耶稣会的教士。① 修院的教学水平因耶稣会教士的离开而下降，1870 年，除了走读生以外，修院有 15 名至 16 名华籍学生和 4 名至 6 名土生葡人学生，1881 年修院只有 40 名寄宿生和 28 名走读生。文德泉引用市政厅的警告，大意是圣若瑟修院这所机构已退化为完全无能的学校。② 1890—1910 年，圣若瑟修院重新由耶稣会神父管理，直至共和国政府 1910 年 10 月 8 日的政令又再度驱逐耶稣会的教士。③

4. 澳门土生教育协进会

由于圣若瑟修院改组的情况，土生葡人自行成立了澳门土生教育协进会（Associação Promotora da Instrucção dos Macaenses），并于 1878 年在圣若瑟修院内建立商业学校。④ 1871 年 9 月 29 日该会起草的首份章程，明确指出要建立一所商业学校（Collegial Commercial），一个能保障稳定和满足土生葡人愿望的教育和教学的场所。⑤ 应当指出的是，在商业学校成立以前，澳门有两所为土生葡人而设的学校，一个是"初等教育学校"（Escola Principal de Instrução Primária），另一个是"土生葡

---

① Padre Manuel Teixeira, *A Educação em Macau*, pp. 228 – 234.

② Padre Manuel Teixeira, *A Educação em Macau*, p. 238. 文德泉在该书第 245 页引用了一些学生就学数字，并再次指出 1871—1890 年间教学质量的下降。1909—1910 年有注册学生 285 名，1924—1925 年增加至 533 名，而即使葡萄牙于 1910 年宣布成立共和国后有大批葡籍学生辍学，学生的总数仍维持约 80 名。

③ Padre Manuel Teixeira, *A Educação em Macau*, p. 242；林家骏：《澳门圣若瑟修院简史》，载《澳门教区历史掌故文摘》一，（澳门）澳门天主教教务行政处 1989 年编制。

④ Aureliano Barata, *O Ensino em Macau*, 1572 – 1979, p. 66.

⑤ Aureliano Barata, *O Ensino em Macau*, 1572 – 1979, p. 168；"No. 51", *BPMT*, Vol. 17, No. 40（1871.10.2），p. 160.

人新学校"（Nova Escola Macaense），分别由马地生（James Matheson）和米洛（António Alexandrino de Melo）倡议建立。土生葡人新学校是男校，以教授葡语和英语为主，并曾得到公共财政的资助，该校结束后余下的资金其后转赠予土生葡人协进会所办理的商业学校。①

由于未能在五年的期限内建立商业学校，协进会曾采用补贴形式资助圣母无原罪书院，条件是由该校免费接收 10 名走读生。1878 年 1 月 8 日，商业学校正式成立。② 1881 年，圣若瑟修院改组，附设商科，商业学校于 1885 年搬入圣若瑟修院继续授课，协进会每年仍继续拨款补助原商业学校教师的工资。③ 澳门议事公局（后改称市政厅）于 1901 年在利宵中学内创办商业学院（Instituto Commercial），五年的课程，包括葡文、法文、德文、英文、中文、算术、自然科学、地理、世界史概论、中国史并特别注重政治和商业往来、本国的历史，书法和商业簿记，商业包括商业地理、商业算术、簿记及商业信札，商法和政治经济学等科目。协进会创办的商业学院迁出圣若瑟修院，开始在利宵中学的校舍继续办学。④ 1903 年 10 月 7 日第 92 号札谕将商业学院的大部分学科并入利宵中学。⑤ 鉴于这种情况，协进会曾向圣若瑟修院求助，但未能成功，该会开始寻求重建从前的商业学校。据欧礼诺所述，1915 年 10 月 25 日，Richard Aymer Coates 在商业学校任教英文的聘约获批后，一所实用英文学校诞生了，办学地点就在夜喝斜巷（Calçada do Gamboa）。这所学校的课程分四个级别，科目包括英文、商用基础数学、地理、簿记、商业（含商业理论、商业实践、商务办公

---

① Padre Manuel Teixeira, *A Educação em Macau*, p. 72.

② João Guedes & José Silveira Machado, *Duas Instituições Macaenses* (1871 – 1998), Macau: Edição da APIM, 1998, p. 30.

③ João Guedes & José Silveira Machado, *Duas Instituições Macaenses* (1871 – 1998), p. 34.

④ Aureliano Barata, *O Ensino em Macau*, 1572 – 1979, p. 68; "Portaria, No. 59", *BOG-PM*, Vol. 1, No. 32 (1901. 8. 10), pp. 186 – 188.

⑤ "Portaria, No. 92", *BOGPM*, Vol. 3, No. 41 (1903. 10. 10), p. 319.

和商务信函等内容组成)、书法、速记和打字。1919 年 12 月 9 日，协进会的指导委员会议决定将商业学校命名为伯多禄商业学校。[1] 就 1907—1915 各年的《孖剌报行名簿》所见，[2] R. A. Coates 于 1907 年是一所商业学校（Escola Commercial）的教师，他同时在岗项前地（Largo de St. Agostinho）当英文教师；1908 年是一所英文高等学校（English High School）的英文和数学教师；1910 年是校长，并有两名助教，而校址就在夜吗斜巷。1912 年和 1915 年的资料相同，英文商业学校校长是 G. F. Nightingale，并有一名助教。

（二）1900 年前后澳门的公共教育

《澳门宪报》曾刊登载至 1905 年 1 月和 2 月澳门公共教育的数据。[3] 首先是澳门的传教会（Missões）所办理的一些学校，共四所，当中包括嘉诺撒修女会（Irmãs Canossians）办理的三所女校。一为仁爱会（Casa de Beneficencia），合共 215 名学生（葡籍走读生 42 名，葡籍寄宿生 78 名，华籍寄宿生 95 名）；一为恒毅书院（Collegio de Perseverança），只有 26 名学生（15 名为葡籍，11 名为华籍）；一为望德堂的女校（Escola de Meninas em São Lázaro），共 74 名学生（13 名为葡籍，61 名为华籍）。第四所为望德堂的男校（Escola de Rapazes em São Lázaro），共 47 名华籍学生。其次是圣罗撒书院（Collegio de Santa

① Aureliano Barata, *O Ensino em Macau*, 1572 – 1979, pp. 172 – 173.

② *The Directory and Chronicle for the Year 1907*, HK：HK Daily Press Office, 1907, pp. 1056 – 1057；*The Directory and Chronicle for the Year 1908*, HK：HK Daily Press Office, 1908, p. 1086；*The Directory and Chronicle for the Year 1910*, HK：HK Daily Press Office, 1910, p. 1196；*The Directory and Chronicle for the Year 1912*, HK：HK Daily Press Office, 1912, p. 1180；*The Directory and Chronicle for the Year 1915*, HK：HK Daily Press Office, 1915, p. 1193. 案：那幢建筑物位于夜吗斜岸和岗项前地的交界处。

③ "Instrucção Publica", *BOGPM*, Vol. 5, No. 12（1905. 3. 28）, Supplemento, pp. 99 – 102.

Rosa de Lima)，共 97 名女学生（包括 10 名受抚恤的寄宿生，10 名付费的寄宿生，12 名寄宿的孤儿，55 名付费的走读生，7 名协进会资助的走读生，3 名免费走读生）。随后就是议事公局（Leal Senado da Camara）的学校，包括男子中心学校（Escola Central do Sexo Masculino），122 名男生；女子中心学校（Escola Central do Sexo Feminino），35 名女生；华童葡文学校（Escola de Portuguez para Chinas），23 名男生；汉文班（Aula de lingua sinica），11 名男生；女子英语班（Aula de Lingua Ingleza para Sexo Feminino），2 名女生。之后就是澳门"国立"中学堂（Lyceu Nacional de Macau，即利宵中学），该校学生似乎就只有 19 名；圣若瑟教区修院（Seminário Diocesano de San José），学生总数是 388 名（寄宿生 205 人，走读生 183 人）；耶稣圣心方济书馆（Escola de S. Francisco Xavier），在册学生 127 名，在读 73 名。至于路氹市政委员会，学校分市政和私立两类，氹仔 7 所，共 173 名学生（男生 145 人，女生 28 人），过路湾 5 所（1 所已结束），共 75 人（男生 45 人，女生 30 人）。[1] 另有一处以若望主教（D. João）命名的地方（即小横琴），有 2 所公局学校（鲫鱼湾和薯莨岗），共 27 名男生。补充一点，氹仔的 7 所学校，其中一所是由嘉诺撒修女办理的，28 名女学生。

1. 一些学校的情况

关于 19 世纪末期澳门的教育情况，刘羡冰在《澳门教育史》曾综述来自一份 1890 年的澳门年鉴上的资料。[2] 查该年鉴 "政府及一般行政部门" 项下见 "义学公会"（Conselho da Instrucção Pública），据原文应即公共教育委员会，而该公会的正副主席分别是澳门总督和教区主

---

[1] *BPMT*, Vol. 28, No. 30（1882.7.29），p. 258. "氹仔过路湾政务厅" 早于 1882 年 7 月曾获准在氹仔和过路湾（即现今的路环）各设一所义塾以华文教导贫困家庭的男童。

[2] *Directorio de Macau para o Anno de* 1890, Macao：Typographia Correio Macaense, s.d., pp. 6，36－40. 刘羡冰：《澳门教育史》，人民教育出版社 1999 年版，第 10 页。

教。又"学校"项下见以下内容。

第一项：若瑟堂书院（Seminario de S. José）。该书院除校长和副校长外，另有 14 名教师和其他职员，从教师的职称来看，这学校设有的学科包括教会历史、神学、数学、葡文、拉丁文、图画、音乐等，其中有为华籍学生开设的葡文和拉丁文，有为华籍和非华籍学生开设的粤语，也有初级小学。

第二项：义学（Escolas Publicas），分别有设在"大堂区"（Freguezia da Sé）的男子学校和女子学校，在风信堂区（Freguezia de São Lourenço）的女子学校，以及一所航海学校（Escola de Pilotagem）。各校只有一位老师。

第三项：啰哆唎嘛女书院（Collegio de Santa Rosa de Lima）。

第四项：初学义塾（Escola Central de Instrucção Primária），设有儿童班和高班。

第五项：通商义学（Associação Promotora da Instrucção dos Macaenses）。

第六项：澳门通商义学（Escola Commercial）。

第七项：华童学习西洋文义学（Escola Publica da Lingua Portugueza para os Chinas）。

据 1891 年 10 月统计，1890—1891 学年澳门初等和中等学校的人数共 818 人，上述第一项圣若瑟书堂有 403 人，第二项的两所男校和一所女校共计 52 人，第七项的义学有 35 人，第三项啰哆唎嘛女书院有 140 人，第四项初学义塾 188 人。[①] 就《孖剌报行名簿 1890 年》所见，第二项的义学列在"政府学校"的标题之下，[②] 查该两所女子学校和男

---

① "Mappa Estatistico das Escolas de Instrucção Primaria e Secundaria d'esta Cidado no Anno Lectivo de 1890 á 1891"，*BOGPMT*，Vol. 38，No. 51（1891. 12. 17），p. 410.

② *The Chronicle and Directory for the Year* 1890，HK：HK Daily Press Office，1890，p. 91.

子学校于 1871 年 11 月 18 日由澳门总督公会 (Conselho do Governo) 决议成立的，当时飞南第伯爵曾向澳督苏沙 (Sérgio de Sousa) 提供自己在圣安多尼区物业的一个房间开设该男子学校。① 宪报上曾刊登相关学校的考试成绩，显示 1877 年和 1878 年男子学校在册学生分别为 34 名和 36 名，风顺堂区的女子学校在册学生分别为 16 名和 29 名。② 1881 年和 1882 年，男子学校在册学生分别为 33 名和 13 名，风顺堂区的女子学校在册学生分别为 55 名和 50 名，大堂区的女子学校在册学生分别为 33 名和 40 名。③ 两所女子学校于 1895 年以后合并为 "女子中心学校" (Escola Central do Sexo Feminine)，以风顺堂区的校址为校舍。④ 1882 年 8 月 5 日，澳门议政公会 (Conselho de Província) 审阅并通过议事公局提交的 1882—1883 年财政补充预算，该预算是在大堂区为男童建立一所基础初级教育学校，为土生葡人提供葡文的基础教育，学校命名为 "公局义学" (Escola Municipal)。⑤ 1882 年 9 月 1 日，公局义学正式成立，地址是板樟堂 17 号。⑥ 关于第四项，由议事公局负责，就 1884 年的校长报告所见，男子中心学校 (Escola Central do Sexo Masculino) 于 1883 年 9 月正式开学，提供初级教育，中心学校共有教师 4 名，在册学生 175 名。学校分补充和初等两个级别，每个级别再分高班和低班，低年

---

① *BPMT*, Vol. 17, No. 49 (1871.12.4), p. 195; *BPMT*, Vol. 17, No. 52 (1871.12.25), pp. 208 – 209; Aureliano Barata, *O Ensino em Macau*, 1572 – 1979, pp. 65 – 66.

② "Mappa das Resultadas do Exame Final", *BPMT*, Vol. 23 – No. 32 (1877.8.11), pp. 143 – 144; "Mappa do Resultado dos Exames Finaes", *BPMT*, Vol. 24, No. 34 (1878.8.24), p. 135; "Mappa do Classificção do Exame Final", *BPMT*, Vol. 24, No. 34 (1878.8.24), p. 135.

③ "Aula Publicia da Cidade de Macau", *BPMT*, Vol. 27, No. 35 (1881.8.27), pp. 245; "Escola do Ensino Primário Elementar do Sexo Feminino da Freguezia da Sé", *BPMT*, Vol. 27, No. 36 (1881.9.3), p. 260; "Escola Publica de Instrucção Primaria da Cidade de Macau", *BPMT*, Vol. 28, No. 34 (1882.8.26), pp. 297 – 298; "Escolas Publicas de Instrucção Primaria da Cidade de Macau", *BPMT*, Vol. 28, No. 33 (1882.8.19), p. 287.

④ "Portaria, No. 114", *BOGPMT*, Vol. 41, No. 32 (1895.8.10), p. 340.

⑤ "Orçamento Suplementar do Leal Senado", *BPMT*, Vol. 28, No. 31 (1882.8.5), p. 265.

⑥ "Edital", *BPMT*, Vol. 28, No. 34 (1882.8.26), p. 298.

班再分高低两部，但第一年并无补充级别的高年班学生。其中初等级别有 89 名，后来加招 41 名，但最后参加考试只有 121 名。[1] 这一所男子中心学校或由当时的四所初级教育学校合并而成。[2] 第五项即澳门土生教育协进会（或名振兴学会），该会资助的商业学校始于 1878 年，下设一指导委员会，而第六项的澳门通商义学应在圣若瑟修院内办学，课程主要是实用英文和中文；[3] 1888—1889 学年参加期末考试的，中文课程 6 人，英文课程三班共 45 人。[4] 关于第七项，1883 年 10 月 6 日澳门政府曾公告在三巴仔街第 1 号屋开设教习葡文的义学，华籍儿童可以报名入读，10 月 22 日开学，上课时间为上午 9：30 至下午 2：30。[5] 1886 年一所全新的校舍落成，当时聘有一名教师，除葡文课程外，曾计划开设葡萄牙法律课，以及与葡萄牙文明和历史相关的课程，希望学生可以进入当时正在建设的中学教育体系，以及日后前往葡萄牙的大学进修。[6] 1883—1886 这三个学年在澳门初等教育学校就学人数见表 1 - 2。[7]

---

① "Relatório", *BPMT*, Vol. 30, No. 34 （1884. 8. 23）, pp. 319 – 320.

② "Relatório do Director da Escola Central", *BPMT*, Vol. 31, No. 38 （1885. 9. 24）, pp. 401 – 403.

③ Aureliano Barata, *O Ensino em Macau*, 1572 – 1979, p. 66.

④ "Resultado dos Exames Finaes dos Alumnos d'este Seminario e das Escolas Annexas Eelativo ao anno Lectivo de 1888 a 1889", *BPMT*, Vol. 35, No. 38 （1889. 9. 19）, pp. 299 – 302.

⑤ "Annuncio", *BPMT*, Vol. 29, No. 40 （1883. 10. 6）, p. 346.

⑥ "Discurso Proferido por S. Exa. o Governador na Inauguração da Casa para a Nova Escola de Portuguez para os Chinas", *BPMT*, Vol. 32, No. 40 （1886. 10. 7）, pp. 381 – 382. 这所学校未知是否即唐·卡洛斯皇子学校（Escola Príncipe D. Carlos），议事公局曾布告于 1896 年 10 月 20 日向两所中心学校和唐·卡洛斯皇子学校考试成绩最优秀的男女学生颁奖，并邀请学生家长和亲属等人士参加，参见 "Edital", *BPMT*, Vol. 42, No. 42 （1896. 10. 17）, p. 510。又该校曾于 1900 年 7 月公布学生的考试成绩，见 "Relação dos Alumnos da Escola 'Principe D. Carlos' que Fizeram Exame no Anno Lectivo de 1899 a 1900," BOGPM, Vol. 46, No. 36 （1900. 9. 8）, p. 588。参加考试人数为 32 名，名单上大部分学生的名字见广东姓氏拼音。

⑦ "Mappa dos Alumnos que Frequentaram as Escholas de Instrucção Primaria", *BPMT*, Vol. 32, No. 37 （1886. 9. 16）, p. 367. 中心学校 1885—1886 的学生数据见 "Mappa Estatistico da Escola Central, Anno Lectivo de 1885 a 1886", *BPMT*, Vol. 32, No. 42 （1886. 10. 21）, p. 410.

表 1 – 2　　　　　1883—1886 年澳门初等教育学校就学人数　　　　（人）

| 学校 | 1883—1884 年 | 1884—1885 年 | 1885—1886 年 |
|---|---|---|---|
| 中心学校 | 220 | 243 | 189 |
| 男子学校 | （本学年附设于中心学校） | 24 | 43 |
| 女子学校（大堂区） | 35 | 29 | 42 |
| 女子学校（风顺堂区） | 59 | 43 | 43 |
| 华童葡文学校 | 66 | 59 | 37 |

上述学校的中文名字，除航海学校以外，全都来自原件所见的中译，"义学公会""若瑟堂书院"和"罗沙利麻女书院"等中译名字早见于 1877 年的宪报，当时作为澳门政府机构名称。① 又上述的资料刚好可与 1897 年《知新报》上的资料参照。19 世纪末，澳门当时的人口不到八万人，华人有 74568 名，葡人有 3898 名（澳门土生 3106 名，本国 615 名，其他葡属地出生 177 名），其他国家的人有 161 名。当时澳门与教育相关的"义事"，包括有"初学义塾"4 所，"澳门通商义学馆"1 所，"华童习葡文义学馆"1 所，"书院"2 所，另外还设有"义学公会"。② 1890 年和 1897 年澳门的公共教育没多大分别，但这期间澳门政府于 1893 年 7 月 27 日签署成立利宵中学的法令，学校于 1894 年 9 月 28 日开始正式运作。③ 利宵中学首任校长为高诗华（José Gomes da Silva），该校初期设于岗顶圣奥斯定堂（Convento de Santo

---

① "Nomes das Repartições Publicas de Macau"，*BPMT*，Vol. 23，No. 19（1877. 5. 12），p. 78.

② 《东方商埠述要》，《知新报》，第 29 册，光绪二十三年（1897）七月十一日，第 18 页。

③ João F. O. Botas，*Liceu de Macau*（1893 – 1999），Macau：n. p.，2007，p. 25.

Agostinho）旧址内，① 1903 年因发生坍塌而迁至峰景酒店。1909—
1910 学年有 18 名学生就读于普通中学课程，19 名就读于商科。② 又
据《孖剌报行名簿 1909》所见，澳门当时的学校包括初学义塾（男
子中心学校、女子中心学校、附属于利宵学校的商业课程）、华童学
习西洋文义学、三巴仔修道院、无原罪工艺学堂、啰咗唎嘛女书院、
利宵学校、附属于利宵学校的学科，以及在夜唔斜巷的实用英语学
校等。③

2. 公共教育改革的规划

曼努埃尔·特谢拉·桑帕约·曼西尼亚（Manuel Teixeira de Sam-
paio Mansilha）于 1908 年 10 月接任澳门的辅政司，在《对澳门应采用
之教育的己见》提到澳门教育的问题，他指出澳门与其他殖民地呈现
不一样的特征，这里有自己的生活方式，居民大多为华人，并且保持
着自己的风俗习惯和传统。关于澳门的教育应该针对澳门的华人抑或
是少数的葡萄牙人这个问题，他认为是后者。他指出任何一所提供教
育的机构，应选择实用性教材，培养学生进入商贸、工业以及文秘工
作领域。中学并不是实现澳门高等教育目标的合适机构，因为自 1894
年至 1907 年，中学入学人数只有 174 人，1900—1907 年入学率大幅降
低，1902 年和 1903 年更是没有学生入学，1906—1907 学年并无学生毕
业，然而政府却花费大量金钱。曼西尼亚建议，应响应远东地区对商
业活动和商业行业的特殊需求，参考国外同类学校所教授的知识，在
澳门建立了一所提供商科教育的高等商科学校。高级商科课程应包括
初级、预备级和高级课程三个级别。初级——向学生教授在小学一二

---

① "Portaria, No. 92", *BOGPMT*, Vol. 40, No. 15（1894. 4. 14），p. 154.

② 潘日明：《殊途同归——澳门的文化交融》，苏勤译，（澳门）澳门文化司署 1992 年
版，第 182 页。

③ *The Directory and Chronicle for the Year* 1909，HK：HK Daily Press Office，1909，
pp. 1113 – 1116. 此处"初学义塾"按原文应指"公局义学"（Escolas Municipaes）。

年级教授的概念和基础知识；预备级——对学生进行必要的预备教育，使他们对第三阶段学习的复杂知识有简单的理解和掌握；高级课程——向学生教授商业活动中必要的先进、复杂的知识，使他们能够轻松地在商业领域获得工作岗位，如商号的会计、经理、主管，银行职员，工业或商业公司的职员，等等。① 澳门当时的教育问题，同样见于代理总督马查度（Álvaro Melo Machado）于1911年撰写的澳门省报告。报告中附有向中央提交的改革澳门公共教育的建议书，文件列举出华童葡文学校的情况见表1-3。

表1-3　　　　　　　华童葡文学校的学生情况　　　　　　（人）

| 人数 | 1905 年 | 1906 年 | 1907 年 | 1908 年 | 1909 年 |
| --- | --- | --- | --- | --- | --- |
| 在这所学校完成学业的学生人数 | 2 | 3 | 2 | 2 | 3 |
| 经常在该校就读的学生人数 | 20 | 24 | 20 | 18 | 26 |

上述的数字明显不理想。至于提供中学课程和商业课程的利宵中学，经费支出是21538.66元，但教师、学生和能完成学业的学生人数却寥寥无几，具体见表1-4。

表1-4　　　　利宵中学教师、学生和能完成学业的学生人数　　　（人）

| 人数 | 1905 年 | 1906 年 | 1907 年 | 1908 年 | 1909 年 |
| --- | --- | --- | --- | --- | --- |
| 教师人数 | 12 | 14 | 14 | 12 | 12 |
| 学生总数 | 20 | 20 | 16 | 23 | 28 |
| 完成学业的学生人数 | — | — | — | 2 | 1 |

---

① Manuel Teixeira de Sampaio Mansilha, "O Meu Modo de Ver Ácerca da Instrução que Deve Ser Ministrada em Macau", *Documentos para a História da Educação em Macau*, Vol. 1, pp. 55 - 62.

　　马查度也同时提出教育改革要能达到的一些目标，大意如下。第一，初等教育的学校能够有效地为学生提供相适应的教育，使澳门人的葡萄牙语发音尽可能正确；第二，教育能够惠及华人，政府忽视华人的教育，导致他们的教育被掌握在私人手中；第三，向澳门的中国居民教授葡萄牙语，因为澳门懂英语的人比懂葡语的人更多；第四，中等教育要能与澳门青年的需求和志向相一致；第五，避免澳门土生葡萄牙青年去国家化，不了解自己国家的语言和文化；第六，能够吸引散落在东方各个外国口岸的葡萄牙学生来澳门学习（1896 年在外的有 120 名，1910 年在外的有 560 名）；第七，东帝汶殖民地可以在澳门居民中找到担任工商业公职的人才；第八，教育有统一的中心方向和政策。①

　　1914 年 7 月 11 日《澳门宪报》第 160 号札谕，政府任命委员会"议覆改良澳门学务之规划"。同年 7 月 30 日完成的报告，劈头便指出澳门公共教育的问题应采取紧急和彻底的措施。报告指澳门说英文的人多于说葡文的人，土生葡人在私立的商业学校就读一至两年便能正确流畅地书写英文，却几乎忘记了在小学学到的有限的葡文。依照葡国中学课程教学的中学对于澳门的土生葡人而言并不符合他们谋生的需要，结果是利宵中学几乎没有学生，反而一些私立学校由于其组织形式更能符合土生葡人的愿望和潮流而额满，无法接纳更多的学生。该报告点出利宵中学在运作上的一些问题，诸如教师的变动，特权的存在，尤其学校一直采用临时和代理教师的制度。其评语是澳门的高中从来没有在真正的监督下进行。报告指出 1901 年 8 月 10 日在《澳门宪报》宣布成立的商业学院，在 14 个年头以后就只有一名学生毕业。报告举出不少原因，主要包括课程并不包

① *Provincia de Macau*, *Relatorio do Governo* 1911, Annexo No. 10, pp. 1 - 2；Aureliano Barata, *O Ensino em Macau*, 1572 - 1979, pp. 69 - 70.

括那些现在的商业课程中所必不可少的重要课程，几乎无法使学生学到有关商业实践的相关知识；一至五年级的学生同时学习两门课程违背了教育学的基本规律；商业课程被设计成高中课程的附庸，本末倒置；在高中教育的规则下进行的商业课程导致课程的时间和教育活动安排极其混乱；缺乏相关教育的教学材料；教师招募不力；高中教育与商学院教育之间缺少必要的衔接；等等。报告也指出不应放弃对华籍儿童的葡文教育，为了让华籍儿童来学习，必须同时教授中文和葡文。该会提出多项关于教育改革的建议，其中包括建立一个现代基础下的女性教育体系，填补女性在文学、道德和家庭教育的空白；针对华籍儿童建立足够的葡文学校；建立一套行之有效且规则严密的监察制度；给予受聘的教师主导权，给他们分配足够任务，合理发放工资。①

3. 葡国十月革命后的澳门教育

1896 年，澳门的人口（包括氹仔和路环）为 78627 人，当中华籍 74568 人，葡籍 3898 人，其他国籍 161 人。葡人当中，澳门土生的 3106 人，葡国的 615 人，其他葡属地的 177 人；又外国人当中有 79 名为英籍人士。② 1910 年，澳门的人口为 74866 人，居于陆上者 55825 人，居于水上者 19041 人。按国籍分，华籍 71021 人，葡籍 3601 人，其他外国籍 244 人。整体的数字较 1896 年同期人口调查少三千多人，当中数字显示居水上的人数增加，氹仔和过路湾居民大幅减少，土生葡人因离开学堂后往香港、上海和中国各口岸谋生，故人数也大为减少。③ 1910 年葡国发生十月革命，澳门的葡兵迫驱教徒，当时澳门的

---

① "Relatório da Comissão de Reforma", *Documentos para a História da Educação em Macau*, Vol. 1, pp. 75 – 99.

② *Recenseamento Geral da População da Província de Macau Feito em 13 de Fevereiro de 1896* (Macau: lmpresso na Typographia "Mercantil", 1897), pp. 6 – 7, p. 13.

③ 《澳门户口》，《香港华字日报》1911 年 7 月 10 日。

居民也纷纷乘搭省港轮船远避，又或前往附近各乡，政府因担心居民迁避影响经济，曾经由华政厅发出如下告示。第一，政府保公众十分平安；第二，政府保各华商身家性命财产。①

十月革命推翻了八百多年的皇室政权，建立葡萄牙第一共和国，但澳门高举红绿二色民主国旗后，士兵却胁迫澳督执行驱逐教士和修女的政令。② 香港报载 1910 年 11 月共 13 名"紫宵教士"（即耶稣会教士）离澳赴港，其中两名神父计划到叻（新加坡）后寄居葡人教会，其余或到高毡（Cochin），或到比路机奥（Belgaum）。③ 又《孖剌西报》除报道事件外，更访问了 William Arkwright 神父，当中并谈及澳门教育的一些情况。如圣若瑟修院（三巴仔修院）有 100 名寄宿生，150 名走读生，但圣若瑟修院并非澳门唯一为男生而设的学校。澳门另有一所利宵中学，该校有 12 名教师，却只有十多名学生。又有一所市政厅资助的英文学校，教师名 George Franklin Nightingale。访谈中也提及澳门修女办理的两所女校，一为圣嘉辣修院（Santo Clara Convent），为高级教育而设；另一为圣安多尼堂（Santo Antonio Convent），为穷人孩子而设。④

部分嘉诺撒修女离开澳门以后，澳门政府曾委派贝山耶（Camilo Pessanha）、罗嗹嗦（Eduardo Gyrillo Lourenço）和面尼士（Alvaro Cesar Corréa Mendes）三人组成的委员会调查"黑巾姑娘"⑤ 所管理的育婴堂

① "Edital", *BOGPM*, Vol. 10, No. 49（1910.12.3），p. 431；《镜海余波》，《香港华字日报》1910 年 12 月 3 日。

② 《澳门兵变详纪》，《申报》1910 年 12 月 10 日。

③ 《教士行矣》，《香港华字日报》1910 年 11 月 24 日；《士蔑西报》的报道是前往英属印度的交趾（Cochin）和巴西，有四名神父将到巴西，其余的包括其中三名修士到交趾，参见 "Jesuits of Macao, Expulsion Enforced", *Hong Kong Telegraph*, 1910. 11. 21, p. 4。

④ "The Jesuits from Macao, Arrival in Hong Kong", *Hong Kong Daily Press*, 1910. 11. 21, p. 2。

⑤ 即嘉诺撒修女。当时澳门修女有黑白头笠之分，黑头笠者主要管理花王庙和育婴堂。《教士理应分别去留》，《香港华字日报》1910 年 12 月 5 日。

和老人院等善堂事务。该会查得有三巴门坊的姑娘堂（Casa de Beneficência，Santo Antonio）、疯人庙侧之学堂（Escola de S. Lázaro）、凼仔之学堂、育婴堂（Asylo da Santa Infância）、望厦方济各·沙威学堂（Escola de S. Francisco Xavier），另有在过路湾的学堂。黑巾姑娘管理的"善堂有义学两间，其一是进教会者，有118名学童，不在堂住宿。凼仔亦有一间，有50名学童"，以上所述为女生。其余"花王庙之义学、望厦之义学，所有学生凡住堂早已搬出，内有18名不是华人。而三巴门善堂华学生30人，方济各·沙威学堂学生27人，均搬出澳外。另望厦义学有华学生3人，花王庙义学华学生21人迁往育婴堂。……至于住宿善堂内之学生，查明有58名不是华人，已回住家。另三巴门住堂之华学生33名及望厦住堂学生3人，亦均回家"。上文提及的"姑娘堂"应是仁爱会，"三巴门"即圣安多尼教堂，或称花王堂，又或称花王庙；"疯人庙"即望德圣母堂；望厦方济各·沙威学堂即"耶稣圣心方济书馆"。报告并建议华人学生可往华人义学就读，而华人或非华人均可往议事公局的义学。至于女生则可往尼姑庙李玛学堂（即圣罗撒书院）和政府的学堂。①

《澳门宪报》1915年5月第98号札谕，澳葡政府为各学堂设立共和国奖（Premio República），规定给予成绩最好的学生，这些学生包括以下几种。第一，利宵中学的学生，当中含一般课程和附属的商业课程的学生；第二，三所公局义学（Escolas Municipais）的学生，包括男子中心学校、女子中心学校和华童葡文学校；第三，民主学校（Escola República）的学生。②

---

① "Relatório"，*BOGPM*，Vol. 11，No. 4（1911.1.28），pp. 45–46.

② "Portaria，No. 98"，*BOGPM*，Vol. 16，No. 19（1916.5.6），p. 251. 第一所民主学校由澳督马查度创建，1912年成立，为华童提供教育。第二所民主学校于1917年成立，为安东尼堂区、望德堂、沙梨头和望厦区的华童提供教育。第三所民主学校位于凼仔，至迟于1917年已开始运作。

黎登医生 1923 年检查澳门学校卫生的报告共有 118 所学校，报告区分出 12 所葡文学校和 106 所中文学校，当中有 14 所不属华人办理的学校，合计 1789 名学生，[①] 见表 1-5。

表 1-5　　　　1923 年 14 所非华人办理的学校及学生人数　　（单位：名）

| 学校 | 男生 | 女生 | 总数 |
|---|---|---|---|
| 利宵中学 | 38 | 13 | 51 |
| 圣若瑟修院 | 466 | — | 466（寄宿 123，走读 343） |
| 慈幼会 | 220 | — | 220（全部寄宿） |
| 仁爱会（嘉诺撒） | 33 | 184 | 217（寄宿 129，走读 88） |
| 伯多禄商业学校 | 29 | 39 | 68 |
| 男子中心学校 | 108 | — | 108 |
| 女子中心学校 | — | 110 | 110 |
| 圣罗撒书院 | 11 | 114 | 125 |
| 幼儿园 | 20 | 35 | 55 |
| 澳门议事公局女学校 | — | 75 | 75 |
| 民主学校第一校 | 100 | — | 100 |
| 民主学校第二校 | 38 | — | 38 |
| 望德堂学校（女校） | 64 | 6 | 70 |
| 望德堂学校（男校） | 86 | — | 86 |
| 总计 | — | — | 1789 |

---

① "Escolas de Macau, Relatório da Inspecção Sanitária", *BOGPM*, No. 6（1924. 2. 9），pp. 91-95.

4. 天主教教会为儿童提供的免费教育

高若瑟主教于 1925 年 2 月曾就教区对于儿童的保护工作提交报告，其中有为孤儿和贫困儿童提供上课学习的教室，这些学习的场所包括设在修院的圣若瑟书院（Colégio de S. José）、圣母无原罪孤儿院（Orfanato da Imaculada Conceição）、仁爱会（Casa de Beneficência）、育婴堂（Asilo de Santa Infância）、圣罗撒书院（Colégio de Santa Rosa de Lima）、圣方济各会（Casa de S. Francisco Xavier）、望德圣母堂学校（女校）、望德圣母堂学校（男校）、氹仔的男子学校、氹仔的女子学校，以及路环的男子学校。

圣若瑟书院分为两个部门，一个专为培养教会教士，另一个主要负责商业方面的教育。商业部门的学生大都是土生葡人和华人学生，该课程共有 187 名学生（4 名欧洲人，40 名土生葡人，129 名华人，7 名东帝汶人，4 名秘鲁人，2 名印度人和 1 名荷兰人），几乎所有学生都十分穷困，在学校里接受免费教育。该学校另有负责寄宿学生的部门，另外还设有一所孤儿院，收留并为葡萄牙人及其后代的孩子提供教育。圣母无原罪孤儿院是一所职业技术学校，由慈幼会办理，有 220 名学生在校寄宿，校内学习全都免费。学校始建于 1906 年，除了教授中文和葡文外，还提供职业技术的学科，包括制鞋、裁缝、印刷、图书装订、木匠、细木工艺和音乐等。仁爱会始建于 1877 年，是专门收容和教育女子的学校，该校根据年龄和条件将学生分成不同部门。该会有一所学校和两个孤儿院，学校共 111 名学生，两所孤儿院，分别为土生葡人儿童和华籍儿童而设，共 135 个孩子，他们可以学习一些文化和专业方面的知识。育婴堂也是一所慈善机构。该机构主要收养被父母遗弃的华籍孩子。圣罗撒书院也是一所儿童救助机构，该学校免费为 120 名华籍和葡国籍的女孩提供教育。圣方济各会是一所华籍残疾儿童的收容所，同时还设有专门为残障儿童而设的部门。除了以上的学校和机构外，在澳门还有两所望德圣母堂学校，学校共有93名贫困学生；另外还有两所学校设在氹仔，共有114名学生；还有一所路环的学校，共有25名学生。这些学校为华籍的儿童提供免费的教育。[①]

## 三　华人办理的一些学校

由于澳门的人口以华人为主，所以由华人办理的学校数量较多。科尔沃1878年的记录是73所华人学校，1916年有102所华人学校向华视学会申领准照，1923年黎登医生的报告是118所学校，当中104所由华人办理。清末有学制的改革，政府兴办学堂，改革课程和教学，然后是废除科举，一切处于急剧的变化，但澳门的学校主要仍是以私塾为主，但由于维新和革命人士在澳办学，所以这个时期有不少教育方面的变革足可称道。又迁澳的格致书院及相关的基督女学堂虽非华人办理，亦一并附于本节末端。

### （一）镜湖义塾

镜湖义塾是澳门第一所免费义学，据王文达所述，是澳门曹、周二姓富户向镜湖医院捐送资产，并声明以年中收租若干拨充兴办义学的经费。[②] 这种由士绅捐助银两和田产兴办义塾是一种惯常的模式。另

---

① "Relatório do Bispo de Macau"，*Documentos para a História da Educação em Macau*，Vol. 1，pp. 282 – 285. 嘉诺撒会的修女早于1873底或1874年初已在澳门为贫困的华籍儿童提供教育，1877年开始收容中国人和欧洲人的孤女。1886年以前，学校只为华籍女童而设，但那之后有很多葡国家庭有意把女儿送进学校。见 Padre Manuel Teixeira，*A Educação em Macau*，pp. 327 – 331. 白鸽巢前地仁爱会内由嘉诺撒女管理的女子学校于1886年9月开办，教授适合女生学习的技能，除小学初级课程和补充课程外，也开设葡语、法语、英语、意大利语、图画、钢琴和唱歌等科目。寄宿生收费8元，姊妹二人同读收14元，又走读生只收1元；钢琴、唱歌和图画等每科加收2元。见 "Collegio para Meninas na Casa de Beneficência a Cargo das Irmãs Canossianas, na Praça de Camões—Macau"，*A Voz do Crente*，1887. 1. 1。*A Voz do Crente* 周报原刊引见网站 https：//nenotavaiconta. wordpress. com/tag/colegio – da – casa – de – beneficencia。

② 王文达：《澳门掌故》，第321页。

黄蕴玉曾忆述，镜湖医院附设的义塾始于民前二十年（1892），原分五区设立义塾，到民前七年（1905）只保留连胜街一所，当时曾重新订定课程，不再使用四书和《三字经》等课本，主其事者包括曹子基、周端甫、张仲球、何宝岩、郑莘农、卢廉若等十人。曹子基为镜湖义学校首任校长，学校原分甲乙丙三班，名额 150 人，另加一"半日班"，名额 80 人；后因半日班成绩不彰，遂改为"蒙学班"，名额减至 40 人。① 黄蕴玉的忆述说明了晚清时期澳门华人教育制度的改革与晚清政府的改革一致，1905 年废除科举制度以后，义塾的教学也随之改变，未有抱残守缺的情况。据镜湖医院光绪廿四年（1898）十月十四日堂期集议的记录，原有五所义塾，分别设于望厦、新坦头、新桥、卖草地和三巴门。② 1909 年，镜湖初等小学堂共计有 30 多名学生毕业。③ 镜湖初等小学堂或于 1906 年开办，1909 年夏曾增设织造一科，让毕业生继续学习，教养兼施。④

（二）蒙学会各书塾

蒙学书塾由陈子褒创办。陈子褒名荣衮，广东新会外海乡人，师从康有为，在万木草堂读书。1898 年戊戌变法失败后东渡日本，于其时考察当地中小学，尤其服膺于福泽谕吉所创办的庆应义塾的宗旨和方法（日本明治维新时的第一改良私塾），1899 年返国便尝试改良小学教育，在澳门曾与弟子门人办理佩根平民义学、赞化平民义学及灌根劳工夜学。⑤ 陈子褒返广州后倡设"蒙学会"，并以为"人生一

---

① 黄蕴玉：《镜湖义学之沿革及其迈进》，《镜湖医药》（镜湖医药社编）1948 年第 1 期。
② 吴润生主编：《澳门镜湖医院慈善会会史》，（澳门）澳门镜湖院慈善会 2001 年版，第 207 页。
③ 《澳门学界公祝孔教之盛》，《香港华字日报》1909 年 10 月 13 日。
④ 《镜湖学堂捐款告白》，《香港华字日报》1909 年 2 月 28 日。
⑤ 冼玉清：《改良教育前驱者——陈子褒先生》，参见陈子褒《教育遗议》，（台北）文海出版社 1973 年版，第 293—298 页。

切道德学问，皆伏根于蒙学"。[①] 该会有二十余人，[②] 而陈子褒早于 1900 年便已出版《绘图妇孺三字书》《绘图妇孺新读本》（卷一及二）、《妇孺新读本》（卷三）、《妇孺论说》（第一及第二种）、《妇孺习字格》（第一种）、《增改妇孺须知》《增改妇孺浅解》《妇孺通解》《妇孺骈解》《教育说略》等书，香港（威灵顿街聚珍书楼、文武庙直街文裕堂）、省城（第七甫博闻报、双门底圣教书楼、文升阁）和澳门三地均有寄售，澳门的寄售处就在石闸门（草堆街与营地大街交界附近）的大隆纸店。[③] 陈子褒初到澳门，就受聘于澳门邓氏，兼在原生学堂助教。原生学堂于 1901 年停办后，陈子褒在荷兰园 83 号开设蒙学书塾。蒙学书塾设"高等班"和"寻常班"，由陈子褒及其弟陈子韶分别任教。[④] 1903 年旧历的正月，澳门蒙学研究会在荷兰园（教员陈子褒和陈子韶）、近西街（教员卢雨川）、三巴仔（教员区丽庵，之前受聘于启蒙书塾）和高尾街（门牌 18 号，教员陈仲瑜）设有学塾，幼班课程包括修身、历史、唱歌、读书、学文、解字、习字、习算，高班的课程再增加地理和作文。当时有陈亨如在香港西营盘设塾，另内地各处共 11 所学塾亦延聘该会的同志为教习，

---

① 《陈子褒先生小传》，《岭南学生界》1905 年第 2 卷第 2 期。

② 据陈德芸在陈子褒《教育学会缘起》一文的按语所述，陈子褒原倡议发起教育会，后改为蒙学，以教育二字问题太大，故舍大取小。参见《教育遗议》，第 20 页。

③ 《蒙学新书》，《香港华字日报》1901 年 3 月 22 日。另《蒙学书塾书目》见于《绘图妇孺三字书》（蒙学书塾编辑，光绪二十六年七月）。陈子褒编著的各种教材和读物可详参见石鸥《通俗的教育和通俗的课本——陈子褒和他的蒙学教科书》，《百年中国教科书忆》，知识产权出版社 2015 年版，第 185—206 页。

④ 《蒙学书塾》，《香港华字日报》1902 年 1 月 3 日。该广告谓"高班"陈子褒教授，"幼班"陈子韶教授；高班每人全年学费 10 元，幼班 18 元；在馆食宿者全年房租约 12 元，每月餐费约 4 元。1902 年张百熙奏定学制章程，小学教育为六年，三年寻常小学堂，三年高等小学堂。1903 年张之洞、荣庆、张百熙等人重订章程，初等小学堂修业期改为五年，高等小学堂为四年。宣统元年（1909）又有修改，初等小学堂分三种，完全科五年，简易科四年或三年；宣统二年（1910），初等高等小学修业期一律改为四年。

包括卢湘甫（澳门张氏家塾）、卢聘畲（前山蒙养学堂）、陈舜云（竹秀园家塾）、区朗若（山场小学堂）、黄式如（省城时敏学堂）、卢衮裳（省城时敏学堂）、陈辑五（省城时敏学堂）、陈德芸（石岐蒙学堂）、陈□廷（西墩蒙学书塾）、陈仲寅（外海蒙学书塾）、陈惠畴（外海蒙学书塾）等教员，而当时的卢湘甫已受聘于澳门的张氏家塾。① 又澳门蒙学会 1905 年曾在报章刊广告，列出 18 名成员，见表 1 − 6。

表 1 − 6　　　　　　　　　澳门蒙学研究会广告②

| | |
|---|---|
| 陈子襃在澳门荷兰蒙学书塾教授 | 卢聘畲在香山前山刘氏学堂教授 |
| 陈子韶在澳门荷兰蒙学书塾教授 | 陈仲瑜在香山上栅乡蒙学书塾教授 |
| 卢雨川在澳门大庙脚蒙学书塾教授 | 陈季驯在香山官堂乡蒙学书塾教授 |
| 区劢庵在澳门高尾街蒙学书塾教授 | 陈舜芸在香山堂家乡中西学堂教授 |
| 梁玉如女师在澳门高尾街蒙学女书塾教授 | 陈子麟在香山竹秀园蒙学书塾教授 |
| 卢湘父在澳门南湾张氏家塾教授 | 陈炳之在香山山场乡蒙学书塾教授 |
| 陈德芸在香港砵典乍街养新书塾教授 | 陈辑五在香山外海乡晓钟书塾教授 |
| 伍雨生在省城西关连庆新街蒙学书塾教授 | 陈友桐在新会三江乡蒙学书塾教授 |
| 区朗若在香山前山恭都小学堂教授 | 陈景度在新宁水楼堡公益学堂教授 |

　　两相对照，部分成员名字相同。据 1904 年的调查，各地采用蒙

---

① 《蒙学书塾》，《香港华字日报》1903 年 2 月 10 日；《蒙学研究会告白》，《香港华字日报》1903 年 2 月 12 日。

② 《澳门蒙学研究会广告》，《香港华字日报》1905 年 2 月 20 日。

学会教法的蒙馆共有 24 处，教员 25 人，男、女学生共 657 人，[①] 见表 1-7。

表 1-7　　　　　　　　1904 年各地采用蒙学会教法的蒙馆

| | | | | | | | | |
|---|---|---|---|---|---|---|---|---|
| 澳门 | 蒙学书塾 | 陈子褒（高等班） | 男女生 | 36 | 外海五间 | 陈辑五 | 学生 | 22 |
| | — | 陈子韶（寻常班） | 男女生 | 50 | — | 陈仲寅 | 男女生 | 20 |
| | 大庙脚一间 | 卢雨川 | 男女生 | 40 | — | 陈惠畴 | 学生 | 20 |
| | 高尾街一间 | 区丽庵 | 男女生 | 27 | — | 陈彤史 | 学生 | 15 |
| | 高尾街女塾 | 梁玉如（女） | 女生 | 32 | — | 陈受廷 | 男女生 | 9 |
| | 张氏家塾 | 卢湘父 | 男女生 | 9 | 潮连四间 | 陈俭堂 | 学生 | 30 |
| 香山 | 那洲一间 | 陈耀平 | 男女生 | 13 | 新会 | — | 李子祥 | 学生 | 30 |
| | 官堂一间 | 陈季纯 | 男女生 | 28 | | — | 容巨卿 | 学生 | 30 |
| | 上栅一间 | 陈仲瑜 | 男女生 | 32 | | — | 陈伯裳 | 学生 | 30 |
| | 竹秀园一间 | 陈舜云 | 学生 | 17 | | 会城二间 | 陈筠如 | 学生 | 13 |
| 前山 | 蒙养学堂 | 卢聘裔 | 学生 | 45 | | — | 伍雨生 | 男女生 | 17 |
| | 恭都小学堂 | 区朗若 | 学生 | 40 | | 三江一间 | 陈友桐 | 学生 | 20 |
| 香港 | 养新学塾 | 陈德芸[②] | 男女生 | 32 | | — | — | — | — |

———————————

① 《陈子褒先生小传》，《岭南学生界》1905 年第 2 期；《蒙学研究会》，《岭南学生界》1905 年第 2 期。1904 年 1 月 13 日公布施行的《奏定学堂章程》（癸卯学制）共分三段七级，其中第一阶段为初等教育，分养蒙院（4 年），对象为 3—7 岁儿童；初等小学堂（5 年），7 岁入学；高等小学堂（4 年），12 岁入学。学制系统的旁系另设有实业学堂和师范学堂，实业学堂分初中高三等；与高等小学堂平行的为初等实业学堂，分农业、商业和初等商船三类。

② 《陈德芸先生行述》记陈德芸"澳门蒙学会员陈君子褒弟子……癸卯春就香山城蒙学堂席……甲辰春在香港开设养新书塾……师范之下手处，陈君殆有所得欤"。载《岭南学生界》1905 年第 2 卷第 6 期。癸卯即 1903 年，甲辰即 1904 年。

·30·

既然上述蒙馆所采用的是蒙学会的教法，而这些教员名字与 1903 年和 1905 年的名单又有重叠，或可假设这 25 人全是蒙学会的成员。此外，资料所见成员也有流动，如区砺庵于 1907 年移席香港养新书塾，陈友桐于 1911 年也在该塾的日馆任教。[①]

关于蒙学会的其他成员，暂以卢子骏（字湘父，另作湘甫）的研究较多。[②] 卢湘父原是张氏家塾的汉文教习，新会潮连乡人，从游于康有为，也曾游历日本，并在横滨大同学校当教习，曾"编撰蒙学新书，诱导初学"，他认为"中国训蒙旧法，漫无层级……又以近日报纸，文义高深，似专为成人而设，因与生徒等共撰孩子报，达以浅易之语言，绘入醒豁之图画，务适合于孩子之眼界"。[③] 卢湘父于辛亥年移砚香港，设立湘父学塾，校址在忌连尼厘道 1 号，教员除他本人外，还有卢可封、林树仁、张颂棠等，学科有经学、历史、修身、国文、算术、地理、理化、图画等，全年修金 50 元。[④] 就辛亥年底招生广告所见，该塾于壬子年增聘卢伯举，学科则增加了国语，[⑤] 这个增加似乎跟民国成立后的国语运动有关。该塾应是男女生兼收，而当时已附设汉文夜学，1915 年增设湘父女塾，并分立校舍。

陈仲瑜和陈星瑜二人其后在高尾街二号开设陈氏华英书塾，分教华文和英文。[⑥] 部分书塾应不止一名教员，以大庙脚蒙学书塾为例，丙

---

① 《丁未年区砺庵先生在养新书塾》（广告），《香港华字日报》1907 年 2 月 27 日；《德芸学塾夜学》（广告），《香港华字日报》1911 年 2 月 21 日。

② 陆鸿基：《战前香港市区私塾教育的一环：卢湘父及其思想与事业》，《教育学报》1982 年第 10 卷第 2 期；区志坚：《怎样教导妇孺知识：卢湘父编撰的早期澳门启蒙教材》，《澳门历史研究》2011 年第 10 期。

③ 《卢子骏君小传》，《岭南学生界》1904 年第 1 卷第 8 期。

④ 《介绍名师》，《香港华字日报》1910 年 12 月 6 日。从《香港华字日报》往后各年的广告所见，学校不断扩充和增聘教员，有寄宿安排，并设有女塾和汉文夜学。

⑤ 《中华民国元年壬子湘父学塾招生广告》，《香港华字日报》1912 年 2 月 2 日。

⑥ 《澳门陈氏华英书塾》，《香港华字日报》1906 年 1 月 16 日。

午年（1906）正月二十日开学，除卢雨川外，另有刘希明教授体操，吴节薇教授算学和英文。① 己酉年（1909）正月开学的景厚学塾，校址设在龙嵩街 75 号，英文教员是皮丽，中文教员是彭百吉和卢雨川。② 但随着时间的流逝，蒙学会的成员亦逐渐减少。1918 年，当时的会友仅余十人，即陈子褒、邓景范、陈俊卿（三人都在香港般含道清风台式号）、区砺庵（香港宝庆坊养新书塾）、陈景度（香港坚道朱六安堂家塾）、陈仲儒（香港坚道马敦厚堂家塾）、陈子韶（澳门荷兰园沃华学校）、陈君实（广州小东营灌根学校）、陈宝川（香山鸡柏唐氏学校）和陈伯裳（日本横滨大同学校），在香港的共 6 人，澳门、香山、广州和日本各 1 人。③

《岭南学生界》有两则关于蒙学书塾的记录。一为该校学生陈国俊在操场锻炼身体而受伤，该文反驳不应因害怕受伤而停止运动，因不运动而长期积累的害处更大，只要在设有西医的地方运动便可。另一为蒙学书塾的女生共 28 人，无一是缠足的。④ 据王文达所述，蒙学书塾初设于荷兰园正街 83 号，继改称子褒学塾，其胞弟于其邻设子韶学塾，分收高初两等学生。子褒学塾曾迁往龙嵩街，再迁荷兰园二马路，并改名灌根学校，子韶学塾则迁往板樟堂街，改名沃华学校。⑤ 关于这所灌根学校，冼玉清忆述陈子褒初设馆时学校名灌根草堂，她在灌根草堂读书六年，而陈子褒在《汉报》上发表《论中国教育亟宜改良》一文时，就是署名"澳门灌根草堂陈荣衮"⑥。从广

① 《澳门蒙塾书塾广告》，《香港华字日报》1906 年 2 月 8 日。
② 《己酉景厚学塾广告》，《香港华字日报》1909 年 2 月 8 日。
③ 《蒙学会友通问处》，《香港华字日报》1918 年 3 月 1 日。
④ 《澳门蒙学书塾》，《岭南学生界》1904 年第 1 卷第 6 期。
⑤ 王文达：《维新之塾师——陈子褒兄弟》，载《澳门掌故》，第 294 页。
⑥ 冼玉清：《万木草堂与灌根草堂》，《大风》（半月刊）1940 年第 63 期。陈子褒：《论中国教育亟宜改良》，《汉报》1900 年 1 月 21 日。

告所见，子褒和子韶两所学塾至少在 1911 年仍设在荷兰园，当时还多了一所佩根女塾。1912 年，两塾分别改名灌根学校和沃华学校，前者在龙嵩街，后者在荷兰园。① 灌根学校于 1919 年易名为今观学校，由丕丽和崔百越主任，并附设男女初高两等小学，校址就在南湾巴掌围斜巷六号二楼，也就是崇实学校后来的校址。②

## （三）原生学堂

原生学堂由张心湖、张仲球和其他人士于戊戌年（1898）创办。冼玉清忆述原生学会为维新志士谈学艺和讲政论的地方，天足会、戒烟会、剪发会曾借此地为会所。③ 变法维新失败后，社会畏惧新学，学生稀少，学堂于庚子年停办。二人于是改办家塾，教导自己的子女和弟妹，是为张氏家塾。张氏家塾在澳门南环，有十多名学生，购置有书籍、仪器、图画，以及化学药料、幼稚恩物等。家塾的汉文教习即卢子骏（字湘父），英文教习为黄耀裳，其后增聘徐甘棠为格致教习。家塾中学生分为高等和寻常两班，寻常班专习中文，高等班则中西并习。陈子褒曾在原生学堂助教，不讳言"其试验教育得力于原生学堂者甚多"，故"澳门蒙学实张氏兄弟为之先导"④，而澳门男女同学之风，亦始于原生小学堂。⑤

---

① 《辛亥年子褒学塾子韶学塾佩根女塾广告》，《香港华字日报》1911 年 1 月 6 日；《壬子年灌根学校、沃华学校广告》，《香港华字日报》1912 年 2 月 10 日。

② 《澳门今观学校招生广告》，《香港华字日报》1919 年 1 月 11 日。

③ 冼玉清：《澳门与维新运动》，载广东省政协学习和文史资料委员会编《广东文史资料存稿选编》卷 6，广东人民出版社 2005 年版，第 619—622 页。据《澳门不缠足会告白》所见，由吴节薇、何廷光（何穗田）、康广仁等八人于 1897 年倡议成立的"澳门不缠足会"就是设于荷兰园的原生学舍，参见《知新报》第 29 册《澳门不缠足会告白》[光绪二十三年（1897）八月初一]，叶 24 下。

④ 《澳门张氏家塾》，《岭南学生界》1904 年第 1 卷第 8 期。

⑤ 陈子褒：《论男女同学上》，《岭南学生界》1905 年第 2 卷第 5 期。

另据冼玉清忆述，与维新运动相关的还有启明学校。① 该校由沈史云和邓仲泽等捐资创办，力主趋新，教员多留日学生，课程中有物理、化学、体操、唱歌、伦理、生理等；以及新会孝廉卢湘父的湘父学校和南海县（今南海区）人卢梓川的梓川学校。②

（四）培基两等小学堂

戊戌政变以前，康有为和梁启超等维新派对澳门教育界有一定的影响。至于同盟会的影响，主要有培基两等小学堂。该校于 1902 年（壬寅）创办，原名"启蒙"，由群学社同人津贴，后因经费过巨，于 1906 年（丙午）停办。1908 年（戊申）设校于澳门蛾眉街第四号，分高等小学（四年）和寻常小学（五年），并为年长学生设"织造简易科"，目的为振兴实业。③ 1910 年 3 月 1 日（宣统二年正月二十日）开学，该校已迁至龙嵩街 32 号。④ 据赵连城忆述，该校部分倾向革命的学生采用郊游会等形式与同盟会人员经常联谈论革命最终走出课室掀起政治性的社会活动。⑤ 与变法维新相关的还有一所华商学堂，据王文达所述，该学堂始于宣统初年，设在澳门天神巷 37 号宋氏大屋。学堂

---

① 庄福伍《冼玉清先生年表》记冼玉清八岁（1903）在澳门林老虎私塾读书，九岁至十一岁入读启明学校，参见黄炳炎、赖适观编《冼玉清文集》，中山大学出版社 1995 年版，第 866 页。然而，笔者在 1903 年 9 月《启蒙学塾告白（夏季考试每班考取芳名）》中却看到冼玉清的名字。启蒙学塾有四个班，冼玉清的名字见第三班，参见《香港华字日报》1903 年 9 月 16 日。1904 年 9 月 2 日《香港华字日报》上的《告白：澳门三巴仔启蒙学校夏季考试名列》又见冼玉清的名字于该校乙班。然而，同一则告白中另有《省城西横街狮子林启明学校原启蒙学塾夏季考试列》，故启明学校和启蒙学塾应有关联。

② 冼玉清：《澳门与维新运动》，《广东文史资料存稿选编》卷 6，第 619—622 页。

③ 《光绪戊申年澳门培基校简明章程》，"双源惠泽，香远益清——澳门教育史料展"，澳门中华教育会主办，2010 年 9 月 10—30 日。该章程于"培基校"三字下夹注"原名启蒙"。

④ 《澳门培基学校广告》，《香港华字日报》1910 年 2 月 25 日。

⑤ 赵连城：《同盟会在港澳的活动和广东妇女参加革命的回忆》，载中国人民政治协商会议广东委员会文史资料研究委员会编《广东辛亥革命史料》，广东人民出版社 1981 年版，第 85—106 页。另可参见何伟杰《澳门：赌城以外的文化内涵》，（香港）香港城市大学出版社 2011 年版，第 162—179 页。

按学生程度分甲乙丙丁各班，人数约百人，有图画、唱歌、体操、游戏等。

（五）崇实学校

崇实学校创办于宣统元年（1909），校址在卖草地。校长梁彦明于1909 年（己酉）到澳门，创办该校，时年25 岁。[①] 1912 年9 月，该校迁天神巷，初名崇实学塾，后改称崇实初高两等小学校。1917 年夏呈奉广东省省长核准立案后，改称崇实高等小学校，附设国民学校。1912 年有113 名学生，1921 年增至235 名学生，学校有理科、修身、国文，有史舆挂图200 多轴，世界名人画像60 多幅，物理化学仪器250 多种，矿物标本50 种，经史子集教科教案参考书4600 多卷，运动器械、木枪、佩刀、哑铃、球竿、木环、指挥剑、旗帜、军乐、风琴、洋箫等230 多件。值得注意的一点，是该校创办时期所得到的捐助，南洋兄弟烟草公司简玉阶从1918 年至1921 年共捐助该校增设半夜义学经费2200 元。1919 年，黄志雄为该校募捐购置理科仪器款项共320 元，容梓龙捐助购置书籍款项500 元，周岂凡捐助开办费200元，等等。[②]

（六）孔教学校

"闽澳华侨公立孔教学校"于1913 年7 月9 日由澳门孔教会创立，陈纯甫、李朝宗、鲍少芹和杨勤圃等发起人，初办义学，后改小学，

① 《崇实概况》，1921 年9 月，第1 页。

② 据《崇实概况》这份资料所见，曾捐资百元以上者"经蒙广东省长给发银质一二三等嘉祥章褒奖状以示鼓励"。有关办法应是依据《重修捐资兴学褒奖条例》（1918 年7 月3 日），参见中国第二历史档案馆编《中华民国史档案资料汇编：教育》，江苏人民出版社1979年版，第619—622 页。

但仍附设义学于夜间。① 孔教学校创立时租炉石塘街46号二楼为校址，定名"孔教学校"，首任校长为郑莘农。该校创办弁言清楚表明以"昌明孔教"和"培植人才"为目标，而该校的招生简章亦注明"系由热心尊孔各同志所组织，专推广孔教"②。办学翌年学童逾百，改迁白马行街柯宅，1917年向华侨募捐，购得柿山大炮台街四号，奠立校基。1921年又因经费支绌，曾用校契向瑞德银号质款，后经校董卢廉若和蔡文轩等商请名优演剧筹款，才将校产赎回。③ 第一届毕业礼于1917年1月4日（旧历十二月十一日）举行，时任校长为卢廉若，以广东省省长朱庆澜派教育科长朱念慈为代表，携备礼品到会，惜迟到不克致训词。④ 黎登医生1923年的报告显示该校有103名学生，当中11名为女生。

## （七）澳门英文学校

澳门英文学校（Macao English College）于1914年成立，提倡者皆为香港圣士提反学堂毕业生。该校采用香港的学制，香港会吏白烈士（Archdeacon William Banister）为名誉校长，创办者为树学会会长区利仁，时任校长为郭杓。有报道指，学校开办的第一年有两名英国人，一为圣士提反前高级教员奇勒，另一为圣约瑟前高级教员衣士剌，当时并有学生准备报考翌年香港大学的次等试验。⑤ 1916年3月，该校学生从原来创办只十多人增至六十多人，教员也增至九人。⑥ 1919年学

---

① 《孔教中学校庆纪念》，《华侨报》1947年7月9日。
② 陈志峰：《民国时期澳门孔教会及孔教学校汇考》，《澳门理工学报》2017年第2期。《澳门孔教学校之成立》，《孔教会杂志》1913年第1卷第8号。
③ 《澳门孔教学校之成立》，《孔教会杂志》1913年第8号；《孔教中学沿革史略》，《大众报》1948年1月2日。
④ 《澳门孔教学校毕业纪盛》，《香港华字日报》1917年1月9日。
⑤ 《澳门学界近况》，《香港华字日报》1915年12月1日。
⑥ 《澳门英文学校颁奖之盛会》，《香港华字日报》1916年3月8日。

校设于龙嵩街 2 号。① 该校虽仿效英国教会在香港所设的圣士提反学堂，但全由中国人办理，期以教育救国。1921 年，该校加设汉文小学部，校名改为"澳门英文学校、澳门汉文学校"（Macau English College，Macau Chinese College），英文学校结束后，汉文学校由孔宗周继续维持下去，也就是后来的汉文学校。② 黎登医生 1923 年的报告显示澳门英文学校有 57 名学生，当中 13 名为女生，澳门汉文学校有 105 名学生，当中 29 名为女生。澳门当时还有一所邓汉基英文书塾或邓汉基英文学校，较澳门英文学校更早，惜未见详细资料。③

（八）格致书院

格致书院是"第一所来澳避难的书院"④。1900 年 7 月，在广州的格致书院迁到澳门，即易名为岭南学堂，教室和校舍设于士多纽拜斯大马路和雅廉访大路交界处的张家花园，直至 1904 年才迁返广州。初定学制为"广学班"，四年毕业，随后又改称"大学预科"。阴历正月为一学期开始，分两学期，暑假放假两月，十二月结束。该校之所以迁澳，据夏泉和刘晗的研究，原是晚清义和团运动所产生的排外情绪，该校在澳办学达四年之久，则是因为广州校址未有选定的缘故。⑤ 陈子褒非常欣赏学堂的教授方法。一是直接用英语来学习英语，而不是通过翻译为中文来学习；二是在课堂的教学以外，也让学生在课外活动

①《澳门英文学校招生》（广告），《香港华字日报》1919 年 2 月 6 日。

② 王文达：《澳门第一所英文学校——澳门英文学校 M. E.C》，载《澳门掌故》，第 302—303 页。

③《濠镜学风》，《香港华字日报》1916 年 1 月 18 日；《澳门学界近况》，《香港华字日报》1915 年 12 月 1 日。

④ 刘羡冰：《澳门教育史》，人民教育出版社 1999 年版，第 49—51 页。

⑤ 夏泉、刘晗：《广州格致书院（岭南学堂）澳门办学研究（1900—1904）》，《文化杂志》（春季刊）2011 年第 78 期。澳门时期的岭南学堂的教育活动，参见刘宝真《澳门岭南学堂（1900—1904）研究》，《五邑大学学报》（社会科学版）2013 年第 4 期。

（如郊游）中学习，教习于下课后仍与学生一起打球和上街，这也许就是现在的有固定情境的沟通式学习；三是学严格起居和生活习惯，课堂要求学生于晚上九时三十分就寝，夜出者必遭教习责罚，禁止吸烟；四是自由演说和辩论，星期六上午有中文演说，晚上有英文演说；五是鼓励学生自治。陈子褒的看法是"其示人以不自由而自由有如此者，教者谆谆听者或藐藐矣，惟使自看自读自思索而后迎刃解之，不愤不启不悱不发，中西同一教法也"。至于教授高级班，学堂的教学体现出团结和互助的精神，尤其在中文和英文的学习方面，要求中文和英文的水平必须在同一级别，不能专学外国文字而不学本国文字，尤为陈子褒所称许。①

（九）基督女学堂

光绪二十四年（1898）正月《博闻报》刊登《澳门大同女学堂章程》，并有"学堂内课学章程五条"和"筹办章程四条"②。又1903年的《女学报》亦报道"澳门近设一荷兰女学堂，内聘美国教习三人，中国教习一人，每日以三点钟教授华文，三点钟教授英文，专收十岁以上者"③。关于这所女学堂，应即林安德夫人（Mrs Andrew Henry Wood）在钟荣光和廖德山二人支持下创办的女学堂，该学堂一切规则皆依岭南学堂而行，目的是为女学培养教师。学堂于1903年2月26日开学，但学生年龄差距颇大，由9岁至30岁不等；设有三位外国女教习，麦祈（加拿大长老会牧师）师奶（Mrs W. R. Mackay）教算学及圣经，刘惠士夫人（Mrs Clancey M. Lewis）教地理及写字，林安德夫人

---

① 陈子褒：《记岭南学堂迁居》，《岭南学生界》1904年第1卷第6期。
② 吴志良、汤开建、金国平编：《澳门编年史》第4卷，广东人民出版社2009年版，第2069页。
③ 《澳门荷兰女学堂》，《女学报》1903年第2期。

教英文。学生每日到校读圣经、祈祷和唱诗，约一小时，由一位教习负责，之后就是用英文教授三小时，另有一名中国男教师教三小时汉文。星期三免习汉文，星期六免习英文及其他学科。每星期有三天下午完课后，至少由一位外国女教师带领各学生逛街，在波斯坟近处游戏，全用英语。1904 年 10 月复学时有学生 10 名，其后学堂因岭南学堂迁返广州后停办，女学生则往蒙学书塾继续学习汉文，但每星期仍有三天下午时分到麦祈师奶家兼习英文。① 此外，澳门可能还有一所女义学，报载"有吴女士与同志者数人创壹女义学于大井头之洋楼，所有教习□事各员均皆女流，其教法亦壹秉正道，汰除自由陋习云云"②。虽然只是片言只语，但这所女义学要秉正道和汰除自由陋习，或是有意针对当时社会所提倡的女权的回应。

## 四　华人学界的一些活动

晚清时期的澳门虽然受到葡人的管治，但澳门与内地教育仍是一脉相承的，每年的恭祝孔圣诞是学界的重要活动。1907 年 10 月，澳门各学堂悬结鲜花纪念，镜湖学堂并邀请其他学堂员生参加茶会，当日并由卢湘父主持羊城通志学堂校长谢恩禄牧师演说。③ 1908 年有子韶、湘父、雨川、培基等学校举行庆祝。④ 当然，祝孔并不限于学界，1909 年有草堆街、大街各铺店及酒楼赌馆于晚上在门前悬灯结彩，高插龙旗，并用白布红字写上孔诞纪念，一些绸缎铺则用五色绉沙束结的物品悬挂，又有赛烧串炮等活动。⑤ 然而，一些关于国内社会民生的事件

---

① 林安德夫人：《一年之女学生》，钟荣光译，《岭南学生界》1904 年第 1 卷第 7 期。学堂或名"基督女学堂"，参见《岭南学堂纪事》，《岭南学生界》1905 年第 2 卷第 6 期。

② 《澳门女义学》，《香港华字日报》1911 年 8 月 11 日。

③ 《澳门学界祝孔子诞纪盛》，《香港华字日报》1907 年 10 月 7 日。

④ 《澳门学界祝孔子诞汇记》，《香港华字日报》1908 年 9 月 26 日。

⑤ 《澳门祝孔诞之盛》，《香港华字日报》1909 年 10 月 13 日。

亦曾得到澳门学界的积极回应，其中包括了赈灾和剪发，而当时在英国殖民管制下的香港亦不无例外。

## （一）学界的赈灾活动

1908 年 6 月两广水灾，澳门镜湖医院各总理拟仿照港省卖物助赈会办法筹款赈灾，当时澳门的学界和天主教耶稣会均拟合力帮助，各绅商于 7 月 20 日（六月二十二日）召开会议，公举陈席儒为正主席，萧瀛洲为副主席，容星桥和廖德山两人为耶稣教司理，陈子褒和卢湘父二人为学界司理。① 卖物助赈水灾会于 7 月 27 日（六月廿九日）开会，并呼吁各界于 29 日（七月二日）起将惠助物品送至该会，② 而办事处正是荷兰园的原生学舍。③ 该会于 8 月 8 日（七月十二日）在镜湖医院集会商议，讨论卖物助赈事宜，当日有数百人出席。主席陈席儒报告该会成立后所办理的事情，当时副主席有张心湖和萧瀛洲二人。当日名誉会员有 370 人（各捐 10 元），会员 437 人（各捐 5 元），另有不少已送和待送的物资。④ 卖物助赈会于 1908 年 8 月 16—23 日（七月二十日至廿七日）举行，主席为陈席儒，副主席张心湖和萧瀛洲，会员有张仲球、王步梯、蔡鹤朋、卢廉若、李镜泉、杨臣五，以及其他绅商。卖物助赈会的会场设于东望洋山阴操场（荷兰园操兵地），当日澳门主教、代督，以及澳门文武官员均有出席。会场横十丈直约十六丈，场内有戏棚一座，影戏棚一座，卖物位数十处，其中即有镜湖学界售物场和香港安怀女学校售物场，另有男

---

① 《澳门又拟开卖物助赈会》，《香港华字日报》1908 年 7 月 17 日；《澳门卖物赈灾会之组织》，《香港华字日报》1908 年 7 月 23 日。

② 《澳门卖物助赈会改时刻》，《香港华字日报》1908 年 7 月 31 日。

③ 《卖物助赈水灾会广告》，《香港华字日报》1908 年 8 月 13 日。

④ 《澳门卖物助赈会纪事》，《香港华字日报》1908 年 8 月 11 日；《澳门卖物助赈水灾会分类各欵进数呈列》，《香港华字日报》1908 年 9 月 21 日。

女招待所和西乐亭。① 澳门卖物助赈水灾会的成员见表1-8。

表1-8 澳门卖物助赈水灾会的成员

| 部门职务 | 姓名 | 人数 |
|---|---|---|
| 主席 | 陈席儒 | 1 |
| 副主席 | 张心湖、萧瀛洲 | 2 |
| 总务部 | 张仲球、容星桥、杨信生 | 3 |
| 理财部 | 何宝岩、赵立夫、赵霭堂 | 3 |
| 文件部 | 卢湘父、林文棠、区次平、潘伟云、陈选南、卓乃宙、卓乃大、郑乃灿、郑士植 | 9 |
| 运动部 | 张福攸、林梅修 | 2 |
| 建设部 | 陈赓如、王步梯、容逸卿 | 3 |
| 接受部 | 李升干、贺穗垣、吴星渠 | 3 |
| 招待部 | 蔡鹤朋、陈纯甫、郑德瑜、郑莘农、李镜荃、陈子褒、卢廉若、卢煊仲、卢怡若、罗谦容 | 10 |
| 收掌部 | 吴醴泉、容梓庭、曹维聪 | 3 |
| 陈列部 | 吴兆芹 | 1 |
| 稽察部 | 苏墨斋(苏曼殊堂兄)、陈荣宾 | 2 |
| 义捐箱 | 郑禄 | 1 |

稽察部除部长二人，该部共六十余人，工作全由学生承担。②

---

① 《澳门卖物助赈会纪》，《香港华字日报》1908年7月30日；《澳门卖物助赈水灾会开幕纪事》，《香港华字日报》1908年8月17日；《澳门卖物助赈水灾会广告》，《香港华字日报》1908年8月13日、1908年8月21日。

② 《澳门慈善会之特色》，《香港华字日报》1908年8月27日。

1908 年 7 月下旬，澳门学界也假座镜湖学堂商议，到会者将近澳门学堂和私塾全数。会上公举卢雨川为临时主席，提议各塾由教习各自向学生劝捐，有数十人同意并签名。① 澳门当时的学界和女界另开公所商办助赈事宜，报道所见的名字包括蒙学书塾、湘父学塾和培基学校等。② 7 月 30 日（七月三日）集会，司理员有陈子褒和卢湘父，会上众人推举卢雨川为学界会所议长，陈受廷和陈叔平为书记员，容泮池为司库员，孔厚田、邓星南和汪升万等为运动员，另有评议员数十人。报道中提及有明社社长区继芬于夜校教授英文，凡学生捐款一圆五角者可免夜校一月学费，多捐者照计豁免，另有蒙学书塾馆僮卢暖捐出三个月工资。③ 在卖物会结束后的汇报中所见，蒙学书塾、励志书塾、培基学校、子韶学塾、雨川学塾（近西街十号）、湘父学塾、华德、明新学堂、南阳家塾、敏求学塾、启蒙女塾等是澳门的学校，另有香港的安怀女校，粤省的有贞蒙、荥阳、德育、育坤、业勤、柔德、夏葛（女医学堂）、坤维等女学校。④ 赈灾会共筹得款项 60494.13 元，其中澳门学界捐款 4610.95 元（7.62%）。⑤ 另报道指香港的安怀女学校的顾绣品所得捐款位列第 2。⑥

## （二）剪发不易服会

清末时期，尤其在甲午以后，社会上出现一股"剪发易服"的潮

---

① 《澳门学界赈灾之踊跃》，《香港华字日报》1908 年 7 月 27 日。

② 《澳门卖物助赈会纪》，《香港华字日报》1908 年 7 月 30 日。

③ 《澳门卖物助赈会纪事》，《香港华字日报》1908 年 8 月 11 日；《澳门卖物会汇记》，《香港华字日报》1908 年 8 月 24 日。

④ 《澳门卖物赈灾会汇记》，《香港华字日报》1908 年 8 月 18 日；《廿壹日澳门卖物助赈灾会汇纪》，《香港华字日报》1908 年 8 月 19 日；《廿叁日澳门卖物赈灾会汇记》，《香港华字日报》1908 年 8 月 21 日。

⑤ 《澳门卖物助赈水灾会分类各款进数呈列（下）》，《香港华字日报》1908 年 9 月 22 日。

⑥ 《澳门助赈会纪事》，《华香港华字日报》1908 年 8 月 26 日。

流，而这股潮流意味着维新和立宪的力量借由"剪发易服"推动变法的改革策略得到中央的回应。① 然而，当时在香港和澳门的报道，实际成立的是"剪发不易服会"，另有报道当时的上海和福建帮也提倡开设剪发不易服会。②

澳门华人虽多，但最初剪发的或只有温万福。③ 位于澳门龙嵩街的培基学堂曾被誉为澳门剪发不易服的先导，校长潘衮伯，另教员四名——区次平、潘翰屏、潘伟魂和欧阳浚。四位教员，仍穿着旧衣冠，但全部剪发。④ 1910 年农历十月下旬，该校"剪发者共三十人，均皆实行不易服，廿八日［案：11 月 29 日］又有学生十余人剪发，是日特开茶会演说"，报道了学生的姓名，如冯祖荫、冯祖祺、区韶凤、周树勋等。⑤ 社会的舆论是"澳门培基学校学生冯某周某等九人相约于孔子诞前实行剪发不穿西服，以为剪发不易服之先导，该学生等可谓有心人哉"⑥。学界剪发的还有当时的崇实学塾，剪发的包括该塾"教员梁彦明、余岂凡，学生蔡治权、陈泽森、余任寰、黎泽霖、林煜明、林镜明共数名云"⑦。

香港的"剪发易服会"由关心焉、陈子裘和陈宝东三人发起，定1910 年 12 月 4 日（十一月三日）为剪发日期。⑧ 澳门的剪发不易服会由卢怡若、宗晋二人发起，该会并有章程如下：⑨

---

① 樊学庆：《"剪发易服"与晚清立宪困局（1909—1910）》，《"中央研究院"近代史研究所集刊》2010 年第 69 期。

② 《上海福建帮提倡开设剪发不易服会》，《香港华字日报》1910 年 10 月 8 日。

③ 温万福曾出席香港举行的剪发不易服会活动，并于当日（12 月 4 日）会上发言，参见《剪发不易服会开会纪盛》，《香港华字日报》1910 年 12 月 5 日。

④ 《澳门教员剪发之可风》，《香港华字日报》1910 年 11 月 24 日。

⑤ 《澳门培基学校员剪辫之踊跃》，《香港华字日报》1910 年 12 月 2 日。

⑥ 《澳门学生剪发不易服之可嘉》，《香港华字日报》1910 年 10 月 24 日。

⑦ 《澳门崇实学塾剪发人数》，《香港华字日报》1910 年 12 月 5 日。

⑧ 《剪发实行之期》，《香港华字日报》1910 年 10 月 21 日；《剪发不易服会之成立》，《香港华字日报》1910 年 10 月 17 日。

⑨ 《澳门剪发不易服会出现》，《香港华字日报》1910 年 12 月 19 日。

一、本会以剪发华服为宗旨，凡关于政治及别项事情皆概不与闻；

一、本会命名为华服剪发会，仍以挽回利权为要，如系能守不易服宗旨固佳，即易服亦必以多用土货为佳，倘用土货制做者，则中西均任便自由；

一、入会之员概不纳捐，无庸花销分文，所有会费均由发起人担任；

一、凡与本会同一宗旨，[愿]为本会会员者，请书姓名、籍贯邮寄本会，即为本会会员；

一、本会暂设板樟庙荣禄第内卢怡若写字楼；

一、定十二月初八日为剪发实行日期，由上午十一点钟茶会正午举行；

一、从前已剪发者赞成入会亦一律欢迎。

澳门的"华服剪发会"如期于腊八节即十二月八日（1911 年 1 月 8 日）举行，地点是清平戏院，共发出请帖千余张，数百人到会，但女性占人数之半，当日澳督也到场，逗留约半点钟。有数十人当场剪发，当中有半数为小童。①

澳门的简章共有七项，但报道所见香港的只简单刊出四项，而最为关键的是第二项的"挽回利权"，这一项可以解释为何港澳两地提出"不易服"的问题。关心焉和陈子裘二人在香港提出剪发不易服，考虑到经济的问题，② 继关、陈二人发起"香港华服剪发同志会"的胡鼎男，也曾提出易服将导致国家财政枯竭，而他所提出的办法，主要是

---

① 《澳门剪发会开幕》，《香港华字日报》1911 年 1 月 3 日；《澳门剪发开会》，《香港华字日报》1911 年 1 月 9 日。

② 《剪发不易服会之组织》，《香港华字日报》1910 年 10 月 15 日。

不管穿任何服式总要不能出乎用土货的范围，典庆之礼服亦应以华服为正式的礼服。① 不易服，利权就不致丧失。当时的伍廷芳曾上奏，希望朝廷"明降谕旨，任官商士庶，得截去长发，而冠服概仍旧制"，原因是西人服饰价值甚昂，并举日本的维新为例，官绅"居恒燕处，仍系保持常服，不过仅截去髻发，其原有之庞袖利屐沿用至今"②。另外当日的农工商部亦曾上奏，因新式衣服所用呢绒几全部外购，中国出产的丝业布匹以及相互依附的商业必受重创，关系国家兴亡。③ 前引樊学庆的论述，就曾提出易服与维护本国经济发展之间存在着矛盾。

## 五　华人学校的监管

澳门政府明令监管私立学校或始于 1909 年 3 月 22 日由辅政司曼西尼亚签署的"澳门新设立查学章程"，其中与私立学校相关的部分更有中文译本。

第一款，澳门所有书馆，或系皇家设立，或公局设立，或民立亦可。

第二款，按照本章程，凡系由皇家独任出资设立，或皇家捐资补助设立者，是为皇家书馆。凡系由公局出资设立者，是为公局书馆，其余是为民立书馆。

第三款，凡以上所指之书馆，按照本章程，均须遵守澳门政府及督理学务公会及查学会之监察。

第二十款，凡督理学务公会有派会内人员或一位，或数位为

---

① 《胡鼎男陈请四邑商工总局提倡剪发不易服书》，《香港华字日报》1910 年 10 月 25 日；《香港华服剪发同志会章程》，《香港华字日报》1910 年 11 月 2 日。

② 《前使美大臣伍廷芳奏请剪发不易服折》，《国风报》1910 年第 18 期。另见《香港华字日报》1910 年 8 月 10—11 日。

③ 《农工商部奏京师商会以喧传剪发易服力陈商业危迫恳予维护折》，《政治官报》1910 年 11 月 23 日，第 7—8 页。

办学务事者，是为该公会之委员。澳门辅政司系该会常年永远委员，因此各书馆应该公认，但系有学务公会所议定，或如何传知书馆之事，均当由其传知。

第二十九款，凡民立书馆所有教习先生，或管理人，或有校舍者，若未曾先报知学务公会之委员及领取澳门政府人情者，不得开设。

第三十款，所有民立书馆教习先生或管理人，必须将其馆于何时开馆、及教何学科、及章程、及用何书籍、用何法教授、教习姓名、学徒人数姓名报知公会委员。又必须于每年完馆日将全年学徒来学、退学之多少，造册送交公会委员。

第三十一款，凡教神父书院，若不是单为教神父书，有兼教别项书者，均须遵守本章所定，与各民立书馆无异。

第三十二款，所有民立书馆先生或管理人，或教习、神父书院之副理人，若不遵守本章所定之条欵，初犯则罚银由一万五千厘士至三万厘士。如若再犯，罚由三万厘士至六万厘士，另勒令停教，由六个月至一年，不准开馆，但此责罚要由按察司衙门立案办理。

附款：本款所论之罚银，自传知该违章人之日起计，予限八日，如能遵守，亦可免罚。如过八日仍不遵者，则照行罚。①

上述第1—3款为原件的第一章"教学机构"，第29—32款为法例的第四章"私人教学机构"。宪报上提供中译本的意图是相当明显的，就是要让华人知悉。就资料所见，当时的学校称"书馆"，分皇家、公

---

① "Organisação e Regulamento da Fiscalisação do Ensino na Provincia de Macau"，*BOGPM*，Vol. 9，No. 13（1909. 3. 27），pp. 156 – 159. 辅政司曼西尼亚这名字当时译作"文司夏"，参见《澳门辅政司文司夏氏约于十七离澳》，《香港华字日报》1910 年 7 月 21 日；有作"万斯刺"，参见《澳门新政》，《香港华字日报》1911 年 4 月 18 日。

局和民立三类，政府设有"督理学务公会"和"查学会"，所有学校须接受监察，办学须申请，并提交各种文件，年终亦须造册呈报政府存案。"神父书院"可能属于教会办理的学校，如果不纯粹是宗教学校，一律视作民立书馆。章程并设有详细的罚则。

华视学会于 1914 年 12 月创立以后，从该会现存的会议记录，可以看到该会早期的一些具体工作。按 1914 年 12 月澳门政府第 300 号札谕第五款的规定，所有学校"须领有总督准照方可开办"，第十款并限期于三个月内申领准照。1916 年 3 月 20 日，监察华学公会举行会议，会上收到当时辅政司送达共 102 家学校负责人请领准照的禀词，其中有两所女校的负责人（陈子褒和莫远公）与男校的负责人为同一人。①

1927 年 6 月 6 日，华视学会召开会议，其中论及视察学校的问题，会员建议政府设立专管学务的官署处理。会议的记录显示曾有学校造章具禀，但官厅仍未发给准照，而当时亦有很多学校未申领准照。②

1927 年 6 月 27 日，会上宣布收到警察厅复文并送到澳门华人学校的清单，议决于新学期各学校领照成立后实行视察，先赴各校作大概之考察。③ 1927 年 9 月 19 日，该会就视学安排作出如下议决。④

（1）派本会书记长雅马廖及本会委员何肃暨其余委员一员（每次挨次轮派）组织一分会，即由该分会于每星期前往视学二次；

（2）现在查学为首次视察，只须查明教员、塾师能否胜任及

---

① 澳门档案馆藏，资料号：MO/AH/EDU/JIECM/01/0001，第 3 页。
② 澳门档案馆藏，资料号：MO/AH/EDU/JIECM/01/0001，第 7 页。
③ 澳门档案馆藏，资料号：MO/AH/EDU/JIECM/01/0001，第 11 页。
④ 澳门档案馆藏，资料号：MO/AH/EDU/JIECM/01/0001，第 13 页。

各校地方是否清洁，于卫生上有无妨害为已足，又本会各委员授权与本会会长得依据分会查覆报告后单独署名呈报督宪；

（3）分会查覆，如有学校或学塾不应发给准照时，仍应召集全体会员会议，表决后再行呈报民政厅核办。

档案资料显示，在1927年12月5日会议上，处理十多所学校申领准照事宜，依据视学分会缮呈的报告，爱庐、招才、萃英、躬墙、梁静山、养蒙、贻云、汪冀初、明德、明经十校未便发准照，育德、觉觉、习成、维基、育群、平民等六校均可给照，但须选择较优屋宇迁移，大成、文高、麦芗等三校未迁校前不给准照，另有星堂、立德、德光、关德常等四校须复查。① 当然，也有某些学校因为毫无成绩可言而被华视学会勒令停办，例如诺拉斯古就曾于1929年2月21日着令精勤、文高和经史三所学塾停办。②

1929年8月12日会议，华视学会曾讨论两项设校申请，一为鲍澍澧呈报开设中学校一所，一为何泽永呈报开设师范学校一所，两项申请均遭否决。原因是前项申请者的资历仅有初中毕业的程度，后项申请者的资历却为法政学校毕业而非师范毕业。会长诺拉斯古于会上并提议拟定师资的标准如下：

（1）凡欲设立小学校者，其校长资格最低限度须曾在初级中学校毕业领有证书者，或曾任小学教员三年以上具有证明者。

（2）凡欲设立中学校者，其校员资格最低限度须曾在师范学校或大学毕业领有证书者，或曾任中学教员三年以上者具有证明者。

---

① 澳门档案馆藏，资料号：MO/AH/EDU/JIECM/01/0001，第14页。
② 澳门档案馆藏，资料号：MO/AH/EDU/CP/06/0076，第11页。

（3）凡欲设立师范学校者，其校长暨所有教员，一律须曾在师范学校毕业领有证书及曾任师范学校教员二年以上具有证明者。①

1929 年 8 月 12 日召开会议，会上讨论宏汉学校教员（吴业勤）的品行，议决是经由民政厅转知警察厅严查后再行核办。② 1929 年 10 月 22 日的会议，会员刘振晃报告视察草地街乙奎学校后认为校舍"遇有火警殊属危险"，公共救护队调查后亦持相同意见。该校未有遵照华视学会限期搬迁，故该会呈民政厅转令警察厅将该校立刻解散或令克日搬迁。③

从华视学会要求各校呈报的资料，大可反映政府和该会所关注的事情。就所见资料，学校须呈报至少三种表格，一为"校舍设置报告表"，一为年度"学校校员学历报告"，一为年度"学校各级课程报告"。关于"校舍设置报告表"，未能确定是否于第一次申办执照（准证）和迁校时才呈报，该表格除了基本的校名、校址、全校学生总数，分计男生和女生、教室和学生之编配外，尚要求呈报学校列出"各教室面积及空气容量［教室／长度／阔度／高度／面积平方／空气容量（立方计)］"，"各教室窗门玻璃板所占之面积（教室／窗门数／每窗乙对玻璃所占之面积)"及全校所设痰盂数、厕所数、分计大便用者和小便用者等，另有附记。以"中华初级中学校暨小学校"为例，该校于 1929 年 6 月从荷嘛园迁往南湾 99 号，校长郑叔熙于 6 月 27 日曾向华视学会呈报"校舍设置报告表"。④ 另有一家"侨澳学校"于 1929 年 12 月从白马街鲍家大宅迁往南湾 99 号，原校长为陶少康。

---

① 澳门档案馆藏，资料号：MO/AH/EDU/JIECM/01/0001，第 24 页。
② 澳门档案馆藏，资料号：MO/AH/EDU/JIECM/01/0001，第 24 页。
③ 澳门档案馆藏，资料号：MO/AH/EDU/JIECM/01/0001，第 27 页。
④ 《校舍设置报告表》，澳门档案馆藏，资料号：MO/AH/EDU/CP/06/0089，第 35 页。

该校于 1930 年改办女校，改聘潘述韩为校长。就 1929 年 1 月 25 日呈报的"学校校员学历报告"，该校教员共 13 名（10 男 3 女），"学校各级课程报告"则显示学校设初级中学一班或两班，高级小学二班，初级小学四班。①

## 六　男女同校问题

清政府于 1907 年颁布《女子小学堂章程》和《女子师范学堂章程》后，中国的教育体制正式有女子教育，但男女同校在社会上仍是议题。宣统二年（1910）学部为教育普及曾议定的强迫教育办法，四岁以上之儿童可不分男女入读幼儿园，但至七、八岁入初等小学堂时，男女便不能同学。② 1914 年 10 月间，有镜湖医院董事禀称澳门多数绅商吁请禁止男女同校，以免违背中华礼俗，时任澳督嘉路米耶（José Carlos da Maia）曾召集华人及镜湖医院董事商议此事。此事或缘于某校教员携女生私逃一事。③ 1914 年 12 月 15 日澳督签署第 300 号札谕"规定本澳中国学堂所收各学生之规则"，其中第七款"男学校校员及执役必须用男人充当，女学校校员及执役必须用女人充当，男学校不得收十二岁以上之女子，女学校不得收十二岁以上之男子"，而监察华学公会（Junta de Inspecção das Escolas Chinesas）（其后称"华视学会"）于时亦正式成立，而该会的一项职能就是监督和视察由华人开办的私立学校。④ 监察华学公会成立之初，原定 5 名成员由澳督从华人社会委任，1915 年 6 月 22 日签署的第 117 号札谕，人数增

---

① 《侨澳中学、小学学校各级课程报告》，澳门档案馆藏，资料号：MO/AH/EDU/CP/06/0093，第 24 页。

② 《强迫教育将自京师始》，《申报》1910 年 11 月 30 日第 1 张第 3 版。

③ 晴：《评澳门之教育》，《香港华字日报》1915 年 2 月 26 日。之后又有大庙顶进步女学校校董梁奂星向华视学会投诉莫远公求娶其女儿为妻一事，详见下文。

④ "Portaria, No. 300", *BOGPM*, Vol. 14, No. 51（1914. 12. 19），p. 694.

至 7 名。① 1926 年 2 月 20 日第 42 号札谕，卢煊仲、许祥、崔诺枝、刘振晃、何宝岩、陈七、徐佩之获委任。② 第 300 号札谕第 7 款原规定男校和女校教师和职员须分别为男性和女性，但 1915 年 8 月 12 日签署的第 172 号札谕修改为"中国学校无论系专收男生或专收女生者，或兼收男女生者，其教员不拘，男子女子俱可充当，但兼收男女生学校不得收过于十二岁之男生"③。男校或女校的教员和执役可不拘性别，就是经由监察华学公会在 1915 年 8 月 6 日会议上讨论后的决定，至于男女同校又不限年龄则仍被视为与中国礼俗相悖。④ 当时已迁往香港的湘父学塾，在其广告中就特别注明学塾兼收幼班女生，而女学塾则兼收幼班男生。⑤ 又根据民国初年教育部颁行的《普通教育暂行办法》(1912 年 1 月 19 日)，已规定"初等小学可以男女同校"⑥。

然而，第 300 号札谕中有关于男女同校的一些规定，私立学校长期忽视。1927 年 8 月 27 日的《澳门宪报》刊登华视学会公告，要求在澳门设立的华人学校董事和教员须遵照 1914 年 12 月澳门政府第 300 号札谕所规定之条款办学，政府并特译出当中第 5 款至 8 款和第 11 款，并第 32 款罚则。如下⑦：

---

① 该七名人士为陈立愚、赵立夫、蔡康、何宝岩、李镜荃、卢廉若和萧登（萧瀛洲）。澳门档案馆藏，资料号：MO/AH/EDU/JIECM/01/0004。各人于 1915 年 7 月 28 日获委任，参见 *BOGPM*, Vol. 15, No. 31 (1915. 7. 31)，p. 481. 该期目录见"监督中国学校公会"的译法。

② "Portaria, No. 42", *BOGPM*, No. 8 (1926. 2. 20), p. 114.

③ "Portaria, No. 117", *BOGPM*, Vol. 15, No. 26 (1915. 6. 26), p. 411; "Portaria, No. 172", *BOGPM*, Vol. 15, No. 33 (1915. 8. 14), p. 501. 修例译文参见 "Portaria, No. 262"（《澳门政府札谕第 262 号》）, *BOCM*, No. 15 (1929. 4. 13), p. 265。

④ 澳门档案馆藏，资料号：MO/AH/EDU/JIECM/01/0001，第 1 页。

⑤ 广告，《香港华字日报》1915 年 2 月 20 日。

⑥ 《普通教育暂行办法》，载璩鑫圭、唐良炎编《中国近代教育史资料汇编：学制演变》，上海教育出版社 2007 年版，第 606 页。《小学校令》规定初小四年，高小三年，学龄是满六周岁至满十四岁止，同上书，第 666 页。

⑦ "Edital"（澳门华视学会布告）, *BOGPM*, No. 35 (1927. 8. 27), p. 695.

第五款，中西民立学校均须领有总督准照方可开办，如查出某校有违法情事，立即撤销准照，勒令停办。

附款：本款所论之准照发给时不收照费。

第六款，上款所定之准照由办学人具禀总督请领，由总督将原禀发交辅政司署（现改民政厅）核明是西、华学校，分别将禀移送西、华视学会，候其呈复核定。该项禀词准用西洋文或华文缮写均可，但用华文缮写时须将原禀亲送华务局翻译，然后投递，惟华务局仍不惩收费用。

第七款，中国学校无论系专收男生或专收女生者，其教员不拘男子女子，俱可充当，惟兼收男女生之学校，不得收过于十二岁之男子（此条系一九一五年第一七二号札谕修正）。

第八款，民立学校校长或校员，必须将开学日期报告察核，并将该校教授学科、所用书籍、教授方法、校长、校员姓名、已挂号各生总数造具总数表，分别西华学校送交西华视学会会长察核，每年年终并造成绩一册。

第十一款，一九零九年三月二十二日章程第三十二款所定之处罚条例仍应施行。

上项第五款之规定兹限三十日为期，由本布告在宪报公布之日起计，希各校一律于限内具禀请领准照，以符定章，如违即依一九零九年三月二十二日章程第三十二款所定罚究。

兹将该条抄录如左。

第卅二款，凡民立学校校员或董事或传道学校之副理人，若不遵守本章程所定之条款，初犯罚银一万五千厘士至三万厘士，再犯罚银三万厘士至六万厘士，另停止充当教员六个月至一年，但此项惩戒须经法院立案判决。

附款：本款所定之罚例由传知日起，八日内如遵依章程办理，应准免罚。倘过八日仍不遵者，则实行罚办。

1928 年 9 月 24 日，华视学会会长诺拉斯古（Pedro Nolasco da Silva）在会上提出，多数华校未有执行 1914 年第 300 号札谕第 7 条及 1915 年第 172 号札谕之修正，当时应考虑到澳门大部分学校为男女同校，各校男生较女生多一倍或两倍，一旦执行第七款规定，女生势必离校，而澳门当时只有六所女校，且其中一所为夜校，故女生难于转学，最后会上议决通告各校暂缓至下学期即新年起执行，男校不得收 12 岁以上之女生，女校不得收 12 岁以上之男生。① 1928 年 10 月 29 日，诺拉斯古在会上宣布曾有学校代表谒见请求将该会 1928 年 9 月 24 日会上的决议注销。②

时任署理总督马嘉龄（João Pereira de Magalhães）于 1929 年 4 月 13 日颁布第 262 号札谕，第一条规定"凡华人私立学校，无论系男校或女校，均准兼收男生或女生，但兼收之生以不过 12 岁者为限"，第二条规定"凡华人私立学校违背 1914 年第 300 号札谕第七款规定即 1915 年第 172 号札谕修正之条文兼收过于 12 岁之男生或女生者，嗣后不准再行继续滥收"。澳督巴波沙再于 1930 年 2 月 21 日颁布第 377 号札谕，重申必须施行第 262 号札谕，并着令华视学会查察各校，不遵守者将被撤销学校准照，原文是中葡对照。③

关于男女不能同校的规定，孔教学校于 1930 年曾致函华视学会，表示于 1930 年 2 月 17 日开学时，已遵章男女分校。当时的孔教学校楼高二层，有十多间教室，外观看似一间，故该校计划于偏间辟一门户让女生出入，让男女两校隔绝。由于增辟门户须划则呈准，为免引起

---

① 澳门档案馆藏，资料号：MO/AH/EDU/JIECM/01/0001，第 17 页。
② 澳门档案馆藏，资料号：MO/AH/EDU/JIECM/01/0001，第 18 页。
③ "Portaria No. 262", BOCM, No. 15（1929.4.13），p. 265；"Portaria No. 377", BOCM, No. 8（1930.2.22），p. 110.

华视学会误会，故致函该会报备。① 另有学校为符合要求，将学校改组
为女校，如侨澳学校便于 1930 年改为女校。②

## 七　小结

澳门位处广东的南端，过去曾有一段时间受葡人管治，但晚清时
期的华人教育仍然承袭着传统的义学和私塾制度，用的是《三字经》
和四书五经之类的教材，但晚清教育制度的改革和政局亦影响着澳门
学校的发展。由于澳门独特的地理位置，维新派人士和同盟会人士都
曾在澳门活动，蒙学书塾、原生学堂、启明学校、华商学堂、培基两
等小学堂等相继出现，学校采用新编的教材，且中西兼备，开风气之
先，他们对于推动澳门教育的发展有一定的影响，当然更早的还有因
义和团运动而避地澳门的格致书院。通过 20 世纪初期的一些社会活
动，诸如学界的赈灾、剪发不易服运动等，大致可以了解当时学界对
于社会和政治事件的参与程度。男女同校是澳门当时延搁很久的一个
议题。黎登医生报告上的资料显示，华人学校学生中有 30.4% 为女生，
大部分是男女同校，因为当时只有 4 所女校。学校考虑的应是办学的
条件，但社会士绅的立场却是偏向保守。③ 葡人政府在 20 世纪初期开
始关注华人办学的情况，相关的条例或始于 1909 年 "澳门新设立查学
章程" 中与 "民立书馆" 相关的条款，条例规定华人办学须 "报知学
务公会之委员，及领取澳门政府人情"，除呈报各类办学资料外，每年

---

① 澳门档案馆藏，资料号：MO/AH/EDU/CP/06/0006，第 26 页。信件日期为 "庚年
元月十九日"（1930 年 2 月 17 日）。

② 澳门档案馆藏，资料号：MO/AH/EDU/CP/06/0093，第 17 页。

③ 1916 年 5 月 25 日监察华学公会的会议记录，大篇幅报告澳门大庙顶进步女学校校长
莫远公与该校一名女学生的事情。女生父梁奂星为学校校董，莫致函向梁父求娶其女为妻，
梁父斥责之为 "儇薄之少年"，并指控莫鼓动学生罢课。莫远公被革退，学校亦改名华藏女
学校，由吴离垢任校长。纪录中的情节似应是一桩不被社会接受的师生恋。澳门档案馆藏，
资料号：MO/AH/EDU/JIECM/01/0001，第 5—6 页。

完馆后亦须造册呈报学生的相关资料；1914 年华视学会创立后则规定向该会申领准照，并接受政府的监督。又从黎登医生 1923 年的报告可见，政府十分关注公私立学校的卫生问题，而华视学会至迟于 1927 年开始视察华人办理的学校，并有否决办学申请和勒令学校停办的实际行动。至于澳葡政府为土生葡人和华籍儿童提供葡文教育，也就是所谓的公共教育，确实存在不少问题，时任辅政司曼西尼亚便曾提出教育的问题以及建议，总括一句就是要顾及土生葡人谋生的需要。又澳葡政府于 1914 年刊宪委任专责委员，以图改良澳门的公共教育，有意思的是其中一项建议是要为华籍儿童建立足够的葡文学校。可以肯定的是，当时的公立教育并非为华人而设，而天主教学校则为不少穷困家庭的学生提供了教育的机会，且是葡式的教育。

**本章外文缩略词对照：**

DSEJ = Direcção dos Serviços de Educação e Juventude（教育暨青年局）

DSEC = Direcção dos Serviços de Educação e Cultura（教育文化司）

BOCM = Boletim Oficial da Colónia de Macau（澳门政府公报）

BOGPMT = Boletim Official do Governo da Provincia de Macau e Timor（澳门地扪宪报）

BOGPM = Boletim Official do Govêrno da Província de Macau（澳门宪报）

BPMT = Boletim da Provincia de Macau e Timor（澳门地扪宪报）

# 第二章　课外活动：广东和澳门的
# 童子军活动

## 一　前言

《新青年》杂志在 1917 年的 2 卷 5 号上，除发表了胡适的《文学改良刍议》外，还有康普（G. S. F. Kemp）的《中国童子军》和《童子军会报告》。这份记录和报告的一项重点，是希望各界扶助童子军活动，并表示中国童子军应由华人负责经营等。① 同年 6 月《清华学报》第 2 卷第 8 期也发表了闻一多和时昭涵合著的《童子军》，文中概述了童子军的由来、目的、种类、课程等，② 而闻一多另一篇《新君子广义》云"泰西之治，治于多新君子"，谈的也是童子军。③ 又如行知所云"陶铸青年之人格，激励少年之服务社会，莫善于用教练童子军之方法……此种精神教育事业，实为我国所应仿效。他日养成公民资格，必当以童子军为基础"④。从这些资料所见的，都是强调童子军的教育功能。

① 两文参见《新青年》1917 年第 2 卷第 5 号。
② 闻一多、时昭涵：《童子军》，载孙党伯、袁謇正编《闻一多全集》第 2 册，湖北人民出版社 1993 年版，第 299—303 页。
③ 该文原载《清华周刊》1916 年第 92 期，引文参见《闻一多全集》第 2 册，第 286—287 页。
④ 行知：《中华童子军之经历与前途之希望》，《申报》1920 年 8 月 3 日第 16 版。

## 二　民国时期广东的童子军活动

民国时期的童子军活动，原初只是由外国人在其所办的教会学校举办。据《第一次中国教育年鉴》所载，童子军于 1912 年由美人在武昌文华大学首创，继之者为英人在上海的华童公学，[①] 然后全国各地相继仿效。依照康普的说法，在中国成立的首队华人童子军是文华大学（Boone University）的"文华童子军"（Boone Troop），[②] 他本人于 1913 年在上海成立一队，而康普就是上海童子军会长和华童公学校长。1915 年 5 月在上海举办的远东运动会上，为数约三四百人的上海童子军到场服务，维持秩序，协助救护等工作，因而引起参观人士的注意和赞赏；参观人士当中不乏教育专家，皆以为童子军教育为训练儿童之良善方法。

### （一）民初时期

据李朴生所述，广东童子军肇始于 1915 年，当时黄宪昭在广东公学（Kwangtung Academy）进行童子军训练。[③] 1917 年，李朴生在广东高等师范就读（后改为中山大学）时参加童军领袖训练班，当时的训练班由黄宪昭主持，在西关开办，每周上课三晚。李朴生于 1920 年毕业后，曾到南京参加东南大学童子军暑期训练班，任高师附中附小童子军的队长，两年后获广州市教育局委派到浙江和日本各地考察小学

---

　① 《第一次中国教育年鉴》丙编·教育概况，第 873 页；康普的报告云："而童子军会，于一千九百十三年创始之时，仅成华童公学一队，约二十人"。参见《童子军会报告》，《新青年》1917 年第 2 卷第 5 号。

　② G. S. F. Kemp，"The Boy Scouts Association of China"，*The Chinese Recorder*（教务杂志），Jan.，1916，pp. 69 – 71；"Chapter XXI The Boy Scouts in China"，*The China Mission Year Book 1919*，Shanghai：Kwang Hsüeh Publishing House，1920，pp. 196 – 204.

　③ 李朴生：《童子军之略史》，《童子军表演会特刊》，《广州民国日报》附刊 1925 年 5 月 23 日第 4 版。

教育。1920—1935 年，曾负责训练广州全市童军，先是训练童军领袖，又办女童军领袖班。① 广东童子军成立的另一说为 1914 年，或更为可靠。康普指出，1914 年广东公学已成立两队童子军，其中一队参加了 1915 年 5 月 19 日在上海举行的会操；② 1915 年年底，在五月的一个会议后所成立的"中华童子侦探会"（The Boy Scouts Association of China）已有 16 队童子军，上海 10 队，广东 2 队，汉口、南京、北京和苏州各 1 队，全都附设于学校，而广东两队两属的学校分别是广东公学和岭南学校（Canton Christian College）。③ 1914 年的这个说法也见于《申报》的一篇记述，该文指广东童子军于 1914 年由广东公学校长黄宪昭发起，最初只有二十余人，同年 5 月，上海中华童子军协会推举黄宪昭为协会评议，并委为队长，以便办理广东童子军事务。当时为免涉及政治嫌疑，考虑到用"童子侦探队"的名称也有嫌疑，故童子军之名称定为"童子游艺会"④。

《中国童子军》一文中，康普开宗明义地说，"并无使队员为军士之意。亦无干涉政治之嫌"⑤，可见时人对于童子军的活动或有误解。闻一多的文章，亦指出"人每误童子军为军人之预备，此实大谬。童子军者，所以练习童子之爱国心，及他种美德也。童子军含防范军事之性质，非军事之预备也"⑥。1915 年的远东第二次运动会，黄宪昭的队员共 7 人赴会，参加全国会操。上海中华童子军协会于同年 5 月推

① 李朴生：《当前童子军教育的歧途》，邓文铿笔记，《广东童子军》（月刊）1946 年第 2 期。

② G. S. F. Kemp, "The Scout Movement in China", *The Chinese Recorder*, July 1915, pp. 434 – 438.

③ G. S. Foster Kemp, "Chapter XXI The Boy Scouts in China", *The China Mission Year Book*, 1919, pp. 196 – 204. *The Boy Scouts Association of China* 的中译至迟于 1916 年 1 月定为"中华童子军"。

④ 《广东童子军略史》，《申报》1919 年 1 月 8 日第 2 张第 7 版。

⑤ 《新青年》1917 年第 2 卷第 5 号。

⑥ 闻一多、时昭涵：《童子军》，载《闻一多全集》第 2 册，第 300 页。

举黄宪昭为协会评议，并委为队长，以便办理广东童子军事务。广东童子军支部于 1916 年致函时任省长朱庆澜，倡议举办童子军"领袖养成所"，朱氏曾认捐五百元作为开办费，并从公署按月拨出一百元为经常费，并于复函"童子军董事团"时强调"童子军为体育、智育、德育之必要，各国行之，成绩昭著。征诸近日战事，收效尤多。中国处列强环伺之世，非恃有军国民教育，实不足以图存，而童子军即军国民教育之基础，使一般儿童皆具有活泼进取之精神，警敏勤劳之习惯，将来于国家服务社会服务，所赖于童子军者甚大"①。

此外，季迪于 1947 年在《广东童子军》月刊发表的一篇文章，认为晚清的"学生军"，实为中国童子军的滥觞，而"童子军"这种用"组训军队"的方法始于晚清的甲午庚子之后。他的论点摘录如下。甲午庚子以后，学校的教育和军事取法于日本，学校中的体操是木枪、棍棒、球竿、哑铃和柔软体操，属日本的操法，"学生军"一词已很盛行，学校的唱歌中有"堂堂学生军，整顿精神归行列"，而商务印书馆的初等小学国文教科书第一册的课文，更是"好男儿，志气高，哥哥弟弟手相招，来学队兵操。小兵护短枪，大将握长刀。龙旗向日飘，铜鼓敌冬冬"（案：原课本未能查考，但部分内容应源自沈心工于1902 年创作的学堂乐歌《男儿第一志气高》）。后来教育逐渐发达，让"学生军"之名为中学生专有，"童子军"则作为小学的组织。辛亥革命之际，革命党人在各省更是积极组织和训练"学生军"以增加革命力量，十五六岁至二十多岁的青年多有参加，有以学校为单位，人数少的则推同学一人为领班，多的则推二三人为领班，每日到军政府的学生军管理处受训，晚上回家，那时候学校都关了门，学生就是这样去接受军训。民国成立以后，学校仍有军事体操，也沿用学生军的名

① 《朱省长提倡童子军》，《申报》1917 年 4 月 21 日第 2 张第 7 版；《广东童子军略史》，《申报》1919 年 1 月 8 日第 2 张第 7 版。

称，而由于教会学校的主权属于外国人，所以把贝登堡的方法介绍到中国，有的用旧名称"童子军"，也有称"少年义勇军"，也有称"童子警探"。民初的童子歌，"二十世纪地行星，皇皇童子军，小锣小鼓号，飘飘飞舞小旗旌。哥哥华盛顿，弟弟拿破仑，心肝虽小血自热，头颅虽小胆不惊。进行进行，小人小马武装神。二十世纪天演界，不竞争，安能存。脚踏五大洲，气吞两半球，将军将军，谁云孺子不知兵？爱吾国兮如身，爱吾群兮如亲，万岁万万岁，伟此吾军人"！这首歌见于清末，民国时把"飘飘飞舞小旗旌"改为"五色飘舞小旗旌"。据季迪说法，中国童子军的前身应是清末学校里的"学生军"，童子军在中国创办后能迅速推行，原因是有"学生军"这个组训青年的基础。[①] 查张之洞于 1889 年调任湖广总督后，练兵成为湖北洋务新政的第一要务，其中就有他的儿子和孙子在督辕训练的飞虎童子军，报道指"所练童子军已日加推广，共募一百五十名，区分三哨，第□年约廿岁，第二哨年岁次之，第三哨年又次之"，并由他的长孙教习日本陆操法，"每当破晓后即闻枪炮笳鼓之声不绝于耳，且军容步伐亦颇整肃"，而由于成效可观，其后有意再加募五十名以成一军。[②]

培正于 1916 年 12 月举行童子军成立典礼，[③] 朱庆澜于成立当日曾亲临训话，而培正的童子军编为广东童子军第五旅，朱庆澜并手题"勺龄爱国"四字。[④] 据陈鸿仪忆述：

> 粤省之有童军，始于一九一六年，由广东公学黄宪昭发起，

① 季迪：《中国童子军之滥觞》，《广东童子军》（月刊）1947 年第 5/6/7 期合刊。

② 《童子成军》，《香港华字日报》1901 年 3 月 7 日；《童子成军》，《香港华字日报》1901 年 6 月 29 日。

③ 《培正年表》，载广州私立培正中学编《培正中学五十周年纪念特刊》，1939 年印行，第 90 页。

④ 杨维忠：《做了二十五年的红蓝儿女》，载广州私立培正中学编《培正中学五十周年纪念特刊》，1939 年印行，第 75 页。

并邀岭南代表林耀翔，及培正代表则为兄弟，召开筹备设立童军会议。其宗旨，则提倡及养成儿童具有智、仁、勇之精神，兼训练初步军事学识，是年，遂由三校代表分别积极筹备设立，当时羊石之童军，仅岭南、培正，及广东公学三校而已。①

陈鸿仪曾代表培正参与筹备设立广东童子军，但广东省童子军于1916年成立之说应是误会。同文中亦有关于童子军的对外服务，包括"纠察，维持秩序工作，如广东全省运动大会，培道，真光，夏葛诸女校及社会服务团体，每有庆典，我童军无不竭力帮忙，维持秩序"。

广州市教育局于1924年有扩充市校童子军规划，规定如下。第一，市辖高等小学及新制小学五六年级均须组织一小队以上之童子军；第二，训练事宜由教育局聘专员任之；第三，教授时间在星期六下午一时至三时或其他适宜时间；第四，初级童子军定六周训练完毕，本级童子军则为十周；第五，组织童子军董事部和顾问部，以发展童子军事业。② 教育局设立童子军总办事处，设一童子军主任主理，教练员13人，③ 主任领取月薪，教练员则有舟车费。④ 当时的报章亦有相关的报道。⑤ 办事处主任者为李朴生，教练方面由广东高等师范童子军教练朱瑞元为总教练，高师童子军领班为教练，每星期有两次教练时间，分别为星期六下午一时至三时，星期日早上八时至十时。⑥ 董事部于

① 陈鸿仪：《母校童军肇始之史实》，载广州私立培正中学编《培正中学五十周年纪念特刊》，1939年印行，第55页。

② 《扩充市校童子军规划》，《广州市市政公报》1924年4月7日。

③ 《开办童子军》，《广州市市政公报》1924年4月7日。

④ 《咨审计处据教育局呈拟办童子军所需经费由视学月薪节存项下拨支由》，《广州市市政公报》1924年4月14日。

⑤ 《童子军之提倡》，《广州民国日报》1924年4月10日第9版；《令组织童子军》，《广州民国日报》1924年4月29日第9版。

⑥ 《童子军之编制》，《广州民国日报》1924年4月30日第9版。

1924 年 5 月 6 日召开第一次会议。① 广东大学并订 6 月 29 日为童子军日，在大学的礼堂开会后转到大操场进行各种表演和操练，而当日与会者即包括澳门的童子军代表。② 市立各校的童子军成军典礼于 1924 年 7 月 22 日在广东大学举行，共分为 11 团，有 965 人。③ 据李朴生所述，当时市校童子军有八百六十多人。④

教育局曾于 1924 年 4 月 26 日在省教育会议事堂召开了一次会议，主要为消除一般人对于童子军之误解，时人或以为设立童子军为实行军国民教育，又或以为童子军是教会倡办，奴役国民。当日到会的市立学校教职员有百多人，市立中等及高小学生有一千五百多人。主讲者包括市长孙科，局长王仁康，秘书吴尚鹰，童子军主任李朴生。⑤ 孙科认为童子军的效益有三："（一）训练少年国民。使其取得应世智识。（二）训练儿童。对于会社群众。有责任心及公德心。（三）养成儿童勇往心。上所言智仁勇三者。均足补学校教育之不及。然欲振发智仁勇三者之精神。非办童子军不可。"⑥

广州市的童子军较少组织联合活动，故广大、岭南、执信、培英、女师、市师高一、高二、高五、高九、高五、女高、圣三一、廿四国民等校童子军领袖，曾组织广州市童子军联合庆祝双十节大会。⑦ 1925 年 5 月 23 日，广东童子军界为筹建孙中山先生纪念堂，特开表演大会，共 28 团 1547 人参加表演和会操。有超过 100 名童子

---

① 《童子军董事会议纪要》，《广州市市政公报》1924 年 5 月 9 日。

② 《各省教育界杂讯：广州之童子军日》，《申报》1924 年 7 月 5 日第 3 张第 11 版。

③ 《童子军成军之盛况》，《广州民国日报》1924 年 7 月 23 日第 6 版；《市校童子军成军典礼记》，《广州市市政公报》1924 年 8 月 4 日。

④ 李朴生：《童子军概况》，载国立广东大学童子军编《国立广东大学童子军年刊》，1925 年，第 12 页。

⑤ 《市校童子军之进行》，《广州市市政公报》1924 年 5 月 12 日。

⑥ 《市校童子军之进行》，《广州市市政公报》1924 年 5 月 12 日。

⑦ 《童子军双十节之联合运动》，《广州民国日报》1924 年 9 月 19 日第 7 版。

军参加的学校只有 3 所，岭南大学 120 人，广东大学 115 人，培正中学即由孙满任团长，共 120 名的童子军参加会操，并负责表演搭桥、搭架和搭幕。① 从这些数字，可见培正童子军于当时的规模，亦可补充陈鸿仪的忆述。《广州民国日报》为此次活动出了附刊，其中一篇文章就以童子军的教育效能为题。该文作者表示希望童子军教育"依着种种修导演习锻炼的工夫，造成真正有见识肯奋斗的国民"，内容则分别从伦理学家、心理学家、卫生学家、社会学家的角度论述，认为"无论那一派人，倘他要图国家的兴强，和社会的安全的呢，那就必要承认童子军教育的重要了"②。

## （二）党化时期

童子军教育于 1926 年出现转变，原因是国民党拟将童子军收归党办，其所持之理由为各校的"训练目标不同，进行步骤不同，即誓词规律、课程标准、团队编制亦互异。至于教会学校所组织之童子军，又忽略中国童子军应负之使命"。当中尤其突出的是"教会学校所组织之童子军"一语，似乎是有所针对。1926 年以后的童子军，也就是所谓"党化时期"③。从这个时期开始，先是 1926 年 3 月 5 日设立"中国国民党童子军委员会"，1928 年组织"中国国民党童子军司令部"，1929 年 6 月扩大为"中国童子军司令部"，1932 年 4 月 10 日再扩大为"中国童子军总会"。其后该总会之组织及编制亦有扩充，截至 1947 年 10 月底，全国男女幼童军共 1099428 人，男女童子军团 7099 团，男女

---

① 李朴生：《童子军概况》，《国立广东大学童子军年刊》，第 11 页；《参加本大会童子军团数人数及表演种类一览》，《童子军表演会特刊》，《广州民国日报》附刊 1925 年 5 月 23 日第 4 版。

② 吴荣煦：《童子军教育的效能》，《童子军表演会特刊》，《广州民国日报》附刊 1925 年 5 月 23 日第 3 版。

③ 吴相湘、刘绍唐主编：《第一次中国教育年鉴》丙编·教育概况，第 2 册，（台北）传记文学 1971 年 10 月影印原刊本，第 874 页。

服务员 30605 人。①

1926 年国民党童子军委员会编定《中国国民党童子军规程》，着手建立党童子军，有关规程的第一条和第二条如下。

> （1）本党童子军之训练，在养成智仁勇之革命青年，完成国民革命为目的；（2）凡 12 岁至 18 岁之学生，皆得报名入班。②

童子军也就变成培养国民革命青年的硬性规定。1926 年 5 月 25 日为党童子军成立大会，地点为东校场，并于广东大学举行野火会。③ 然而童子军收归国民党办理一事，开始时不大成功，从当时报道可见端倪，例如市青年部接收党童军部后，由于教练的生活费未有解决，以至护党运动大会只有数百童军协助军警维持秩序。④ 另外，市党青年部曾派员在市内调查各校童子军，并指导筹备团部成立事宜，但就相关的报道所见，"教会学校全无加入、独在党的系统及训练之外，闻由市青年部督促教会各校加入云云"⑤。又《广州民国日报》登载的一篇决议案云：

> 考察本市过去的童子军教育，已有相当的成绩及基础的组织，但是他的力量与组织都是散漫而不统一，更有些教会所办的学校仍不能脱免帝国主义者文化侵略及维持资产阶级的工具，今后本市童子军应完全集中于本党领导与指挥之下，站在国民革命战线上努力，教会所办的学校尤须加紧努力免除帝国主义与资本主义

---

① 教育年鉴编纂委员会编：《第二次中国教育年鉴》第十二编，载沈云龙主编《近代中国史料丛刊三编》第 107 册，（台北）文海出版社 1986 年影印原刊本，第 1335—1336 页。

② 《中国国民党童子军规程》，《广州民国日报》1926 年 3 月 17 日第 11 版。

③ 《党童子军改期成立大会》，《广州民国日报》1926 年 4 月 27 日第 11 版。

④ 《市党童军消息》，《广州民国日报》1927 年 12 月 3 日第 10 版。

⑤ 《各校纷纷成立党童军团部》，《广州民国日报》1927 年 1 月 15 日第 9 版。

的色彩。①

这种三令五申的决议案，一方面可以看到国民党加强对学校的控制，另一方面又可以看到某些教会学校的态度。在这个时期，其实又有取缔教会学校宗教课程，以及收回教育权运动的问题。② 童子军收归党办一事，后来的《中国国民党年鉴（民国十八年）》亦有相关记述。

> 本党在广州时代，曾有童子军收归本党办理之拟议，以期造成忠实健全之中华民国国民，立民国永久之基础。迄客岁北伐成功，新都奠定，此项计划，始克见诸事实。③

童子军于 1926 年开始成为初级中学的一门课程，至 1934 年更正式列为初级中学的必修科。按《初级中学应以童子军训练为必修科（民国二十三年六月五日教育部第六六五〇四号训令各省市厅局）》规定：

> 自二十三年度起，公私立初级中学应以童子军为必修科，修习时间定为三年，每年度每星期实施三小时，课内一小时，课外二小时，所有童子军设备费应由各校列入预算内，作为经常费。童子军在初中实施后，童子军制服即为各该校学校制服，不必另制制服。至于小学，儿童年龄较幼，小学办理童子军，仍应列为课外作业，毋庸在课内一律实施，除由部积极训练师

---

① 《本市党童军代表大会决议案》，《广州民国日报》1927 年 1 月 19 日。

② 李兴韵：《二十年代广东国民政府对教会学校的“收回”——以广州私立培正中学为例的研究》，《开放时代》2004 年第 5 期。

③ 中国国民党中央执行委员会党史史料编纂委员会编：《中国国民党年鉴（民国十八年）》，南京中国国民党，1929 年，第 26 页。

资，厘定教材，以利进行外，合亟令仰转饬所属公私立初级中学遵照此令。①

新旧课程交替期间，童军训练的成绩与体育成绩合并计算，如童军训练成绩不合格，亦作体育不及格论。② 1929 年的中学教职员履历表中，培正中学设有体育教员（罗南科），军事训练教官（许廷卓），国技（刘续封），和党义教师（何学坚），未见有童军教练，③ 但高小教职员名录中，则有一名国文教员兼童军主任（梁卓芹），④ 他是培正高中教育科毕业。⑤ 黄启明（1887—1939）在 1929 年的校务报告中便说："本校各级，均设体操一科。小学及初级中学，均编入童子军。高级中学，则一律编为陆军团，中学校聘请军事专家训练。现值国家多难，外交困迫之时，国人且有中学以上学校实行军事训之提议，本校对此，益加勖勉也。"⑥

广东省某些中学确曾为学生提供军事训练，以省立九中为例，该校便设军训处，安排整个学期的活动及时间，科目、时间、演习、集队等都有规定，相关原文引述如下：

（一）学科课目：

（甲）军训二年级：（1）步兵操典；（2）步兵野外勤务；（3）略测图学；（4）步兵射击教范；（5）步兵工作教范。

---

① 《中华民国法规汇编（二十三年辑）》第九编"教育"，参见多贺秋五郎编《近代中国教育史资料·民国编》下，（台北）文海出版社 1976 年版，第 331 页。标点为笔者所加。

② 《广东省政府教育厅训令（第一四〇三号）》，《省立第九中学校刊》1934 年第 2 期。

③ 《培正中学教职员履历表》，载私立培正学校四十周年纪念筹备会《培正学校四十周年纪念特刊》，私立培正学校 1929 年印行，第 68—69 页。

④ 《培正高小教职员名录》，载私立培正学校四十周年纪念筹备会《培正学校四十周年纪念特刊》，1929 年印行，第 71 页。

⑤ 据邝秉仁先生的忆述，培正设有教育科，《培正中学教职员履历表》就有一名"教授心理学教育学学校管理法教育史教授法"的教员（程美泉），履历是燕京大学学士。

⑥ 黄启明：《本校最近状况之报告》，载私立培正学校四十周年纪念筹备会《培正学校四十周年纪念特刊》，1929 年印行，第 3 页。

（乙）军训一年级：（1）步兵操典；（2）步兵野外勤务；（3）军事补习学；（4）军事讲话；（5）陆军礼节。

（二）时间支配

军训第二年级：定第一周至第七周为班基本教练；第八周至第十周为班战斗教练；十一周至十六周为排基本教练。

军训第一年级：定第一周至第八周为各个徒手教练；第九周至十六周为各个持枪训练。

（三）野外演习法

（甲）侦探勤务：演习时将全队分为四班，每班均有长官一人担任教导，各生纯熟后，再组成若干队，挨次演习。

（乙）步哨勤务：教官将课目讲授清楚后，按照野外勤务办法，配置步哨，旋令侦探巡查等先后通过步哨线，并派学生假装军使及投降人暗探哨兵动作，合否由教官矫正之。

（四）各队位置之规定

凡集合及点名时，各班军训生站立皆有一定地点：普通科第五班及师范科第一班向西排列；普通科第六班及师范科第二班向北排列；普通科第七班及师范科第三班向东排列。

（五）领到军训枪枝

总司令部颁发枪枝一百二十杆，经茂名县政府转发到校应用。①

广东童子军事业整理委员会于 1935 年 1 月 15 日成立，按规程所见，该会为广东省暨广州特别市童子军最高机关。② 该会于 1935 年 6 月初开始举办童子军登记，至 1936 年 6 月，全省共 49 县市的童军办理登记手续，经审查合格，准予登记并获证书的人数，男童军 14835 人，

---

① 《军训实施情形》，《省立第九中学校刊》1934 年第 2 期。
② 《童军事业整理委员会》，《广州民国日报》1935 年 1 月 25 日第 3 张第 2 版。

女童军 3074，幼童军 442 人。至于团部登记，经审查合格，编列团次，颁发团旗印信的童子军团，含男童军团 108 团，女童军团 6 团，幼童军团 1 团。①

1935 年广州举行双十国庆提灯会景大巡行，该委员会曾于 8 月致函培正，要求培正童军部提供童军服务，培正曾派初中二年全级童军及特别队在白云路一带维持秩序，但培正似乎也有自己庆祝双十节的提灯会大巡行活动。② 据资料所见，培正的童军在参加 1936 年的元旦广州全市童子军总检阅及大露营，并未与外面接触。1935 年 11 月间，培正曾接获童子军事业整理委员的函件，促请他们加入广州童子军登记团，及童子军登记，而截至 1935 年年底，培正只有 61 人领得童军登记证。该委员会为求培正能参加 1936 年的元旦广州全市童子军总检阅及大露营，给该校编妥团次，颁发团旗，并列入广州市男童子军第二十九团。③

## 三 童子军活动在澳门的发展

民国时期与澳门童子军相关的资料并不多见，早期的尤为零散，所以整理其中的发展有点困难，只能以旧报刊和档案等资料勾勒这个时期童子军活动的发展轮廓。

### （一）葡国青年童子军

澳门的童子军活动始于 1911 年，但当时应只属葡籍青年的活动。据说时任澳督马查度（Álvaro de Melo Machado）因学习英语的需要，与一位在香港的英国年轻人南丁格尔（Nightingale）先生经常交谈，这

① 《童军整委会办理童军登记统计》，《广州民国日报》1936 年 6 月 10 日第 3 张第 2 版。
② 《国庆中的活动》，《童军园地》1935 年第 2 卷第 5 期。
③ 《参加全市童军总检阅及大露营之前前后后》，《童军园地》1936 年第 2 卷第 9 期。

位年轻人在提及童子军活动时充满热忱，马查度对童子军活动也很感兴趣，于是想借童子军活动来改变葡萄牙年轻人的心性；当时另有一位英语女教师坎贝尔（Campbell）女士，她是一位中国海关官员的女儿，同样为马查度提供协助，故各两队的男女童子军就这样成立了，但马查度于翌年回国后，澳门童子军活动即告暂停。① 1912 年，在葡萄牙出版的一份刊物刊登了 12 幅在澳门拍摄的男女童子军照片，合共三页，当中记述马查度在澳门组织男女童子军的活动，大意是在葡萄牙未受公众注意的童子军活动在殖民地却有很好的发展。② 同年香港出版的《孖剌西报》（*Hong Kong Daily Press*）亦有一则关于澳门葡籍女子童军在路环活动的消息。③ 又据施白蒂（Beatriz Basto da Silva）所述，1915 年 2 月 26 日，澳门民兵营内设立了一队童子军，由巴士度（Artur Basto）和波治（Artur Borges）二位先生负责他们的教育工作，而"澳门童子军"于 1920 年 6 月 24 日正式成立，葡文原著并转载一张 20 世纪 20 年代末期的童子军合照。④ 又该书作者从澳门历史档案室（现为澳门档案馆）的卷宗检得努诺·阿尔瓦雷斯（Nuno Álvarez）学校童子军于 1930 年 4 月 7 日举行宣誓仪式的资料。⑤

　　就 1919 年刊登的《澳门学生储蓄会章程》（*Estatutos da Caixa Escolar de Macau*）所见，澳门葡国青年的童子军团是澳门助学会的一个

---

　　① Eduardo Ribeiro, *História dos Escoteiros de Portugal*, cap. Ⅳ, Lisboa：Alianca Nacional das ACM de Portugal, 1982, pp. 25 - 26.

　　② *Ilustração Portugueza*, No. 339（1912.8.19）, pp. 235 - 237.

　　③ "Macao Notes：Girl Scouts", *Hong Kong Daily Press*, 1912.4.13. 原报道简短，大意是在殖民地成立了一队葡籍女子童军，据知约有 24 人，她们于路环这个海盗猖獗的巢窟有野外活动，期待活动的详尽报道。

　　④ ［葡］施白蒂（Beatriz Basto da Silva）：《澳门编年史：20 世纪（1900—1949）》，金国平译，澳门基金会 1999 年版，第 82、141 页。原书未见资料来源，笔者于澳门档案馆看到 Artur António Tristão Borges 以童军团长（escoteiro mór）身份发出的一封邀请函，内容大致是由助学会资助的澳门童子军表演于 1920 年 6 月 5 时举行，以及相关的地点和路线。见澳门档案馆藏，资料号：MO/AH/LS/1200。

　　⑤ ［葡］施白蒂：《澳门编年史：20 世纪（1900—1949）》，第 238 页。

部分,① "澳门学生助学会"设有三个部门，童子军工作是其中之一。该章程第 4 条为助学会宗旨，第 3 款的大意即为 "通过现代的方式为一般成员提供与儿童年龄相适应的教育，协助教师进行智力教育，发展童子军活动，以助益儿童身心健康成长"。又第 32 条规定助学会收入的分配，第 2 款规定除储备金收益外，其他收入的 10% 拨给童子军团。童子军组织的名称为 "澳门童子军协会"（Associação dos Escoteiros de Macau），设于当时的 "男子中心学校"（Escola Central do Sexo Masculino）。童子军团旨在培养青少年的道德和体格，使他们成为对国家和人类有贡献的良好公民。另有一队名 "努诺·阿尔瓦雷斯" 的学校童子军，他们曾为 1923 年 9 月日本关东大地震的灾民筹款，同年 12 月 14 日团长波治报告筹得纸币及银币共 207.60 元，而资料显示该团有 16 名成员。② 童子军活动在当时已在世界各地得到迅速推广，葡国的童子军协会曾于 1926 年 3 月致函澳督并附有一些童子军的章程和总规章，当中提及波治于 1923 年仍主管童子军（原函未说明职位），请求代转，而信中的大意是要联系波治，以了解澳门童子军的情况和促进活动的可能性。③

（二）中华童子军澳门分部

关于澳门华人学童的童子军组织，20 世纪 60 年代出版的《澳门华侨志》，其中第三章 "澳门华侨文化教育" 曾提及孔教会捐款建立孔教学校，该校鉴于儿童体魄锻炼之重要性创办童子军，谓 "澳门之有童子军实由此始"，另编者又提及其后有毕成盛、赵不朝等开办的齐民童

---

① "Portaria, No. 89A"（批准澳门学生储蓄会章程），*BOGPM*, Vol. 19, No. 21 (1919.5.24), pp. 326 – 331. "助学会"（Caixa Escolar）于原件中译的标题作 "储蓄会"。

② 澳门档案馆藏，资料号：MO/AH/AC/ACM/06/12，第 29—32 页。

③ 澳门档案馆藏，资料号：MO/AH/AC/SA/01/24977，第 40 页。

子军学校。① 查孔教学校创办于 1913 年 7 月 9 日，但《澳门华侨志》其实未有明确说明童子军的成立日期。又陈海光表示澳门的童子军活动或始于 1918 年。当时刘君卉等人在"澳门英文学校"组织活动，其后再联合毕承英、郑学余和赵不樵等人在澳门设"澳门中华童军协会"②。陈海光是中国童子军广东省理事会理事兼副总干事，也是中国童子军总会特派驻澳联络员，尽管相关人物的名字与前引《澳门华侨志》所提及的亦略有不同，但刘君卉应是澳门童子军早期活动的重要人物。陈海光又在该文中提及澳门侨校举办童子军活动受到政府的限制，直至 1936 年澳葡政府葡国童子军主持人逝世后，阻力才大减，但他所指的或是 1935 年 3 月逝世的巴士度（Artur Basto）。

前文提及广东中华童子军支部曾举办"领袖养成所"，第一期童子军领袖训练班于 1916 年 8 月举办，1917 年 2 月续办第二期，1917 年 6 月续办第三期，而第三期即有来自澳门的学员。③ 从早期的报章所见，1919 年 1 月 11 日，"澳门童子军分部"曾开武术会，是日各界来宾极盛，澳门各技击家赴会各演专长。④ 随着一战以后中国在外交上的失利，"澳门童子军分部"于 1919 年 6 月派队员往四乡演讲，力劝国人抵制劣货，演讲队高树白帜数枝，大书"晨钟暮鼓警告同胞振兴国货毋忘国耻"⑤。这两则报道透露的是"澳门童子军分部"组织的存在，

---

①　丁中江总编撰：《华侨志：澳门》，（台北）华侨志编纂委员会 1964 年版，第 68—69 页。此二说应引述冯汉树编《澳门华侨教育》，（台北）海外出版社 1960 年版，第 16 页。

②　陈海光：《侨澳童子军概况：辅导澳门童子军事业经过》，《广义童子军团年刊》1948 年第 3 期。

③　《广东童子军略史》，《申报》1919 年 1 月 8 日第 2 张第 7 版。

④　《澳门童子军开武术会纪盛》，《香港华字日报》1919 年 1 月 14 日。

⑤　《澳门童子军之爱国声浪》，《香港华字日报》1919 年 6 月 14 日。中国被迫接受"二十一条约"后，激起澳门人士的反抗，澳门的商界和学界于 1915 年 5 月 22 日集会，报载"廿二号侨澳商、学各界在下环育贤学舍开国耻大会，到者八百余人，由主席郑君珍演说，略云此次承认日本要求各件，实为弥天大辱，嗣后愿我国民均存爱国观念，认定贸易自由主义，说毕众皆鼓掌，至四点余钟茶会而散"。参见《澳门侨民开国耻大会》，《申报》1915 年 6 月 3 日第 7 版。

另有一则是关于澳门童子军参加 1924 年 6 月 29 日在广州举办的"童子军日"活动，① 这些都意味着澳门童子军与国内童子军活动有所联系。

在 1921 年 5 月 7 日的"澳门学界国耻纪念大巡游"和同年 10 月 10 日的"双十节巡游"两项活动中，"中华童子军澳门分部"的角色似乎相当重要，两项活动都由该分部发函邀请各界举行庆祝，该分部似有领导的角色。当时的中华童子军澳门分部（第一则报道用"澳支部"）的办事处设于近西街的智渡学校，刘宗禹（号君卉）曾任该校校长七年，他的学历正是"中华童子军领袖毕业"②。"中华童子军"就是当时在上海的 Boy Scout Association of China 的官方中译名。③ 关于五七国耻纪念大巡游，中华童子军澳门分部分函邀各校联合举行，活动目的是要"激刺各界耳目"，当日参加的学校包括智渡、齐民、佩文、志道、崇实、培正、德华、澄波、坤元、觉民、建新、道明、习成、平民、莲峰义学十五校，人数达千人以上，"各生均手执小旗，上书警语，间有制作像生等物，以为提撕警告之用"，报道指各校率队绕行全澳一周。④ 至于双十节巡游，该会将活动拟定为"中华民国国庆纪念日"，计划是联合工商学各界于是日升旗、燃爆和休业，夜间再举行提灯大会。参加提灯大会的人士，于晚上六时在南湾出发，分甲乙两大队，甲队为学界，乙队为工商各界，巡行路线由该部拟定，并规定巡行时不得有营业告白性质的随行品。整个活动的通告由中华童子

---

① 《各省教育界杂讯——广州之童子军日》，《申报》1924 年 7 月 5 日第 3 张第 11 版。

② 澳门档案馆藏，资料号：MO/AH/EDU/CP/06/0064，第 8 页。该卷宗有《刘君卉致澳门华视学会会长施多尼函（1931.9.9）》，是刘君卉向华视学会申请学校证照，刘时年 40 岁，除了一些教职外，他也是智渡、齐民和允文这三所高等小学校的校长，分别是 7 年、6 年和 7 年。

③ G. S. F. Kemp, "The Boy Scouts Association of China", *The Chinese Recorder*, Jan., 1916, pp. 69 –71.

④ 《澳门学界之国耻纪念大巡游》，《香港华字日报》1921 年 5 月 10 日。

军澳门分部发出，学界、工界和商界分别以智渡学校、景源工社和西华药局为筹办处，当天早上八点学界联队巡行的次序分别为童子军、智渡、齐民、佩文、培正、灵导、觉民、坤元、志道、觉觉、明道、培性、习成、德华、崇实、平民等校，散队后童子军再乘数辆摩托车，手执国旗，高唱国歌，并沿途放爆竹。晚上七时的提灯会在南湾出发，序列为三巴仔的洋乐童子军，学界为智渡、齐民、佩文、师范夜学、平民、坤元、淑贤、觉民、尚志、志道、建新、藻芬、德华、英华、启秀、培正、坤华、明智、冠南、澄波、道明、进育、振华、培性、尚实、觉觉、励志、习成、崇实、南洋义学、莲峰义学、议事公局女校、广智、大成、何家祠学塾、孔教等三十多校。①

1922 年 5 月 7 日的国耻纪念，中华童子军不再领头，改由"澳门教育会"（即现今"澳门中华教育会"）发动和领军，借以唤起邦人爱国心。巡游于当日下午二时举行，队伍从南湾出发，由三巴仔洋乐队前导，随后的是中华童子军、智渡、齐民、佩文、平民、明智、坤元、怡云、励英、至德、立诗、德华、澄波、建新、觉民、励志、议事公局女校、蒙学、崇实、南洋夜学、莲峰义学等校，并西医毕业医学会共计男女学生三千余人。② 又澳门的校历曾定 5 月 9 日为"国耻纪念日集会纪念"③。

"中华童子军澳门分部"曾在澳门设立一所齐民学校。④ 按《齐民

---

① 《澳门童子军双十节举行巡游》，《香港华字日报》1921 年 10 月 5 日；《澳门中华童子军发起联祝国庆》，《香港华字日报》1921 年 10 月 7 日；《澳门华人国庆纪念补志》，《香港华字日报》1921 年 10 月 15 日。

② 《澳门学界国耻大巡行》，《香港华字日报》1922 年 5 月 10 日。

③ 郑振伟：《1940 年代的澳门教育》，中国社会科学出版社 2016 年版，第 147 页。

④ 陶英小学的校史提及陈公善是澳门童军分会第二团团员，也是童军团所办的齐民学校发起人兼校董，文中并括注齐民学校"即本校前身"。陶英学校创办于 1923 年，当时为春季始业，初小四年，高小三年，1936 年春成立 3918 童军团。参见《本校史略》，《澳门陶英小学建校四十周年纪念校刊》，澳门陶英小学 1963 年印行，第 42—45 页。

学校招男女生简章》（1929 年）的介绍，该校校址设在炉石塘 20 号
（万昌杂货店楼上），学校依新学制规定，设有高级小学（二年）和初
级小学（四年），办学的宗旨为"贯输青年智识，养成刚正纯美之公
民，以应国家社会之需要"，而高小和初小课程中都设有"童子军学
识"①。齐民学校的招生简章中，初小和高小另设有"体操"一科，故
应属与"童子军学识"并列的课程。1929 年陶英学校招生简章中，高
小和初小均设"体操"一科，1929 年习成高、初两等小学校的招生简
章中，高小和初小均设"体育"一科，1930 年精华学校的初小和高小
均设"体操"，1941 年励群小学的招生简章只设"体育"一科（但该校
有童子军），1929 年澳门汉文学校的招生简章中，未见列出与童子军或
体育相关的课程，故可推知童子军并非当时各校共有的学科。《华侨中
小学规程》始于 1931 年，据此侨民中小学的课程应依照教育部制定中
小学课程标准办理，② 而 1929 年 10 月颁行的《中小学课程暂行标准》，
"党童子军"属小学的课外作业，初中才有"党童军"这门学科，但
不计学分，且其课程须由当时的党部规定另行印发。③

（三）澳葡童子军活动

    1933 年 4 月，澳葡政府公布《葡国童子军规律》，④ 规定葡国
童子军的名称、宗旨、属性、总部、成员，以及该组织的架构。然

---

    ① "双源惠泽，香远益清——澳门教育史料展"，澳门中华教育会主办，2010 年 9 月
10—30 日。

    ② 《华侨中小学规程》，参见教育部参事处编《教育法令汇编》二，教育部秘书处室
1933 年版，第 545 页。

    ③ 教育部中小学课程标准起草委员会编：《中小学课程暂行标准（幼稚园及小学之
部）》，中华印书局 1929 年代印，第 26 页；教育部中小学课程标准起草委员会编：《中小学课
程暂行标准（初级中学之部）》，卿云图书公司 1929 年版，第 2 页。

    ④ "Decreto, No. 21：397"（核准葡国童子军规律），*BOCM*, No. 15（1933. 4. 15），
pp. 342 – 343.

而，关于澳门童子军的活动，最为人熟悉的应是位于澳门白鸽巢花园内贾梅士纪念像前的碑记。[①] 该碑文有中文和葡文，大抵是葡国童子军努那欧维士队（Nuno Álvares）第 12 旅，以及中国童子军粤华中学队第 28、29、30、32、33、34 旅，于 1933 年 6 月 10 日宣誓效法葡国诗人贾梅士之记。6 月 10 日，当天是澳门的贾梅士日，报章报道中葡各界及各学校在白鸽巢公园举行纪念典礼，仪式由护理总督山度氏（Pedro da Rocha Santos）主持，一众官员出席，当中并有 150 名粤华中学的童子军。当年的中葡报章均报道此事，[②] 未料《香港工商日报》更原文照刊波治当天的讲辞，由于史料珍贵，故不惮引录如下：

> 在场童子军，吾人今日集合之地点，即为四百年以前，大西洋国诗人贾梅士暨最先莅止中华之大西洋国人士，与中华人士第一次会合之处所也。自此次会合之后，彼此帝［递］相往还，而发生互助之关系，浸假而至中葡间友谊日趋辑睦与牢结，其友谊之表现，在中华方面，为允许西洋国船舶由欧来航，在中途遇风、渍湿货物，得在此半岛上曝晾，及日常供给大西洋国人士食品；而在大西洋国人士方面，则为实力有效协助中华官吏，剿办大股海盗，是乃蓄谋劫掠沿海岸居民及窥伺广州而屡次实行封锁广州口岸者。嗣经此次武力行动协助后，遂致前中华君主，油然而兴酬报之念，旋将澳门一地，赠与大西洋国，用表谢忱。在吾人今日所践立之澳门，不外由友谊与酬报二者而发生，此友谊与酬报，二者固为吾辈童军军律中所确定者也。兹者，中葡童军互相携手，

---

① 萧国健编：《澳门碑刻录初集》，（香港）显朝书室 1989 年自印本，第 28 页。

② "No Dia de Camoes. Recordando o Passado⋯Simpatica Homenagem. Juramento dos Escotei-ros Chinêzes"（贾梅士日，追怀往昔，肃穆致敬，中国童子军誓言），in *A Voz de Macau*（澳门之声），1933. 6. 12, pp. 1, 6。

吾人应存唯一之观念，此观念为何，即利国福民是，今之所以择
定此地点而集合者，缘此地乃中葡两国族人士最初会合处所，并
由此而沟通两国情感，具有悠远之历史者。职此，吾人今日宣誓，
将舍此末由，凡人均应明了童子军乃万国之行动，其宗旨以联络
人类互相结合为依归，用符四海之内，皆兄弟者也。中葡亲善，
既具悠远之历史，此后吾人更应共同行动，力谋中葡两国间固有
之睦谊、日益巩固。廖奉基女士、长粤华有年，是能深明斯旨者。
当鄙人提出该校学生，宜即加入万国公认，及在万国童军部立案
之大西洋童军会议时，立蒙赞允。鄙人兹当众向廖女士前，敬表
谢忱，在场各童军、汝等应永远切记今日之日，及今日庄严之宣
誓，并应永远保持于童军军律范围中讨生活，尤应当守汝等分内
之事，斯足致汝个人福利，而国家将亦同蒙福利焉。今日之庆典，
是宜可纪，而对于鉴临吾人上之诗人，亦宜敬礼，并为文勒石，
置此后之人，其亦足以想象今日之庄严举动欤。护理澳门总督，
暨在场男女诸君，今日荷蒙莅场指示礼仪，鄙人曷胜欣幸，敬向
诸君表示谢意，抑更要求俞允为今日举行典礼之人证焉，在场各
童军、现吾人应为分内之事矣。①

　　讲词中除提及贾梅士的贡献和成就外，内容也提及童子军的宗
旨，即是要培养青少年的体力和智力，希望他们对国家和社会有所贡
献；童子军是国际活动，希望澳葡童子军可以像澳葡之间的友谊一样
有良好的发展，不分种族，互相帮忙。讲词中并提及粤华校长廖奉基
很快便答应让该校学生成为葡国童子军的分支。当时负责给中国学生
翻译的是华务局汉文文案何肃。揭幕时，石碑上有中葡两国的国旗。

---

　　① 《马交人士纪念诗人贾梅士，中葡童军举行宣誓礼》，《香港工商日报》1933 年 6 月
12 日。

报道指，护督希望其他学校能跟随粤华中学，并称誉粤华是当时殖民地最好的中文学校。粤华的童子军团更是首个在中国童子军总会登记的澳门童子军团，男女童军人数分别为 68 名和 42 名，其后续有增加。[①]

1934 年 8 月初，广州的童子军先后到访香港和澳门，资料见当时的民政厅长致波治的信件。[②] 另外值得一提的是，香港于 1935 年 5 月 8 日庆祝英皇佐治五世登基银禧纪念，时任港督贝璐爵士（Sir William Peel）及其伉俪分别为男女童军总会领袖，曾在香港足球会举行了一次童子军大集会。集会名为"大会操"（Jamborally），共 600 多名童子军参加，当中广州和澳门各有超过 90 名童子军出席，来自广州的童子军由一名姓氏译音为 Tam 的人士率领，澳门的就是 Mr. A. T. Bourges。[③] 名字的拼写虽略有出入，但此人应即 Artur António Tristão Borges，而他早于 1931 年 7 月已曾率领澳门的葡童子军团到香港交流，活动的地点是居港葡裔人士组织的"西洋波会"（Club de Recreio）。[④] 另宪报亦见波治获委任为利宵学校（Liceu Central de Macau）1931—1932 学年体操科的署任教员。[⑤]

### （四）抗战时期澳门的童子军

抗战期间，从澳门报章上可知童子军活动未有间断，其中一个重要原因，是省港的学校迁往澳门复课，童子军的活动亦随之积极发展

---

① 《粤华童军总会准成立，编为第二四四五团》，（澳门）《华侨报》1939 年 2 月 22 日；《粤华童军获总会批准》，《华侨报》1939 年 9 月 2 日。

② 澳门档案馆藏，资料号：MO/AH/AC/SA/01/14994，第 3 页。

③ "The Jamborally: Scouts and Guides Give Fine Display", *Hong Kong Daily Press*, 1935. 5. 9, pp. 7, 11.

④ "Macao Boy Scouts: Weekend Camp in Kowloon", *The China Mail*（德臣西报），1931. 7. 27, p. 1.

⑤ "Portaria", *BOCM*, No. 38（1931. 9. 19），p. 1090.

起来。该期间澳门的童子军主要从事劝募、慰劳、宣传和施赈等战时服务工作。[1] 从报章所见，澳门当时凡举办庆祝活动、运动比赛、筹款（演剧、书画义展），又或贫民赈济活动（施粥），都有童子军维持秩序，而童子军亦有参与售旗之类的募捐活动。1943 年澳门曾举办 20 场小型足球慈善赛，为天主教平民粥场募款，有报道指负责服务的 15 校童子军深受澳督和主教的嘉许，并获颁奖章。[2] 澳门于 1939 年 3 月 15 日庆祝童军节，有二十多所学校的千多名童子军在新马路平安戏院举行庆祝活动。该活动由崇实中学校长梁彦明主持，华务专理局华视学会致辞，海外部第二处处长李朴生、侨务处处长徐天琛和广东省童子军理事会代表梁一锷分别训话，以及培正学校校长代表莫京演说。[3] 圣若瑟中学 1939 年 10 月在黑沙环营地举行的总检阅大露营，包括会操、露营、课程比赛和野外活动等，报道指其盛况空前，到场参观的就包括了广大、培正、广中、协和、南海、临中、孔教和濠江等校的童子军团。[4] 同善堂于 1941 年 8 月至 9 月向难民施粥，便曾函请雨芬、中山、莲峰、中德、陶英、崇实、复旦七校，遣派童军到派粥场维持秩序。[5] 又 1943 年 10 月，澳督戴思乐莅任三周年纪念，是由侨团举办的一项活动，压轴的便是由无原罪、培正、培英、广大、教忠、圣罗撒、协和、岭中、望德、圣若瑟、纪忠、孔教、濠江、中德、雨芬、蔡高、知行、兰室等校男女学生童子军列队经过商

---

① 陈海光：《侨澳童子军概况：辅导澳门童子军事业经过》，《广义童子军团年刊》1948 年第 3 期。

② 《天主教平民饭场昨招待童军团》，（澳门）《大众报》1943 年 6 月 28 日；学钦：《在督宪杯颁奖礼前勖勉中国童子军》，《大众报》1943 年 7 月 15 日。该 14 校分别为纪中、圣罗撒、圣若瑟、崇德、雨芬、广大、知用、中德、教忠、濠江、孔教、协和、岭南、培英和崇实。参见荒《督宪杯小球赛颁奖典礼今日热烈举行》，《华侨报》1943 年 7 月 15 日。

③ 《澳侨各校昨热烈庆祝童军节》，《华侨报》1939 年 3 月 16 日。当天刚好有 100 名学生领得由童军总会核发的中国童子军证。

④ 《圣若瑟童军检阅情形》，《华侨报》1939 年 11 月 29 日。

⑤ 《同善堂值理常会纪》，《华侨报》1941 年 9 月 8 日。

会门前向戴督致敬。①

　　值得一提的是，"中国童子军战时服务团第一团宣传队"曾于1938年在澳门活动，与澳门各界直接互动。根据宣传队的工作报告表（广东省）所示，该团的服务时间于1937年12月9日从香港开始，12月24日到了广州，之后到过佛山、顺德、中山服务，1938年2月7日转到澳门，再往中山、顺德、南海、佛山，再回到广州。同年4月28日至5月12日的服务地点是广州。该团于1938年2月8日至18日期间在澳门服务，共有三次具体的活动。一是在澳门的平安戏院进行公开演讲、歌咏和幻灯大会共十次，报告指"每场均满座，初拟公开两场，以观众拥挤不堪故增至十场，而观众犹拥挤，足见侨胞抗战情绪之热烈，共计观众万余人"；二是在澳门粤华中学举行演讲、讨论、放映、幻灯等活动，学生参加者四百余人；三是在澳门宏汉中学举行演讲、讨论、幻灯等活动，学生参加者约三百名。② 澳门的报章亦有报道上海少年战区服务团联合广雅书院童军团在澳宣传救国，在平安戏院放映幻灯战地片。③ 抗战时期童子军的英勇事迹鼓励了不少澳门青年，尤其当年女童军杨惠敏在四行仓库的壮举便曾激发澳门青年计划效力疆场的宏愿，其中有两位正是当时华视学会视学员钟少卿的女儿，年龄为18岁和15岁，分别在圣罗撒女子中学和崇实中学就读，二人并已在车衣店订制了童军棉褛。④

　　葡籍学生的童子军组织或于1941年以前便停止了，取而代之的是

---

① 《澳督莅任三周年纪念侨团庆祝情况热烈》，《华侨报》1939年10月30日。
② 《中国童子军战时服务团第一团宣传队工作报告书》，中国第二历史档案馆藏，资料号：五/案卷号：14846，无日期，共34页。
③ 《上海少年战区服务团幻灯战片续映》，《华侨报》1938年2月14日。
④ 《遗书父母，六青年投军去》，《华侨报》1938年8月17日。

"葡国青年团"①。1942 年 8 月 14 日《大众报》报道指出，当时葡国全体学生已参加军训多年，澳门的葡籍学生则始于 1941 年。该团由督察长官耶（Alberto Ribeiro da Cunha）任团长，凡澳门葡籍学生，由六岁起凡中小学生均加入受训。该青年团于 1942 年 8 月 14 日的圣人欧维士（Jorge Álvares）纪念日正式成立并举行青年团大检阅，程序大致如下。第一，在助学会举行弥撒礼和圣旗礼；第二，由澳督夫人马利向青年团献旗；第三，全体青年团举行宣誓；第四，澳督戴思乐（Gabriel Maurício Teixeira）检阅青年团及该团举行大操；第五，在市政厅开庆祝大会。② 当年在澳门侨校的童子军，也有参与青年团的活动。1942年 12 月 1 日葡国的复兴纪念日，广大、培正、崇实、知用、教忠、培英、孔教、圣若瑟、雨芬、中德、岭分、纪中、濠江十三校共二百多名的童子军曾应邀观礼，他们在新口岸齐集，经新马路沿海边街前往，但他们并未参与检阅。③ 另中华教育会曾于 1943 年 8 月 27 日的会务报告中，显示曾召集各校童子军主任商定中国童子军参加葡国青年团庆祝（12 月 1 日）复国纪念典礼的观礼公约仪式。④

### （五）抗战胜利后的童子军

抗战胜利后，中央政府特别成立澳门童军分会筹备处，隶属广东，由陈海光兼任驻澳门联络员，以拓展澳门分会会务，也曾举办全

---

① "Decreto, No. 29：453"（饬于属地设立葡国青年团），*BOCM*, No. 13（1939. 4. 1），pp. 167 – 169. 该令第 36 条规定法令生效后即取消殖民地的童子军团。又可参见 "Decreto, No. 28：410"（核准葡国青年团团长副团长团员等制服徽章炙章形式），*BOCM*, No. 40（1941. 10. 4），pp. 651 – 661；"Portaria, No. 9：788"（饬各属地对于第 30921 号大总统令所批准修正之葡国青年团章程即付实施），*BOCM*, No. 42（1941. 10. 18），p. 698.

② 《葡青年团今日举行大阅操》，《大众报》1942 年 8 月 14 日。

③ 《复兴纪念昨举行，葡青年团大操演澳督亲临检阅，旅澳中国童子军被邀前往观礼》，《大众报》1942 年 12 月 2 日。

④ 《教育会本年度会务报告停办学校共有二十五间》，《华侨报》1943 年 9 月 1 日。

澳童子军大露营及总检阅，重要的纪念日亦不乏文字宣传。1946 年 2
月 25 日，那是和平后的第一次童子军活动，《华侨报》当天特刊共
有 5 篇文章，分别为张铁军《童军们奋起毋忘当前的重任》、叶剑锋
《实现三民主义的童军教育》、高朝宗《从"二二五"说到"三一
五"》、黎潮舒《我们该怎样去训练童子军》，以及高朝宗《童子军创
始日感言》。① 1946 年 3 月 15 日，《华侨报》当天刊出"中国童子军
节特刊"，共刊登 3 篇文章，分别为张铁军《家破亲亡——感想童军
教育的重要》、陈玉文《训练幼童军的意义》和叶剑锋《中国童子军
之新任务》。这些文字都强调童军教育的重要性，尤其在建设三民主
义新中国方面童子军要肩负国家民族的重任，有卫国的重责。1946
年的双十国庆有 18 校共 2330 名童军参加检阅，② 1947 年参加 3 月 5
日童军节，参加检阅的团队共 23 校，包括广大、粤华、岭分、蔡高、
圣若瑟、中德、教忠、孔教、圣罗撒、濠江、培正、纪中附小、致
用、培道、陶英、崇实、望德、吴灵芝、行易、励群、佩文、淑贤和
协和。③ 1947 年 3 月 29 日黄花节暨第 4 届青年节举行庆祝会，共 28
校多达 3333 名童军参加巡行，资料未见崇实，但新增东莞、崇新、
知行和宏汉四校，而广大、粤华和岭分三校的童军队伍都超过
300 名。④

　　1947 年 6 月 5—9 日在黄花岗举行的"中国童子军广东省第一次
全省总检阅大会"，广东省共 41 个县市单位参加，澳门分会也有代
表。粤华中学除派代表多人加入全澳童子军代表队以外，另自组织童

---

① 《阖澳中国童子军纪念"二二五"创始日大会特刊》（中国童子军广东省澳门分会编
印），《华侨报》1946 年 2 月 25 日。
② 《双十国庆纪念大会全澳同胞热烈庆祝》，《大众报》1946 年 10 月 12 日。
③ 《中国童军节澳分会开庆祝大会并举行检阅礼》，（澳门）《市民日报》1947 年 3
月 2 日。
④ 《昨黄花青年两节侨胞纪念庆祝盛况》，《华侨报》1947 年 3 月 30 日。

子军观摩团，一行 41 人，由校长廖荣福亲自率领，① 具体资料见
表2-1。②

表 2-1　　　　　　总检阅各单位报到一览表（节录）

| 单位 | 领队 | 小队数(人) | | 服务员(人) | | 童子军(人) | | 合计 (人) | 营幕数 (个) |
|---|---|---|---|---|---|---|---|---|---|
| | | 男 | 女 | 男 | 女 | 男 | 女 | | |
| 澳门 | 叶剑锋/高朝宗 | 6 | 3 | 8 | 1 | 38 | 23 | 70 | 13 |
| 澳门粤华中学 | 廖荣福 | 6 | — | 2 | — | 39 | — | 41 | 10 |
| 其他 39 个省市或单位(略) | | 127 | 38 | 121 | 4 | 1069 | 315 | 1542 | 234 |

《总检阅各单位报到一览表》上其他 39 个省市或单位数字略
去，而最后一行的数字则是根据该表资料计算所得。澳门的代表可
能是三个中队。③一般而言，每小队人数为 7 人（正副小队长在
内），三小队为一中队，设正副中队长各 1 人，共 33 人，三中队为
一团。④

由于澳门的童子军是首度参加全省的比赛，故当时社会上的舆
论有认为该活动将综合反映澳门侨教的程度、侨胞爱国的情绪、童子
军教练的学问，以及各界首长各校校长的正义感和团结性等。澳门中
国童子军参加全省总检阅筹备会第二次常务会议于 1947 年 5 月 13 日
晚上召开，主席报告聘定高朝宗、黎潮舒、霍祺俊、朱耀德、黎剑
心、余勇文、陈玉文等为代表队教练，每日到场训练童子军；童子军
代表队每日下午四时半至六时半（星期日上午七至十一时）到南湾

---

① 《澳童军代表队今日奏凯归还》，《市民日报》1947 年 6 月 13 日。
② 《总检阅各单位报到一览表》，《中国童子军广东省第一次全省总检阅特刊》，中国童
子军广东省支会理事会 1947 年编印，第 12 页。
③ 《陈海光抵澳视导童军团务》，《华侨报》1947 年 5 月 6 日。
④ 《中国童军节澳分会开庆祝大会并举行检阅礼》，《市民日报》1947 年 3 月 2 日。

广场受训。至于各部职员，会上决议叶剑锋为总领队，随团的还有高朝宗、黎剑心、陈玉文、郑宇生、朱耀德、余勇文，以及女童军教练梁碧霞等。① 澳门参赛的代表队经过多轮淘汰以后，选定的名单如下：

> 男童军共 35 名（广大 8 名，粤华 6 名，岭分 5 名，孔教、励群、致用各 3 名，蔡高、淑贤、佩文、宏汉、崇新、望德、行易各 1 名）。
>
> 女童军共 21 名（广大 16 名，致用 3 名，佩文 2 名）。②

名单中似乎只有广大和岭分是抗战时期迁到澳门的学校。全队共 61 人，广大中学占 30 名代表（男 12 人，女 18 人）。

1947 年 6 月 5 日的总检阅在黄花岗七十二烈士墓园举行，营地约一百二十余万平方尺，合共分为七个营区，其中以总办公营区占地最广，共扎 36 个营幕，总计有 41 个单位参与，童子军及服务员共 2183 人，全部营幕合计 312 具。大会比赛分"检阅""野外生活""课程""技能""展览"五项。"野外生活"一项，以中山县（今中山市）成绩最优，次为澳门台山；"检阅"以台山的队容、服装和步伐最合标准，次为中山和澳门；"技能"则因材料影响，成绩并不理想，只列茂名为第二级，澳门和中山为第三级；"课程"比赛分 19 种，"展览"以台山的作品最为充实。最后的总成绩以中山、澳门和台山最优，分别荣获全国童子军总会蒋中正（会长）、戴传贤（副会长）、陈诚（理事长）、朱家骅（监事长）等锦旗及银鼎。③ 中国童子军总会兼理事长陈

---

① 《澳童军参检筹备会推定赴省各部职员》，《华侨报》1947 年 5 月 16 日。
② 《澳童军参检筹备最近情形》，《华侨报》1947 年 5 月 17 日。
③ 陈海光：《广东全省童子军首次总检阅摘记》，《广东童子军》（月刊）1947 年第 5、6、7 期；陈海光：《革命策源地童子军事业概况》，《广义童子军团年刊》1948 年第 3 期。

诚将军，更以分会负责人叶剑锋、屈仁则、黄石如、高朝宗、黎潮舒、张鐵军、郑宇生等工作努力，特传令嘉奖，奖令共七张。[①] 澳门童子军代表队成绩令不少社团感到振奋，纷纷举行庆功宴。

1948 年双十国庆巡行，当时澳门有 6000 多名学生参加，全澳私立的中小学校数为 68 所，[②] 其中有 8 所学校能派出 300 人以上队伍，即鲍斯高乐队及学生（300 名）、粤华中学（含童军及乐队，500 名）、岭南中学（380 名）、圣若瑟中学（560 名）、孔教中学（310 名）、广大中学广大附小（450 名）、汉文小学（300 名）和励群小学（386 名）。[③]

中国童子军"澳门分会"成立以后，由于成绩卓著，其后核准改为"澳门直属分会"，成立仪式于 1948 年 5 月 8 日举行，刘次修任常务理事，高朝宗任理事兼总干事，会址设于柯高马路 50 号。[④] 当天出席者包括外交专员郭则范，澳支部委员余和鸿，镜湖医院副主席何贤，商会代表以及各校校长。当日由郭则范致训词，并由高朝宗致答词，并高呼口号，又当日参加典礼的童子军团有圣若瑟、广大、岭分、蔡高、启智、协和、纪中、仿林、孔教、崇实、汉文、濠江、培正、励群、瑞云、陶英、望德、知行等校。[⑤] 高朝宗为广大附中童军主任，于 1948 年 5 月 16—18 日以支会总干事的身份出席在北京召开的全国童军教育行政会议。[⑥] 1948 年，当时澳门奉准登记的中国童子军团有 531（岭分）、3728（蔡高中学）、3617（孔教中学）、4123、2456、5272、5962、3919（致用小学）、5975、5976（淑贤小学）、5727、3918、

---

① 《童军总会嘉奖澳分会办事人》，《华侨报》1947 年 5 月 21 日。

② 《中华教育会召集全澳中小学编定巡行时次序》，《市民日报》1948 年 10 月 9 日。

③ 《六千余学生参加国庆大巡行》，《大众报》1948 年 10 月 12 日。

④ 澳门档案馆藏，资料号：MO/AH/AC/SA/01/19872，第 3 页。

⑤ 《中国童军澳分会昨举行成立礼暨理事宣誓就职》，《市民日报》1948 年 5 月 9 日。

⑥ 《全国童军教育行政会议本月十六在京举行》，《市民日报》1948 年 5 月 5 日；《高朝宗飞京出席童军教育会议》，《广州大学校刊》1948 年第 39—40 期。

4246、2774（纪中）、7885 等共 15 团。① 另知行童子军团于 1940 年在中国童子军总会立案，核编为第 4264 团，② 培正中学童子军 6726 团于 1948 年 6 月成立，③ 广大中学童子军团于 1948 年 3 月改编为 6295 团，④ 圣若瑟于 1948 年 3 月成立童子军第 6468 团。⑤

澳门童军分会于 1949 年 4 月曾先后召开会议。在第二次童军教练服务员座谈会上，议决活动日期定于 5 月 3 日，活动定名为"澳门中国童子军联谊大会"，分别举行各种课程表演，参加者以校为单位，所报表演项目不得超过三种，并限定于 4 月 27 日填报并交广大中学编配，表演地点为南湾广场。工作分配方面，总指挥高朝宗，分区指挥兼纠察张铁军、郑宇生、霍祺俊、梁碧霞、林中洲，司仪许谟谅，干事卢元、郑厚源、黄国材、谢成志，表演场指导员陈玉文、卢元、区象新、高文泉等。⑥ 表演项目经先后报会汇集后，在广大童子军团抽签，决定表演次序，共计有 24 家单位参加，包括启智、崇实、宏汉、瑞云、望德、岭南、圣若瑟、佩文、知行、励群、粤华、淑贤、东莞、仿林、致用、中正、吴灵芝、崇德、孔教、银业、广大、易行、蔡高和崇新等。⑦

澳门的童子军活动发展至 1950 年出现部分停顿。1950 年 2 月 8 日下午，中华教育会借商会礼堂召开全澳侨校联合座谈会，经商

---

① 陈海光：《侨澳童子军概况：辅导澳门童子军事业经过》，《广义童子军团年刊》1948 年第 3 期。括号内的校名为笔者从各种资料整合所得，不另作注。
② 《知行童军团欢迎团长张必敬返澳》，《市民日报》1948 年 4 月 9 日。
③ 《培正中学童子军六七二六团行成立礼》，（澳门）《世界日报》1948 年 6 月 13 日；《澳校童子军团举行成立典礼》，（澳门）《培正校刊》1948 年总第 17 卷第 1 期。
④ 《教育消息》，《华侨报》1948 年 3 月 7 日。
⑤ 《圣若瑟昨校庆暨童军成立典礼，举行成绩展览及检阅》，《市民日报》1948 年 3 月 20 日。
⑥ 《童军服务员座谈会讨论课程表演事宜》，《市民日报》1949 年 4 月 24 日。
⑦ 《本澳各侨校童军课程表演昨日举行抽签》，《华侨报》1949 年 4 月 29 日；《童军表演抽签决定次序》，《市民日报》1949 年 4 月 29 日。

讨后认为学校的童子军已无存在必要，故议决一律废除，由体育活动代替，另公民科同样认为无存在必要，议决取消。之后该会曾通告各校一律悬挂五星国旗并唱国歌。当日出席者，除教育会的陈道根外，还有仿林周炎荔、广大陈律平、培道李瑞仪、濠江杜岚、吴灵芝郑慧如、岭南罗作祥、镜湖余倩娴、崇实卢元、陶英陈公善、孔教刘汉宜、东莞叶向荣、东南毕漪文、崇新张志诚、瑞云陶伯衮、海员郭如、行易张乃然、蔡高余艳梅、协和廖奉洁、银业陈文尧等人。①

笔者在香港出版的旧报章上，也翻出一些 1950 年以后与澳门童子军活动相关的零星报道，主要是露营和童军节的活动。当时的粤海、中德、崇新、铁城、中山、仿林、博文、德明、难胞和圣罗撒等校或仍设有童子军，澳门中国童子军服务员联会于 1956 年 3 月 5 日的童军节曾联同澳门社会童军（两团）及某些学校的童军在南湾广场举行预祝会，有童军会操、升旗礼等活动，之后松山和西湾旅行，晚上在崇新小学举行聚餐，② 1960 前后，澳门当时有 10 团童子军③。此外，更有一则报道是澳门有十名童子军出席葡萄牙里斯本的童子军大会，且全部费用由葡国政府资助。④

## 四　培正中学的童子军活动

据澳门培正中学前校长邝秉仁先生口述，⑤ 广州培正高小的学生要参加童军，俗称"鸭仔队"，即"幼童军"；初中的童军队为期三年，

---

①　《全澳校长决议取消童军课程》，《大众报》1950 年 2 月 10 日；《侨校校长座谈会决定四项办法》，《华侨报》1950 年 2 月 10 日。

②　《澳门童联会预祝童军节》，《华侨日报》1956 年 3 月 6 日。

③　德明中学于 1960 年度恢复童军课程，曾被编为中国童子军澳门第 10 团，见《德明中学复组童军》，《华侨报》1961 年 6 月 27 日。

④　《澳门童军飞葡京出席童子军大会》，《华侨日报》1960 年 8 月 2 日。

⑤　郑振伟编：《邝秉仁先生与澳门教育》，中国社会科学出版社 2009 年版，第 44 页。

高中的称为"陆军团"。培正高三的学生有一个月的时间到军营集训，参加实弹射击的训练，地点是广州的燕塘军校。[①] 培正现存的史料中有一则与操练相关的记述如下：

> 我们那时是受着洋式的军事管理，体操用的是洋口令。大个佬当陆军团，穿着抬轿佬或洋乐队穿的制服。有些人编入童子军，要经过考验，分初级、优级等。童子军穿的黄斜恤、短裤，或马裤、羊毛裤、黑皮鞋。领带是四方灰布，对扎成三角形，结在领子之外，背后成尖角，前面是粗的一条。其次是鸭仔队，都是一班小东西，他们的制服差不多和童子军一般，不同的是领带是灰布条子，是打在领子之内的，袜则为黑长袜。所谓鸭仔队，本来是预备童子军，因为都是小东西，步伐不齐，走起来迪达迪达的如小鸭，故名。一声 Attention！Right face！Forward march！陆军团，童子军，鸭仔队乃浩浩荡荡大踏步向礼拜堂进发。[②]

邝秉仁先生曾说培正有"托枪"的体罚，而萧维元也忆及培正童子军团的团长受罚一事，刚好互相印证。据萧维元所述，当年（1921）中学已有童子军，而当日的童子军是由高年级学生领袖负责训练的。[③] 又据杨维忠的忆述，童子军：

> 每日下午三时半下课后，便又要"操"，这"操"不是"体操"，年幼的加入"童子军"，年长的就入"陆军团"。……每日下

---

① 广东省会军训生暑假集中训练始于 1935 年。参见《军训生暑期集训借本校中学部为营地》，《培正校刊》1936 年第 7 卷第 30、31 期。陈首瑞《毓河社社史》也提及他们于 1938 年升上高二年级后应广东省教育厅的征调，在广州沙河鸡头军营接受军训，但不及两星期便遇上日军在大鹏湾登陆，军营不得不北撤，社员分作两派，一批辗转经中山石岐返澳复课，一批随大队赴粤北星子受训，至结业后返澳复学。参见《培正 1940 年级：毓社离校三十五周年纪念册》，（香港）培正中学毓社 1977 年版，第 41—42 页。

② 土地：《东山忆旧》，《香港培正同学通讯》1952 年第 21 期。

③ 萧维元：《敬志母校六年培育之恩》，《培正中学五十周年纪念特刊》，第 63 页。

午，都来一所谓"军事科训练"，每星期五必来一次童军陆军联合检阅，和"查操表"。星期日上午八时又要来一次"查操表"。……当时童军团长是现在上海的陈鸿仪先生，而陆军团指挥便是分校主任麦会华先生。更使人诧异的就是"操兵"的口令，无论童军和陆军都是用英文。①

培正童子军的训练工作，据周志满的记述，最初是由陈鸿仪负责，并于同学中选拔一些义务教练，后来才有专职的童军教练。

童子军的组织分三级，初级的训练内容的［是］操练、结绳、烹饪、目测等。中级的训练内容是旗语、测量、担架、架桥、瞭望、消防等，高级童军则学习测绘地图、救急包扎、缝纫、观察星座及野外追踪等。②

童子军的活动有野营、旅行和参观，其中以野营最受学生欢迎。野营每年都举办，规模或大或小，如1933年便曾有数百师生到白云山黄婆洞进行两天野营，活动包括野外采集、营火晚会、野外追踪、观察星象、侦探破案、方向鉴别、旗语比赛、烹调比赛等。1937年培正迁鹤山后，活动多为爬山、郊游，或参观旅行。该文又称童子军活动于培正迁往澳门后中断，直至战后才恢复，则属误记。③

（一）培正的《童军园地》

培正保存了较多与童子军活动相关的史料，有来自《培正校刊》

① 杨维忠：《做了二十五年的红蓝儿女》，《培正中学五十周年纪念特刊》，第70页。

② 周志满：《培正童子军》，载何信泉主编《培正校史1889—1994》，《培正校史》编辑委员会1994年印行，1994年10月，第172页。

③ 周志满：《培正童子军》，载何信泉主编《培正校史1889—1994》，第172—173页。

的报道，也有附于校刊中由童军部编辑的《童军园地》。笔者现在看到的《童军园地》可以分为两组。第一组属广州时期，由培正童军部编辑，见第 2 卷第 1 期（1935 年 9 月 10 日）至第 2 卷第 16 期（1936 年 7 月 20 日）；① 第二组属培正迁澳以后，由培正中学童军团文书股编，有第 1 期（1940 年 5 月），第 2 期（1940 年 6 月 15 日），第 3 期（1940 年 7 月 15 日），第 7 期（1940 年 12 月 20 日），第 11 期（1941 年 4 月 20 日）。两组合共有 22 期。假如从《童军园地》这份附刊的内容做一分析，大概可以知道一些情况。第一组的资料有一个特点，那就是各期的页码都接续前一期的，合共 31 页，该刊的编辑应是有意为之。

《童军园地》第 2 卷第 2 期所见《本学期中童军训练纲要》，纲要中概述了活动项目、组织方法，以及奖励与惩罚，可以一窥培正童军训练的部分内容。至于其他的内容，有如下各项。

第一，考察旅行。一是中学部童军于 1935 年暑假期间举行京沪考察旅行，团员共九人，包括中学监学李荣康，童军主任张耀廷，高小童军教练何国勋，以及六名学生。该"江浙之游"的报道，于第 2 卷第 1 期有"通讯"三则，第 2 卷第 3 期和第 5 期各有一篇。二是《从汕头至上海》（第 2 卷第 7 期）。

第二，露营记述。一是《特别队白鹤洞野营》，野营的日期为 1935 年 9 月 28—29 日，第四队的日记在第 2 卷第 4—5 期连续，第三队的露营记在第 2 卷第 6—7 期连载。二是《平山野营中的寒夜》（第 2 卷第 6 期）。三是《越加队第一次训练后的感想》（第 2 卷第 7 期）。四是《高小队长野外实习》（第 2 卷第 8 期）。五是《参加全市童军总检阅及大露营之前前后后》（第 2 卷第 9 期，1936 年 1 月 20 日）。六是悦

---

① 第 2 卷第 9 期有两期，内容不同，分别于 1935 年 12 月 20 日和 1936 年 1 月 20 日出版。

加队和小狼队于 4 月 18 日露营的《露营日记》（第 2 卷第 13 期）。七是初中童军于 5 月 15—16 日的《从化露营经过》（第 2 卷第 14 期）。八是悦加队和军乐队于 11 月 9—10 日露营的《悦加鹰队露营日记》（第 2 卷第 9 期，1935 年 12 月 20 日）。

第三，童子军知识。如《童子军的格言——"准备"》（第 2 卷第 9 期，1935 年 12 月 20 日），《童子军露营概要》（第 2 卷第 10、12、14 期），《童子军测量术》（第 2 卷第 10、12、13 期），《鸟类与童军》（第 2 卷第 11 期），《救护须知》（第 2 卷第 12 期），《歌谣》（第 2 卷第 12 期），《露宿》（第 2 卷第 14 期），等等。

第四，专论。《三民主义领导下之中国童子军》（第 2 卷第 6 期），《童军前途之展望》（第 2 卷第 8 期），《张忠仁先生演讲：童子军训练与青年职业问题》（第 2 卷第 15—16 期）。

第五，其他。《国庆中的活动》（第 2 卷第 5 期），《本部一月来的大事回忆录》（第 2 卷第 5 期），《贝登保先生的话》（第 2 卷第 13 期）。

至于第二组资料，由于资料有限，不便做分类，但其中主要仍是一些旅行活动的报道。

（二）迁校时期的活动

从澳门培正二十四年度的考试时间表，可以得知该校初中至高中所开设的学科合共 24 门。该年度第二学期共有两次考试，分别于 3 月 23 日及 5 月 11 日举行，每次考试为期三天，初二级及初三级的童军科于第四堂课（3：10—4：00）考试，时间为 50 分钟，而初一级的则有教员另订试验的时间。[①] 有关资料和《教务规程》中所列 1936 年 2 月 18 日修订公布的初级和高级中学各科教学时数表核对，除高一至高三

---

① 《培正中学二十四年度第二学期小考时间表》，《培正校刊》1936 年第 7 卷第 19 期。

有"体育"，以及高一设有"军事训练或军事看护"外，其他科目大致相同。①

　　从《培正校刊》中的"职教员一览表"，可以得到一点童军科教员的资料。培正迁鹤山的时期，也就是1937—1938年，是时由李绍康任教童军，另兼小学部的童军科；② 至于澳门分校，则由李纪麟任教童军、历史和地理。③ 1938—1939年度上学期，李绍康仍任教中学部童军，小学部则有陈耀生任教体育、童军。④ 培正于1938年6月初决定将全校中小学各部迁往澳门，同年9月5日按即照校历上课。1939—1940年度上学期，中学部的童军科教员为李绍康和许明光，高小和初小部的童军科教员为吴戊生，而当时的香港分校，初中部不设童军科，小学部则由何国勋教算术兼童军科。⑤ 培正设有童军部，就1935年的资料所见，童军部的职员分会计股（张耀廷）、事务股（赵毓佳）、文书股（王柱臣）、保管股（陈如海）、传令股（吴能定），以及生活股（李绍康），并于每周五开部务会议。⑥ 除了生活股以外，前五股和中国童子军组织条例所定的团务分配，大致相同。⑦ 1938年澳门培正小学部所编定的学生生活程序表中，就有多项由童军部负责，如10月23日（星期日）"六年级生单车旅行"，10月28日（星期五）"六年级生

---

　　① 澳门培正中学教导处：《私立广州培正学规程（二）——教学规程》，1939年，第3—5页。1932年中等以上学校军事训练委员会派员到培正实施军事训练，而高中学生施行军事管理始于1934—1935年，参见《培正年表（五十周年纪念修订本)》，《培正中学五十周年纪念特刊》，第94—95页。

　　② 《二十六年度第二学期中学部职教员一览表》和《二十六年度第二学期小学部职教员一览表》，《培正校刊》（迁鹤第二号）1938年第9卷第2期。

　　③ 《二十六年度第二学期澳门分校职教员一览表》，《培正校刊》（迁鹤第二号）1938年第9卷第2期。

　　④ 《二十七年度第一学期职教员一览表》，《培正校刊》1938年第10卷第2期。

　　⑤ 《二十八年度上学期全校职教员一览表》，《培正校刊》1939年第11卷第3期。

　　⑥ 《本部一来的大事回忆录》，《童军园地》1935年第2卷第5期。括号内的名字为该股的负责人。

　　⑦ 刘澄清编：《中国童子军教育》，（长沙）商务印书馆1938年版，第43页。

野营"，11 月 4 日（星期五）"五年级生野营"，11 月 27 日（星期日）"五年级生单车旅行"，12 月 21 日（星期日）"六年级生野营。"① 在培正校内，童军有负责值日的职务，"值日服务规则"的第二条，就是"值日生由校童军部按日指派童军二人轮值充任之"②，这些活动和职务规定，基本上符合初级中学童子军管理办法。③

迁澳第三号的校刊一则《高级童军露营记》，活动于 1938 年 11 月 25—26 日举行，地点为路环黑沙。④ 以下是一则澳门培正于 1939 年"六年级童军露湾野营"的记录，或许可以一窥培正童军活动的情况。

　　六年级童军，以期将届结束，野外实习生活无多，乃于六月八号前往露湾作毕业前末次之露营实习。是日上午九时，买舟出发，既至，先构营幕，后开火爨，一时午膳，膳后散步游息。四时再造晚餐，六时进膳。膳后各小队分别会议，商讨野营生活程序。七时举行野火会，节目别致，感觉欢娱。会终随例"消夜"，以快朵颐。十时就寝。月明之下，营幕井然，通宵轮班守卫，有刁斗森严之气象。翌晨天色转阴，早操后，风雨陡至，众以祈晴乏术，势难久留，乃拔营收队而返。此次野营，原定为时三日两夜。计划中有营地生活多种，如中文笔画旗语比赛、生火迅速此赛、游戏表演比赛，及野战、爬山、出版营地日报等活动，拟分时举行，以资练习。惜乎天不造美，遽加风雨，致种种计划，不能实

---

① 《培正校刊》（迁澳第一号）1938 年第 10 卷第 1 期。

② 《训育部增进行政效率　设学生值日服务　订学生会客规则》，《培正校刊》1938 年第 10 卷第 3 期。

③ 《初级中学童子军管理办法》第 11 章为"值日勤务"，共六条。该"办法"为 1937 年 1 月 4 日颁发的"教育部第一一号训令"。参见《近代中国教育史资料·民国编》下，第 720 页。

④ 《培正校刊》（迁澳第三号）1938 年第 10 卷第 3 期。

行。然初时烈日下为炊，返时风雨中拔营，另一面看，对于锻炼体魄，不无少补也。①

　　培正迁澳后仍设童军教员，如 1939 年 4 月校刊中的"高小部校闻"有两则消息。一为"上学期本校童军教员许明光先生因调中学服务，本学期聘得吴戊生先生充任该缺"。吴戊生于南京中国童子军司令部特设童子军教员学校毕业，曾任中大附小教员 5 年，1939 年 2 月加入培正，时年 22 岁。② 另一则消息为"童军体育两部设署办事"③，童军部设有专署办事，亦可见培正对童军活动的重视。培正于迁澳后仍继续童军的活动，在该校五十周年的庆典上，就包括童军科的展览，包括"大露营之营地日报，营地及搭架模型，结绳及救护等图表"，而童军科更"开辟营地及展出星座画图"④。另从童军部的《廿八年度下学期行事历》所见，1940 年 2 月至 6 月共 21 周，共有 21 项活动，包括了会议、服务、旅行、野餐、营灯会等。⑤

　　此外，培正的香港分校于 1939 年亦设"童军科"，并创立童子军团，学生自由参加，属香港童子军第二十三旅，由麦会华任旅长，正团长为何国勋，副团长为罗业裕。⑥ 该则报道并附有学生活动表，定下该年的 6 月 10 日举行童军成立礼，童子军的活动后来大概是终止了，直至 1967 年又再成立童军，经注册定为"香港童军九龙地方七十七旅"⑦。

---

　　① 《六年级童军露湾野营》，《培正校刊》1939 年第 10 卷第 8 期。

　　② 参见《私立广州培正中学附属小学校二十九年度校务概况职教员一览册》，1940 年 9 月。

　　③ 《培正校刊》1939 年第 10 卷第 5 期。

　　④ 《培正校刊》1940 年第 11 卷第 5 期。

　　⑤ 《廿八年度下学期行事历》，《培正校刊》1940 年第 11 卷第 11 期。

　　⑥ 《创办童子军》，《培正校刊》（迁澳第五号）1939 年第 10 卷第 5 期。

　　⑦ 《本校举行童军成立典礼》，《培正校刊》1967 年第 18 卷第 2 期。

（三）抗战胜利以后

抗战胜利后，培正于 1945—1946 年度下学期迁返广州东山原址。广州的培正，中学部设体育主任（陈德新）、军训教官（黄旭东、何尚德），童军科教员为吴戊生和陈国光，[①] 附小则设体育、童军（梁秉元），[②] 1949 年第一学期童军科教员的名字仍是吴茂生，东小则为梁秉洪，西小则为蔡凌光。培正当时继续在澳门开办小学及初中一年级，该学期有初中一年级一班，高、初小学一至六年级共十二班，幼儿园三班，总计学生 671 名，教职员 27 名，[③] 亦设体育童军，教员为李平。[④] 李平在 1948—1949 年度第一学期仍是童军和体育科老师，1951 校刊中的职教员一览表中，再没有童军科，[⑤] 而李平只任教体育科。

澳门培正的童子军团于 1948 年 6 月 12 日成立，该军团曾奉到南京童子军总会钤记及军团番号，编为 6726 团。是日参加宣誓的童子军有百余人，由国民党澳门支部委员陈律平监誓，总干事高朝宗及张铁军理事证誓。[⑥] 1948 年的双十节日，培正亦派出童子军团赴会，而当日的环市巡行就是由培正领队先行，而该校新设的童子军军笛队负责吹奏。[⑦] 1948 年童军部做野外课程演习并举行野餐，地点为黑沙湾，10 月 16 日为初中二年级，10 月 23 日为小学六年级，10 月 30 日为初中一年级，11 月 6 日为小学五年级，活动时间为上午 9 时至下午 7 时，

① 《三十四年度下学期中学部职教员及所任职务一览》，《培正校刊》1946 年第 2 期。
② 《附小职教员人名表》，《培正校刊》1946 年第 14 卷第 2 期。
③ 《澳校概况》，《培正校刊》1946 年第 14 卷第 2 期。
④ 《澳门小学职教员一览》，《培正校刊》1946 年第 14 卷第 2 期。
⑤ 《澳校本学期职教员一览表》，《培正校刊》（香港版）1951 年第 2 卷第 1 期。
⑥ 《澳童子军团举行成立典礼》，《培正校刊》1948 年第 17 卷第 1 期。
⑦ 《澳分校童子军团参加国庆纪念巡行》，《培正校刊》1948 年第 17 卷第 2 期。

除演习各项童军课程外，并举行炊事比赛。① 1949 年 3 月 12 日的野外活动课程，共二百多名童军参加，有布营、旗语、结绳等比赛活动。②

广州培正中学的童军科在什么时候取消，暂未见记录，但 1948 年 10—12 月的校刊中有颇多的童军消息，如第 17 卷第 1 期有该校童子军日（5 月 29 日）的盛况，该学期童子军训练安排，队长训练班等。第 17 卷第 2 期有旅行和露营消息，第 17 卷第 3 期有两整页的"中学童军大露营"报道，第 17 卷第 4 期有"旅行—野餐—露营"的报道，而其中包括四个项目，分别是"中学童军佛山石湾旅行""中学童军野餐会""全省童军将举行大露营本校加紧训练"，以及"东小童军露营"③。该四则报道提供的资料，包括在广州培正的校历中，第 12 和第 14 周分别安排了中三和中二级的童军到佛山和石湾旅行；第 15 周（1948 年 12 月 13—19 日）则是童子军烹饪比赛，那是按照"团行政历"的规定进行；中国童子军东省理事会计划于 1949 年 3 月举行全省童子军大露营，培正也准备参加，并积极训练各种比赛项目；培正东山小学的童军每个学期都有一次露营活动，该活动于 1948 年 12 月 7—8 日举行，地点为西村公园旧址。第 17 卷第 7 期的校刊中，有一则"中学童子军动态"，其中的活动，包括"郊外旅行""联团交谊露营""单车旅行""泛舟旅行"，以及"周末露营"④。其中的"联团交谊露营"属广州童子军的联谊活动，于同年 3 月 5 日童军节举行，参加的单位有美华中学、培正中学、培正西小、培道、执信、市一小，以及广州罗浮团。

① 《澳分［校］童军举行野餐》，《培正校刊》1948 年第 17 卷第 3 期。

② 《澳分校童军野外活动》，《培正校刊》1949 年第 17 卷第 7 期。

③ 《培正校刊》1948 年第 17 卷第 1 期；1948 年第 17 卷第 2 期；1948 年第 17 卷第 3 期；1948 年第 17 卷第 4 期。

④ 《培正校刊》1949 年第 17 卷第 7 期。

## 五　小结

童子军活动始于英国人贝登堡（Robert Baden Powell，1857—1941），
1907 年夏第一队童子军成立。澳门的童子军活动始于 1911 年，[①] 时间较
先于上海和武昌的童子军活动，尽管那时候只是葡籍青年的活动。上
海华童公学和基督教青年会于 1913 年 4 月才相继在上海组织童子军，
即使有严家麟 1912 年在武昌文华大学创办童子军一说，时间也是较晚
的。澳门地处广东南端，华人的教育与中国内地的教育本就紧密相连，
故探讨民国时期澳门的童子军活动亦宜先从广东着手，而由于有不少
关于培正童子军活动的资料被保存下来，抗战时期该校又迁至澳门继
续办学，故本章有专节叙述该校的童子军活动。

整个 20 世纪 10 年代，澳门童子军的发展暂只见少量资料，主要
是侨校童子军参与爱国运动，而澳门葡籍学生的童子军曾隶属于助学
会，童子军团正设于当时的男子中心学校。《澳门宪报》刊登了助学会
的章程，说明该组织受到重视，也可推知学校有意发展童军活动，才
有成立组织和落实经费来源的需要，其后亦见一些筹款救灾和交流的
活动。华人方面的童子军活动同样属于学校的活动，其组织亦设于学
校，但刚开始时应只是全国童子军的一个分部，而童子军的领袖亦曾
到广州参加训练。澳门童子军分部曾设于智渡学校，故该校的核心人
物应也是华人童子军活动的核心人物，尤其该校曾召集各校举行大型
活动。齐民学校应是澳门早期童子军活动的另一重要场所，但童子军
只见于某些侨校的课程。刘君卉是智渡和齐民的校长，应是童子军活

---

① 笔者在 1908 年 8 月澳门的一场赈灾筹款活动中，看到参与其中者有"又前山、澳门
男学界学生侦探，约六十人……"参见《廿壹日澳门物赈灾会汇记》，《香港华字日报》1908
年 8 月 19 日。"学生侦探"也许只是负责场地稽察的学生，但童子军活动传入中国之时，
"Boy Scout"一词早期有译作"童子侦探"，故顺笔一记。

动的重要推手。华人和葡人的童子军活动并非全无交流，1933 年贾梅士日的活动就是具体例子，葡人并视之为一种亲善和睦的体现。从那些派出童子军参与社会服务的侨校名字来看，某些侨校在 20 世纪 30 年代仍处于初创阶段，某些更是抗战后才迁到澳门的，故笔者估计 20 世纪 30 年代初期，除粤华中学以外，其他各校的童子军活动仍未具规模。葡籍学生的童子军约于 1941 年改为葡国青年团，而侨校在葡人的管制下，童子军亦曾参与该青年团的活动。

澳门侨校的课程以国民政府的课程为主，根据《侨民中小学规程》，童子军活动亦列入澳门学校的课程，学校立案更须符合相关的规定。随着抗日战争爆发，广州的一些学校陆续迁往澳门，学生人数激增，① 而这些学校本来就有童子军活动的传统，加之其时社会上各种活动对童子军服务有一定的需求，对推动澳门童子军活动有积极的作用。在 20 世纪 40 年代的校历上，每学年的 2 月 25 日和 3 月 15 日分别定为"童军节集会纪念日"和"中国童子军划时代改进纪念日集会纪念日"。以 1939 年 3 月和 1946 年 10 月这两个时间点做比较，参与庆祝活动的童子军人数几乎翻了一倍。中国童子军战时服务团与澳门的童子军更曾有直接的互动，而澳门的童子军在当时各种社会服务上也有相当好的表现。抗战胜利以后，国民政府通过国民党澳门支部的积极活动，童子军的发展势头更是瞩目。民国时期中央政府在澳门特设童子军分会筹备处，澳门的童子军活动又因表现突出，分会获核准改为直属分会，地位的提升无疑令时人对澳门一隅的童子军活动刮目相看。

---

① 1936—1937 年在澳门华视学会立案学校的学生数为 8020 名，1939—1940 年激增至 22845 名。参见郑振伟《1940 年代的澳门教育》，中国社会科学出版社 2016 年版，第 57 页。

# 第三章　学生自治：培正青年会的教育活动

## 一　前言

青年会是中华基督教青年会的简称，中国最早的学生青年会是1885年福州英华书院青年会，第一任青年会干事是1895年由纽约之北美青年会委派来华的来会理（David Willard Lyon，1870—1949）。来会理赴任后即决定在天津组织联校的青年会，1896年，穆德（Dwight L. Moody，1837—1899）以世界基督教学生同盟总干事身份来华，与来会理走访教会学校，并于同年11月召集各地青年会代表在上海组织"中国学塾基督幼徒会"，这也就是第一次青年会全国大会。会上选出"总委办"，负责四项任务，包括巡视各地组织之青年会，于适宜之地提倡组织新青年会，为青年会职员组织会务练习所，预备适用书籍以促进学生之宗教生活。1898年，格林（Robert R. Gailey，1869—1950）、路义思（Robert E. Lewis，1869—1969）和巴乐满（Fletcher S. Brockman，1867—1944）三人先后来华出任干事。青年会的组织主要分为"学校青年会"和"城市青年会"，后者于1899年6月由路义思在上海创设。① 按来会理所说，青年会注重个性价值与人格完满地发展，故

---

① 整理自来会理的《中华基督教青年会二十五年小史》（上海青年协会书局1920年版）和余日章的《中华基督教青年会史略》（上海青年协会书局1927年版）二书。

首先提倡德智体群四育事业，而 20 世纪 20 年代中国青年会亦因应时代的需要提倡平民教育与公民教育两种运动。[①] 培正这所老校保存了丰富的文献资料，正好可供审视学校青年会如何培养青年的具体工作。

## 二　青年会的刊物

培正青年会的活动见于该校保留下来的各种刊物，包括《培正校刊》[②]《培正青年半月刊》《培正青年》和《青年会月报》等。《培正青年》（*The Pui Ching Young Men*）是培正校内的学生刊物，出版的时期颇长，曾有不同的出版形式。它是"广州培正学校学生基督教青年会"出版的一种刊物，1921—1922 年创办"培正青年周刊"，1922—1923 年改为半月刊。[③] 据阮其巨所忆述，青年会于 1921 年开始出版定期刊物，每星期一次，形式为单张，名为《培正青年周刊》，次年秋才改为半月刊，装订成册，1928 年改为月刊，而当时的印刷费约为一千三四百元。[④] 卢卓然是 1927—1928 年和 1928 年秋季培正青年会出版股的

---

① 来会理：《中华基督教青年会二十五年小史》，第 9—10 页。

② 《培正校刊》有两种，一为香港版的《培正校刊》1950 年 9 月 15 日创刊，自第 1 卷第 1 期开始出版，不定期出版，迄今未绝。另一为私立广州培正中学出版的《培正校刊》，该刊于 1930 年 2 月创刊，1950 年 1 月 25 日出版之第 18 卷第 3 期是笔者能看到的最后一期。该刊卷期资料如下。第 1—8 卷为（1930 年 2 月至 1937 年），旬刊；第 9 卷第 1—2 期（1937 年 12 月 20 日至 1938 年 6 月 12 日），为迁鹤第一、二号，半年刊；第 10 卷第 1—8 期（1938 年 10 月 5 日至 1939 年 7 月 20 日），为迁澳第一至八号；第 11 卷第 1 期（1939 年 9 月 15 日），封面上的校址为"澳门塔石　香港九龙何文田"；第 14 卷第 1 期（1946 年 6 月 1 日）为复刊号，校址为"广州市东山培正路"。该期由广州私立培正中学印行，往后的则改为"广州市私立培正中学印行"。另该刊间或附有《图书馆馆报》《童军园地》《青年会月报》《图书馆月报》等。《培正校刊》的前身为学生所办的《培正旬刊》，《培正青年》曾宣布："培正同学所办之培正旬刊，现经学校议决扩充为校刊，请范朗西先生为主任编辑，黎汝洪君为助理编辑，各级主任为编员。该刊最高机关为出版委员会，仍旧十日为一期，闻第一期经已付印，行将出版云。"参见《旬刊改组为校刊》，《培正青年》1930 年第 3 卷第 4 期。

③ 《本会最近七年来历史上之记述》，《培正青年》1926 年第 5 卷第 10 期。

④ 阮其巨：《培正青年会史略》，载筹备会《培正学校四十周年纪念特刊》，1929 年印行，第 46 页。

职员（另一为凌汉新），也是 1928 年秋季的会长（另一为黎汝洪）。①根据他的说明，《培正青年》刚出版的时候，是用散章的方式，后来可能有星期刊，后来变为半月刊，②后来又出月刊，也有二十日出一册的。1927 年的时候，可能是一个月出三册，所以到他主编的时候，便进行改革，把《培正青年》定为月刊，并定为"培正青年月刊第一卷"③。从保存下来的材料来看，阮其巨和卢卓然二人的说法大致是正确的。

从《培正青年半月刊》第 2 卷第 8 号（1923 年 3 月 7 日）至第 2卷第 13 号（1923 年 6 月 25 日）的资料所得，当时的编辑所设于"王广昌宿舍二楼十一号房"，职员包括记者 12 人，书记 2 人，发行 1 人。1928 年年初，在一则招登广告的启事中，曾记录《培正青年》月刊每期出 2000 多册，④ 而每期的经费约为 500 元，经费部分来自广告收益。⑤《培正青年》的编辑，除总编辑、撰述员、书记、校务记者、体育记者、发行部等基本职员外，还让各会社的代表当通讯员，1925 年度的通讯员，包括学生会、奋志社、会仁社、乐群社、集益社和敬业社等。⑥

至于《青年会月报》，主编是"培正中学学生基督教青年会"，但它不是独立出版的刊物，而是《培正校刊》的附刊。如第 1 期（1939年 9 月 15 日）至第 11 期（1940 年 7 月 15 日）就是附于《培正校刊》

---

① 《培正青年会历届职员表（1922—1936）》，《培正校刊》1935 年第 7 卷第 6 期。卢卓然于 1928 年 11 月 12 日辞去会长和编辑等职务，故 1929 年 11 月以后出版的《培正青年》2卷第 4—5 期由别人接替。

② 《培正青年》1924 年第 3 期封底内页，注明逢每月十四日及二十九日截稿。该刊有售价，"国内壹元，国外壹元四角，每本半毫"，又有"本校旧生及各团体函索即寄"。"本市壹元，国内壹元四角，国外壹元六角"，《培正青年半月刊》1923 年第 8 号。

③ 卓然：《回顾》，《培正青年》1928 年第 1 卷第 9—10 期。

④ 《本刊启事三》，《培正青年》1928 年第 1 卷第 5 期。

⑤ 《告白》，《培正青年》1928 年第 1 卷第 5 期。

⑥ 《本刊职员》，《培正青年》1925 年第 5 卷第 1 期。

的第 11 卷第 1 至 11 期，每期四页，独立编页。杨元勋（1885—1957）曾特意为《青年会月报》第 1 期写了序言，说明因为筹募出版经费的困难，所以在《培正校刊》中辟出版面，让青年会的刊物复刊。① 然而，从该会 1939 年 6 月 21 日至 9 月 8 日的支出项目来看，他们只付出版《培正青年》的部分出版费，共港币 100 元（伸毫银 144.8 元）。② 又据资料显示，这一份附于《培正校刊》的《青年会月报》，在 1941 年的时候，每月出版数为 3500 份。③ 培正的青年会曾经办过一份报纸性质的《培正青年报》，应是预计每期出纸五千份，④ 但很快便因经费不足而结束了。⑤

## 三　青年会的组织

杨保罗曾记"基督教青年会"是巴乐满来华布道时所创设的，而培正青年会的会务，包括平民义学、工人夜学、名人演讲、半月刊、恳亲会、祈祷会、音乐会、奋兴会（Revival Meeting）等。⑥ 查巴乐满只是"中华基督教青年会全国组合"（The National Committee of the Y. M. C. A. in China）1901—1905 年的首任总干事，该会于 1915 年 11 月改称"中华基督教青年会全国协会"。巴乐满于 1915 年返美，由王正廷（1882—1961）接任，1917 年余日章（1882—1936）接替王正廷担任总干事，直至 1936 年。"中华基督教青年会全国协会"这个组织，与当时中国各地学校青年会关系密切。

培正于 1908 迁校广州东山，青年会即于翌年成立。根据阮其巨所

---

① 杨元勋：《青年会月报序》，《青年会月报》1939 年第 1 期。
② 《财政布告》，《青年会月报》1939 年第 1 期。
③ 《第三十二周年》，《培正青年》（第 32 周年年刊）1941 年第 21 卷。
④ 倪福达：《青年会募捐后工作先声》，《培正校刊》1947 年第 15 卷第 3 期。
⑤ 倪福达：《学生青年会息》，《培正校刊》1947 年第 15 卷第 5 期。
⑥ 《今后之培正学生青年会》，《培正青年》1924 年第 3 期。

述，培正有意成立青年会的时候，广州其他学校还没成立青年会。校长李锦纶与岭南和培英两校的代表在岭南开联席会议，当年培正的代表有谭沃心、邝乐生和李作荣等人。青年会于宣统元年（1909）成立，① 举办的活动涉及宗教、学校、社会和群育等各个方面。宗教方面，如举办"奋兴布道会""乡村布道""苦力布道"等，并协助学校举行"研经大运动"，开"宗教讨论班"，举行"灵修会"。学校方面，该会与学校当局也彼此协助，推动校务的发展。社会服务方面，该会开办"平民义学""工人夜学""工人阅书室"，以惠贫苦，作育人才。② 至于群育方面，主要为举行"同乐会""友谊日""思亲日""游艺会"等活动，促进校内同学的相互交流。

根据杨维忠所述，青年会于1917年前后是该校唯一的一个学生社团。当时全校学生的课外生活，都由青年会办理，而青年会的办事处设于第一宿舍门口（其后拆卸，改建澳洲堂）。当年的同学在星期天会参加青年会主理的演讲会，早餐后全体参加主日学，十一时列队赴东山礼拜堂做礼拜。③ 叶超常在《培正校刊》1946年6月的复刊号上曾撰文介绍培正的青年会，他引用的是杨维忠《青年会会史》的资料。该文指青年会由该校李锦纶和林秉庭二人创设，原初的会址设于"第一宿舍"内的一个小房间，当时学生人数一百一十余人，主要的会务是协助学校办理研经班，到1913年以后，学生人数增至二百余人，会员须缴付五角会费，会务除协助学校办理宗教事情外，还有举办辩论会、布道团等，而工人夜学等事业随后也陆续兴办。1918年曾有筹建会所的募捐活动。1919年"全国青年协会"在天津

---

① 阮其巨：《培正青年会史略》，《培正学校四十周年纪念特刊》，第43页。
② 《本会在本校之位置及其价值》，《培正青年》1926年第5卷第10期。
③ 杨维忠：《做了二十五年的红蓝儿女》，《培正学校四十周年纪念特刊》，第71页。

召开，该会曾派梅广林代表出席，并正式加入该协会。① 关于该会早年的活动，《本会最近七年来历史上之记述》一文点列出了各项活动的名称。②

黄启明（1887—1939）在1929年该校四十周年的报告中，把青年会的活动列作"学生生活"。根据他的说明：

> 盖斯会之旨，在培植德智体群四育及社会服务而使青年乐于为善者也。……所有会中应办各事如开交际会、音乐会，及宗教演讲会等，均在会所举行。青年会更有《培正青年》月刊之出版，以联络各生之感情；设立平民义学，以教育邻近村乡之失学儿童。凡此工作，与培养学生服务之精神大有裨益也。③

根据青年会的宪章，该会"以发扬基督精神，团结青年同志，养成完全人格，服务社会国家为宗旨"。具体的目标为："一、研究基督教信仰之基础；二、崇奉并传扬基督之福音及兴办基督教事业；三、促进全校丰满之团契生活；四、实行个人与团体之生活锻炼；五、勉励学生为基督服务及团结立志献身社会之同志；六、谋求民众生活之解放"④。

培正设有一所女校（1918年名"培坤"，1921年10月改名"培正女校"），由"两广浸会"所办，"青年会者，是培养学生德智体群四育之机关也。故凡基督教之学校，多设青年会以陶冶学生，灌施基督

---

① 叶超常：《一年来的青年会》，《培正校刊》1946年第14卷第1期。该文末端注明选节自杨维忠《青年会会史》。
② 《本会最近七年来历史上之记述》，《培正青年》1926年第5卷第10期。
③ 黄启明：《本校最近状况之报告》，《培正学校四十周年纪念特刊》，第3页。
④ 《私立培正中学校学生基督教青年会宪章》，《培正青年》（三十二周年年刊）1941年第21卷第1期。

之道德与精神，提高学生人格，意至良也"①。故该校开办的时候便已
组织青年会，成立之初，有二十余人，1919 年的时候有四十余人，
1920 年的时候有六十余人，1921 年有七八十人。从 1922 年开始，所有
培正女校的学生都是会员。在《培正青年》中也设有"女校消息"的
栏目，刊载相关的消息。

青年会于 1909 年成立时的原名为"培正基督教青年会"，后改
"培正学生基督教青年会"。这个学生组织，原初是征求会员的，后来
随着学生人数的增加，工作对象既是全体同学，对外活动又往往以全
体同学的名义，所以 1920 年曾修改宪章，取消"纳费会员"，凡是在
校的学生都属会员，会员不必缴纳会费，但可以自由捐输，并须义务
为青年会筹募常年经费。

1926—1927 年的组织图，如图 3 - 1 所示；② 1928—1929 年的组织
图，如图 3 - 2 所示。③ 1928—1929 年的组织图所显示的，与《培正学
校学生基督教青年会章程》所列出来的组织完全一致，与从前的组织
比较，区别就在于取消原来的服务部、宗教部和会务部，改以总务部
为最高的执行机关，各股独立分工。至于"教育股"的工作，据第十
七条第（八）项，就是"主理本会日夜平民义学，及一切智育研究智
育演讲等"。

青年会于 1927 年成立宪章，该会定名为"广州东山培正学校学生
基督教青年会"，实行各股工作独立。该"章程"合共十九项，一至三
项为第一章"总纲"；五至六项为第二章"会员及权责"；七至九项为
第三章"董事局之组织及权责"；十至十七项为第四章"职员之组织及

---

① 《女校青年会纪略》，《培正青年半月刊》1923 年第 2 卷第 10 号。
② 《本会今年组织图表》，《培正青年》1926 年第 5 卷第 10 期。
③ 《本会组织系统图》，《培正青年》1929 年第 2 卷第 6—7 期。《本会下届之新职员》
（《培正青年》1928 年第 1 卷第 9—10 期）预告下届新职员时，"宣传股"作"布告股"。

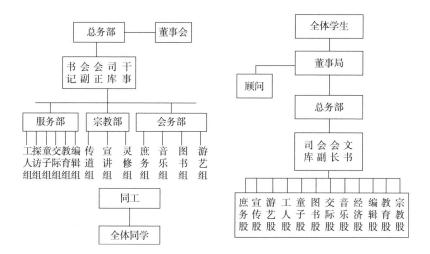

**图 3 – 1　青年会 1926—1927 年度**
**行政架构**

**图 3 – 2　青年会 1928—1929 年度**
**行政架构**

权责"；十八至十九项为第五章"选举"；另有一"附则"。据有关章程，青年会的宗旨如下。

一、联络校中有志振兴灵界生活者为一发扬真道之有力团体。

二、灌输基督教道德联络青年友谊办理基督教一切事业。

三、引导会员献身基督，服务社会。①

1932 年培正校方曾召集改进青年会的会议，修改青年会的宪章。青年会须重新向学校立案，改选职员，会章规定基督徒为该会基本会员，负责选举职员，其他学生为赞助会员。据参与成立宪章的杨维忠所述，青年会于 1932 年由会长制改为委员制。② 1935 年朱文清获选出

---

① 《培正学校学生基督教青年会章程》，《培正青年》（培正青年会日特刊），广州培正学校学生基督教青年会 1927 年印行。

② 杨维忠：《做了二十五年的红蓝儿女》，《培正中学五十周年纪念特刊》，第 74 页。

席太平洋国际少年营；1936 年春，"青年会全国协会执会"在上海开会，培正获推选为校会委员。

由于青年会是一个基督教的团体，他们工作都以基督教教义为依归，较高级的主要职员要由基督徒担当，但非基督徒都可以参加青年会的工作。① 董事局设五人，校长及正会长为当然董事，并由校长于该校基督徒教职员中聘任二人，其余一人则由大会于职员外之基督徒学生中选举之。据《培正青年》三十二周年年刊上刊载的宪章，该会又定名为"私立培正中学校学生基督教青年会"②。

## 四　青年会的经费

青年会的经济来源有两项，一为"经济征求"，即向校内员生募捐，作为常年经费；一为"贸易收入"，即该会设有理发部和合作社，分别批租与人承办，年中收入拨归平民小学为常年经费。③ 早期的资料显示，培正校内设有"食物公司"，租金收入拨作青年会的经费。但该公司于 1923 曾被培正校方封禁，理由是节省学生的开支。1926 年，青年会顺利将食物公司收回，当众开投，价高者得，计全学期青年会可收取租金为四百余元。④ 如 1928 年，原在校内由学生竞投经营的"贸易公司"，由学生会批与外人承办，换取收益。此外，又有经营生果公司、理发店、洋服店、鞋店等，每学期可收取租金约三百元。此外，

---

① 当时中学部八百多名学生当中，只有约一百人为基督徒，所以青年会是人才难求，而其他教会学校如有相同的青年会组织，也面对着同样的困难。萧维元、杨维忠：《评阅青年会征文的一些观感》，《培正青年》（三十二周年年刊）1941 年第 21 卷第 1 期。

② 《私立培正中学校学生基督教青年会宪章》，《培正青年》（三十二周年年刊）1941 年第 21 卷第 1 期。

③ 李荣康：《培正青年会第廿七，廿八两届经济状况》，《培正青年》1938 年第 11 卷第 1 期。

④ 《食物公司已为本会收回且已开投了》，《培正青年》1926 年第 6 卷第 2 期。

《培正青年》也会招登广告，① 以及用各种方式筹款，如"影画筹款"等。② 从培正中学第 37 届学生基督教青年会的财政报告所见，1946 年度上学的收入共 4915.08 元，主要有三个来源。

会费：每一会员每一学期缴交葡币一元，共得会费 918 元。

捐款：剧团（小龙剧团）义演，社会各界人士捐输，共得葡币 1789 元。

其他：一是上届结存葡币 1498.28 元；二是学校津贴葡币 170.8 元；三是食物部租金共葡币 302.5 元；四是理发部租金共葡币 84 元；五是沽售赏月会入场券共葡币 152.5 元。以上五项收入合共葡币 2208.88 元。该年度上学期截至 1945 年 11 月共支出葡币 4653.26 元。③

## 五　筹建青年会所

培正青年会兴建会所的构想始于 1918 年，当年曾举办筹款活动，但因所得只有千余元而未有动工，于是在该校白课堂的西南处搭建"棚厂"一座，充作临时会所。后棚厂废漏，于是迁至日后兴建会所位址的右侧，仍搭建一临时"棚厂"。1922 年从香港青年会聘旧生黄役才为干事，积极筹划兴建会所的工作。《培正青年半月刊》第 2 卷第 10 号（1923 年 3 月 28 日）特辟为"筹建学生青年会会所特号"，李宝荣（由梁宗岱译文）、张亦镜（1871—1931）、李竹侯和黄启明等人撰文鼓吹。该期更附录筹款总队长黄启明的《总队长致同学家长函》，④ 向家

---

① 《培正青年》1924 年第 3 期封底，广告分全面、半面和四分之一，半年的收费分别为 20 元、11 元和 6 元，全年收费则如数加倍。

② 雄飞：《本会经济股今学期之新计画》，《培正青年》1928 年第 1 卷第 5 期。

③ 刘国显：《培正中学学生基督教青年会第三十七届财政报告（其一）》，《培正校刊》1946 年第 14 卷第 1 期。

④ 函件并无宣传宗教的味道，只表示"学生生活亦加意扩充，以造就良好之人才。原夫学生心理皆好集会结社，以联络感情，交换知识，故有学生青年会之设。会内各职员均由学生中选举之，历年所办理各种业，成绩卓著"等（第 20 页）。

长说明让学生于 4 月 4 日开始放假 14 天，募集经费。本次募捐，将全校学生分作 30 队，每队 20 人，设正副队长两人管理，木排头分校和女校同学也竭力帮忙。① 从省港澳以及四乡各地筹募，共得二万余元，并于是年 6 月 30 日举行动土礼，1924 年春假又再募捐。② 黄役才于 1924 年辞职他去，由林超云（林湛）接任干事一职。③ 青年会的会所终于在 1926 年 5 月正式开幕，《培正青年》第 5 卷第 10 期（1926 年 5 月 29 日）特辟为"开幕特号"，而 5 月 29 日这个日子也就成为培正的"青年会纪念日"。该会所坐落于该校足球场之南，面北背南，楼高三层：楼下为职员办公室，编辑室，西南隅为议事室；楼上为礼堂；地窖之西南隅为理发所，而东侧为义学教室。④ 附设礼堂，供学生集会之用。

就资料所见，会所开幕一事也是几经周折。1925 年 6 月，因滇桂军阀杨希闵、刘震寰在广州策动叛变，学校提前放假，到 1925 年 12 月，又因会所结构出现崩裂而于寒假重修，⑤ 当日的修缉费约两千元，概由学校承担。⑥

培正迁澳后，原来也打算筹建会所，后来在校方的协助下，将宗教室的工人房让与该会办工，于是培正的宗教事业委员会办事处与青年会的办事处就合在一起。⑦ 1940 年夏，青年会向学校当局拨出"棚所"，作为该会办公的地方。⑧ 另有记录青年会的会所设于音乐室内的

---

① 《会闻——筹建青年会所之经过》，《培正青年》1923 年第 2 卷第 11 期。
② 《本会筹建会所经过略述》，《培正青年》1926 年第 5 卷第 10 期。
③ 叶超常：《一年来的青年会》，《培正校刊》1946 年第 14 卷第 1 期。
④ 阮其巨：《培正青年会史略》，《培正学校四十周年纪念特刊》，第 44 页。
⑤ 《发刊辞》，《培正青年》1926 年第 5 卷第 10 期。
⑥ 《会所重修》，《培正青年》1926 年第 5 卷第 8 期。
⑦ 《本会行政——设立会所》，《青年会月报》1939 年第 1 期。
⑧ 《第三十二周年》，《培正青年》（三十二周年年刊）1941 年第 21 卷第 1 期。

一个小房间。[①]

## 六　青年会的教育服务

据阮其巨所述，培正青年会兴办的教育事业，主要有"义学"和"夜学"两种。[②] 到抗战胜利后，培正的青年会曾办"民众学校"。

### （一）义学

青年会的义学于 1920 年创办，校址在瓦窑街口国光公司内，1923 年春迁往原址对面的国光货仓，增加设施，1923 年年初招插新生，8—14 岁，不论男女，皆可报名，并定于 2 月 25 日复课。[③] 青年会会所于 1925 年落成后，义学即迁返会所地窖之东隅。1926 年因学生由三十多人增至百余人，曾扩充教室。义学似乎是免费的，但 1925 年 9 月青年会的《本会是期每月财政进支报告表》中有一项"义学学生挂号费"，金额为 50 元，[④] 又 1925 年 9 月、10 月和 11 月都支付 30 元作为义学教员的薪金。[⑤] 1926 年 9 月 20 日，义学开学，男女生六十余人，另加设四年级生，聘黄惠芳为二、四年级主任，黄咏为一、三年级主任，另加数位培正的中学生，分任学科教授（周志满主任手工，陈恒颂主任图书，张冠良主任珠算）。[⑥] 1927 年 2 月 17 日，义学开学，人数 120人，分四级，以一年级学生最多，聘黄惠芳为二、四年级主任教员，

---

① 罗秉仁、冼维心：《卅一周年》，《培正青年》1940 年第 20 卷第 1 期。
② 阮其巨：《培正青年会史略》，载筹备会《培正学校四十周年纪念特刊》，第 45 页。青年会于 1919—1920 年开办工人夜学，1920—1921 年演剧筹款开办平民义学，参见《本会最近七年来历史上之记述》，《培正青年》1926 年第 5 卷第 10 期。
③ 《会闻》，《培正青年半月刊》1923 年第 2 卷第 8 号。
④ 《本会是期每月财政进支报告表》，《培正青年》1925 年第 5 卷第 5—6 期。
⑤ 《本会是期每月财政进支报告表》，《培正青年》1925 年第 5 卷第 5—6 期；《本会是期每月财政进支报告表》，《培正青年》1925 年第 5 卷第 7 期。
⑥ 《培正青年会义学本期之进行》，《培正青年》1926 年第 6 卷第 2 期。

王颖为一、三年级主任教员。①

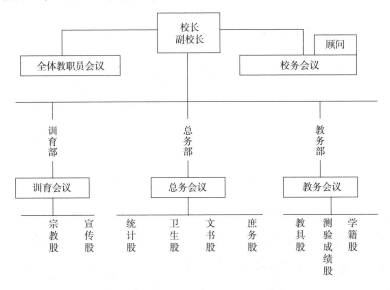

图 3 – 3　义学行政架构

1928 年年初，青年会的"平民义学"由该会教育股主任梁翰渠（副主任为梁卓芹）主持，1928 年 2 月 4 日招考新生，并于同年 2 月 6 日上课。该学期李秀兰辞职，由霍瑞芳代理。② 1929 年春，梁卓芹（副主任为曹春庭）是当时青年会教育股主任，曾改组义学的行政系统。本次改组，主要是废除"监学"，将职责改归训育部。（图 3 – 3）③义学的教员皆为义务教员，到 1929 年的时候，除高中教育科学生充任义务教员外，另聘女主教员二人，学级分初小一年级至四年级。义学的全年经费约一千二百元。

1928 年新学期，义学由梁卓芹接任校长，仿照新学制前期办小学

① 《一年来之会务记事——培正青年会义学本期进行》，《培正青年》（培正青年会日特刊），1927 年。

② 雄飞：《义学消息》，《培正青年》1928 年第 1 卷第 5 期。

③ 梁卓芹：《本会义学报告》，《培正青年》1929 年第 2 卷第 6—7 期。

四班，学生人数约八十人。学科照当时大学院颁布的小学暂行条例，[1]按特殊情形略有增加。学科包括国文、算术、作文、歌诗、社会、自然、公民、三民主义、作文法、论说、尺牍、珠算、体操和手工等。主任教员为杨卓卿和黄如捷两位女士，二人皆为培道师范毕业生，监学为曹春廷。[2] 当日培正女校青年会的教育部也有办义学，于1928年9月24日开学，约六十人，分一、二、三年级。[3]

梁卓芹其后在《培正青年》又再发了一份报告，具体谈及男校青年会义学在1928年上学期的概况，以及进行中的事项和未来的计划，当中提及义务教师和经济等，都是他们要面对的困难。按1928—1929年度上学期，教授由该校高三教育科同学中征求得十余人担任，后经该校教育科主任程美全同意，将该校高三教育实习科改拨义学实习。第二学期于1929年2月2日开课，主任教员杨卓卿女士辞职，由培道师范毕业的冼樨芝女士充任。[4] 学生资料统计见表3-1。

表3-1　　　　　　　　　学生资料统计

| 学年 | 学期 | 男童（人） | 女童（人） | 一年级（人） | 二年级（人） | 三年级（人） | 四年级（人） | 总数（人） | 平均年龄（岁） |
|---|---|---|---|---|---|---|---|---|---|
| 1928—1929 | 上学期 | 47 | 31 | 34 | 22 | 19 | 5 | 78 | 11.5 |
| | 下学期 | 56 | 30 | 37 | 26 | 19 | 4 | 86 | 12 |

---

① 1923年民国政府颁行《新学制课程标准纲要》，改初级小学四学年，高级小学二学年。另1928年2月曾颁布《小学暂行条例》，初级小学设置的学科，包括三民主义、公民、国语、算术、历史、地理、卫生、自然、乐歌、体育、党童子军、图画和手工等。参见教育年鉴编纂委员会编《第二次中国教育年鉴》，第三编，第29页。

② 《本会教育部所办之义学》，《培正青年》1928年第2卷第1期；梁卓芹：《本会义学校之报告》，《培正青年》1928年第2卷第1期。

③ 《教育部的情形》，《培正青年》1928年第2卷第1期。

④ 梁卓芹：《本会义学报告》，《培正青年》（文艺专号）1929年第2卷第6—7期。

1929 年年初青年会为扩充义学而筹募经费，准备兴建一所有六间课室的校舍。当时的目标为一千元，该会设筹款委员会，发出捐册，中学以每级为一队，小学则以每班为一队，各设正副队长一人，募款为期七天。从各队的名字来看，当日筹款所到过的地方，遍及南海、番禺、顺德、中山、三水、东莞、从化、增城、龙门、新会、台山、花县（今广州市花都区）、清远和宝安等地。① 又据叶超常忆述，当日曾组织"筹建平民义学校舍委员会"，员生分头募捐，共筹得两千余元，1931 年曾再次募捐，又得两千余元，遂动工兴建校舍，历时九个月落成。②

平民小学的校舍于 1932 年落成，资金由募金而得，全校面积长五十余英尺，宽百余英尺，有校舍一座，运动场一所，教室四，另图书馆、校务处、职员寝室各一，校址位于当日的东山之末和山河东街之首。该校聘有三位专任教员，并由培正的学生分任义务教员，全校教职员共 42 人，学生 103 名。1935—1936 年培正平民小学行政架构，如图 3 - 4 所示。据王颂刚所述，该校的宗旨："本校专为贫苦失学儿童而设，根据三民主义及基督之精神，培养国民基本之知识和技能，以适应社会生存为主。"③ 由于青年会实为一宗教团体，故在教学以外，该校设有宗教委员会和研经社，每星期三和五均举行宗教早会，以及主日学等活动。校刊中就提及有六位同学信主，并在东山浸会堂及天主教堂受礼。④

平民小学于 1935—1936 年开始改制，行"实验小学四年制"，以四年完成小学学制，也就是将原本是六年的普通小学缩为四年，每年分三学期，每学期分两学阶，每学阶有八个学周，全年共 48 个学周。又暑假缩为四星期，春假寒假照常上课。学生入学以实足八岁为准。

① 《会闻——义学筹款的经过》，《培正青年》1929 年第 2 卷第 8 期。
② 叶超常：《一年来的青年会》，《培正校刊》1946 年第 14 卷第 1 期。
③ 王颂刚：《培正青年会平民小学校概况》，《培正校刊》1935 年第 7 卷第 6 期。
④ 《青年会近讯——平校新闻》，《培正校刊》1936 年第 7 卷第 22—23 期。

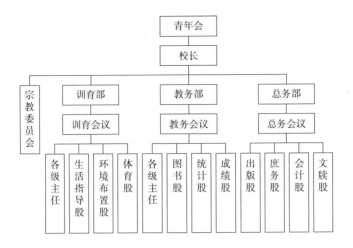

**图 3 - 4  1935—1936 年度培正平民小学行政架构**

学科分国语、数学、社会、自然、卫生、公民、地理、历史、劳作、
体育、美术、音乐、宗教、尺牍、应用文。① 当时广州其他各校也有平
民小学。

　　1934 年 1 月由陶行知（1891—1946）发起的"小先生运动"，在
培正也引起回响。由于资料所限，现在所知道的，是该校的青年会附
属的"平小"，1935 年实行四年制，并鼓励学生于课余做小先生。该
校于 1935 年 11 月 12 日，更举行誓师出发典礼，并有宣言。至于该运
动的组织，"由平小市市长作领袖，及教育局长共同负责，并从二年级
起一体实施，每生至少招小先生之学生一名，至多四名，并将授课情
形布告学校，学校以其习字课为课本焉"②。"平小市"为培正学生的

---

　　① 王颂刚：《培正青年会平民小学校概况》，《培正校刊》1935 年第 7 卷第 6 期。
　　② 《青年会平小提倡普及教育之小先生运动》，《培正校刊》1935 年第 7 卷第 8 期。民
国时期曾盛行学校社会化的活动，在小学试行市政府制，模仿市自治机关组织设立法司法行
政三种机关，每期由学生选举市长、书记、法官、局长、议员等，借以养成学生对于政府的
观念、自治的精神，以及服从法律的美德。参见蔡衡溪《对于学校市政府制的疑问》，开明
印书局 1932 年版，第 73—78 页。该书收入李景文、马小泉主编《民国教育史料丛刊》第 35
册，大象出版社 2015 年版。

自治活动，他们会举行市民大会，选举各部职员，也举行作业展览等活动。①

　　培正迁校鹤山后，东山的平民小学不得已停办，但青年会在鹤山仍继续办理平民学校。当时的平民学校分为成年班和儿童班，有日班和夜班。②青年会以为农村服务运动刻不容缓，故将该会的"教育股"改为"社会服务部"，专司农村服务。③"培正中学乡村服务团"原是由自治会自治股和青年会社会服务股共同办理，至下学期后取消"自治会与青年会主办"的名称，培正中学乡村服务团行政架构如图3－5所示（左下图是1938年2月下学期以后的架构）。

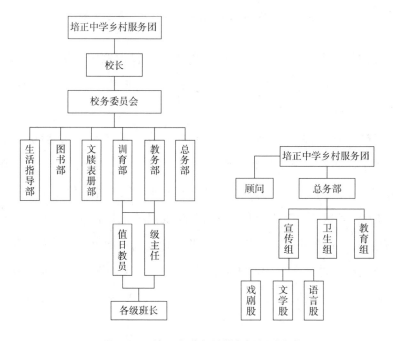

图3－5　培正中学乡村服务团行政架构

　　① 《青年会近讯——附属平民小学》，《培正校刊》1936年第7卷第17期。
　　② 《学生会青年会主办鹤城区乡村服务团成立讯》，《培正校刊》（迁鹤第一号）1937年第9卷第1期；《平民小学开学上课》，《培正校刊》（迁鹤第一号）1937年第9卷第1期。
　　③ 冯翠燕：《本会廿八届的事工》，《培正青年》1938年第11卷第1期。

平民学校的课程内容和训育事宜，完全以实用为主，但特别注重战时常识、时事报告、精神讲话等。下学期由伍廷法和杨社尧二人分任正副校长的职务。教员方面，学校派两名小学教员负责上午的教学钟点，其余皆为义务，以高三同学为主，共 28 名义务教员，由平民小学校长聘任或由同工互相选出。至于校役的工作，如洗黑板、抹地板、清洁大运动等工作，都由平民学校的几个职员承担。[1] 至于校址方面，青年会商借当地同善分堂和一间礼拜堂作为校址，刚开始报名的时候，有一百七十多人，下学期因春耕农忙，故人数只有一百二十多人。因应当时的需要，学制见表 3 – 2，上学期（1937 年 10 月／12 月 2 日）六班，下学期（1938 年 2 月／3 月 17 日）十班。[2]

表 3 – 2　　　　　　　　　　　平民学校学制

| 学期 | 上午 | | 下午 | | 夜间 | | 人数 |
|---|---|---|---|---|---|---|---|
| 上学期 | 中级 | 初级 | 高级 | 初级 | 高级 | 初级 | 170 多人 |
| 下学期 | — | 初级（分一、二级） | 高级（分四、五、六级） | 初级（分一、二级） | 高级（分四、五、六） | — | 120 多人 |

### （二）夜学

培正青年会的夜学，专为该校工人，以及东山附近失学儿童而设，1922 年开始由培正的师范班同学主理，借陈广庆饭堂为临时教室，后

---

[1]　伍廷法：《鹤山城区乡村服务团工作概况》，《培正青年》1938 年第 11 卷第 1 期；关子美：《八月来我们在农村教育的工作》，《培正青年》1938 年第 11 卷第 1 期。

[2]　另有记录显示不同的日期，上学期（1937 年 12 月 2 日），下学期（1938 年 3 月 17 日）。参见《平民小学开学上课》，《培正校刊》（迁鹤第一号）1937 年第 9 卷第 1 期；《乡村服务团本学期扩展工作》，《培正校刊》（迁鹤第二号）1938 年第 9 卷第 2 期。

借用平民义学作教室。1923 年春，该校校长徐柱石辞去职务，由赵汝钳出任，另廖显培为监学。① 当时夜校约有 70 名学生，分甲乙两级，每晚上两钟点的课，有国文、算术、信札、串句、圣经等科。② 学生结业时，更曾联名函谢该会的十三名教员，包括赵伯厚、徐柱石、廖顺培、赵子泽、钟荣安、赵天驹、黎锡飞、欧阳新、徐金耀、唐马太、何杰雅、梁庭江和赵铁山等。③ 1929 年有 40 人，义务教员由高中教育科学生充任，分甲乙两班，晚上授课两小时，教授的学科有国文、算术、信札、串句和常识等。④ 培正迁澳后，青年会曾办工友识字班，聘有专任教员一人，每晚上课时间为七时三十分至九时。⑤ 1940 年 2 月 15 日 "工友识字班"，有 19 名工友参加，课程除国文、算术和尺牍外，另加设英语一科，以适应他们的需要。⑥

1929 年年初的时候，学生人数只有三十多人，原借用学校课室上课，但因人数过多而迁入 "雨操场"，资料记载当时有三十余名学生，分三班。⑦

培正女校的青年会也办夜学，但规模较小。1929 年年初的平民夜学，该期只有二三十人，按程度分为三班，由同学担任义务教授。⑧

1935 年 10 月 1 日平民夜校举行开学礼，人数有九十多人。上学年毕业的，有十多人要求继续肄业深造，于是增设六年级。该校功课有国语、算学、公民、信札、珠算、卫生和常识等。该校每月的经费约

---

① 《夜学开课》，《培正青年半月刊》1923 年第 2 卷第 10 号。
② 《夜学之经过》，《培正青年半月刊》1923 年第 2 卷第 11 号。
③ 《恭颂培正青年会夜学教员之成绩》，《培正青年半月刊》1923 年第 2 卷第 13 号。
④ 阮其巨：《培正青年会史略》，《培正学校四十周年纪念特刊》，第 45 页。
⑤ 罗秉仁、冼维心：《卅一周年》，《培正青年》1940 年第 20 卷第 1 期；《教育事工同志》，《培正青年》1940 年第 20 卷第 1 期。
⑥ 《工友识字班》，《青年会月报》1940 年第 7 期。
⑦ 《夜学近讯——校址改在雨操场》，《培正青年》（文艺专号）1929 年第 2 卷第 6—7 期。
⑧ 《会闻——青年会夜学消息》，《培正青年》1929 年第 2 卷第 8 期。

七十元，学校按月津贴四十元，余数由该校合作社负担。当日平民夜校的职员如下。校长——冯棠；教务长——卓锦裳；教员七人——廖寿柏、赵锦源、陈景柱、徐绳功、黄星朗、卓锦裳和曾耀俊。[①]

　　培正从鹤山迁澳，平民义学曾停办一年。迁澳以后，青年会的社会服务，主要以教育平民为主，曾办"夏令儿童会""儿童夜校"和"工友识字班"。青年会于1939年暑假的时候，曾筹设平民义学（日校），但因为课室问题，只能设置儿童夜学。[②] 1939—1940年度的儿童夜校，当时须经政府注册，1939年10月15日获澳门政府批准，课室则借用该校初中一年级各班课室，因校舍不敷应用，获取录入学者只有190人，共分七班，第一学期于10月23日开始上课，课程分圣经、国文、算术，以及公民等科，义务教员37人。《青年会月报》自出版后，几乎每期都有夜校的消息。儿童夜校校址设中学校内，采用六年制完全小学，课程有圣经、国文、算术，以及常识等，上课时间除星期六和休假外，每晚自六时半至八时四十分止；上课时间分四小节。费用全免，书籍文具由青年会供给。10月23日开课，当日投考和取录的资料见表3-3。[③]

表3-3　　　　　　　　　　投考和取录的资料

| 分项 | 一年级 | 二年级 | 三年级 | 四年级 | 五年级 | 六年级 | 人数 |
|---|---|---|---|---|---|---|---|
| 考生 | 158 | 88 | 53 | 33 | 17 | 15 | 364 |
| 收生 | — | | | | | | |
| 班数 | 2 | 1 | 1 | 1 | 1 | 1 | — |

---

①　《校闻——平民夜校概况》，《培正校刊》1935年第7卷第10期。

②　《筹设平民夜校》，《青年会月报》1939年第1期。

③　《儿童夜校已得当局批准》，《青年会月报》1939年第2期；《儿童夜校现况》，《青年会月报》1939年第2期。

续表

| 分项 | 一年级 | 二年级 | 三年级 | 四年级 | 五年级 | 六年级 | 人数 |
|------|--------|--------|--------|--------|--------|--------|------|
| 男 | 23 | 16 | 14 | 12 | 9 | 12 | 86 |
| 女 | 49 | 21 | 17 | 9 | 4 | 4 | 104 |
| 小计 | 72 | 37 | 31 | 21 | 13 | 16 | 190 |

第二学期于 1940 年 2 月 11 日正式上课，学生共 213 人，本届儿童夜校，为历年之冠。[1] 213 名学员中，男 87 人，女 126 人，其中有八十余人为插班生。学校聘两名专任教员，其余皆为该校学生，共 38 人。夜校除设有圣经课外，每星期日上午九时至十时有主日学，学童可自由参加。[2]1939—1940 年度，儿童夜校共有毕业生 11 人，其中三人投考培正和广大附中，均被录取。1940 年的夏令儿童会共 174 人，工作人员 43 名，地点为儿童夜校的课室。[3]青年会的儿童夜校，似乎是要汇报的。该校曾按学校当局的命令，将 1939—1940 年度上下学期的工作，包括校务、职员一览表、学生一览表、经费收支，以及毕业生一览表等资料，经校方呈交广东省教育厅。[4]

1940—1941 年度上学期（1940 年 9 月 22 日至 1941 年 1 月 11 日），学生 190 人；下学期于 1941 年 2 月 13 日开学，设六班，学生共 182 人。1942 年 9 月，培正青年会举办的儿童夜校招生，9 月 28 日开课，分六级，课程有识字、算术、珠算、常识、唱游、社会等，凡 16 岁以

---

① 罗秉仁、冼维心：《卅一周年》，《培正青年》1940 年第 20 卷第 1 期。
② 《儿童夜校》，《青年会月报》1940 年第 7 期。
③ 《夏令儿童会》，《青年会月报》1940 年第 11 期。
④ 《儿校现况——呈报教厅》，《青年会月报》1940 年第 9 期。

下男女儿童均可报名，但须交保证金，中途退学者将不获发还。① 夏令儿童会，上课5周，当中除了儿童夜校之补习外，有新生百余人，合共174人。当中学业操行成绩合格而直接升入儿童夜校者共82人。② 青年会在暑假期间举办的夏令儿童会，一方面是为儿童夜校中那些功课成绩较差的学生补习，另一方面是让那些有意参加儿童夜校的学生预修。1942年的夏令儿童会于7月1日开课，名额共250名，费用全部豁免。③ 国难时期，澳门的失学儿童多不胜数，青年会把教育视为社会服务，尽管是杯水车薪，但他们仍然是积极扩充和改进儿童夜校，"冀使失学儿童能成国家良好的公民，社会有用的器皿"，但值得注意的是，青年会也同时向学生"灌输宗教上的智识"④。

培正的儿童夜校始于1920年春，⑤ 1946年度下学期停办，往后的情况则待查。至于1946年度上学期，青年会的儿童夜校曾举行募捐，曾得小龙剧团义演，共筹得葡币1789元，扣除义演支出561.5元，实进1227.5元。⑥ 1946年度上学期学生的情况见表3-4。⑦

表3-4　　　　　儿童夜校1946年度上学期学生的情况　　　　　（人）

| 一年级 | 二年级 | 三年级 | 四年级 | 五年级 | 六年级 | 合计 |
|---|---|---|---|---|---|---|
| 30 | 30 | 29 | 22 | 27 | 18 | 156 |

全校共156人，中途退学31人。该学期教员共30人，由培正的中学生充任，只有其中三人属专任，亦只有该学期才有专任教员。就青年

---

① 《培正青年会举办儿童夜校招生》，《华侨报》1942年9月24日。
② 《第三十二周年》，《培正青年》（三十二周年年刊）1941年第21卷第1期。
③ 《学校消息》，《华侨报》1942年6月27日。
④ 《写在卷首》，《培正青年》（三十二周年年刊）1941年第21卷第1期。
⑤ 容家平：《工作报告》，《培正校刊》（复刊号）1946年第14卷第1期。
⑥ 《儿童夜校卅四年度上学期经费募捐报告》，《培正校刊》1946年第14卷第1期。
⑦ 容家平：《工作报告——教务概况》，《培正校刊》（复刊号）1946年第14卷第1期。

会的财政报表所见，教员薪金以葡币计算，九月份 4 人支 200 元，十月份 5 人支 250 元，十一月份 4 人支 200 元，即当时的专任教员月薪为 50 元。① 儿童夜校隶属于青年会，一切经费由青年会供给，校长由会长兼任，一切措施由青年会董事会决策，学校设有校务处、训育处和事务处，后来因人事变动问题而取消，另设教导主任一人总理校务，另专聘一教员负责抄写工作，由一名监学维持学校秩序。②

夜校课程与小学的相仿，但由于上课时间太少，夜校不设体育、劳作、童军和美术科，但设有音乐和低年级的唱游。至于上课安排，周一至周四由下午四时十五分至五时三十分，周五为例假，星期六、日则为下午二时三十分至五时三十分。及后取消了每天上课。上课时间方面，每星期有二十堂课，每堂课 30 分钟或 40 分钟，课间休息 5 分钟或 10 分钟。各科的分配时间是纪念周、音乐、宗教、公民各 1 堂课，高小常识 2 堂课，国文、算术各 5 堂课，高小有英文科 2 堂课，初小有习字和唱游各 1 堂课。教学用具和设备相当简陋，只有 1 幅世界地图，2 本辞典，以及各科教科书，各种模型欠奉，童军用具和风琴等则要向培正小学借用。③

### （三）民众学校

"民众学校"于 1946 年 10 月 20 日创办，目的是扫除文盲并普及社会教育，全称是"培正中学学生基督教青年会附设民众学校"④。广州复员后的第一年，因夜校校址破落不堪，青年会曾借用培正高中部的膳堂作临时课室。第 38 届的青年会当日为重修义学校舍，以及为礼

---

① 刘国显：《培正中学学生基督教青年会第三十七届财政报告（其一）》，《培正校刊》1946 年第 14 卷第 1 期。

② 容家平：《工作报告》，《培正校刊》（复刊号）1946 年第 14 卷第 1 期。

③ 容家平：《工作报告》，《培正校刊》（复刊号）1946 年第 14 卷第 1 期。

④ 《培青民校近况》，《培正校刊》1947 年第 16 卷第 2 期。

堂购置桌椅，曾发动募捐活动。① 青年会于次年从筹款的一千一百余万元中，拨出六百余万元建筑夜校，并于寒假将原校修竣，当时约有学生二百人，共分五班。②

据陈福北所述，当时从林瑞铭得知广州教育厅给学校下命令，要求学校办理社教工作，如举办通俗演讲、通俗图书公开展览，又或设办民众学校等，林瑞铭选择了办理民众学校。1946 年 10 月 20 日，民众学校创办了。据陈福北所述，该校根据 1944 年 5 月 16 日教育部颁布的机关团体举办民众学校办法，分初级和高级两班，并于 1946 年 11 月在教育厅备案。该校职教人员由同学担任，各专任教员每周授课时数不多于两小时。据 1947 年 1 月的记录，该校教职员共 24 人，高级班有学生 42 人，初级班 41 人，小童及成年人各半。星期一至星期六上课，由每晚 7 时 20 分至 9 时 30 分，科目包括国文、习字、尺牍、算术、常识、珠算、宗教、音乐等，并有周会。③ 1946—1947 年度民众学校办理的情况如下——主要的对象是校内的工友和他们的亲戚子弟。当时借用培正的陈广庆膳堂作课室，因地方所限，只收了 92 人。上学期结束，只余下 62 人。寒假的时候继续上课，增加了 17 名旁听生。学校设校长一人，司库、事务各一人，各班设班主任一人，及教师二人，该校刊共列教职员 21 人。学校有五班——高级班有一，初级班有一，识字班有三。全校共 186 名学生，每天上课两小时，由下午 7：40 至 9：50。科目有国文、常识、算术和音乐等。学校有八间房子，除五间课室外，一作校务处，一作休息室，一作图书馆，中央有一处空地，

---

① 赵北迎：《本校青年会发动募捐运动募捐总额预算一千五百万元》，《培正校刊》1946 年第 15 卷第 2 期。

② 赵北迎：《一年来之工作报告》，《第卅八届青年会日特刊》，培正中学学生基督教青年会 1947 年版，第 3 页。

③ 陈福北：《青年会附设民众学校概况》，《培正校刊》1947 年第 15 卷第 3 期。

为学生游戏或集会之所。① 1947 年 9 月 10 日开学，学生有 194 名，共分五班，每天上课时间由下午七时至九时，分三堂，学科有国文、算术、常识、音乐等，大部分的教师由培正同学充任，1947—1948 年度上学期教职员（正副校长）共 20 人。② 1948 年，"民众学校"有 193 名学生，21 位教师，校址在山河东街，有五间课室，一间教师休息室，一间教导室，一间小型图书室，天井可容二百多人。每月有六千万元经费。③

1949 年 8 月 1 日曾被定为该校四十七周年校庆，其中或误。④ 校庆当日有隆重的庆祝典礼，活动有球赛、游艺、话剧、歌咏等。同年 9 月 4 日为开学礼，日课的学生共 119 人，夜课的学生 120 人，教职员 32 人。9 月 10 日，夜课高级第五届，日课高级第一届举行毕业礼。1949—1950 年度，日课学生上课有劳作、早读、阅读等，课间活动有阅读、借书和课间操等；夜课每日下午七时四十分至九时四十分上课，分三节。课程有国文、算术、珠算、常识、音乐等，职员包括校长、教务、训导和图书馆员。高级班学生 12 人，中级班 29 人，初级班 40 人，识字班 38 人。课间如日课般设有活动。⑤

1950 年春天，民众学校共有 29 人，设校长、副校长和教导主任。日课加设庶务一职，科目有国语、算术、常识。夜课则加设教务、训导、文书、图书馆和庶务等职，班级设高级（国文、算术、常识）、中

---

① 陈福北：《本会附设民众学校校刊》，《第卅八届青年会日特刊》，1947 年，第 6—9 页。
② 《培青民校近况》，《培正校刊》1947 年第 16 卷第 2 期。
③ 黄树棠：《关于培青民校》，载《第四十届培正青年会日特刊》，培正中学学生基督教青年会 1948 年版，第 12 页。
④ 陈福北《建校的经过》一文有"1902 年创办平民义校"（参见《本会附设民众学校校刊》，附于培正中学学生基督教青年会《第卅八届青年会日特刊》1947 年 5 月 17 日，第 7 页），但从该文内容可知，"1902"为"1920"之误。就较早期的资料来看，青年会曾早于 1919—1920 年开办工人夜学，1920—1921 开办平民义学，详见《本会最近七年来历史上之记述》，《培正青年》1926 年第 5 卷第 10 期。
⑤ 《青年会附设民众学校近况》，《培正校刊》1949 年第 18 卷第 1 期。

级（国语、算术、珠算、常识）、初级（国文、算术、珠算、常识）和识字班（分正班和善班，有算术、常识、国语），另有宗教和音乐等科。①

关于民国时期的社会教育，1921 年教育部成立，即已通电各省注重社会教育。教育部设社会教育司，下分三科，分别主办宗教礼俗，科学美术和通俗教育。② 1922 年晏阳初（1893—1990）在上海全国青年协会总部首倡平民教育运动，于会中设平民教育科。晏氏其后与朱其慧（1876—1931）、陶行知和朱经农（1887—1951）等筹组平民教育促进会总会，1923 年 8 月 26 日，第一次全国平民教育大会于北平召开，20 名省代表到会，该总会获正式通过，自此各地相继成立省立或县立促进会。1927 年 4 月国民政府建都南京，民众教育逐渐成为党化教育之一。1929 年 1 月，教育部公布《民众学校办法大纲》。九一八事变以后，各省市县教育当局，纷纷设立民众教育馆或民众教育实验区，各学校也附设民众夜校。③ 广州市的民众学校始于 1918 年，初名为平民义学，1923 年由教育局与党部共同组织平民识字运动委员会，以附设形式，于市内公私立学校内办理平民识字学校，每星期授课六晚，每晚一小时，只设"识字"一科，后增加"算术"和"信札"等科，时间增至两小时，并易名为"平民学校"，修业期为四个月。1930 年，即按教育部规定，又易名"民众学校"④。以广东省立民众教育馆为例，该馆于 1934 年 3 月 4 日开幕，设馆长 1 人（由教育厅厅长兼任）、副馆长 1 人（由教育厅第四科科长兼任）、秘书 1 人、部主任 4 人，以及股长干事助理若干人。四部主任分掌语文教育、公民教育、生计教

---

① 《培青民众学校三十八年度春季教职员一览表》，《培正校刊》1949 年第 17 卷第 6 期。
② 《大事记》，《教育杂志》1912 年第 4 卷第 4 号。参见《中国近代教育史资料汇编：普通教育》，上海教育出版社 2007 年版，第 988 页。
③ 陈挚心：《民众教育》，《广大附中学生自治会期刊》1933 年第 6、7 期合刊。
④ 《广州年鉴》编纂委员会：《广州年鉴》第 12 卷，1935 年，第 305 页。

育和康乐教育，并成立若干委员会。1934 年 5 月，又增设国乐研究会和戏剧研究所，设有所长和导师等，但该馆最大的问题，却是经费不足。①

## 七　小结

有宗教背景的学校设立青年会，主要是启迪学生的心灵，以及培养学生的团结和服务精神。就笔者查阅的资料所见，广州的培道中学于 1911 年便已成立青年会，1923 年曾在东山创办平民学校，1929 年曾获美南浸会差会送地一段，位于寺贝通津，并筹得六千余元，兴建了一座可容三百余人的校舍。据称该校的课程教学和学生水平与其他小学相仿，毕业之学生且能升读培道女中，惜校舍于抗战期间被夷平。②又如培英中学，该校于 1945 年即曾出版《青年会五十二/学治会二十五周年纪念特刊》，也就是该校的青年会约成立于 1893 年，原是一种"团契"活动，青年会后来才得以正名。余日森在该特刊前页，即指出"青年会之责任为商承宗教委员会，而协助宗教生活事宜，如圣经之研究，主日之崇拜，校际之联络，日常之早祷，歌诗之表演等，均能按照计划进行，一切工作，无不以宗教事业为出发点，其重要性可知"③。据他们的会史所述，青年会除了课外的团体活动外，也设有乡村服务团、工人夜校，以及筹建平民义学等。④ 培正、培道和培英等校，都是基督教会在广州创办的学校。培英、培正、岭南、协和和培道五校，在迁澳时期曾组织"广东基督徒学生协会"，

① 徐锡龄：《本馆一周年之回顾与前瞻》，《民教半月刊》1935 年第 13 期。
② 褐伟灵：《本校学生青年会及其平校》，《培道学生》复刊后 1947 年第 2 期。
③ 余日森：《写在纪念特刊前页》，载《青年会五十二/学治会二十五周年纪念特刊》，（澳门）培英中学 1945 年版，第 3 页。
④ 罗湘杰：《培英中学学生基督教青年会会史》，载《青年会五十二/学治会二十五周年纪念特刊》，（澳门）培英中学 1945 年版，第 4 页。

组织四令报道会（秋令会、冬令会、春令会、夏令会），并有五校礼拜会、联校歌颂团、复活节纪念会和圣诞庆祝会等活动。① 从培正这所老校整理出来的资料，呈现出那个时期学生的校园生活，有助于我们了解"基督教青年会"作为学生组织在 20 世纪上半叶培育青年学生的一些具体活动，亦可以看到青年会在平民教育方面所做的贡献。

---

　　① 钟铁英：《广东基督徒学生协会与五校礼拜委员会》，载《青年会五十二/学治会二十五周年纪念特刊》，（澳门）培英中学 1945 年版，第 7 页。

# 第四章　迁澳办学：澳门的培正
中学和邝秉仁校长

## 一　前言

　　培正是一所超过一百三十年的老校，该校所保存下来的各类文献相当丰富，而笔者亦有幸于早年访问该校退休校长邝秉仁先生（1915—2014），故本章主要利用文献和口述的资料整理澳门培正中学的历史。邝秉仁于培正就学，从一名学生到教员，到主任，到校长，负责教学以及校务和教导等行政工作。他的先严和父执跟培正的发展有密切的关系，所以他的成长、生活和家庭也跟培正密切相关。他和培正的多任校长共事，最后出任该校校长，推动学校方方面面的发展，包括校务的拓展、制度的确立，以及筹募经费扩建校舍等，对于学校往后的发展影响深远，而 1976 年和 1980 年连任第一和二届立法会议员，对澳门教育界更是贡献良多。①

---

① 邝秉仁校长以澳门教育界代表进入立法会，为教育界发声，曾忆述在立法会提出"资助不牟利私立学校"的提案，而其后又有"教育工作者免税"的提案，影响重大。参见郑振伟编《邝秉仁先生与澳门教育》，中国社会科学出版社 2009 年版，第 24—26 页。

## 二 培正的缘起和早期的发展

培正书院创立之时，定有"二十一项规条"及"七项章程"，又东山建校时有《东山建校碑记》，该碑记即《白课堂碑记》，[①] 张文开手书，镌于宣统元年（1909）己酉春正月，为"培正"草创时期之重要史料。

### （一） 培正创办时的文献资料

"二十一项规条"及"七项章程"之原件笔者未及见，但培正两篇较早期之文献中曾见引录，[②] 此处不赘。在当日向内地外洋值事的募捐之名册上，列有二十一项规条、七项章程，以及创立培正书院缘起，而募捐名册上附有一小序。

> 浸信会书馆，向藉西人设立教我粤人，而粤人未见是举。然此项事实与粤人尤相关切，故我同人邀尔商酌，欲立此培正书院，栽培后进，使道统有所缵承。而此书院栽培之本意：首则令后进之人深明天道，敬爱耶稣；次则以诗书文艺广其学问，又以格致算学地理全体诸书，增其智慧，务求彼小子身与灵共荷神恩，凡事皆为主所悦，才与德胥归道范，他时可为世之光。凡在同人，闻言大喜，彼此无不欣欣然。是以刻即开捐，踊跃异常，随立章程，公举值事，且即时赁定馆舍，聘定名师，准于明年正月中旬

---

① 广州私立培正中学编：《培正中学五十周年纪念特刊》，1939 年印行，书前插页。

② 曾郁根《培正学校四十周年之回顾》录有"培正书院规条"共 21 条，另"章程"七项，参见《培正学校四十周年纪念特刊》（广州东山私立培正学校四十周年纪念筹备会编，编者刊，1929 年印行），第 9—32 页；关存英《从培正成立说到广雅书院与万木草堂》一文只有摘录部分规条，参见《培正中学五十周年纪念特刊》1939 年印行，第 4—14 页。曾郁根的文章，实为"两广浸信会小丛书之二"，书名为《两广浸会同胞自立的培正学校》（广州东山庙两广浸会事务所 1927 年 12 月）。

启馆。此诚天父之洪恩，耶稣祝福小子之雅意，助我粤人以襄成此美举也。①

培正于"庚寅春启馆授课"②，1890 年 2 月 4 日为立春。据刘粤声《广州基督教概况》所记：

> 一八八九年冬，广州浸会教友冯景谦、余德宽、廖德山、欧阳康、李济良等以子弟求学未有适宜之所，有自办学校之议，即席捐得创办费六十七元。越年春，租城内德政街一屋为校舍，定名培正书院。入院读书者三十三名，受薪教员二名，义务教员四名。学科为圣经、数学、格致、地理、四书、五经及时文等。校款由各地教友捐助。是年共支二百八十三两零三分四厘，存四百七十两零九分六厘，此培正有史之第一页也。③

据曾郁根所述，光绪十五年己丑十一月廿三日（1889 年 12 月 15 日），浸会教友李济良（1858？—1951）和廖德山（原名廖树滋，1869—1924）两医生"念送子弟入俗塾读书须拜孔子牌位，于教规有碍；西教士所办者，又不能适应吾中国人之需求"，也就是创办培正的两个理由。至于"培正"一名，用意为"培植教会子弟，免送入俗塾有失正虞也"④。据李济良后来忆述，廖德山、冯谦和他三人向纪好弼谈及办学之事，纪好弼的回应是"贫者闻福音也，新学之倡，有待华人自谋"⑤。

---

① 曾郁根：《培正学校四十周年之回顾》，《培正学校四十周年纪念特刊》，第 12—13 页。

② 曾郁根：《培正学校四十周年之回顾》，《培正学校四十周年纪念特刊》，第 13 页。

③ 刘粤声：《广州基督教概况》（1937），参见《广州基督教概况·两广浸信会史略》，香港浸信教会 1997 年重排本，第 61 页。

④ 曾郁根：《培正学校四十周年之回顾》，《培正学校四十周年纪念特刊》，第 10 页。

⑤ 李济良：《由六十年前说起》，《培正中学六十周年纪念刊》，广州市私立培正中学1949 年印行，第 19 页。

培正设校之章程，起草人为廖德山，《廖德山先生传略》中曾转录他和纪好弼（Roswell Hobart Graves，1833—1912）的一则对话，兹引述如下。

> 先生答曰："书虽熟，其如读止四书圣经，无实学何。"牧师曰："余外国人，责在传道，新学之倡，有待华人自动，先生华人不为国人谋，余外人，安能以大义见责？"先生由斯数语之激励，遂毅然负起时代之使命，下办学之决心。①

当时廖德山任纪好弼所办圣经学院监考，以学生所读书是否熟诵为问，而上述的对话说明何以"西教士所办者，又不能适应吾中国人之需求"，因教士所办的学校只有"四书圣经"而无"实学"。培正书院规条共21项，其中第三项为"本书院所用读本，为三四字经，真道问答，初学阶段，新旧约圣经，二约丛书，犹太地理志，旧约目录，耶稣譬喻略解，事迹考，圣经事记，四书五经……及时文试帖，与格致等书"，而第五项为"每日十一时至十二时，讲圣经；十二时至十二时半，讲格致算学地理……"②开馆之时，"杜应元老师按日讲解四书，时文，书经，礼记，东莱博议等书……冼清波老师，按日教读四书，圣经，三四字经，晓初训道，真道问答等书，兼教习字……冯景谦先生讲解地理；李济良先生讲解全体；廖德山先生讲解格致；李贤仕先生教习算学；冯活泉先生教习福音圣诗……第三年，校迁雅荷塘，加英文天文历史三科"③。杜应元和冼清波受薪，其余四位为义务教学。

---

① 永言：《廖德山先生传略》，《培正中学五十周年纪念特刊》，1939年，第2页。
② 曾郁根：《培正学校四十周年之回顾》，《培正学校四十周年纪念特刊》，第11页。
③ 曾郁根：《培正学校四十周年之回顾》，《培正学校四十周年纪念特刊》，第13页。另据资料所见，李贤仕（1854—1950）于培正创办时任英文书记兼义务教习，1950年1月16日于香港病逝，终年96岁。参见《李贤仕医师逝世》，《培正校刊》1950年第18卷第3期。

光绪三十四年戊申正月十二日（1908 年 2 月 13 日）两广浸会第 24 届年会，培正校董会将培正献与浸会，作为两广浸会公有事业，获接纳，乃由两广浸会总会设立"劝学部"，年推董事若干人办理校务。① 当时即选出朱昌瑞、仕文（Ezekias Z. Simmons，1846—1912）、杨海峰（1856？—1927）、李惠亭、邝达士（1853—1909）、林明德、冯活泉（？—1914）、余瑞云、黄石如、薛子恩、张立才（1867？—1965）、曾维新、杨立正、时乐士（E. T. Snuggs，1860—1938）、黄英、叶芳圃、余益山、纪好弼、潘允源等为第一届董事，当时学生数十名。②

## （二）培正的校名和校址

培正早期的名称和校址，列述如下——培正书院（1890）、培正书塾（1893）、培正学堂（1904）、培正学校（1912），括号内的年份为更名的年份；至于培正的校址，列述如右——德政街（1890）、雅荷塘（1892）、珠光里（1893）、榨粉街（1906）、秉政街（1907）、东山（1908）。培正于 1905 年因筹办东山分校，曾停办一年，③ 1906 年停办小学，翌年续办；1908 年迁入东山新校舍，开始征收学费堂费，牧师传道人之子除外，教中贫穷子弟亦酌量减免。④ 培正改称学堂，是因为晚清的"钦定学堂章程"；而改称学校，是因为民国政府于 1912 年 1 月 19 日颁布"普通教育暂行办法"，其中一条为改称学堂为学校，监

---

① 曾郁根：《培正学校四十周年之回顾》，《培正学校四十周年纪念特刊》，第 14 页。据洁庵调查所得，1925 年间浸会和会主理的各部事业，包括有传道部、劝学部、恤孤部、医务部。当时劝学部"设有培正中学，培正高小，培正国民学校，培正女校，教职员一百三十余人；学生共一千七百余人；常年经费七八万元"，参见洁庵《两广浸会的特点》，《真光》1925 年第 24 卷第 5 期。

② 刘粤声：《两广浸信会史略》（1934），参见《广州基督教概况·两广浸信会史略》，第 151 页。

③ 谭希天：《培正三十六年小统计的》，参见《私立广州培正中学六十周年暨香港分校十六周年特刊》，香港培正中学 1949 年版，第 36—37 页。

④ 曾郁根：《培正学校四十周年之回顾》，《培正学校四十周年纪念特刊》，第 13—14 页。

督或堂长改称校长。其后再改称"私立广州培正中学校"，则是民国政府要求教会为其所设学校立案，① 大学院于 1926 年 10 月 18 日公布《私立学校规程》，② 1928 年 2 月公布《私立学校条例》。③ 培正于 1927 年 1 月之校董会议决呈请立案，并于 1928 年 11 月 14 日获广州教育厅准予立案。至于小学、国民学校和女校则分别改称为"附属高级小学""附属初级小学""附属女子小学"。④

（三）培正和华侨

20 世纪初，广州东山是海外华侨聚居的地方。⑤ 培正的发展和华侨的关系密切，已见专集论述。⑥ 培正第一任监督（校长）李锦纶（1885—1956）是美国土生华侨，杨元勋（1885—1957）和黄启明（1887—1939）均是留美学生，曾出任校长一职。以黄启明为例，他原是培正在珠光里时代的学生，后入读澳门岭南学堂，再赴美国留学，返国后曾任岭南大学的教授。1918 年，黄启明被委任为中学校长，1919 年夏天即远赴南洋群岛募捐，同年 11 月又赴檀香山，美国各埠，以及加拿大、西印度群岛、古巴等地募捐，1921 年回国。1927 年 6 月，国民政府令派黄启明为世界教育会议中国代表，并留美考察教育

---

① 《咨各省区订定教会所设中等学校请求立案办法文》，《教育公报》第八年第 5 期，第 15 页。参见多贺秋五郎编《近代中国教育史资料·民国编（中）》，（台北）文海出版社 1976 年版，第 352 页。

② 《私立学校规程（十五年十月十八日公布）》，《大学院公报》1928 年第 1 期。参见《近代中国教育史资料·民国编》中，第 428 页。

③ 《私立学校条例》，《大学院公报》1928 年第 3 期；参见《近代中国教育史资料·民国编》中，第 467 页。

④ 曾郁根：《培正学校四十周年之回顾》，《培正学校四十周年纪念特刊》，第 31 页；刘粤声：《广州基督教概况》（1937），《广州基督教概况·两广浸信会史略》，第 62 页。

⑤ 雷秀民等：《广州市东山六十年来发展概述》，《广州文史资料》1965 年第 14 辑。

⑥ 朱素兰、吴琦主编：《海外赤子心——培正与华侨》，广州培正中学 2004 年版，第 1—2 页。

一年，而当时的国民党政府更有意任命他为中央政府教育部司长，[①] 另林湛曾忆述，孙科曾经邀请黄启明出任广东教育厅厅长。[②] 黄启明于1928 年 8 月回国，重掌校务。1929 年 11 月 28 日又赴澳洲筹款，1930 年 5 月回国。1932 年 8 月奉教育厅令，代表广东省出席南京全国体育会议，1935 年广东基督教教育会成立，黄启明当选理事会主席。

培正早年的建筑，如古巴堂华侨纪念宿舍（1924 年落成）、美洲华侨纪念堂（1929 年 10 月落成启用）、澳洲华侨纪念堂［原址为"第一宿舍"（1909 年兴建），1932 年 2 月落成］等，从名字已可知培正与华侨的关系。此外，王广昌寄宿舍也是澳洲归侨王国璇（1880？—1974）捐资兴建的。培正于高级小学设有"华侨班"，于 1937—1938年度下学期停办，至 1947—1948 年又再复办。早年出版的《培正高小文艺》中，就有侨生的作品。昔年的培正积极向华侨募捐，扩充校舍，发展教育事业，冯棠（冯绍棠，1906—1950）于 1946 年 5 月接任培正校长，[③] 于 1947 年 12 月 17 日始返国，共得美金约十一万元，而原定的目标为十二万美元。[④]

培正当年的募捐活动和策略相当成功，但学生家长的背景是不容忽略的。1935 年和 1949 年培正学生家长的职业统计见表 4 - 1 和表 4 - 2。

---

① 何信泉：《高风亮节  行谊足式——怀念黄启明老师》，载何信泉主编《培正校史1889—1994》，培正中学 1994 年版，第 181 页。

② 《黄故校长息劳二十三周年祭》，《培正校刊》1962 年第 12 卷第 7 期。

③ 当时港澳分校只有校主任，分别为李孟标（1906—1976）和赵璧兰，不设校长。1949 年 9 月教职员会选定之校务委员会，由冯棠任主席，委员有赵璧兰、黄逸樵、邝秉仁和李鉴铉。参见《培正校刊》1949 年第 18 卷第 1 期。

④ 冯棠：《留美忆述》，《培正校刊》1948 年第 16 卷第 3 期；何国勋：《值得怀念的冯棠故校长》，《香港培正同学通讯》1965 年第 59 期。

表 4 – 1  1935 年秋季培正高初中学生家长职业分配表①

| 职业 | 商 | 政 | 学 | 医 | 军 | 工 | 农 | 传道 | 工程 | 闲居 | 其他 | 合计 |
|---|---|---|---|---|---|---|---|---|---|---|---|---|
| 人数 | 660 | 89 | 45 | 39 | 35 | 13 | 9 | 7 | 5 | 128 | 9 | 1039 |

表 4 – 2  1949 年度培正第一学期中学各生家长职业人数统计②

| 职业 | 商 | 侨 | 赋闲 | 教育 | 政 | 医 | 农 | 军 | 工 | 银行 | 法界 | 海关 | 传道 | 邮政 | 其他 | 合计 |
|---|---|---|---|---|---|---|---|---|---|---|---|---|---|---|---|---|
| 人数 | 765 | 125 | 109 | 94 | 82 | 70 | 36 | 33 | 28 | 17 | 15 | 14 | 13 | 13 | 16 | 1430 |

其中的数字亦可说明学生家长有经济能力支持培正的教育事业。

（四）培正银行

培正设有商科，在一份教员的履历中记有当时有一名男教员邓锡培，是"商业实习广告术部记会计打字兼商科主任"，他的履历是"华盛顿 BBA 大学毕业"③。又培正设有学生银行，据邝秉仁所述，这家银行供商科学生实地练习，就像设立义学供修读教育学科的同学实习那般。当时的学生银行有实际作用，原因是校内的食物部、小卖部和书局（提供文具和教科书）等都不能使用现金，学生须从银行购买食物券或书券用于消费，寄宿生亦须将身上的现金存放银行。④ 黄启明在其校务报告中曾提及该银行。⑤ 关于这家"培正银行"，所知不多，但培正在鹤山时期出版的校刊中，曾有一则遗失"培正银行 B

---

① 中学教务处：《廿四年秋季高初中学生家长职业分配表》，《培正校刊》1935 年第 7 卷第 10 期。

② 《卅八年度第一学期中学各生家长职业人数统计》，《培正校刊》1949 年第 18 卷第 2 期。

③ 《培正中学教职员履历表》，《培正学校四十周年纪念特刊》，第 68 页。

④ 郑振伟编：《邝秉仁先生与澳门教育》，第 23 页。

⑤ 黄启明：《本校最近状况之报告》，《培正学校四十周年纪念特刊》，第 3 页。

四三九号存折一本"的启事。① 又香港的培正分校设有支行，当时由麦会华主任兼任行长，刘伟廷先生为会计，办事处于小学部主任室内。②

## 三 培正迁校澳门

1937—1938 年度第一学期开始不久，广州屡受日军轰炸，培正于是将学校迁往鹤山城，历时一年。1938 年 6 月 6 日，培正位于东山之校园，部分遭日机炸毁。③ 迁鹤时期，由于当时部分学生寓居澳门，培正乃因应家长要求于澳门筹设分校，经黄启明等人到澳门视察后，租得卢氏娱园为校址，原初预计招收约二百五十人，后增至四百五十人。澳门培正分校于 1938 年 2 月 9 日开课，设小学各级及初中一年级，小学一至二年级各一班，三至六年级各二班，中一级一班，教员大部分从鹤城中小学借调，④ 教职员 21 人。⑤ 1938 年 6 月初，培正决定将全校中小学各部迁往澳门，同年 9 月 5 日按照校历上课。当时培正的中学设于娱园，小学则设于南湾。中学校门右侧直书"私立培正中学校"。当时有临时课室 18 间，膳堂葵棚 1 间，实验室 3 间，原有的一座大楼用作学生宿舍，又于邻近租得四处地方作为宿舍。⑥

培正于 1938 年迁往澳门之后，寄宿学生中，高中各班及初三以卢家花园之大楼为宿舍；初二及初一级学生的宿舍，分设于镜湖路、俾利喇街、连胜路，以及罗利老路。宿舍设舍监两人，由教职员兼任，学生日常起居（如上课、兴寝、运动、用膳等）均有规定时间，并限

---

① 《培正校刊》（迁鹤第二号）1938 年第 9 卷第 2 期。

② 《培正银行》，《培正校刊》（迁澳第一号）1938 年第 10 卷第 1 期。

③ 《东山校舍被毁》，《培正校刊》（迁澳第一号）1938 年第 10 卷第 1 期。

④ 《本校扩展各部救济青年失学》，《培正校刊》（迁澳第二号）1938 年第 9 卷第 2 期。

⑤ 《二十六年度第二学期澳门分校职教员一览表》，《培正校刊》（迁澳第二号）1938 年第 9 卷第 2 期。

⑥ 《中小学全部迁设澳门》，《培正校刊》1938 年第 10 卷第 1 期。

定每月之第三个星期日为例假，平日则不许进出校舍。① 1939 年年初培正开办小学分校，设一至四年级各一班，校址即俾利喇街和柯高马路交界之三层洋房，原址为初中学生宿舍，学生全部迁回卢家花园中学部寄宿。② 1937—1938 年度和 1938—1939 年度澳门内宿及外宿人数见表 4 - 3。

表 4 - 3　　　**1937—1938 年度下学期及 1938—1939 年度上下学期培正学生内宿及外宿统计**

| 学年 | 地区 | 学段 | 内宿 | | 外宿 | | 合计 |
|---|---|---|---|---|---|---|---|
| | | | 男 | 女 | 男 | 女 | |
| 1937—1938 下学期③ | 鹤山 | 中学 | 276 | — | 166 | — | 442 |
| | | 小学 | 69 | 13 | 50 | 19 | 151 |
| | 澳门 | 初中一 | 19 | — | 30 | 3 | 52 |
| | | 小学 | 101 | — | 198 | 76 | 375 |
| | 香港 | 初中一 | 25 | — | 45 | — | 70 |
| | | 小学 | 223 | — | 344 | — | 567 |
| | 西关 | 小学 | — | — | 60 | 10 | 70 |
| 1938—1939 上学期④ | 澳门 | 初中及高中 | 562 | — | 250 | 57 | 869 |
| | | 小学 | 184 | 16 | 285 | 107 | 592 |
| | 香港 | 初中 | 57 | 234 | 185 | 320 | 796 |
| | | 小学 | — | — | — | 72 | 72 |

① 《中学部教务概略》，《培正校刊》（迁澳第一号）1938 年第 10 卷第 1 期。

② 《学期开始校闻辑要》，《培正校刊》（迁澳第四号）1939 年第 10 卷第 4 期。

③ 《二十六年度第二学期中小学各级班数男女学生内外留宿人数统计表》，《培正校刊》（迁鹤第二号）1938 年第 9 卷第 2 期。

④ 《二十七年度第二学期中小学各级班数男女学生内外留宿人数统计表》，《培正校刊》（迁澳第二号）1938 年第 10 卷第 2 期。

续表

| 学年 | 地区 | 学段 | 内宿 | | 外宿 | | 合计 |
|---|---|---|---|---|---|---|---|
| | | | 男 | 女 | 男 | 女 | |
| 1938—1939 下学期① | 澳门 | 初中及高中 | 510 | — | 229 | 55 | 794 |
| | | 小学 | 191 | 14 | 399 | 131 | 735 |
| | 香港 | 初中 | 75 | | 205 | — | 280 |
| | | 小学 | 239 | | 350 | 66 | 655 |

　　抗战期间，报道指涌入澳门的各地难民超过四万人。② 澳门中华教育会筹办"难童夜校 20 所"，③ 粤华中学筹款设立难童小学④。当时有相当数量的学校从内地迁往澳门，培正是其中之一。据冯汉树所述，该时期从广州迁往澳门的中学有二十多所，1939 年全澳门共有小学一百四十多所，学生约四万人；中学和中等专科学校三十六所，学生约三万人，到 1941 年，学校数量由一百八十多所骤减至四五十所。⑤ 培正于 1939—1940 年度设国难学额，当时暂定以一年为期，视乎情况才决定是否再继续办理。在澳门方面，高初中 50 名，高小 20 名，初小 30 名；在香港方面，初中 20 名，小学 30 名，合计共 150 名。⑥ 以 1938—1939 年度澳门培正有初高中学生 794 名及小学生 735 名计算，这些学额数目占相当可观的百分比。查培正设有各种奖助学金，包括"永久学额""教职员及传道人子女学额""清贫学额""美国华侨捐款

　　① 《二十七年度第二学期中小学各级班数男女学生内外留宿人数统计表》，《培正校刊》（迁澳第七号）1939 年第 10 卷第 7 期。

　　② 《高固牢督察长等组会救济我国难民》，《华侨报》1938 年 6 月 15 日。

　　③ 《中华教育会议决筹设难童夜校廿所》，《华侨报》1939 年 3 月 5 日。

　　④ 《为粤华开办难童学校，毕侣俭代筹巨款》，《华侨报》1939 年 3 月 7 日。

　　⑤ 冯汉树编：《澳门华侨教育》，（台北）海外出版社 1960 年版，第 24—29 页。

　　⑥ 《廿八年度设国难学额中小学共一百五十名》，《培正校刊》（迁澳第七号）1939 年第 10 卷第 8 期。

学额""校友捐助奖学金"等，1948—1949 年度上学期在广州即发出奖学金 11025 元，中小学额 199 个；港澳分校共发出奖学金六千多元，学额 48 名，香港分校占 33 名，澳门分校 15 名。[①] 1952—1953 年度，培正的助学金名额及贷金名额共 55 名，包括六十周年纪念学额 8 名，[②] 建校纪念学额 11 名，清贫学额 5 名，[③] 储蓄助学 10 名，团契助学 5 名，纪念冯棠校长学额及同学会助学学额各 1 名，教职员子女学额 14 名，合计葡币 2940 元，大部分为减收学杂费百分之五十或三十。[④]

1941 年 3 月，邝乐生（？—1943）与温耀斌（？—1986）奉命往韶关勘察，筹设分校。[⑤] 抗战胜利后，培正于 1945—1946 年度下学期迁返广州东山原址，在澳门则继续开办小学及初中一年级，该学期有初中一年级一班，高初小学一至六年级共十二班，幼儿园三班，总计学生 671 名，教职员 27 名；[⑥] 但截至同年 11 月的记录，培正小学职教员只有 23 人，除二年级只有一班外，各级都有两班，另加幼甲和幼乙两班，合共 13 班。[⑦] 1947—1948 年度上学期，有初中一年级一班，高初小十一班，幼儿园两班，总计学生 450 名，教职员 25 名，其中 8 位为新聘。[⑧] 1950 年 6 月 27 日，冯棠病逝广州，培正校董会于该年夏天议决粤、港、澳三校行政独立，[⑨] 澳门分校于同年改名为"澳门培正中学"。

---

① 《本校奖学助学概况》，《培正校刊》1948 年第 17 卷第 2 期。
② 学额于该校六十周年（1949）时设立，"学额规条"参见《培正校刊》1949 年第 18 卷第 2 期。
③ 《培正校刊》1959 年第 9 卷第 8 期，有一则"中学学生会第五次筹募清贫同学助学金"的报道，清贫学额可能是由学生会筹募的。该次筹募活动共得 8961.20 元。
④ 《澳校助学金统计》，《培正校刊》1952 年第 3 卷第 4 期。
⑤ 《本校将设分校于粤北 邝乐生主任飞韶察勘》，《培正校刊》1941 年第 12 卷第 8 期。
⑥ 《澳校概况》，《培正校刊》1946 年第 14 卷第 2 期。
⑦ 《澳门培正小学职教员一览（卅五年度上学期）》，《培正校刊》1946 年第 15 卷第 2 期。
⑧ 《澳校概况》，《培正校刊》1947 年第 16 卷第 1 期。
⑨ 《校史》，《香港培正中学莹社同学录 1956》。

　　培正是一所私立学校，私立学校在民国时期对于中国教育的贡献应受重视。1916 年，广东省约有一百七十万学龄儿童，但入学者不足百分之三十，相关的报告指全省每 70 个学龄儿童仅 1 人能入读初级小学，而该数字是根据广州的情况来推算的。[①] 1930 年 4 月国民政府在南京召开第二次全国教育会议，当时全国约有四千万失学的学龄儿童，在《实施义务教育初步计划》中，就有鼓励私人兴学以减轻地方政府的负担。[②] 就澳门的教育情况而言，《女中周报》1929 年 1 月有一篇文章，大概是作者从广州往澳门的一些见闻。

　　　　至于澳门教育呢，说起更好笑！香港虽然糊涂，他还有英国式的几间大学、书院……还有埋杀人思想的什么孔圣会、孔教社……澳门呢，可看的学校，已经凤毛麟角了，实在办得好一点的，严厉说一句，一间都没有。不但华侨的教育如此，葡人自己的学校，也不多见。[③]

　　文中的批评的确有点严厉，但据潘日明（Pe. Benjamin António Videira Pires，1916—1999）神父所述，澳门于 1929 年共有 124 所学校，一所由政府办理，6 所由政府给予津贴，12 所由市政厅办理，4 所由传教士办理，另有 101 所私立学校，学生总数达 9147 人。[④] 抗战时期，澳门的教育状况应是相当严峻，诸如学生为谋生而辍学；教员薪俸微薄、工作量大，无法养活家庭；学生人数锐减，学校为竞学生，采用

---

　　① 司德敷（Milton T. Stauffer）主编：《中华归主：中国基督教事业统计 1901—1920》，中国社会科学院世界宗教研究所 1985 年重排本，第 358 页。
　　② 吴相湘、刘绍唐编：《第二次全国教育会议始末记（民国十九年）》，（台北）传记文学出版社 1971 年版，第 133、136 页。
　　③ 刘万章：《澳门考略》，广东省私立女子中学图书馆 1929 年版，第 16 页。
　　④ ［葡］潘日明：《殊途同归——澳门的文化交融》，苏勤译，（澳门）澳门文化司署 1992 年版，第 185 页。

"营业方式"办学，忽略教师素质和学校设备；等等。① 1949 年以后，失学、学校设备及素质、课程与课本、师资等仍是有待解决的问题。② 表 4 - 4 和表 4 - 5 是 20 世纪三四十年代澳门学校和学生人数的统计。

表 4 - 4　　　　　　　　澳门近年侨校及学生数目比较表③

| 年份 | 类　　别 | | | | | | | | | |
| --- | --- | --- | --- | --- | --- | --- | --- | --- | --- | --- |
| | 大学 | | 中学 | | 专科学校及补习学校 | | 小学及幼儿园 | | 合计 | |
| | 学校 | 学生 | 学校 | 学生 | 学校 | 学生 | 学校 | 学生 | 学校 | 学生 |
| 1937 | 0 | 0 | 5 | 977 | 7 | 216 | 21 | 3648 | 33 | 4841 |
| 1942 | 0 | 0 | 26 | 5716 | 22 | 2142 | 54 | 26715 | 102 | 34573 |
| 1949/9—1950/7 | 5 | 185 | 18 | 3470 | 11 | 890 | 53 | 13060 | 87 | 17605 |
| 1950/9—1951/7 | 4 | 188 | 19 | 3564 | 12 | 882 | 53 | 14577 | 88 | 19211 |
| 1951/9—1952/2 | 4 | 124 | 17 | 3061 | 12 | 776 | 53 | 12866 | 86 | 16827 |

表 4 - 5　　　　　　　　各类学校数量④

| 年份 | 私立大学 | 私立中学 | 私立小学 | 公立学校 | 教会学校 | 免费学校 | 专科学校 | 小计 |
| --- | --- | --- | --- | --- | --- | --- | --- | --- |
| 1952 | 4 | 17 | 24 | 6 | 8 | 14 | 15 | 88 |

　　上述数据暂无法核实，但见于《培正校刊》之数据，应是相当可靠的。1936—1937 年度至 1940—1941 年度上学期，培正各级班数及人数的统计见表 4 - 6。

---

　　① 关秉纶：《当前中等学校教育的危机》，参见庆祝纪念筹委会出版部编《培英青年自治会纪念特刊》，（澳门）广州培英中学 1943 年版，第 18—20 页。
　　② 《澳门实况　教育》，参见黄浩然编《澳门华商年鉴》，（澳门）《精华报》1952 年，第一回，上卷，第 20—21 页。
　　③ 黄浩然：《澳门华商年鉴》，第一回，上卷，第 21 页。
　　④ 数据按《学校一览》之资料整理。黄浩然编《澳门华商年鉴》，第一回，中卷，第 105—108 页。

表 4 - 6　1936—1937 年度至 1940—1941 年度上学期培正学生人数及班数统计

| 学期 | 小学（班／人数） 一 | | 二 | | 三 | | 四 | | 五 | | 六 | | 华侨班 | | 初中（班／人数） 一 | | 二 | | 三 | | 高中（班／人数） 一 | | 二 | | 三 | | 班数 | 人数 |
|---|---|---|---|---|---|---|---|---|---|---|---|---|---|---|---|---|---|---|---|---|---|---|---|---|---|---|---|---|
| 1936—1937（1） | 7 | 216 | 9 | 325 | 11 | 425 | 12 | 513 | 14 | 618 | 9 | 431 | 4 | 134 | 8 | 371 | 6 | 274 | 4 | 187 | 3 | 150 | 3 | 146 | 3 | 112 | 93 | 3886① |
| 1936—1937（2） | 7 | 239 | 9 | 355 | 12 | 465 | 13 | 538 | 14 | 603 | 9 | 409 | 4 | 153 | 8 | 368 | 6 | 276 | 4 | 191 | 3 | 154 | 3 | 146 | 3 | 112 | 95 | 4009 |
| 1937—1938（1） | 2 | 35 | 2 | 54 | 3 | 100 | 4 | 131 | 4 | 186 | 4 | 154 | 1 | 6 | 1 | 52 | 1 | 56 | 1 | 41 | 2 | 60 | 2 | 61 | 3 | 100 | 30 | 1036② |
| 1937—1938（2） | 4 | 96 | 4 | 119 | 7 | 214 | 7 | 226 | 8 | 315 | 7 | 284 | 0 | 0 | 5 | 196 | 2 | 70 | 1 | 56 | 2 | 76 | 2 | 68 | 3 | 98 | 52 | 1818 |
| 1938—1939（1） | 2 | 101 | 4 | 152 | 4 | 178 | 5 | 161 | 7 | 285 | 6 | 241 | 0 | 0 | 7 | 361 | 5 | 213 | 4 | 143 | 3 | 175 | 3 | 117 | 2 | 102 | 52 | 2329 |
| 1938—1939（2） | 5 | 152 | 5 | 186 | 5 | 218 | 7 | 294 | 7 | 299 | 6 | 241 | 0 | 0 | 9 | 361 | 5 | 210 | 3 | 140 | 4 | 165 | 3 | 106 | 2 | 92 | 61 | 2464 |
| 1940—41（1） | 3 | 107 | 4 | 153 | 5 | 175 | 4 | 158 | 4 | 177 | 3 | 145 | — | | — | | — | | — | | — | | — | | — | — | ③ |

注：① 1936 年度至 1938 年度的学生人数，参见《最近六个学期全校各级班数学生人数比较表》，《培正校刊》1939 年第 10 卷第 7 期。

② 高中人数和班数的统计与《培正校刊》（迁澳第一号）1938 年第 10 卷第 1 期第 2 页所见有出入。

③ 《私立广州培正中学附属小学校二十九年度校务概况职教员一览册》，1940 年 9 月，第 1 页。

这些数据足以说明培正在当时是颇具规模的学校。

## 四　邝秉仁校长的平生和事业

邝秉仁，广东台山人，1915 年出生，于培正完成小学及中学学业，为该校 1934 年级荫社同学。① 《培正中学高初中毕业生名册 1919—1947》记邝秉仁为该校第二十二年度（1933—1934）第二学期普通科毕业，② 而该名册于此年共 55 人。③ 高中毕业后，邝秉仁升读岭南大学，其间曾在培正兼任教席；抗战时期，广州沦陷，转至香港广州大学肄业。④ 1938—1941 年，邝秉仁在澳门培正任教，1942—1945 年在粤北坪石培正培道联合中学服务，1946 年以后在澳门培正任教导主任及事务主任。⑤ 邝秉仁在就读岭南大学期间已开始为培正服务，⑥ 为其服务长逾五十年。抗战胜利后，由教导主任、事务主任、副校长、校长至 1985 年 9 月 1 日荣休后获委任为荣誉校长，督导校务。1981 年，邝秉仁获葡国总统颁授"公共教育文职功绩司令级勋章"，为澳门第一

① 据该社的《本社小史》（署名"云"），荫社于 1929 年秋成立，载 1934 年级荫社出版部编《荫》，创刊号，约 1930 年，第 1 页。

② 培正设有高初两级中学，并附设高初两级小学；高级中学分普通文理科、教育科，以及商科。黄启明：《本校最近状况之报告》，载私立培正学校四十周年纪念筹备会《培正学校四十周年纪念特刊》，第 2 页。选读文理科，大概是为着升读大学做好打算，当年培正中学的学生毕业后，继续升学的人数相当多。如 1934—1935 年度，升学人数 49 人，占毕业人数91.8%，参见《廿三年度高中毕业生升学调查表》，《培正校刊》1935 年第 7 卷第 8 期。

③ 《培正中学高初中毕业生名册 1919—1947》（无出版资料），第 39 页；《培正同学会会刊》，于 1948 年 3 月后出版，第 31 页。

④ 广州失陷后，广州大学是其中一间迁往香港的大学，其余有岭南大学、国民大学和南华大学等。广州大学有文法理三个学院，学生 395 人，于晚间上课，每学期须缴交学费 60元及杂费 10 元。参见《香港各大学概况》，《星岛日报》1940 年 8 月 16—21 日，收录于方骏等编《香港早期报纸教育资料选萃》，湖南人民出版社 2006 年版，第 206—210 页。澳门广大同学会的活动，亦见邝秉仁参加，参见《广大同学会选出新职员》，《市民日报》1947 年 12月 23 日。

⑤ 《林英豪邝秉仁同学荣膺港澳母校副校长》，《培正同学通讯》1971 年第 78 期。

⑥ 据《二十四年度本校旧同学在校服务调查》所见，当年在中学部服务旧生共 35 人，邝秉仁是其中之一。参见《培正校刊》1936 年第 7 卷第 22—23 期。

位华人获得该项殊荣。授勋典礼于 6 月 10 日"葡国日"澳门总督府举行，由护督江培树上校代总统颁发该项勋章。[①] 1985 年再获澳门总督颁授"专职功绩勋章"。又被委任为澳门第一届（1976—1980）及第二届（1980—1984）立法会委任议员，1983 年获选为第六届全国人民代表大会代表，而其他公职包括镜湖医院慈善会董事、澳门中华总商会教育顾问、澳门中华教育会名誉顾问、澳门台山同乡会名誉会长、澳门基本法咨委会顾问等。[②]

## （一）父辈与培正

据邝秉仁所述，他的祖父和许多台山同乡出洋谋生，俗称"卖猪仔"，父亲则是"买纸"到美国，本名邝卓廷，赴美时改用邝松羡（C. S. Fong）。邝卓廷是牙医，曾在广州挂牌行医，他大概是在美国的三藩市习医，而从前的牙医，多是学徒出身，甚少出洋留学。孙中山在美国从事革命活动，邝卓廷亦曾跟随参与募捐活动。[③]

邝卓廷曾为培正校董，资料见于 1928 年两广浸会代表大会选任的名单上，而通信处为"广州东山嘉南堂"[④]。就文献资料所见，美差会所办之"培道女学"于 1918 年曾闹出风潮，有 126 名学生列队离校。当时张立才、张新基、李锦纶、杨廷霭等十余人决定自办一女学以收容之，定名"培坤"，聘廖奉恩女士为校长，设有中学一年级、高小国

---

① 《培正同学通讯》1981 年第 109 期。

② 关于邝秉仁先生的平生，可以参见《邝秉仁先生生平大事记（截至 1985）》，载《邝秉仁先生与澳门教育》，第 144—145 页。

③ 郑振伟编：《邝秉仁先生与澳门教育》，第 45—46 页。

④ 《培正学校董事录》，《培正学校四十周年纪念特刊》，第 65—66 页。另特刊之照片辑录中有"邝卓廷医生"的玉照。"嘉南堂"于 1919 年由张立才创办，1934 年停业，而创办人张立才就是基督教两广浸信会的总巡（1905—1914）。"嘉南堂"的全名是"嘉南堂实业团"，后改为"嘉南堂置业公司"，以做会金的方式筹集资金，主要业务为房地产投资。参见冼锡鸿《嘉南堂·南华公司·嘉华储蓄银行》，《广州文史资料》1965 年第 14 辑，第 67—79 页。

民二年级，学生84名、教员8名。1919年，两广和会于东山举行，培坤董事以培正系华人自立事业，已经归两广浸会劝学部管理，亦援例求和会接收培坤，并获接纳。培坤女学后购得坐落两广浸会事务所对面之地，该地之股东，即为张新基、邝乐生、邝卓廷、冼锡鸿等人，[①]时该处地价每井值70元，他们仅取65元，并允先收建筑宿舍四十井价2600元，订下两个缴纳余款的限期，能于限期内清缴余款，该公司愿于地值项下提取2000元捐与学校。1921年10月两广和会决议改培坤为"培正女校"，后来该校增建宿舍需7000元，当时信光公司董事从溢利中提取部分资金襄助教会自立事业，其中3000元归培正女校，但尚欠4000元，邝卓廷于会后的宴席上提议即席多捐款，于是张新基、伍学祺、梁基各500元，邝卓廷300元，冼锡鸿200元，冼亮臣、张立才、张锡年、邝乐生、冯达纯、钟树荣各100元，共得2600元，另1400元再由嘉南堂、南华、广成、广昌、保安各公司补足。[②]

针对培正女校和培道女学的事件，美差会于1924年3月核准将"培道蒙学"及其初小划归华人办理，华人代表于5月接收"培道蒙学"，并改为"培正国民学校"后，当时因大部分课堂过于简陋，须加以改造。当日再公推张立才、张新基、邝卓廷等七人增建国民学校课堂筹款委办，不到数月筹得一万余元，兴建一座三层楼课堂，另宿舍饭堂各一，并于操场边筑一长砖垣环护。[③]

## （二）求学时期

李华兴曾经将民国教育分为五个时期，分别为胚胎期（晚清）、创

---

① 《冼锡鸿老先生传略》记冼锡鸿生于同治十一年，主历1871年，终于1973年3月28日，享年103岁。参见《培正校刊》1973年第23卷第1期。同治十一年为1872年，故其出生年或有误记。

② 曾郁根：《培正学校四十周年之回顾》，《培正学校四十周年纪念特刊》，第17—21页。

③ 曾郁根：《培正学校四十周年之回顾》，《培正学校四十周年纪念特刊》，第25页。

始期（1912—1915）、改革期（1915—1927）、发展与定型期（1927—1937），以及演进与衰落期（1937—1949）。[①] 如果按照这个划分，邝秉仁就学之时，刚好处于改革和发展定型期。

1. 学制的嬗递

民国以前之新式学校制度，始见于光绪二十八年（1902）所颁布之"钦定学堂章程"，即"壬寅学制"，但未及实行，便于次年另颁"奏定学堂章程"，即"癸卯学制"。民国成立后，教育部重订学制，于1912年9月3日公布《学校系统令》，即"壬子学制"。全国教育会联合会于1915年首次召开，会上有改革学制系统案的讨论，1922年11月1日公布《学校系统改革案》，即"壬戌学制"。查1921年第七届全国教育会联合会上所收草案，以广东省教育会所提交的较为完备，[②] 故大会以之为据，再审查各省的提案。[③] 该草案于1922年10月交由第八届全国教育会议再加讨论，最后由教育部订定公布。"壬戌学制"就是六—三—三—四制。1927年7月国民政府公布《中华民国大学院组织法》，并于同年冬成立"大学院"，作为全国最高学术及行政机关，1928年通过"中华民国学校系统案"，但未经公布，同年"大学院"改为"教育部"。

2. 学校的规模和学生的升学

邝秉仁为培正1934年级荫社的同学，该社于1929年秋成立，时年15岁，就读初中二年级。1929年正值培正四十周年纪念，当时全校合

① 李华兴：《论民国教育史的分期》，《上海师范大学学报》1997年第1期。

② 广东省教育会如何组织学制系统研究会，以及其中的研究和讨论详情，可参见金曾澄《广东提出学制系统草案之经过及其成立》，《新教育》1922年第4卷第2期。

③ 李石岑：《新学制草案评议》，《新学制的讨论》上卷，商务印书馆1925年版，第17页。

计50班，教职员113名，学生1663名。具体见表4-7。[1]

表4-7　　　　　　1929—1930年度培正学生人数及班数统计

| 学段 | 教职员(人) | 分项 | 一 | 二 | 三 | 四 | 五 | 六 | 华侨班 |
|---|---|---|---|---|---|---|---|---|---|
| 高级中学 | 37 | 班数 | — | — | — | 3 | 2 | 2 | |
| | | 人数 | — | — | — | | 191 | | |
| 初级中学 | | 班数 | 2 | 2 | 2 | — | — | — | — |
| | | 人数 | | 259 | | | | | |
| 附属高级小学 | 22 | 班数 | — | — | — | — | 3 | 3 | 2 |
| | | 人数 | — | — | — | — | | 299 | |
| 附属初级小学 | 29 | 班数 | | 16 | | | | | — |
| | | 人数 | | 526 | | | | | — |
| 附属女子小学 | 25 | 班数 | | | 13 | | | | — |
| | | 人数 | | | 388 | | | | — |

邝秉仁于1934年6月毕业，为二十二年度（1933—1934）毕业生，当年学生和班级的资料见表4-8。[2]

表4-8　　　1932—1933年度至1935—1936年度培正学生人数及班数统计

| 年　级 | 二十一年度 | | 二十二年度 | | 二十三年度 | | 二十四年度 | |
|---|---|---|---|---|---|---|---|---|
| | 人数 | 班数 | 人数 | 班数 | 人数 | 班数 | 人数 | 班数 |
| 高中三 | 73 | 2 | 63 | 2 | 61 | 2 | 78 | 2 |

---

　　① 本表据黄启明《本校最近状况之报告》一文之资料整理，该文参见《培正学校四十周年纪念特刊》，第2页。相关数字与同刊第64页《培正四十周年教职学生经费演进表》所列数据（教职员114人，学生1656人）略有出入。

　　② 中学教务处：《四年来中学各级学生人数比较表》，《培正校刊》1935年第7卷第3期。

续表

| 年 级 | 二十一年度 | | 二十二年度 | | 二十三年度 | | 二十四年度 | |
|---|---|---|---|---|---|---|---|---|
| | 人数 | 班数 | 人数 | 班数 | 人数 | 班数 | 人数 | 班数 |
| 高中二 | 87 | 2 | 71 | 2 | 84 | 2 | 114 | 3 |
| 高中一 | 86 | 2 | 82 | 2 | 138 | 3 | 145 | 4 |
| 初中三 | 108 | 3 | 122 | 3 | 171 | 4 | 149 | 4 |
| 初中二 | 133 | 3 | 190 | 4 | 178 | 4 | 232 | 5 |
| 初中一 | 191 | 4 | 194 | 4 | 290 | 6 | 308 | 7 |
| 合 计 | 678 | 16 | 722 | 17 | 922 | 21 | 1026 | 25 |

至于培正中学所开办的学科，从考试时间表得知为 24 门。1935—1936 年度第二学期共有两次考试，表 4 - 9 的资料是从第一次小考的时间表中整理出来的（用小圆点标示）。[①] 有关资料和《教务规程》中所列 1936 年 2 月 18 日修订公布的初级和高级中学各科教学时数表核对，除高一至高三有"体育"，以及高一设有"军事训练或军事看护"外，其他科目大致相同。[②]

表 4 - 9　　　　　1935—1936 年度下学期培正学校学科统计

| 学科 | 初中 | | | 高中 | | |
|---|---|---|---|---|---|---|
| | 一 | 二 | 三 | 一 | 二 | 三 |
| 国文 | ● | ● | ● | ● | ● | ● |
| 算术 | ● | — | — | — | — | — |

---

　① 《培正中学二十四年度第二学期小考时间表》，《培正校刊》1936 年第 7 卷第 19 期。

　② 澳门培正中学教导处：《私立广州培正学规程（二）——教学规程》，1939 年，第 3—5 页。高中学生施行军事管理始于 1934—1935 年度，见《培正年表（五十周年纪念修订本）》，《培正中学五十周年纪念特刊》，第 95 页。

续表

| 学科 | 初中 | | | 高中 | | |
|---|---|---|---|---|---|---|
| | 一 | 二 | 三 | 一 | 二 | 三 |
| 代数 | ● | ● | — | ● | ● | ● |
| 几何 | — | ● | ● | — | — | — |
| 三角 | — | — | ● | — | ● | — |
| 分析/几何 | — | — | — | — | — | ● |
| 英文 | ● | ● | ● | ● | ● | ● |
| 地理 | ● | ● | ● | ● | — | ● |
| 世界地理 | — | — | — | — | ● | — |
| 植物 | ● | | | | | |
| 动物 | ● | | | | | |
| 生物 | — | — | — | ● | | |
| 化学 | — | ● | | — | ● | — |
| 物理 | — | — | ● | — | — | ● |
| 历史 | ● | ● | — | ● | — | — |
| 世界史 | — | — | ● | — | ● | — |
| 西史 | | | | | | |
| 图画 | ● | ● | ● | | | |
| 论理 | — | — | — | — | — | ● |
| 公民 | ● | ● | ● | ● | ● | ● |
| 音乐 | ● | ● | ● | ● | ● | — |
| 卫生 | ● | ● | ● | ● | | — |
| 童军 | ● | ● | ● | — | — | — |
| 劳作 | ● | ● | ● | — | — | — |
| 各级科目总数 | 14 | 13 | 13 | 11 | 10 | 10 |

1933—1934 年度高三学生有 63 人，但《培正中学高初中毕业生名册 1919—1947》上只记 55 名毕业生。至于当年的升学统计，资料未见，但截至 1947—1948 年度，培正高中毕业生升学的比率约为 90%。[①] 1934—1935 年度高中毕业升学调查所得，培正毕业生的升学率是相当高的。资料见表 4 – 10。[②]

表 4 – 10　　　　　1934—1935 年度培正高中毕业升学情况

| 大学名称 | 燕京大学 | 金陵大学 | 岭南大学 | 沪江大学 | 东吴大学 | 中山大学 | 交通大学 | 清华大学 | 南京中央军校 | 北平大学 | 勤勤大学 | 商船学校 | 无线电学校 | 军医学校 | 留学国外 | 合计全级升学人数 49 | 占毕业生人数（53）91.8% |
|---|---|---|---|---|---|---|---|---|---|---|---|---|---|---|---|---|---|
| 投考人数 | 14 | 11 | 7 | 10 | 2 | 19 | 4 | 11 | 3 | 1 | 不详 | 4 | 4 | 5 | — | | |
| 取录人数 | 12 | 3 | 6 | 10 | 2 | 3 | 0 | 0 | 3 | 1 | 2 | 3 | 4 | 3 | 8 | | |
| 入学人数 | 8 | 1 | 5 | 7 | 2 | 3 | — | — | 3 | 1 | 2 | 2 | 4 | 3 | — | | |

表中左一至五，即燕京大学、金陵大学、岭南大学、沪江大学，以及东吴大学，为培正中学的“联络大学”。培正作为“联络中学”，其应届毕业生，如成绩列全班百分之二十以前者，即可参加大学的保荐考试，科目包括国文、英文、算学（非投考理学院者免考），以及智力测验。1938—1939 年度毕业的学生，名列百分二十以前者 18 人，其

---

① 《全校干部人员夏令退修会》，《培正校刊》1948 年第 17 卷第 1 期。
② 校务处：《廿三年度高中毕业生升学调查表》，《培正校刊》1935 年第 7 卷第 8 期。

中 12 人投考。<sup>①</sup> 据叶培初所述，<sup>②</sup> 培正的中学毕业生，可以衔接岭南、沪江、金陵、燕京、光华等大学，继续升学，1933 年加入齐鲁大学和华中大学两所大学。<sup>③</sup>

又 1938 年度国立大学联合试在广州举行，培正毕业生共 62 人，其中 42 名为 1937—1938 年度毕业生，该年度培正有 96 名高中毕业生，见表 4 – 11。<sup>④</sup> 表 4 – 11 所列为 1938—1939 年度国立大学联合试获取录之培正高中毕业生人数。

**表 4 – 11　1938—1939 年度国立大学联合试获取录之培正高中毕业生人数**

| 毕业年度 | 大学名称 | | | | | | | | | | | |
|---|---|---|---|---|---|---|---|---|---|---|---|---|
| | 国立中山大学 | 国立中央大学 | 国立西南联合大学 | 国立浙江大学 | 国立云南大学 | 国立厦门大学 | 国立中正医学院 | 国立贵阳医学院 | 国立交通大学 | 国立西北农学院 | 省立广西大学 | 合计取录人数 |
| 1937—1938 | 12 | 5 | 5 | 4 | 6 | — | 3 | — | 1 | 2 | 4 | 42 |
| 1936—1937 | 5 | 2 | 4 | 1 | 1 | 1 | — | 1 | 2 | — | — | 17 |
| 1935—1936 | — | 1 | — | — | — | — | — | — | — | — | 1 | 2 |
| 1934—1935 | 1 | — | — | — | — | — | — | — | — | — | — | 1 |

3. 在"培正青年会"的活动

就《培正青年会历届职员表（1922—1936）》所见，青年会之职务

---

① 《培正校刊》（迁澳第七号）1939 年第 10 卷第 7 期。

② 生于光绪十六年（1890）7 月 26 日，终于 1973 年 2 月 3 日，《叶培初医生生平事略》，见《培正校刊》1973 年第 23 卷第 1 期。

③ 《培正年表（五十周年纪念修订本）》，《培正中学五十周年纪念特刊》，第 95 页；叶培初：《殡礼演讲词》，《黄校长启明哀思录》（约 1940 年），第 11 页。

④ 资料据《本年度国立大学联合试本校毕业生被录取多人》中之名单整理，见《培正校刊》（迁澳第三号）1938 年第 10 卷第 3 期。

包括会长、文书、教育、出版、交际、游艺、音乐、宗教、图书、工人、童子、宣传、庶务、经济、司库。邝秉仁和梁寒淡二位于1932—1933年度负责"教育"的职务，"教育"应是指当义务教师。邝秉仁于1932—1933年和1933—1934年这两个年度另负责"音乐"的职务。① 就文献所见，有一份是1934—1935年青年会的工作报告，"音乐股"的工作有"培正学生音乐会"和"圣诞音乐会"。②

邝秉仁就读高中二年级的时候，适值青年会成立24周年，梁寒淡和陈继明为正副会长（1933—1934年度），邝秉仁负责音乐，当年曾出版《培正青年》季刊，举行筹款，改建招待室为宗教文库，设哥尔夫球场与儿童游乐场，改组平民小学，征集旧衣服送赠贫民，举办募捐誓师联欢大会、基督徒交际会、全市青年会职员交际会、退修会、童子游艺会、赏月会、复活节音乐大会、新旧师生联欢会、圣诞野火会等活动。③ 培正中学基督教青年会曾于1943年4月17日在澳门举行第三十四周年纪念大会。就资料所见，当日活动的程序为，上午九时举行宗教仪式晨曦感恩会，下午二时则举行纪念。此外，该会所办之儿童夜校，亦借机会在课室展示学业劳作图画等成绩。④

4. 在培正同学会的活动

培正的同学会于1913年成立，初名"培正旧生会"，1927年许渭阳任会长，并与黄启明、杨保罗、朱耀渠等一同起草宪章，于同学日（1927年6月20日）讨论，修正后通过，同学会的组织由是确定。其后聘用钟荣苍为干事，办理会务，而学校当局亦资助出版《培正旬

---

① 《培正青年会历届职员表（1922—1936）》，《培正校刊》1935年第7卷第6期。

② 王颂刚：《培正青年会平民小学校概况》，《培正校刊》1935年第7卷第6期。

③ 梁寒淡：《我们的萌社》，《培正萌社离校卅周年纪念册》，1967年，无页码。梁寒淡的记忆可能有误，高中二年级时应为1932—1933年度，会长为卢竹修和冼子恩，参见《培正校刊》1935年第7卷第6期。

④ 《培正中学举行青年会日》，《华侨报》1943年4月16日。

刊》，刊登同学消息、会务、校务等。1929 年 6 月，同学会议决改组同学会为委员制，并推举出九名委员，再由委员互选各部部长。1936 年修改宪章，扩大执委会，各届毕业同学推举委员，负责会务。同学会会所位于广大路，名为"红蓝憩庐"，后因租金昂贵，向学校借垫两万元以购置会所。1937 年 5 月 11 日由邝乐生、冯棠、夏楚章经手，购入文德东路十六号恒园，作价 19800 元。[①]

1935 年 10 月 6 日，邝秉仁返回母校参加荫社的聚会，会上选出主席叶勉之，另常务委员三人，又将广州分成三个区域——城中区、岭南区、中大区，由邝秉仁负责岭南区的社务。[②] 1936 年筹建培正同学会会所，须募捐数额为一万五千元。当时在校内已筹集约五千元，尚欠一万元。[③] 捐款队共有二十队，"一九三四（荫社）"队长为梁寒淡，秘书为曾耀俊，队员为孙治平、甄天壤、李鹤龄、叶勉之，以及邝秉仁。[④]

邝秉仁是澳门培正同学会的骨干，1951 年、1953 年、1957 年、1958 年和 1960 年曾担任副主席一职，[⑤] 1961 年和 1962 年负责"联谊"，[⑥] 1963 年、1964 年、1965 年和 1969 年负责"灵修"，[⑦] 1966 年

---

① 夏楚章：《培正同学会史略》，《培正校刊》1941 年第 12 卷第 8 期。

② 《培正青年会历届职员表（1922—1936）》，《培正校刊》1935 年第 7 卷第 6 期。

③ 《同学会执委对于筹建同学会会所之议决案》，《培正校刊》1936 年第 7 卷第 28—29 期。

④ 《筹建同学会会所募捐队队长队员芳名》，《培正校刊》1936 年第 7 卷第 28—29 期。

⑤ 《澳门培正同学会近讯》，《香港培正同学通讯》1951 年第 19 期；《澳门培正同学会新执委登台》1953 年第 23 期；《澳门培正同学会增添新血》1957 年第 30 期；《澳门培正同学日欢声一片》，《培正校刊》1959 年第 9 卷第 4—5 期；《澳门培正同学会职员阵容》，《香港培正同学通讯》1960 年第 41 期。

⑥ 《澳门培正同学消息》，《香港培正同学通讯》1961 年第 43 期；《澳门培正同学会互选结果》1962 年第 46 期。

⑦ 《教职员会选举揭晓》，《培正校刊》1964 年第 14 卷第 2—3 期；《教职员会新届执委已选出》1964 年第 15 卷第 1—3 期；《教职员会改选职员》1965 年第 16 卷第 1—3 期；《教职员会已选出新届职员》1969 年第 19 卷第 6 期。

负责"福利",① 1968 年负责"灵修"。② 1979—1980 年度开始，为"澳门培正同学会"顾问。③

**（三）服务母校**

邝秉仁为培正服务，从 1938 年起计算，经历多任校长。黄启明于 1939 年病逝后，杨元勋于同年 6 月继任；杨元勋于 1942 年辞任，由赵恩赐继任；赵恩赐于 1944 年调往坪石培联，澳门分校由林子丰任代校长；1946 年赵恩赐呈辞后，由冯棠继任，冯棠上任前校长职务由校务委员会主任林瑞铭代行。④ 1950—1953 年澳门培正由李炎玲任校长；1953 年 2 月 1 日，傅渔冰以校董身份兼任校长。⑤ 1962 年，傅渔冰以体弱多病请辞，获校董会接纳，校董会于是邀请林子丰出任澳门培正学校监督，主持校政，组织校务执行委员会执行校务。校务执行委员会主席为林湛，副主席为邝秉仁，书记为梁寒淡，委员有韩一英、李元、邝乃良，以及李荫宜四人，⑥ 林湛即来澳署理校长。1971 年，邝秉仁获晋升为澳门培正中学副校长，⑦ 1974 年出任校长。

1. 从澳门到坪石到乐昌

自培正全校迁至澳门卢家花园，邝秉仁便在澳门培正工作。1938—1939 年度，他是培正中学部银乐队指挥及小学部音乐科教员，银乐队队长及教练。⑧ 当时他的胞妹邝智仁同为小学部音乐科

---

① 《教职员会每月举行生日叙餐及灵修》，《培正校刊》1966 年第 17 卷第 3—4 期。

② 《培正校刊》1968 年第 19 卷第 1 期。

③ 《1979—1980 年度职员表（均属义务）》，《培正同学通讯》1978 年第 105 期。

④ 《广州市私立培正中学布告（校告字第零零一号）》，《培正校刊》1946 年第 14 卷第 2 期。

⑤ 《傅渔冰校董兼任澳门培正中学校长》，《香港培正同学通讯》1953 年第 23 期。

⑥ 《香港培正校长林子丰博士兼任澳校监督》，《培正校刊》1962 年第 13 卷第 1—2 期。《澳门培正中学教职员一览表》，《培正校刊》1963 年第 13 卷第 6—7 期。

⑦ 《邝秉仁副校长赴美加考察教育归来》，《培正校刊》1972 年第 22 卷第 1 期。

⑧ 《二十七年度第一学期职教员一览表》，《培正校刊》（迁澳第二号）1938 年第 10 卷第 2 期；《银乐队近讯》，《培正校刊》1938 年第 10 卷第 3 期。

教员。<sup>①</sup> 该学年全校教职员兼任学生课外研究指导，邝秉仁负责"电影"项目。<sup>②</sup> 他又是培正秋声音乐社顾问，<sup>③</sup> 在第 29 届青年会职员中，他和萧文先生同任"音乐顾问"<sup>④</sup>。他曾为培正口琴会之乐队指挥，在 1939 年 1 月 15 日联欢会上又获选为下一届口琴会的"指挥"<sup>⑤</sup>。在培正"五十周年庆典"（1939 年 12 月 22—23 日）筹委会中，音乐部负责人为"萧文、邝秉仁、黄日华"<sup>⑥</sup>。

1939—1940 年度上学期，邝秉仁是中学部"管乐队教练"，邝智仁为高小部和初小部"音乐"科教员。<sup>⑦</sup> 黄启明于 1939 年 4 月 26 日病逝，邝秉仁为治丧委员会委员。<sup>⑧</sup> 1942 年，邝秉仁任职坪石培正培道联合中学，大约是寒假的时段，在培联任职教员。<sup>⑨</sup> 1945 年 1 月 15 日，粤北战事告急，培联停课，学生分三批疏散至乐昌，邝秉仁与黄伟才（事务主任）等人留校观变，至 1 月 18 日才与林瑞铭一起撤离。<sup>⑩</sup>

2. 澳门的教学和校园生活

1945—1946 年度，澳门培正小学教职员共 27 名，未见邝秉仁的名字。<sup>⑪</sup> 邝秉仁是于 1946 年奉校命返澳的，1946 年上学期该校职教员共

---

① 邝智仁于协和女子中学修业，在培正小学任教音乐，1938 年 9 月上任，每周授课 40 节，月薪 42 元。参见《私立广州培正中学附属小学校二十九年度校务概况职教员一览册》，1940 年 9 月，第 4 页。

② 《学生课外研究指导由全校职教员担任》，《培正校刊》（迁澳第三号）1938 年第 10 卷第 3 期。

③ 《秋声音乐社重张旗鼓》，《培正校刊》（迁澳第一号）1938 年第 10 卷第 1 期。

④ 《学生青年会计划新工作》，《培正校刊》（迁澳第一号）1938 年第 10 卷第 1 期。

⑤ 《培正口琴会最近演奏》，《培正校刊》1939 年第 10 卷第 5 期。

⑥ 《五十周年庆典各部长人选已推定》，《培正校刊》1939 年第 11 卷第 2 期。

⑦ 《二十八年度上学期全校职教员一览表》，《培正校刊》1939 年第 11 卷第 3 期。

⑧ 《培正校刊》（迁澳第六号）1939 年第 10 卷第 6 期。

⑨ 黄伟才：《坪石培联的回忆》，《香港培正同学通讯》1957 年第 30 期。

⑩ 赵利民：《粤北坪石广西桂林培正培道联合中学建校回忆录》，2002 年 2 月，第 10 页。

⑪ 《澳门小学职教员一览》，《培正校刊》1946 年第 14 卷第 2 期。

23 人，邝秉仁任"教导主任"，位置仅次于校主任赵璧兰（1896？—1984）。① 1947—1948 年度上学期教职员人名表上，邝秉仁为该校"教导主任"②。1948 年 7 月 19 日至 22 日，以教导主任身份，与分校主任赵璧兰一同出席香港举行之"全校干部人员夏令退修会"③。1948—1949 年度上学期教职员人名表中，邝秉仁为该校"教导主任"及"初中高小公民"科老师。④ 1951—1952 年度为"事务主任"⑤；1952—1953 年度上学期，任教英文科；⑥ 1957—1958 年度，为小六班主任及初中小学英文科教员；⑦ 1958—1959 年度，为该校"事务主任"，初三班主任及英文科教员；⑧ 1961—1962 年度开始，又为"教导主任"及英文科老师。⑨

培正的教导处编有《教务规程》一册，全册 14 章，24 页，举凡课程、自习实验及参观、入学、注册、职教员附读、试验及成绩、补考补习及免习、夏令馆、升级降级及留级、毕业及升学、休学复学及转学退学、褒奖等，均依册实施。该规程于 1930 年曾作修订，于 1934 年编入该校四十五周年纪念时出版的中学概览，1939 年 6 月再修订出版。⑩ 此外，培正于早年已设有教员分科会议，该制度大约始于 1928

① 《澳门培正小学职教员一览（卅五年度上学期）》，《培正校刊》1946 年第 15 卷第 2 期。

② 《澳门培正中学卅六年度上学期职教员人名表》，《培正校刊》1947 年第 16 卷第 1 期。

③ 《全校干部人员夏令退修会》，《培正校刊》1948 年第 17 卷第 1 期。

④ 《卅七年度附属各单位教职员一览》，《培正校刊》1948 年第 17 卷第 2 期。

⑤ 《澳校本学期职教员一览》，《培正校刊》1951 年第 2 卷第 1 期。

⑥ 《澳校本学期职教员》，《培正校刊》1952 年第 3 卷第 1 期。

⑦ 《一九五七年度第一学期澳门培正中学教职员表》，《培正校刊》1957 年第 8 卷第 1 期。

⑧ 《澳门培正中学教职员表一九五八年度第一学期》，《培正校刊》1958 年第 9 卷第 1 期。

⑨ 《澳门培正中学教职员一览表》，《培正校刊》1961 年第 12 卷第 1 期。

⑩ 澳门培正中学教导处：《私立广州培正学规程（二）——教学规程》，参见《培正校刊》（迁澳第七号）1939 年第 10 卷第 7 期。

年，包括国文、英文、数学、理科、社会、艺术、职业和图书八股，[①]
在《培正校刊》中，都能看到一些学科会议或座谈会的记录。[②]

　　培正设有"干部人员夏令退修会"，退修会的主要作用是修养灵性、检讨校政，以及策划年度计划。退修会始于抗战以前，抗战胜利后，连续两年于广州举办。1948年夏令退修会在香港召开，日期为7月19日至22日，邝秉仁以教导主任身份与澳门培正分校主任赵璧兰一同出席。该年会议共14人出席，包括校长、（教务/教导/事务）主任、监学、司库等，另有4人未出席。至于讨论事项，包括政策、教务、宗教、训导、事务，以及财务等事项。[③]

　　至于学生的作息时间，澳门培正的校史室存有一份1949—1950年度学生作息时间的手稿，该手稿盖有"培正中学教导组"的用章，应属正式文件，见表4–12。至于学费方面，以1952年为例，初中140元，高小96元，初小86元，幼儿园75元，寄宿生另缴膳费280元，宿费90元，洗衣费30元，医金2元。[④]

表4–12　　澳门培正中学作息时间表（三十八年度第一学期）

| 时间 | 事项 |
| --- | --- |
| 7：00 | 起床 |
| 8：00—8：15 | 早餐 |
| 8：20—8：30 | 朝会 |

---

　　① 唐炳荣：《本校最近一年间整顿教务的情形》，《培正学校四十周年纪念特刊》，第56—60页。
　　② 赵荣光纪录：《国文科会议录》，《培正校刊》1936年第7卷第28—29期；《数英国分科会议老师们多提意见》，《培正校刊》1955年第6卷第4期；《国文科第一次教学座谈会纪录》，《培正校刊》1957年第7卷第7期；《英文教学会议连续召开》，《培正校刊》1957年第7卷第8期。
　　③ 《全校干部人员夏令退修会》，《培正校刊》1948年第17卷第1期。
　　④ 《澳门培正中学招生摘要》，《培正校刊》1948年第2卷第5期。

续表

| 时间 | 事项 |
|------|------|
| 8:30—9:20 | 上课(第一堂) |
| 9:30—10:20 | (第二堂) |
| 10:30—11:20 | (第三堂) |
| 11:30—12:20 | (第四堂) |
| 12:30—12:50 | 午餐 |
| 1:00—1:30 | 午睡 |
| 1:30—2:00 | 图及书局开放 |
| 2:00—3:50 | 上课(第五堂) |
| 4:00—6:00 | (第六堂) |
| 6:30—6:50 | 晚餐 |
| 7:30—9:00 | 自修 |
| 9:30 | 就寝 |

教导组　三十八年九月七日

1948 年 6 月，培正的校董会曾通过教职员退休条例及储蓄办法等。[1] 至于职教员之待遇，以学历年资及能力计薪；服务连续满七年，有进修一年或加发半年休息金之优待，邝秉仁和另外两位同事于 1953 年曾获发休息金；[2] 在校服务满二十年而达六十岁者有退休金。[3] 培正设有这些措施，务使教职员能安心教学。

---

① 《一九四八年培正大事记》，《培正校刊》1948 年第 17 卷第 4 期。当年的财务主任冼锡鸿，国文教员李竹侯，以及小学保姆高启明三人就按规定，享受退休权利。

② 《老师工友领休息金》，《培正校刊》1953 年第 4 卷第 2 期。

③ 冯棠：《培正概况》，《培正校刊》1948 年第 17 卷第 3 期。1921 年培正董事局曾通过职教员任事满七年给假一年，薪金照常的规定。参见冯星衡《谈谈本校教职员服务满七年之优待办法》，《培正学校四十周年纪念特刊》，第 52 页。

从培正校刊中的"校闻"，可以知道澳门分校活动的一些情况，例如 1938 年的时候，澳门分校的活动记录中，有恳亲会、庆祝儿童节、宗教活动（星期日早上的主日学及主日礼拜、演讲，星期三晚上教职员的灵交会）、"每日一分运动"（捐献）、图书馆、壁报、播音、福星队（师生比赛）、养鸭及养鱼、食杂粮等十项，可以窥见当时校园的生活情境。① 抗战胜利后，物价飞涨，但澳门分校的教职员仍甘之如饴，苦中作乐，除举办讲道和夕阳会等灵交活动外，也有公燕、赏荷消夏大会、新旧职员的欢聚活动，以及茶叙、野餐、啖荔、球赛等活动。②

1952 年秋，培正改革教导制度，中学部施行班主任负责制，③ 订定班主任工作纲要。小学四年级每周授英语三节，为中英数三科成绩较差之学生设立补习班，增设助学名额。1953 年 6 月填荷花塘扩大运动场，并将校门改向柯高马路（现称高士德大马路），同年 9 月恢复高中部，小学一年级增设英语课程。④

此外，培正得到何贤和钟子光的襄助，曾于 1952 年向四益置业公司购入卢家花园的一部分，计七万二千余平方尺，包括其中的两层住宅一幢和平房数座，作为永久校址。当日由校董傅渔冰任购产代表人，于 2 月 18 日正式签约。⑤ 据邝秉仁口述，林湛于 1962 年接任校长之时，两人曾一起拜访何贤，何贤为纪念其夫人郭绮文女士，曾向培正中学慨捐清贫助学金二万五千元，另当日购置卢家花园校舍所垫支的葡币

---

① 《培正校刊》（迁鹤第二号）1938 年第 9 卷第 2 期。
② 《澳校概况》，《培正校刊》1946 年第 14 卷第 2 期。
③ 《澳校行班主任负责制》，《培正校刊》（香港版）1952 年第 3 卷第 1 期。相关的班主任工作细则，于 1953 年 2 月 28 日的 1952 年度下学期首次教职员会议议决通过，并于 3 月 1 日施行。班主任工作细则共有 12 项，参见《班主任工作细则》，《培正校刊》（香港版）1953 年第 3 卷第 7 期，第 5 页。
④ 《十六年来的澳门培正中学》，《培正校刊》（培正中学六十五周年纪念特刊）1954 年第 5 卷第 4 期。
⑤ 《购得卢家花园为永久校址》，《培正校刊》1952 年第 2 卷第 6 期。

四万二千元，亦以购置校舍捐款的名义一笔勾销。①

3. 培正的发展

澳门培正于 1962 年度起改行五年制，由中一及中二两级开始施行，毕业生可直接升读香港培正中学六年级。② 此外，为加强港澳培正两校之联系，培正校董会于例会通过，澳门培正中学各级之首三名优异生，如转港校求学，均可准予免试升学。③ 表 4-13 是依据《培正校刊》中的资料整理而成，虽然数据不大完整，但仍可看到澳门培正自20 世纪 60—80 年代的发展。

表 4-13　　　　1964—1984 年澳门培正学生及班级人数统计④

| 序号 | 年份 | 幼儿园 | | 小学 | | 中学 | | 宿生 | 总班数 | 总学生人数 | 职员 | | | 教职员总数 |
|---|---|---|---|---|---|---|---|---|---|---|---|---|---|---|
| | | 人数 | 班数 | 人数 | 班数 | 人数 | 班数 | | | | 专职 | 兼职 | 义务 | |
| (1) | 1963—1964(1) | — | 4 | — | 11 | — | 9 | — | | 1166 | 43 | 4 | — | 47 |
| (2) | 1964—1965(1) | — | 4 | — | 12 | — | 10 | 72 | | 1284 | 45 | 6 | — | 51 |

①　《学生家长何贤先生送捐巨款助学》，《培正校刊》1962 年第 12 卷第 7—8 期。

②　《澳校中学改行五年制》，《培正校刊》1962 年第 13 卷第 1—2 期。

③　《港校优待本校在读生》，《培正校刊》1962 年第 12 卷第 7—8 期。

④　各年度的资料出处按序号分列如下。(1)《培正校刊》1963 年第 14 卷第 1 期，第 36 页；(2) 1964 年第 14 卷第 8—10 期，第 41、47 页；(3) 1965 年第 16 卷第 1—3 期，第 45 页；(4) 1966 年第 17 卷第 3—4 期，第 42 页；(5) 1968 年第 18 卷第 6 期，第 33 页；(6) 1968 年第 19 卷第 1 期，第 29 页；(7) 1969 年第 19 卷第 6 期，第 23 页；(8) 1970 年第 20 卷第 1 期，第 32 页；(9) 1971 年第 21 卷第 1 期，第 28 页；(10) 1973 年第 23 卷第 2 期，第 24 页；(11) 1974 年第 24 卷第 1 期，第 26 页；(12) 1975 年第 25 卷第 1 期，第 15 页；(13) 1976 年第 25 卷第 2 期，第 12 页；(14) 1976 年第 25 卷第 4 期，第 21 页；(15) 1977 年第 26 卷第 4 期，第 11 页；(16) 1979 年第 28 卷第 1 期，第 20 页；(17) 1980 年第 28 卷第 2 期，第 18 页；(18) 1981 年第 28 卷第 4 期，第 18 页；(19) 1981 年第 29 卷第 1 期，第 22 页；(20) 1982 年第 29 卷第 2 期，第 10 页；(21) 1982 年第 29 卷第 3 期，第 27 页；(22) 1983 年第 29 卷第 4 期，第 10 页；(23) 1984 年第 30 卷第 1 期，第 23 页。

续表

| 序号 | 年份 | 幼儿园 | | 小学 | | 中学 | | 宿生 | 总班数 | 总学生人数 | 职员 | | | 教职员总数 |
|---|---|---|---|---|---|---|---|---|---|---|---|---|---|---|
| | | 人数 | 班数 | 人数 | 班数 | 人数 | 班数 | | | | 专职 | 兼职 | 义务 | |
| （3） | 1965—1966（1） | — | — | — | — | — | — | — | 28 | 1423 | — | — | — | — |
| （4） | 1966—1967（1） | 202 | 4 | 736 | 13 | 531 | 11 | — | 28 | 1469 | 45 | 8 | 5 | 58 |
| （5） | 1967—1968（2） | — | 4 | | 13 | | 11 | — | 28 | 1437 | | | | 56 |
| （6） | 1968—1969（1） | — | 4 | | 13 | | 12 | — | 29 | 1524 | 49 | 7 | 1 | 57 |
| （7） | 1969—1970（1） | — | 4 | | 13 | | 11 | — | 28 | 1511 | 44 | 8 | 4 | 56 |
| （8） | 1970—1971（1） | | 5 | | 14 | | 12 | 0 | 31 | 1641 | — | — | — | — |
| （9） | 1971—1972（1） | | 5 | | 15 | | 14 | | 34 | 1763 | 56 | 4 | 4 | 64 |
| （10） | 1973—1974（1） | | 6 | | 19 | | 14 | | 39 | ＞2080 | 60 | 6 | 8 | 74 |
| （11） | 1974—1975（1） | | 7 | | 20 | | 15 | | 42 | 2259 | 64 | 7 | 7 | 78 |
| （12） | 1975—1976（1） | | 7 | | 20 | | 15 | | — | 2333 | 65 | 7 | 7 | 79 |
| （13） | 1975—1976（2） | | 7 | | 20 | | 15 | | — | 2312 | 65 | 7 | 7 | 79 |
| （14） | 1976—1977（1） | 398 | 7 | 1132 | 20 | 777 | 15 | — | 42 | 2308 | 65 | 6 | 7 | 78 |
| （15） | 1977—1978（1） | — | 8 | — | 20 | | 15 | — | 43 | 2317 | — | — | — | 78 |
| （16） | 1979—1980（1） | 428 | 8 | 1343 | 24 | 847 | 15 | | 47 | 2618 | 84 | 4 | 2 | 90 |
| （17） | 1979—1980（2） | | 8 | | 24 | — | 15 | | 47 | 2641 | — | — | — | — |
| （18） | 1980—1981（1） | 448 | 8 | 1412 | 24 | 867 | — | 15 | 47 | 2727 | | | | |
| （19） | 1981—1982（1） | 455 | — | 1411 | — | 834 | — | — | — | 2700 | 82 | 1 | 8 | 91 |
| （20） | 1981—1982（2） | 454 | — | 1410 | — | 825 | — | — | 48 | 2689 | | | | 91 |
| （21） | 1982—1983（1） | 453 | — | 1422 | — | 863 | — | — | 47 | 2740 | | | 10 | 94 |
| （22） | 1982—1983（2） | 454 | — | 1420 | — | 860 | — | — | — | 2734 | | | | 94 |
| （23） | 1983—1984（1） | 446 | — | 1462 | — | 847 | — | — | — | 2739 | 80 | 2 | 10 | 92 |

1963 年度学生人数超过 1160 人，暑假期间的夏令班人数，也有 800 人，故培正将体育部办公室改建扩大，增辟两间课室。[①] 1962—1963 年度上学期，培正的学生人数急增至 736 人，较 1955—1956 年度开办高中时的 686 人更多。[②] 1963—1964 年度增至 1166 人，1964—1965 年度上学期增至 1284 人。[③] 1965—1966 年度上学期中小学人数 1423 人，扩充至 28 班，获澳门浸信会借出二龙喉福音堂二、三楼作临时课室。[④] 1970—1971 年度停办学生寄宿。1970 年夏令班人数 1151 人，夏令新生 504 人，未参加夏令班而报考人数 180 人，取录新生 401 人，中一、小三及幼儿园初级各增一班，全校共设 31 个班。[⑤] 表 4－14 为 20 世纪 60 年代至 80 年代初澳门培正各级毕业学生的统计，资料虽不完整，但仍可见培正的长足发展。

表 4－14　　20 世纪 60 年代至 80 年代初澳门培正各级毕业学生人数[⑥]

| 序号 | 年份 | 幼儿园 | 小学 | 初中 | 高中 |
|---|---|---|---|---|---|
| （1） | 1961—1962 | 40 | 30 | 22 | 14 |
| （2） | 1963—1964 | 75 | 70 | — | 18 |

① 《学生日众、课室不敷》，《培正校刊》1964 年第 15 卷第 1—3 期。

② 《一九六二年度上学期澳门培正中学近况》，《培正校刊》1962 年第 13 卷第 3 期。

③ 林子丰：《筹建澳校纪念堂募捐小启》，《培正校刊》1965 年第 15 卷第 4—8 期。

④ 《中小学举行开学礼》，《培正校刊》1965 年第 16 卷第 1—3 期。

⑤ 《1970 年度第一学期学生人数稍增》，《培正校刊》1970 年第 20 卷第 1 期。

⑥ 各年度的资料出处按序号分列如下。(1)《培正校刊》1962 年第 13 卷第 2 期，第 22 页；(2) 1964 年第 14 卷第 8—10 期，第 37 页；(3) 1965 年第 16 卷第 1—3 期，第 45 页；(4) 1966 年第 17 卷第 1—2 期，第 25—26 页；(5) 1967 年第 18 卷第 1 期，第 21—22 页；(6) 1968 年第 18 卷第 6 期，第 34 页；(7) 1969 年第 19 卷第 5 期，第 23 页；(8) 1970 年第 20 卷第 1 期，第 30—31 页；(9) 1971 年第 21 卷第 1 期，第 26 页；(10) 1972 年第 22 卷第 1 期，第 26 页；(11) 1973 年第 23 卷第 2 期，第 21—22 页；(12) 1975 年第 25 卷第 1 期，第 10 页；(13) 1976 年第 25 卷第 4 期，第 19 页；(14) 1977 年第 26 卷第 4 期，第 9 页；(15) 1979 年第 28 卷第 1 期，第 18 页；(16) 1980 年第 28 卷第 3 期，第 23—24 页；(17) 1981 年第 29 卷第 1 期，第 18—19 页；(18) 1982 年第 29 卷第 3 期，第 22—23 页；(19) 1984 年第 30 卷第 2 期，第 27 页。

续表

| 序号 | 年份 | 幼儿园 | 小学 | 初中 | 高中 |
|------|------|--------|------|------|------|
| （3） | 1964—1965 | 84 | 63 | — | 46 |
| | | — | — | 五年制中学 | — |
| （4） | 1965—1966 | 93 | 87 | 38 | 36 |
| | | — | — | — | 中学六年级修业生 |
| （5） | 1966—1967 | 95 | 92 | 47 | 33 |
| （6） | 1967—1968 | 97 | 73 | 53 | 21 |
| （7） | 1968—1969 | 106 | 89 | 53 | 16 |
| （8） | 1969—1970 | 100 | 88 | 41 | 18 |
| （9） | 1970—1971 | 97 | 96 | 49 | 13 |
| （10） | 1971—1972 | 123 | 65 | 63 | 24 |
| （11） | 1972—1973 | 152 | 126 | 68 | 23 |
| （12） | 1974—1975 | 144 | 157 | 84 | 42 |
| （13） | 1975—1976 | 165 | 104 | 70 | 48 |
| （14） | 1976—1977 | 166 | 137 | 67 | 32 |
| （15） | 1978—1979 | 198 | 131 | 70 | 52 |
| （16） | 1979—1980 | 210 | 160 | 101 | 51 |
| （17） | 1980—1981 | 221 | 166 | 100 | 47 |
| （18） | 1981—1982 | 226 | 190 | 115 | 40 |
| （19） | 1983—1984 | — | 153 | 109 | 51 |

　　1971 年 9 月至 1972 年 1 月期间，培正校董会委派邝秉仁前往美国、加拿大考察并访问各地校友。邝秉仁于 1971 年 9 月 29 日经香港出发，30 日先抵东京访问早稻田大学，10 月 2 日再赴加拿大，10 月 23

日离开加拿大满地可，再乘机前往美国波士顿，访问行程遍及美国波士顿、纽约、华盛顿、芝加哥、堪萨斯、三藩市等地。[①] 1977 年 12 月 22 日至 1978 年 1 月 2 日，邝秉仁与香港培正中学校长林英豪、罗怀玉女士（林英豪夫人）、澳门校友部高雁云主任联袂出访新马泰等地，访问旅居当地的校友。1977 年 12 月 22 日下午经香港出发，即晚飞抵新加坡，12 月 25 日飞赴吉隆坡，12 月 27 日下午赴槟城，12 月 29 日晨赴曼谷，1978 年 1 月 2 日返回香港。[②] 1982 年 9 月 30 日至 12 月底，校董会再派邝秉仁前往美洲视察教育及访问各地校友。

1972 年 7 月 13 日，培正"创校七十五周年纪念堂"落成启用。[③] 1976 年年底又开始筹募扩建新校舍，[④] 1978 年落成。1979 年，纪念培正创校 90 周年的"培正大楼"落成。1984 年，培正创校 95 周年"纪念堂"落成。

## 五 小结

培正中学已有一百三十多年的历史，在澳门办学也超过八十年，从晚清到民国到抗战迁校复员并扎根澳门和香港两地，它的发展和经历正是中国近现代教育各个时期发展的缩影。邝秉仁校长的父执跟培正有深厚的渊源，小时候在培正求学，长大后为培正服务，是一位名副其实的培正人，而他的经历和活动又正是这所老校的缩影。

---

① 《邝秉仁副校长赴美加考察教育归来》，《培正校刊》1972 年第 22 卷第 1 期。
② 《林邝两校长高主任联袂赴新马泰访问》，《培正同学通讯》1978 年第 99 期。
③ 《创校七十五周年纪念堂落成》，《培正校刊》1972 年第 22 卷第 1 期。
④ 《澳校扩建筹募运动已积极进行》，《培正校刊》1977 年第 26 卷第 2 期。

# 第五章　设立分校：20 世纪 40 年代的广大中学

## 一　前言

根据《港澳学校概览》中所见的资料，澳门于 1939 年 8 月有 107 所学校，义学 17 所。[①] 1939 年 5 月出版的《澳门游览指南》，共有 112 所学校，包括 15 所中级学校，47 所初级中学，15 所女子中学，18 所义学，由内地迁澳的中学有 14 所，迁澳的小学 3 所。[②] 又《1939—1940 澳门教育年鉴》中所见的侨校名单，1939—1940 年度澳门有 106 所学校，其中因战事而迁澳的学校占 18 所，本地学校占 88 所。本地学校有 9 所中学，74 所小学（其中平民小学和平民夜学各有 6 所），5 所专科学校；迁澳的学校计 14 所中学，4 所小学，分别为岭南中学、故乡中学、故乡小学、广中中学、协和中学、执信中学、培正中学、培正小学、中德中学、培英中学、德基中学、越山中学、洁芳中学、知用中学、教忠中学、思思中学、思思小学、广大中学，男生 14564

① 吕家伟、赵世铭编：《港澳学校概览》己篇，（香港）中华时报社 1939 年版，第 29—32 页。

② 何翼云、黎子云编：《澳门游览指南》，哈佛燕京大学图书馆 1939 年藏本，第 62—66 页。

名，女生 7548 名。① 上述原始文献中的资料，分类虽略有出入，但所记的学校数量大体是一致的。赵世铭在《港澳学校概览》的编后话中表示"这个时期，不但空前，简直是绝后了。由于内地学校之外移，与教育专才之易地努力，侨教之向上，在教育史上可说开一新纪元"②，他说的是港澳两地的情况，而刘羡冰曾喻之为对澳门教育的"一次输血活动"③，故下文将以广大中学为例，整理该校早期在澳门的发展，探索迁澳学校与澳门当时教育事业发展的关系。

## 二 抗战时期迁澳学校办学的情况

澳门这个弹丸之地在当时容纳了一百所以上的中小学校，数量可观，但这些学校规模不一，办学的条件和课程的设置究竟如何？20 世纪 40 年代，华人教育的责任主要由私人和教会团体承担，政府办理或补贴的学校只占少数。《华侨报》曾报道"华视学会"于 1945 年 3 月进行调查的一些结果，报告共有三项。第一项为学校的课程、设备、卫生，以及管理。中学以培正为最佳，其次为协和、鲍斯高、中德、纪中、教忠、粤华、圣罗撒、孔教、望德、广中等 11 校；至于小学则以汉文、蔡高、雨芬、励群、培英、智用、平民义学、同善堂义学、镜湖义学、青年会平民义学 10 校为最佳。④ 中学方面，如计入粤华，共有 7 所学校来自广州。至于小学方面，虽然当中只有培英来自广州，但 1939—1940 年度迁澳的 18 所学校，其实至多只有 4 所属于小学，而

---

① Abílio Maria da Silva Basto, "Inspecção das Escolas Chinesas"（中文学校视察），*Documentos para a História da Educação em Macau*（澳门教育历史文献），Macau：DSEJ, 1996 – 1998, Vol. 1, pp. 451 – 454.

② 《编校之后》，载《港澳学校概览》辛篇，第 23 页。

③ 刘羡冰：《澳门教育史》，人民教育出版社 1999 年版，第 16 页。

④ 《本澳教育事业后退》，《华侨报》1945 年 3 月 3 日；《本澳华视学会调查华侨学校》，《华侨报》1945 年 3 月 28 日；《华视学会教育调查结果》，（澳门）《西南日报》1945 年 3 月 29 日。据《本澳教育事业后退》所报道的数字，1944 年的专科补习学校只有 10 所。

培英原来也在14所中学之列。从这个角度来看，外来的学校、教师和学生提高了澳门教育的整体水平，尤其以初中和高中的教育最为显著。华视学会对于私立中文学校的监督和规管都是有法可依的，包括1914年12月15日的第300号札谕中提及的视察私立学校，以及1939年9月第9：277号札对规管私立学校所定下的一些细则。① 但必须指出的是，当年澳门的华视学会要求各私立中小学校于各学期开始或结束时呈报的资料，当中包括各级课程表、成绩统计表、教员学历报告表，以及学生成绩表，然后再做巡查，但对于私立中文学校所设立的课程或教学设备原未见有任何具体的指标。1937年8月《澳门宪报》曾有一则华视学会修改华人私立学校教学方法的布告，大意是为便于澳门求学的学生转学或到中国内地升学，所以教学标准应以广东政府所设学校的教学标准为准则云云，合共四项如下。

一、凡在本会立案之华人私立学校，无论师范或中小学校，其教学标准应根广东政府所立之学校奉行之教学标准为准则。

二、师范或中小学校之课程必须按照广东政府所立之学校所定之课程编配。

三、所用书籍必须与广东政府所立之学校所用之书籍同。

四、除以上所指明之标准及课课程外，凡在本会立案之华人私立学校，只准加授葡文以谋推行之发展，凡教授葡文之准照并

① 黎义明指出1976年以前在《政府宪报》颁布的教育法例，除了9：277号札以外，几乎都是为葡文学校和中葡学校而设的，参见《对澳门地区教育立法的历史分析》，载单文经编《澳门人文社会科技研究文选·教育卷》，社会科学文献出版社2009年版，第128—129页。属务部第9：277号札，葡萄牙和政府通过澳门总督发布并执行1934年1月5日的第23：447号法令，其中第二章赋予澳门公共教育视员监督私立学校的职责，因职务所需，可以施行巡视、考试、监督或其他监督措施，参见"Portaria No. 9：277"，*BO. No.39* (1939. 9. 30)，pp. 531 −538。

免费发给。①

　　华视学会的布告似乎有点省事，某些学校如果在广东省教育厅又或侨务委员会立案，这些学校都必须依照国民政府教育法令办学，从鲍斯高纪念中学 1938 年的招生简章所见，该校注明其学制完全遵照"中华民国"学制，初级中学分三年，并有完全小学，课程亦以"中华民国"颁布的中小学课程标准办理；② 望德学校的郭辉堂在校庆的一篇报告文章中亦明确地说"课程……本校依照二十九年，教育部侨校课程办理"③。

　　笔者在 1939—1940 年澳门的报章上，看到一些来自广东省教育厅对于澳门侨校的训令的报道，如推行学校训育、早起运动、导师制度，以及国民生活改进竞赛等。假设澳门立案的侨校均执行相关的训令，这些活动将有助于提升澳门教育的质量。④ 1939 年 9 月教育部曾谕令广东省教育厅颁行"训育纲要"，厅长许崇清转令广东省各中学学校施行，教育部发布《训育纲要》一册，内容包括"训育之意义""道德之概念""训育之目标：（甲）自信自道；（乙）自治治事；（丙）自育育人；（丁）自卫卫国"和"各级学校训育之实施"，并附小学公民训练标准和中等学校训育要目系统表多张。⑤ 至于早起运动，旨在提升国

————————

　　① 《澳门华视学会布告》，《澳门宪报》1937 年 8 月 28 日第 35 号。
　　② 《圣母无原罪工艺学校招生简章》及《私立鲍斯高纪念初级中学暨附属小学招生简章》，载《港澳学校概览》戊篇，第 23—26 页。
　　③ 郭辉堂：《校庆当中谈谈我们的教导》，《大众报》1949 年 5 月 29 日，该版为澳门私立望德中学附小十六周年校庆纪念特刊。
　　④ 《粤教厅训令各校推行早起运动》，《华侨报》1939 年 10 月 26 日；《切实推行导师制，粤省教厅奉令转饬遵办》，《华侨报》1939 年 12 月 5 日，《教厅令谕各中等学校施行生活改进竞赛科目》，《华侨报》1940 年 2 月 13 日。
　　⑤ 《粤教厅令实施训育纲要》，《华侨报》1940 年 1 月 20 日。当时迁澳的培正中学，曾依照教育部令颁"中等以上学校导师制纲要"，以及广东省教育厅令颁"广东省中等学校导师制施行细则"，再参照该校的实际情况，制定相关的方案，合共 11 条，并于 1940 年 3 月 8 日公布施行。参见《培正中学导师制实施方案》，《培正校刊》1940 年第 11 卷第 7 期。又据廖奉灵忆述，私立协和女子中学也执行相关的导师制，参见廖奉灵《广州协和女校的回忆》，载林亚杰主编《广东文史资料存稿选编》第 4 卷，广东人民出版社 2005 年版，第 851 页。

民精神，训令共有八大要点，其中第一点“推行早起运动之对象”共四项，当中有“各级学校教职员及学生”；第二点为“推行早起运动之步骤”，共两项，乙项为“由各机关团体学校推行及于民众”①。导师制度旨在改进各级学校及社会教育机关训导事宜，教育部规定举行训导会议的办法，以及切实推行导师制的办法，各校须规定训导时间，由中等学校专任教员负责，遇有偶发事项，亦应随时施行训导。② 又 1939 年年底广东省教育厅奉政府令谕“国民生活改进竞赛科目”，并抄发分令各中等学校施行，内分关于改进日常生活、健康竞赛、体育技能竞赛，以及节约献金比赛等四项。当中的“改进日常生活”竞赛，方法是以各同级机关及团体学校自成立一单位进行；“健康竞赛”，分婴儿、儿童、学生、壮丁、妇女等各种单位，并按照年级学级分组比赛；“体育技能竞赛”竞赛，是以人民团体、机关和学校为单位，并须依职业学校划分团体。③

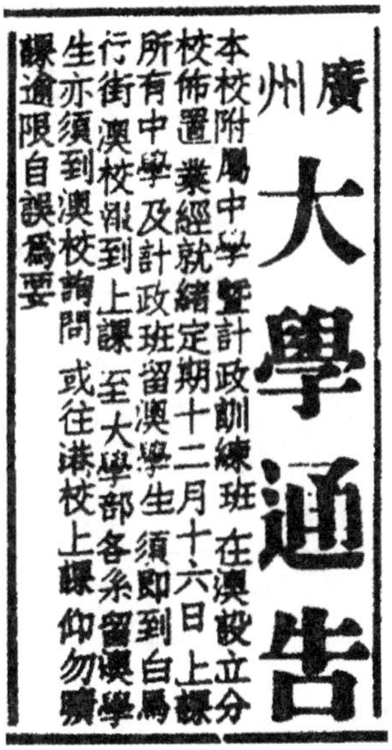
廣州大學通告

本校附屬中學暨計政訓練班在澳設立分校佈置業經就緒定期十二月十六日上課所有中學及計政班留澳學生須即到白馬行街澳校報到上課至大學部各系留澳學生亦須到澳校詢問或往港校上課仰勿曠課逾限自誤爲要

图 5－1　广州大学通告

关于“体育技能竞赛”这一项，报章上可以看到个别学校之间的一些球类比赛。④ 此外，澳门于 1940 年 11 月曾举办“旅澳学校篮球联

① 《粤教厅训令各校推行早起运动侨澳各校多接到训令》，《华侨报》1939 年 10 月 26 日。

② 《教部改进学校教育切实推行导师制》，《华侨报》1939 年 12 月 5 日。导师制度在侨港学校中似难以施行，一是香港学生多为走读生，寄宿者甚少；二为各校教员多为兼任，导师不足分配；三为学生流动性甚大。参见《粤教厅再促令侨校厉行导师制》，（香港）《国民日报》1940 年 5 月 17 日。

③ 《教厅令谕各中等学校施行生活改进竞赛科目》，《华侨报》1940 年 2 月 13 日。

④ 《篮球比赛广大附胜广中》，《新声报》1939 年 12 月 6 日。

赛"。该活动由旅澳学校体育教练主办，并设有"教练团顾问"共16名，包括金湘帆、梁彦明、刘玉麟、杨元勋、何鸿平、区茂泮、戴恩赛、沈芷芳、廖奉灵、陈律平、李兆福、刘廷扬、司徒优、姚学修、刘年佑和杨普稀，当中至少有14名校长。就报道所见，共有26路大军，见表5-1。

表5-1　　　　　　　　　"旅澳学校篮球联赛"队伍

| 女子组 | 男子组 | 男子高中组 |
|---|---|---|
| 执信B，知用，培英，协和，中联，执信甲，广大，纪中，越山 | 岭分，培英，知用，纪中，广大，培正，越山，广中，联中 | 知用青社，纪中，广大，越山，培正，广中，南海联中，中山联中 |

由于学校名称有"联中"或"中联"等简写，暂未能确定旅澳学校的数量。①

## 三　广大中学的沿革

广大中学原是广州大学的附属中学。广州大学成立于1927年3月3日，1932年7月奉国民政府教育部核准立案。广州大学的文学院设有教育系，1928年秋开设附中。② 该附中原为1928年秋广州大学所接收的广州女子中学，易名为广州大学附属中学校。附属学校的校舍原设于广州市北的天香街，1929年9月迁往文德路，开办初中三班，招男女生，但分班教学。1930年9月，附校增设高中普通科，1931年9月再办高中师范科。1930年7月7日，该校奉广东省政府教育厅令核准立案。1937年2月广州大学奉教育部令推行职业补习教育，即筹设

---

① 《旅澳学校篮球联赛各路英雄点将录》，《大众报》1940年11月12日。除了篮球赛以外，还有学联排球赛，参见《学联甲组排球赛广大击退知用》，《大众报》1941年5月17日。
② 《抗战以来的广州大学》，《教育杂志》1941年第31卷第1号。

计政训练班，同年 8 月招生，取录八百多人，内分会计组六班，统计组一班，澳门分校的招生广告如图 5 - 2 所示。

广大附中迁校或始于 1937 年秋天。该校先于九龙粉岭的安乐村设立分校，1938 年 2 月迁往荃湾，其后再迁油麻地新填地街，由谭维汉主持校务，并于深水埗元州街增辟校舍一所。1938 年 10 月，广州学校疏散，广大附中于 11 月随大学部迁至开平县（今开平市）沙塘乡复课，其后四邑告急，因逃难至澳门和香港的学生较多，广州大学校长陈炳权决定委派教务长陈梦周和校主任谭维汉在澳门筹建分校，并以港校为正校，澳门校为分校。澳门分校原租用白马行街三号为校舍，办理计政班和中学，并于同年 12 月 16 日复课（见图 5 - 1），谭维汉任中学部主任，黄文衮任计政

図 5 - 2 内文（竖排广告）：

教育部及广东省政府補助

廣州大學附屬中學附設計政班澳校招男女生

主持觀區學生

(一) 中學部招收高初中一年級生及各級借讀生轉學生

(二) 計政班授以經濟財政會計歲計統計審計等科一年畢業由本校發給畢業證書中學畢業程度或有商業經驗者可投考

(三) 閱章處 本澳各書局 本澳白馬行街光行眼鏡店 (四) 中學部西藥局金智澄 計政班主任黃文衮碩士

校長陳炳權 董事長 校主任譚維漢博士

新馬路大西藥局 (二)

報名處 本校

**图 5 - 2　广州大学计政班招生广告**

班主任。当时高初中一、二、三年级六班共 150 名学生，计政班在澳门除第 14 班外，另招第 16 班新生一班，共七十多名，由关其昌代任分校班主任职务。1939 年 1 月聘陈律平负责附中澳校部主任职务。该校其后租用二龙喉陈园作教职员宿舍，并于同年 3 月加租白马行街七号一部分为第二校舍，加招高初中春季一年级新生各一班。1939 年 4 月 12 日该校再迁白马巷五号，将两校迁入，当时高初中生有一百五十余人，分六班教授。1939 年夏，该校高初中毕业各一班，共 78 人。1939 年秋，该校高初中各四班，共二百八十多人；又于 1939 年 2 月初

设英文专修班，分高中初三级，共六十多人。①

　　1941 年度上学期，广大附中增设附属小学两班，又租用板樟堂街 31—33 号为第二校舍，中学部九班共 367 人，小学两班共 51 人。至下学期，因太平洋战争爆发，学生人数由 580 人减至 348 人，只好并班裁员，撤去第二校舍，但仍续办小学，并扩充为完全小学。当时的师资主要来自该校的计政班和师范科毕业的同学。1942 年 2 月，该校遵照广州大学议决将中学部易名为"私立广州大学附属第二中学"，并向侨委会立案。1941—1942 年度高中毕业同学中，共有 12 人回国升学，仅 1 人落选。1942 年秋，学生人数再减至二百二十多人。1943 年第 1 学期，学生人数才续有增加。1945 年度下学期，该校确立专任教员制度，并于 1946 年 9 月 9 日易名为"澳门私立广大中学"。澳门的计政班于 1946 年 2 月停办。1946 年 8 月 9 日，该校获侨委会核准，并租赁水坑尾九号为第二校舍，将小学全部迁入。1947 年 5 月，奉侨委会颁发立案证书编列中字第 98 号。1948 年 3 月附属小学核准立案。1948 年，该校高中三班，初中五班，小学六班，学生共 522 人。至于该校童子军团，则沿用广州大学附属中学第 3738 团团次，奉准中国童子军总会核定编列为中国童子军第 6295 团。②

---

① 《广州大学附属中学概况》，《港澳学校概览》丁篇，第 57—59 页；《本校之回顾与前瞻》，《华侨报》1939 年 12 月 16 日，该版为"广州大学附属中学附设计政班澳校成立周年纪念特刊"；陈律平：《澳校七年来之回顾》，《广州大学校刊》（十九周年纪念特刊）1946 年第 4 期；广告，《华侨报》1938 年 12 月 11 日；《广州大学通告》，《华侨报》1938 年 12 月 11 日。

② 《澳门私立广州大学附属第二中学呈请补助的文书》，参见《第二历史档案馆澳门地区档案史料选编》，序号：275，时间：1942.12，全宗号：五，案卷号：13343，盘号：35J－181，影像号：614－622；陈律平：《澳校七年来之回顾》，《广州大学校刊》1946 年第 4 期；《澳校概况》，《广州大学校刊》1948 年第 5 期；《校史纪略》，《广大十年》（澳门广大中学建校十周年纪念刊），澳门广大中学 1948 年版，第 1—2 页；《校事摘记》，《广大十年》，第 21—26 页。

## 四 广大附中澳校于 20 世纪 40 年代初期的教育

因抗战而从广州疏散的学校，部分内迁，部分或迁香港，或迁澳门，但部分是同时迁到香港和澳门两地，广大附属中学是其中一例，但该校有别于其他迁澳的学校。首先，广大附中隶属于广州大学，当时在澳门同为大学附属学校的或只有岭分中学。[①] 由于这个背景，该校的办学条件应较其他澳门中小学校优胜。"广州大学附属中学澳校"的招生广告便特意标示"教育部及广东省政府补助"[②]。该校的另一特点是与广州大学的计政班共用同一校舍，一套班子两个衙门。1941 年白马行街的校舍，笔者看到现存的一张老照片，大门左边是直立的"广州大学附设计政班"校匾，右边则隐约看到"广州大学附属中学"。

### （一）校舍、设备和财政

1939 年 12 月，该校成立一周年。在校舍及设备方面，广大附中澳校成立之初三度搬迁校舍，最终选定了白马行五号作校舍。白马行五号的校舍，有礼堂、教室、宿舍、图书馆、银行实习室和消费合作社，该校在南湾开辟大运场一所，供学生运动之用。[③] 澳校主任陈律平（职务等于分校校长）曾忆述其中过程，"校舍湫隘暗晦……律平之意，以为校舍问题一日不解决，则一切发展将无可期……至四月始获赁今校址，其地方之宽敞，局面之伟大，空气之流通，光线之充足，都较上

---

① 岭南大学附中初高中部于 1937 年 9 月迁往九龙青山道梁园，西关荔湾的附中分校则于 12 月 21 日迁澳，定名"岭分中学"，又名岭南大学附设第二中学。参见庄泽宣《抗战期间岭南大学大事记》，载《抗战期间的岭南》，广州岭南大学 1946 年版，第 1 页。

② 另参见《港澳学校概览》戊篇，第 10—12 页。

③ 《本校之回顾与前瞻》，《华侨报》1939 年 12 月 16 日。广大附中的体育场设于当时南环新填海，周围百余公尺，计有篮球场、沙池、小球场，另有健身钢架一座。参见《广大附中体育场已落成将开幕》，《华侨报》1939 年 9 月 3 日。

述两校址为优，而归并之后，于管理及设施上，尤形便利，且有余室可资展布，于是藏书室、仪器室、阅览室，均继续增设焉"①。

广州大学原迁至开平县的沙萌乡，当时从沦陷区运出的部分图书仪器和标本等，及后分别移至澳门和九龙。② 据陈律平所述，从1938—1939 年度第二学期开始至1941—1942 年度第一学期为止，陆续增加教材，"书籍图表已增至3209 册，物理仪器154 件，化学仪器913 件，药物146 种，可供分组试验，博地仪器及挂图145 件幅；体育方面，则有篮球场，排球场，各种球类、木马、单杠、双杠、布垫均备"③。物理仪器指的是力学、热学、光学、声学、磁电学等实验用仪器，此外还有显微镜、解剖器、各类标本模型等。④ 至于该校在抗战胜利以前所藏书籍的类别和数量，数据见表5－2。⑤

表 5－2　　　　　　　　广大附中图书馆藏书数

| 年度 | 学期 | 合计 | 总类哲理 | 社会科学 | 语文学自然科学 | 应用技术 | 文学 | 史地 | 中国学术线装书 |
|---|---|---|---|---|---|---|---|---|---|
| 1939 | 1 | 674 | — | — | — | — | — | — | — |
|  | 2 | 1121 | 50 | 144 | 162 | 135 | 106 | 74 | 450 |
| 1940 | 1 | 1456 | 80 | 233 | 220 | 160 | 192 | 121 | 450 |
|  | 2 | 2813 | 241 | 431 | 380 | 278 | 581 | 330 | 572 |
| 1941 | 1 | 3209 | 255 | 529 | 435 | 338 | 675 | 405 | 572 |
|  | 2 | 3725 | 267 | 588 | 564 | 410 | 811 | 513 | 572 |
| 1942 | 1 | 3949 | 286 | 660 | 625 | 427 | 836 | 543 | 572 |
|  | 2 | 4017 | 291 | 686 | 637 | 428 | 847 | 556 | 572 |

---

① 陈律平：《澳校七年来之回顾》，《广州大学校刊》1946 年第 4 期。

② 《抗战以来的广州大学》，《教育杂志》1941 年第 31 卷第 1 号。

③ 陈律平：《澳校七年来之回顾》，《广州大学校刊》1946 年第 4 期。

④ 各种仪器、标本及挂图数据参见《校务概况》，《广大十年》，第 18 页。

⑤ 《校务概况》，《广大十年》，第 17 页。

| 年度 | 学期 | 合计 | 总类哲理 | 社会科学 | 语文学自然科学 | 应用技术 | 文学 | 史地 | 中国学术线装书 |
|------|------|------|----------|----------|----------------|----------|------|------|----------------|
| 1943 | 1 | 4048 | 291 | 694 | 644 | 430 | 860 | 557 | 572 |
|      | 2 | 4055 | 291 | 698 | 647 | 430 | 860 | 557 | 572 |
| 1944 | 1 | 4121 | 322 | 712 | 648 | 436 | 874 | 557 | 572 |
|      | 2 | 4141 | 322 | 713 | 653 | 441 | 877 | 563 | 572 |
| 1945 | 1 | 4190 | 327 | 717 | 671 | 447 | 885 | 571 | 572 |
|      | 2 | 4237 | 331 | 722 | 678 | 450 | 891 | 573 | 592 |

广大附中的财政，除了创立初期用度较大以外，基本是稳健的。由于广大附中隶属于广州大学，开办时由大学拨支港币 3500 元作为经费，日常的经费主要依靠学杂费的收入。表 5 - 3 是该校 1938—1945 年度岁入和岁出的经费，1943 年度以前以银毫为单位，之后改用葡币为单位。就数据所见，该校办至第四年始见收支平衡，而 1941 年度下学期因为香港沦陷，澳门亦陷于困境，但该校亦能继续维持。

表 5 - 3　　　　广大附中 1938—1945 年度学杂费收入及岁出经费①

| 年度 | 学期 | 学杂费收入 | 支出 | 差额 | 累计差额 |
|------|------|------------|------|------|----------|
| 1938 | 1 | 1813. 50 | 4190. 33 | - 2376. 83 | - 2376. 83 |
|      | 2 | 12327. 35 | 16042. 48 | - 3715. 13 | - 6091. 96 |
| 1939 | 1 | 13204. 34 | 12351. 70 | 852. 64 | - 5239. 32 |
|      | 2 | 13464. 55 | 11802. 99 | 1661. 56 | - 3577. 76 |
| 1940 | 1 | 18016. 59 | 15502. 87 | 2513. 72 | - 1064. 04 |
|      | 2 | 16099. 28 | 16364. 23 | - 264. 95 | - 1328. 99 |
| 1941 | 1 | 21486. 97 | 19672. 36 | 1814. 61 | 485. 62 |
|      | 2 | 12010. 70 | 12691. 60 | - 680. 00 | - 195. 00 |

①《校务概况》，载《广大十年》，第 19 页。

续表

| 年度 | 学期 | 学杂费收入 | 支出 | 差额 | 累计差额 |
|---|---|---|---|---|---|
| 1942 | 1 | 14369.27 | 13353.32 | 1015.95 | 820.67 |
| | 2 | 15400.70 | 15277.68 | 123.02 | 943.69 |
| 1943 | 1 | 17276.20 | 16773.43 | 502.77 | 1446.46 |
| | 2 | 17384.43 | 17043.36 | 341.07 | 1787.53 |
| 1944 | 1 | 23378.20 | 22272.28 | 1105.92 | 2893.45 |
| | 2 | 22592.70 | 23094.26 | −501.56 | 2391.89 |
| 1945 | 1 | 24794.70 | 24138.05 | 656.65 | 3048.54 |
| | 2 | 23381.10 | 22838.00 | 543.10 | 3591.64 |

### （二）教员资历和教学活动

广大附中隶属广州大学的系统，所以在同一校舍内分设计政训练班和中学两部，早期学校的行政合一，计政班的导师除专任外，均由中学教员兼任。虽然广大附中专任教员制度迟至1945—1946年度的第二学期才确立，但该校的教学团队是相当稳定的。表5-4为该校1938—1949年度教职员人数及教员学历。

表5-4　　广大附中1938—1949年度教职员人数及教员学历①

| 年度 | 总数 | | 大学或专门学校毕业 | | 高等师范毕业 | | 师范高中或职校毕业 | | 其他 | | 职员② | |
|---|---|---|---|---|---|---|---|---|---|---|---|---|
| | 上 | 下 | 上 | 下 | 上 | 下 | 上 | 下 | 上 | 下 | 上 | 下 |
| 1938 | 25 | 25 | 10 | 11 | 10 | 8 | 0 | 0 | 1 | 2 | 4 | 4 |
| 1939 | 30 | 33 | 9 | 10 | 10 | 8 | 0 | 0 | 3 | 5 | 8 | 10 |
| 1940 | 31 | 33 | 12 | 12 | 7 | 7 | 0 | 0 | 3 | 5 | 9 | 9 |

---

① 《校务概况》，载《广大十年》，第3页。
② 教员兼任职员者只列于教员栏。

| 年度 | 总数 | | 大学或专门<br>学校毕业 | | 高等师范<br>毕业 | | 师范高中或<br>职校毕业 | | 其他 | | 职员 | |
|---|---|---|---|---|---|---|---|---|---|---|---|---|
| | 上 | 下 | 上 | 下 | 上 | 下 | 上 | 下 | 上 | 下 | 上 | 下 |
| 1941 | 36 | 34 | 14 | 13 | 6 | 7 | 2 | 2 | 4 | 3 | 10 | 9 |
| 1942 | 32 | 31 | 10 | 10 | 7 | 6 | 8 | 8 | 4 | 4 | 3 | 3 |
| 1943 | 30 | 31 | 12 | 11 | 6 | 6 | 7 | 7 | 2 | 4 | 3 | 3 |
| 1944 | 34 | 33 | 10 | 11 | 7 | 7 | 8 | 8 | 2 | 2 | 7 | 5 |
| 1945 | 35 | 27 | 11 | 7 | 7 | 5 | 10 | 10 | 3 | 2 | 4 | 3 |
| 1946 | 29 | 34 | 8 | 7 | 3 | 3 | 15 | 17 | 1 | 3 | 2 | 4 |
| 1947 | 34 | 32 | 7 | 7 | 2 | 2 | 19 | 18 | 1 | 2 | 5 | 3 |
| 1948 | 33 | — | 9 | — | 2 | — | 17 | — | 2 | — | 3 | — |

据《校务概况》所述，当中工作满十年者2人，九年者2人，七年者3人，六年者3人，五年者2人，即33名教员中合计有12人长期任职该校。该校中学部教员以专上学校毕业者居多，小学教员多属高中师范科或普通本科毕业。上述数据亦显示只有1945—1946年度下学期教员数量和学历有较大的变动，那是因为抗战胜利以后复员，部分教员离澳。

广大附中澳校开办之初，除了遵照部颁课程标准和教学纲要以外，亦因处于国难时期而增加相应的教材。据陈律平在创校一周年时的报告，该校利用实习、课外阅读、各科笔记、野外标本采集和修学旅行等方式激发学生自动研究的兴趣，培养学生自动学习的能力。该校又有"团体训练"，上学期全校学生自动组织文学、理科、图画、音乐、戏剧和国技等研究组，下学期再加设应用工艺农艺研究组，并将图画研究组扩大为图画书法组，添聘导师指导。学生参与各组活动，学校又可借此举行各种比赛，计一年共举办了中英文书法比赛、国文比赛、算学比赛、图画比赛、国语演讲比赛、独幕剧比赛、象棋比赛等。体育和童军训练方面，该校每日举行晨操或跑步，每学期举行班级排球和篮球比赛，童军则除普通训练外，更设有干训班，以训练干部人才，领导全体童军参与种种活动，如爬山、旗语、操法、追踪等，在校内实行风纪守卫，养成服务精神，并于一定期间举行露营会操并做种种练习。①

广大附中于每学期举办各类学艺比赛，于学期结束时进行颁奖。1940 年 1 月 29 日学期结束，该学期所办理的课外活动及学艺比赛，包括国文比赛、书法比赛、粤语演讲比赛、国语演讲比赛、乒乓球比赛、篮球比赛、爬山比赛、算学比赛、旗语比赛和操法比赛等。② 下学期的学艺比赛亦于 7 月 4 日学期结束时颁奖。③ 这些学艺比赛都是预先规划，详记于该年度的学校生活历。表 5 – 5 是从报章整理的 1939—1940 年度下学期广大附中学校生活历。④

表 5 – 5 广大附中澳校生活历

| 时 间 | 事 项 |
|---|---|
| 第一周 | 1. 各班开始上课。2. 值日生开始填写教室日记。3. 缴寒假习作 |
| 第二周 | 1. 各班学生开始填记修省录。2. 开始检查服装及童军风纪守卫。3. 改选班长及班会职员。4. 种痘 |
| 第三周 | 1. 开始缴修省录。2. 学生会选职员。3. 检查体格。4. 女子垒球比赛开始 |
| 第四周 | 1. 本校成立纪念日。2. 乒乓球比赛开始 |

---

① 《本校之回顾与前瞻》，《华侨报》1939 年 12 月 16 日。
② 《广大附中学艺赛今日颁奖》，《华侨报》1940 年 1 月 29 日。
③ 《广大附中及附设计政班举行学艺比赛颁奖礼》，《新声报》1940 年 7 月 4 日。
④ 《广大附中澳校生活历本学期经编定》，《华侨报》1940 年 3 月 8 日。

续表

| 时 间 | 事 项 |
| --- | --- |
| 第五周 | 书法比赛① |
| 第六周 | 图画比赛 |
| 第七周 | 1. 第一段考试。2. 各班举行修学旅行 |
| 第八周至第九周 | 1. 各班级排球比赛开始。2. 童军追踪比赛。3. 缴春假习作 |
| 第十周 | 论文比赛 |
| 第十一周 | 童军旗语比赛 |
| 第十二周 | 英语演讲比赛 |
| 第十三周 | 第二段考试 |
| 第十四周 | 童军露营 |
| 第十五周 | 座谈会 |
| 第十六周 | 英语写作比赛 |
| 第十七周 | 童军检阅及操法比赛 |
| 第十八周 | 各种比赛结束 |
| 第十九周 | 昨日起高初三班毕业考试 |
| 第二十周 | 学期考试 |
| 第二十一周 | 举行休业式及联欢大会并颁发奖品 |

1941年7月3日学期结束，颁奖的项目有论文比赛（高初中组），植物标本制作比赛（高初中组），动物标本制作比赛（高初中组），国语演讲比赛（高初中组），算学比赛（高初中组），英语比赛（高初中组），学术论比赛（高初中组），常识测验比赛（高初中组），体育竞技比赛（双杠屈伸肘、掌上压、举重、女子跳绳）、环山赛跑、男子排

---

① 《广大附中举行书法比赛》，《华侨报》1940年3月27日。报道录有计政班、高中部和初中部的比赛成绩，可推知这份生活历适用于计政班的同学。

球比赛、女子排球比赛、童军规律比赛、童军救护比赛、国语演讲比赛团体赛（高初中）等。① 这些活动，应为切实执行前述广东省教育厅奉政府令谕"国民生活改进竞赛科目"的表现。

关于广大附中在澳创立初期的课程设置，则资料有限。查广东省教育厅曾转饬教育部修正的中学课程，报道指侨港立案中学校已接令，并拟施行。② 广东省部分学校迁澳，故笔者估计澳门立案侨校也收到同样的训令。该修订之课程见表 5-6。

表 5-6　　　　　教育厅转饬教育部修正的中学课程（1940）

| 课程 | 高中一 | 高中二 | 高中三 | 说明： |
|------|--------|--------|--------|--------|
| 国文 | 5 | 4 或 2 | 4 或 2 | （1）二三年分甲乙两组，国文、算学、外国语、理化等科，任各组选习； |
| 外国语 | 5 | 5 或 4 | 6 或 1 | |
| 化学 | — | 4 或 1 | — | （2）各校视地方情形，自第三年级起酌设简易职业科目； |
| 算学 | 4 | 3 或 2 | 2 或 3 | |
| 物理 | — | — | 1 或 4 | （3）女生劳作应该注意家事科目； |
| 生物 | 3 | — | — | （4）体格训练，除体育军事训练早操等外，须有课外运动二小时； |
| 公民 | 1 | 1 | 1 | |
| 体育 | 2 | 1 | 2 | |
| 军事或救护训练 | 3 | 3 | 3 | （5）军事、家事、看护等科目，应注意救护工作； |
| 历史 | 2 | 2 | 2 | （6）各年级每周须有二小时战时后方服务； |
| 地理 | 2 | 2 | 2 | |
| 劳作 | 2 | 2 | 2 | （7）各科教学时间之排列，须力求合理化，即国、英、数、理化、史、地等科，尽可能排列在上午教授。 |
| 图画 | 1 | 1 | 1 | |
| 音乐 | 1 | 1 | 1 | |
| 矿物 | — | 1（下学期） | 1 | |

---

① 《广大附中举行颁奖典礼》，《大众报》1941 年 7 月 3 日。
② 《侨港立案中学下学期实施新课程》，（香港）《国民日报》1940 年 5 月 16 日。

续表

| 课程 | 初中一 | 初中二 | 初中三 |
|---|---|---|---|
| 公民 | 1 | 1 | 1 |
| 体育 | 2 | 2 | 2 |
| 童军 | 2 | 2 | 2 |
| 国文 | 6 | 5 | 5 |
| 算学 | 3 | 4 | 4 |
| 生理卫生 | — | 1 | 1 |
| 物理 | — | — | 3 |
| 化学 | — | 3 | — |
| 博物 | 4 | — | — |
| 历史 | 2 | 2 | 2 |
| 地理 | 2 | 2 | 2 |
| 劳作 | 2 | 2 | 2 |
| 图画 | 2 | 2 | 2 |
| 音乐 | 2 | 2 | 2 |
| 选习科目 | 3 | 5 | 3 |

说明：

（1）选习时数，每学年分甲乙两种，第一年甲组国文二小时，历史一小时，乙组英文三小时，第二三年甲组公民一小时，职业科二小时，乙组英文三小时。

（2）自然科学得采用混合教学，如采用分科教学时，博物科内容除植动物外，须略及地质矿物学大要。

（3）史地二科教学时数，约以本国史地占三分之二，外国史占三分之一。

（4）体格训练除体育童军及早操外，须有课外运动，及童军实习三小时。

关于广大附中对学生的德育培养，上文提及的学校生活历就显示，所有学生于学期的第二周开始填写"修省录"。查该校中小各生自小学三年级以上，每周规定填记修省录或周记一篇，窥察学生的思想行为，以便做适当的指导。从1947年度开始，除思想、行为和作业各项评核学生操行的指标外，更增加诚实、思想、性情、勤勉、纪律、公德、乐群、服务、态度和整洁十项。[1] 陈律平忆述，"其于培养德性方面，则本三民主义最高原则之下，而加以适宜之训练，时而集合座谈，时而个别指训，初不以惩责处罚，为施教之方，而期于潜移默化中，收

---

[1] 《校务概况》，《广大十年》，第12页。

陶融劝诱之效。每周规定记修省录一次，由导师就其所记，分别以训诲或指导，其思想如欠纯正者，则务必纳之正轨不容趋向歧途。对于国家社会之服务，亦必鼓励其踊跃参加，同时为加强效率起见，特设训导委员会，以收辅导之效"①。这大概应符合前文提及的教育部要求学校训导学生。

广大附中于1941年增设小学部，之后再发展为完全小学，对于学生的质素和生员的稳定性有极大的好处。据《广大十年》所述的校务概况，该校历届中小学毕业生人数，截至1947年度，办理初中凡十届，累计毕业人数325名，升高级中学或高级职业学校继续学业有231名，平均升学率约为71%，而1945年度以前于该校直升的，约占毕业人数的80%。小学已办理七届，累计毕业学生人数为242名，升初级中学者212名，平均升学率约为88%，直接升读该校的占90%以上，这是一个相当高的比例，亦可看到办学者的眼光。

抗战期间，1943年也许是澳门教育最艰难的时期。截至1943年7月，除了葡人学校外，华人学校中有52所停办，继续招生开课的只有55所。② 当时有300名学生以上的立案学校就只有7所，200—300名学生的学校也只有6所。资料见表5-7。

表5-7　　　　1943年澳门立案学校（学生数200名以上）③

| 学校名称 | 小学生 | 初中生 | 高中生 | 教员人数 | 职员人数 |
|---|---|---|---|---|---|
| 镜湖 | 396 | — | — | 10 | 0 |
| 协和 | 418 | — | — | 25 | 14 |

---

① 陈律平：《澳校七年来之回顾》，《广州大学校刊》1946年第4期。该期为"广州大学十九周年纪念特刊"。

② 《生活高涨影响下华人学校多停办》，《西南日报》1943年7月25日。

③ 《教育部关于核发澳门地区中小学校补助经费的函电》，载《第二历史档案馆澳门地区档案史料选编》，281/1940—1943/五/13345/35J-182/304。另可参见郑振伟《1940年代的澳门教育》，中国社会科学出版社2016年版，第280—282页。

续表

| 学校名称 | 小学生 | 初中生 | 高中生 | 教员人数 | 职员人数 |
|---|---|---|---|---|---|
| — | — | 168 | 163 | 15 | 4 |
| 培正 | 850 | — | — | 30 | 25 |
| — | — | 351 | 234 | 25 | 10 |
| 广大附中 | 138 | 122 | 78 | 20 | 4 |
| 教忠 | 199 | 212 | 80 | 23 | 4 |
| 纪念中学 | 238 | — | — | 9 | 5 |
| — | — | 139 | 67 | 8 | 0 |
| 培英 | 186 | 154 | 86 | 19 | 5 |
| 蔡高 | 205 | — | — | 不详 | 不详 |
| 濠江 | 176 | 70 | — | 8 | 1 |
| 广中 | 141 | 38 | 24 | 15 | 0 |
| 培道 | 88 | 87 | 46 | 11 | 2 |
| 雨芬 | 259 | 37 | — | 20 | 5 |
| 圣罗撒 | 146 | 82 | 24 | 10 | 2 |

表5－7是根据二档馆档案资料中的（1）"澳门各立案中小学教职员及其家属人数统计表"和（2）"澳门各立案学校学生人数一览表"整理的，笔者将表格的资料合并，略去家属人数资料，学生在200名以下的学校全部删去。①

上述学校除了镜湖、蔡高、濠江和圣罗撒以外，全都来自广州，

① 须作说明的是，两份资料所示立案学校数量并不一致，表（1）为29校，当中注明广大附中和崇新小学正在立案，表（2）共计44校；蔡高小学只见于表（1）；在表（2）中，协和、培正、纪中三校都（设高初中和小学）中小学的教职员人数是分列的，雨芬、孔教、崇实（设初中和小学）的人数则并为一列。

而镜湖和蔡高两校其实只设小学。当时尚未立案的汉文学校亦应有相当规模，但笔者仍未掌握具体的情况。也许可以这样说，迁澳的学校对于澳门当时的华人教育的延续是相当重要的。

另澳门广大附属中学1938—1945年度学生人数见表5-8。

表5-8　　　　澳门广大附属中学1938—1945年度学生人数①

| 年度 | 学期 | 总计 | | | | 高中 | | | | 初中 | | | | 小学 | | | |
|---|---|---|---|---|---|---|---|---|---|---|---|---|---|---|---|---|---|
| | | 班级数 | 学生数 | | | 班级数 | 学生数 | | | 班级数 | 学生数 | | | 班级数 | 学生数 | | |
| | | | 合计 | 男 | 女 | | 合计 | 男 | 女 | | 合计 | 男 | 女 | | 合计 | 男 | 女 |
| 1938 | 1 | 6 | 247 | 201 | 46 | 3 | 120 | 97 | 23 | 3 | 127 | 104 | 23 | — | — | — | — |
| | 2 | 8 | 298 | 246 | 52 | 4 | 123 | 99 | 24 | 4 | 175 | 147 | 28 | — | — | — | — |
| 1939 | 1 | 9 | 302 | 234 | 68 | 5 | 133 | 103 | 30 | 4 | 169 | 131 | 38 | — | — | — | — |
| | 2 | 9 | 278 | 213 | 65 | 4 | 111 | 87 | 24 | 5 | 167 | 126 | 41 | — | — | — | — |
| 1940 | 1 | 10 | 352 | 252 | 100 | 4 | 141 | 102 | 39 | 6 | 211 | 150 | 61 | — | — | — | — |
| | 2 | 10 | 322 | 238 | 84 | 4 | 129 | 97 | 32 | 6 | 193 | 141 | 52 | — | — | — | — |
| 1941 | 1 | 12 | 418 | 312 | 106 | 4 | 157 | 120 | 37 | 6 | 210 | 157 | 53 | 2 | 51 | 35 | 16 |
| | 2 | 9 | 271 | 204 | 67 | 3 | 110 | 89 | 21 | 4 | 116 | 79 | 37 | 2 | 45 | 36 | 9 |
| 1942 | 1 | 12 | 335 | 228 | 107 | 3 | 70 | 54 | 16 | 3 | 124 | 83 | 41 | 6 | 141 | 91 | 50 |
| | 2 | 12 | 397 | 363 | 134 | 3 | 66 | 50 | 16 | 3 | 106 | 71 | 35 | 6 | 225 | 142 | 83 |
| 1943 | 1 | 12 | 412 | 264 | 148 | 3 | 52 | 40 | 12 | 3 | 123 | 85 | 38 | 6 | 237 | 139 | 98 |
| | 2 | 12 | 425 | 264 | 161 | 3 | 49 | 35 | 14 | 3 | 116 | 76 | 40 | 6 | 260 | 153 | 107 |
| 1944 | 1 | 12 | 476 | 275 | 201 | 3 | 59 | 36 | 23 | 3 | 146 | 89 | 57 | 6 | 271 | 150 | 121 |
| | 2 | 12 | 470 | 286 | 184 | 3 | 61 | 38 | 23 | 3 | 144 | 93 | 51 | 6 | 265 | 155 | 110 |
| 1945 | 1 | 12 | 467 | 288 | 179 | 3 | 93 | 57 | 36 | 3 | 149 | 89 | 60 | 6 | 225 | 142 | 83 |
| | 2 | 12 | 447 | 289 | 188 | 3 | 75 | 44 | 31 | 3 | 151 | 85 | 66 | 6 | 251 | 160 | 91 |

① 《校务概况》，《广大十年》，第6页。

### （三）童军活动

抗战期间，澳门的童子军主要从事劝募、慰劳、宣传和施赈等战时服务工作。从报章所见，澳门当时凡举办庆祝活动、运动比赛，又或贫民赈济等活动，都有童子军维持秩序，而童子军亦有参与售旗之类的募捐活动。澳门于 1939 年 3 月 15 日庆祝童军节，来自二十多所学校的一千多名童子军在新马路平安戏院举行庆祝活动。该活动由崇实中学校长梁彦明主持，致辞的有广东侨务处处长徐天琛，海外部处长李朴生，童军理事处理事梁一锷，以及培正学校校长代表莫京等。① 抗战胜利后，中央政府特成立澳门童军分会筹备处，隶属于广东，由陈海光兼任驻澳门联络员，以拓展澳门分会会务，并曾举办全澳童子军大露营及总检阅。1948 年，澳门奉准登记的中国童子军有 531、3728、3617、4123、2456、5272、5962、3919、5975、5976、5727、3918、4246、2774、7885 共 15 团。②

广大附中对于童子军训练非常重视，各项活动均预先编入各学期的学生生活历。1938—1939 年度，该校共有童子军六中队。上学期首三队的宿营于 1939 年 10 月 12—13 日举行，余下的三队则安排于第 10 周内举行，地点同为澳门的路环，活动侧重课程比赛、技能比赛和纪律比赛，③ 第 11 周又有班际旗语比赛。④ 此外，该校为健全童军小队的组织，特举办童军干部训练班，于课余时间加强训练，以培养小队干部人才。从 1939 年 11 月初至 1940 年 1 月，三十多人于晚上接受训练，

---

① 《澳门童军昨庆祝童军节》，（香港）《大公报》1939 年 3 月 16 日。

② 陈海光：《侨澳童子军概况：辅导澳门童子军事业经过》，《广义童子军团年刊》1948 年第 3 期。

③ 《广大附中修学旅行及童军宿营》，《新声报》1939 年 10 月 13 日。

④ 《广大附中童军活动》，《华侨报》1939 年 11 月 20 日。

结果 22 人合格毕业。①

1945 年 11 月 13—17 日，广大附中一连五天在前山花村乡举行联营，训练野外生活。② 查当日培英和广大两校童军均应邀前往，参加欢迎国军大会，并由澳门鲍斯高中学乐队奏乐助兴。③ 1947 年秋季露营，于 10 月 30 日开始，一连四天，地点为黑沙环，参加者共二百三十多人，连营二十多座，并于 11 月 1 日下午举行各级童军毕业宣誓典礼，并颁发证章。④ 1948 年 3 月 5 日，该校庆祝童军节，当日于黑沙环庆祝纪念，该团新奉核定改编为 6295 团，故一并补行成立团务委员会团长并各职员就职，暨新团员入伍宣誓典礼。⑤。

1946 年 12 月广大中学八周年纪念，全校男女学生六百余人在南湾广场举行童军检阅，《大众报》的报道如下。

> 场地预先妥为布置，建有城门□座，高悬国旗校旗，四周围以绳架，场内盖营幕四座，瞭望台一座以为升旗之用，并设有来宾座，布告台一面。正午十二时全校学生在校内齐集，下午一时由校列队出发，以童军领先，沿板樟堂街新马路上段转入南湾，抵场时，全体环绕场内一周，继而集合场之中央，鸣炮后，全体肃立高唱国歌，继而奏乐行升旗礼，礼毕，唱校庆纪念歌，开始检阅童军，由高朝宗任总指挥，校长陈律平任总检阅官，高朝宗站在司令台上发号施令，各队报告出席人数，计是日参加童军共三中队，每队六十五人，合共一百九十五人，报告完毕，举行检

---

① 《广大附中童干班开始受训》，《新声报》1939 年 11 月 8 日；《广州大学附中童军干训毕业》，《新声报》1940 年 1 月 20 日。

② 《广大童军野外实习》，《大众报》1945 年 11 月 19 日。

③ 《前山欢迎国军大会，邀培英广大参加》，《大众报》1945 年 11 月 15 日。

④ 《教育消息》，《市民日报》1947 年 11 月 1 日。

⑤ 《广大中学庆祝童军节》，《大众报》1948 年 3 月 7 日。

阅，继而行巡阅式，全体童军向司令台前操过至复回原位为止。①

由于未见照片，现在只能借由文字来想象当时的盛况。引文中提及的高朝宗是该校童军主任，澳门童子军分会筹备处于 1946 年 1 月 21 日正式成立，他是"组织股"股长，负责童子军登记、调查、指导、考核、组织等事宜，② 其后成为澳门童军分会的总干事。

1947 年 6 月 5—9 日在黄花岗举行"中国童子军广东省第一次全省总检阅大会"，广东省共 41 个县市单位参加，澳门分会也有代表参加。③ 澳门的童子军首度参加全省比赛，当时的舆论认为该活动将综合反映澳门侨教的程度、侨胞爱国的情绪、童军教练的学问，以及各界首长各校校长的正义感和团结性等。澳门代表队的教练包括高朝宗、黎潮舒、霍祺俊、朱耀德、黎剑心、余勇文、陈玉文等人，各校童军每日下午四时半至六时半（星期日上午七至十一时）到南湾广场分别教练和受训。④ 澳门参赛的代表队经过多轮淘汰以后，选定男童军（广大 8 名，粤华 6 名，岭分 5 名，孔教、励群、致用各 3 名，蔡高、淑贤、佩文、宏汉、崇新、望德、行易各 1 名）35 名，女童军（广大 16 名，致用 3 名，佩文 2 名）共 21 名。⑤ 澳门全队共 61 人，当中有 30 名（男 12，女 18）是广大中学的学生，从入选人数即可知广大童军的水平，而澳门童军代表队其后更获全场冠军，⑥ 成绩让不少澳门的社团感到振奋，纷纷举行庆功宴。

1948 年双十国庆巡行，当时澳门有六千多名学生参加，全澳私立

---

① 《广大澳校八周年昨举行纪念会》，《大众报》1946 年 12 月 17 日。

② 《童军分会筹备处成立》，《华侨报》1946 年 1 月 26 日。

③ 《总检阅全会经过纪要》，《中国童子军广东省第一次全省总检阅特刊》，1947 年，第 13—16 页；陈海光：《革命策源地童子军事业概况》，《广义童子军团年刊》1948 年第 3 期。

④ 《澳童军参检筹备会推定赴省各部职员》，《华侨报》1947 年 5 月 16 日。

⑤ 《澳童军参检筹备最近情形》，《华侨报》1947 年 5 月 17 日。

⑥ 《广大中学欢宴庆功》，《市民日报》1947 年 6 月 22 日。

的中小学校数为 68 所，① 其中有 8 所学校能派出 300 人以上的队伍，即鲍斯高乐队及学生（300）、粤华中学（含童军及乐队）（500）、岭南中学（380）、圣若瑟中学（560）、孔教中学（310）、广大中学广大附小（450）、汉文小学（300）和励群小学（386），或可借此想见广大中学童军队伍的规模。②

（四）学生的文艺刊物

1940 年前后，澳门约有七种中文报章，但报章开辟学生文艺副刊肇始于何时，仍有待考查。《华侨报》的"青年园地"始于 1942 年 11 月 4 日，只是这个园地的投稿者不限于学生；《西南日报》"学生周刊"则始于 1945 年 3 月 8 日，又《华侨报》"学生园地"估计是始于 1947 年 5 月前后。但原来澳门的《新声报》《朝阳日报》和《华侨报》副刊曾经留出篇幅，让广大附中的学生发表创作。

1940 年 1 月 30 日《新声报》首刊"广大校园"，由"广州大学附中高一乙班虹社主编"。"广大校园"的篇幅较小，第 1 期只有一则《发刊词》和署名"务本"的《科学和文学青年》。第 2 和第 3 期连续于 2 月 12 和 13 日出刊，第 2 期发表署名"民怀"的《冬》，第 2 和第 3 期连载署名"梁冽"的《海滨巡礼》（诗），第 3 期有（诗）署名"梁冽"的《自由神》。

1940 年 2 月 2 日《朝阳日报》首刊"广大学生"，由"广州大学附中澳校高一甲班乐群社主编"。从版面上显示的资料判断，该版面是《朝阳日报》副刊"朝霞"，属该报文化版第 32 期。第 1 期除了《发刊词》外，有署名"佩仙"的《我们 乐群社狂热的同乐会》，署名"尚声"的《冬》（文艺小品），署名"树棠"的《记鲤鱼仔之座谈》

① 《中华教育会召集全澳中小学编定巡行时次序》，《市民日报》1948 年 10 月 9 日。
② 《六千余学生参加国庆大巡行》，《大众报》1948 年 10 月 12 日。

（生活纪实），署名"余轮"的《人类的矛盾》，署名"棠"的《求学与恋爱》，署名"惠珍"的《希望》，署名"万"的《忆》（诗），署名"子明"的《睡狮》（诗）。

1940年3月9日《华侨报》首刊"广大园地"，由"广州大学附属中学高中民三十年班主编"。第1期有一则署名"孙涛"的《发刊词》，以及三篇作品，一篇为署名"高中二年级刘凤初"的《充实的生活》，一篇为署名"高二麦耀庭"的《自然与人生》，一篇为署名"梁龙文"的《梦》（诗）。第2期于3月20日刊出，共六篇作品，署名"人己"的《立社之歌》，署名"梁龙文"的《归家》，署名"陈兆森"的《寒假工作检讨》，署名"何惜萍"的《寒假的回忆》，署名"吕合安"的《寒夜》，以及署名"邓励己"的《梦》。

上述三个文艺园地，由广大附中高中生负责主编，都能反映该校学生的水平。广大附中各班设有学行成绩优良免费学额一或二名，1939—1940年度下学期获嘉许的名单中，上述作者群中即有三人的操行属甲等，获免费学额，他们分别是高二孙涛、高一高尚声和高一林子明。[①] 广大附中学生主编的文艺副刊是否仍有后续，有待日后探索。

## 五 小结

抗战时期，有相当数量的学校迁到澳门办学，如果能够从学校发展和活动的角度切入，应当有助了解20世纪40年代这些外来学校对澳门教育发展的贡献，只是澳门学校早期的文献资料有限。澳门的广大中学是其中一所来自广州的学校，抗战胜利后扎根澳门，继续发展，至今已有八十多年。笔者一直使用20世纪40年代中文报章的资料，研究这个时期澳门的教育发展，故本章亦以报章的资料为基础，再配合《广大十

---

① 《广大附中及计政班学行成绩免费生公布》，《华侨报》1940年8月15日。

年》中所保存的数据，从迁澳办学的角度探索该校与澳门 20 世纪 40 年代教育发展的关系。该校陈律平校长曾出任广东省政府秘书处统计室调查股股长,[①] 他本人有统计学的专业背景,[②] 也许是这个缘故，于该校在澳创办十周年所出版的《广大十年》中罗列了大量的数据；可是 1958 年出版的《广大廿年》在这方面就显得逊色了。广大附中在 20 世纪 40 年代，就学生的数量而言，是一所颇具规模的学校，而该校的童军活动尤其发达。外来学校不但整体提升了澳门教育的水平，对澳门当时教育的延续也相当重要。1943 年在澳门仍能有规模地办学的立案学校不多，仍设高中课程的，除了圣罗撒以外，全都来自广州，广大附中是其中一所。该校办学之初，即不惮其烦地选择合适的校舍，该校所具备的师资、课程设置、教学管理、教学设备和教材等，对澳门当时整体教育水平的提升作用是肯定的。其实，光是在南湾建设运动场已是极大的亮点。

---

① 1937 年 8 月 5 日获委任，参见《广东省政府公报》1937 年第 376 期。

② 《职教员一览表》，《广州大学计政班第七届（二十八／二十九）班毕业同学录》，1941 年，第 49 页。

# 第六章　贫民教育：同善堂义学
## 早期的发展

## 一　前言

同善堂辖下设有一所中学和一所小学，中学始于 1991 年 9 月，小学则始于 1924 年 8 月的一所义学。澳葡政府迟至 1995 年才落实 7 年免费教育，[①] 但同善堂小学在此以前一直是学杂费用全免，是澳门唯一的一所免费小学，办学宗旨是"服务市民劳苦大众，提供全部免费教育，为社会作育英才"[②]。关于这所义学早期发展的介绍大多简略，而一般也是把它作为同善堂慈善事业的一部分。近年澳门各界对于文化保育有更多的关注，教育史料较过去更易掌握，故本章将借档案、文物、报章等原始资料来重新整理同善堂义学早期的一些发展情况。同善堂小学校舍于 1968 年落成后，同善堂在小学以外开设了预备班（幼儿园），夜校部也增设五六年级，同善堂小学开始进入"施学育人"的崭新阶段，[③] 故本章将以 1970 年作为书写的下限。

---

① 第 29/95/M 号法令，免费教育包含小学教育预备班及小学教育总共七个年级，参见《澳门政府公报》1995 年 6 月 26 日第 26 期。

② 教育暨青年司：《澳门学校特征 1993/94》，（澳门）教育暨青年司 1994 年版，第 374 页。

③ 《同善堂中学校史》，《同善堂中学建校九十五周年纪念特刊》，（澳门）同善堂中学 2019 年版，第 46 页。

## 二　同善堂义学的缘起

光绪二十二年（1896）谭钟麟所撰《倡建蚝镜同善堂碑序》曾期许同善堂"使能于养老、义学次第举行，将见里有仁风，万众咸登康乐"①。义学其后于1924年设立，② 几经变化发展，迄今已有九十八年的历史。《同善堂甲戌年征信录》（1934）记"大中华民国拾三年甲子岁孟秋倡设贫民义学校"③，甲子年七月初一即1924年8月1日。其时在澳门设立的义学另有镜湖义学，而同期的"华侨公立平民免费义学"也是1924年9月开设的。④ 有说当时之所以有筹设"平民义学"之举，缘于镜湖义学于1905年将分设各区的五所义塾合并后，年纪较小和住所较远的贫家子弟无法前往读书，热心人士于是发动筹组义学，而为求普及，故在各区分设，凡贫苦居民较多的地方即设一校。⑤ 是故同善堂于1924年设立贫民义学校未始无因，而1924年正是同善堂位于炉石

① 林发钦、王熹主编：《同善堂金石碑刻匾联集》，（澳门）同善堂2017年版，第28页。凡原始文献标点均为笔者所加，下文不另作注。

② 同善堂历史档案陈列馆内的瓷相墙上，其中一帧瓷相记"卢焯孙先生捐助本堂义学校经费银五百元，爰绘肖像以留纪念，而伸景仰，以志弗谖。中华民国十年九月仲冬谷旦本堂识"。卢焯孙是己巳年（1929）和庚午年（1930）的总理，居于"公推总理芳名列"首位，而"民国十年九月仲冬"应是"民国十九年仲冬"之误。首先，同善堂这批瓷相至少有38帧与创建和重建同善堂相关，日期都是民国十三年（1924），没有更早的，可以推断以瓷相来纪念捐资者或始于重建同善堂；其次，早期瓷相记月份的方式几乎全部都是用春、夏、秋、冬配合孟、仲、季的写法；再者，尚有三张纪年为民国十九年冬（1930年冬）的瓷相，同是纪念捐助义学经费的人士；最后，九月不是仲冬。

③ 《同善堂甲戌年征信录》，濠镜同善堂1934年版，插页。

④ 平民义学与镜湖小学合并前的发展可参见郑振伟《1940年代的澳门教育》，中国社会科学出版社2016年版，第112—118页。

⑤ 鲁侠（黄蕴玉）：《镜海话沧桑（145）》，《华侨报》1959年10月3日。据该文所记，从1924年开始，不到一年的时间便先后出现七所平民学校，并以次第命名，如第一校、第二校、第七校等。平民学校的各所学校不是采用分校形式运作，该校只设一个办事处和一名书记，书记名吕廷广，主持一切事务，他从开校一直服务至平民小学与镜平小学合并为止。该校校董会主席梁后源在创校二十周年纪念会上报告校况时亦提到"分区设立，以便贫民就学"的用意，参见《平民义学廿周年纪念席上澳督希望破除自私》，《华侨报》1943年4月7日。

塘新址落成之时，① 堂内才有空间可供辟作义学教室。②

现存 1939 年的《高可宁先生像赞并序》碑文记述高可宁在救济失学儿童方面的事功，记曰："先生又谓贫儿失学比疲癃残疾尤可悯，爰于堂内设义学，经费与李际唐先生分担，阅四载始交本堂值理肩任，既而募养学基金，立捐千元，展筑校舍，又捐千元。学校自无而有，此谁之力者？"③ 义学初创时期，高可宁和李际唐二人在经济上的支持另有一则报道如下："同善堂义学于民国十四年由该堂值理高可宁、李际唐发起举办，每捐二百五十元，经办三年后，交由同善堂办理，初办时仅容学生六十人，后扩充学额增至二百六十余人。"④ 这则 1947 年的报道所提及的创校日期有误，但义学于 1929 年开始交由同善堂办理这一点却是一致的。⑤ 赞序中提到"募养学基金"和"展筑校舍"二事，前者应是 1931 年的捐赠（见下文），后者或与 1936 年增收女生有关。⑥

## 三 义学早期的经费

现存崔诺枝和李际唐二人绘于辛未年（1931）的全身画像各附有一则说明，前者是"崔诺枝先生经手募捐同善堂义学校经费银四千余元。

① 同善堂新址于当年五月十七日（1924 年 6 月 17）举行开幕礼，澳督亲临开幕。参见《澳门同善堂开幕志盛》，《香港华字日报》1924 年 6 月 20 日。

② 同善堂于辛酉年（1921）购入炉石塘街 55 号连前后 6 间屋，以及 57 号铺 1 间；辛酉年（1921）至甲子年（1924）四年间重建同善堂；乙丑年（1925）重建林家围屋 2 间，又重建同善堂连林家围屋 3 间。《同善堂甲戌年征信录》，第 78 页。

③ 林发钦、王熹主编：《同善堂金石碑刻匾联集》，第 106—107 页。

④ 《同善堂开会议决，同善［堂］义学声请立案》，《世界日报》1947 年 12 月 8 日。

⑤ 高可宁是丁卯年（1927）和戊辰年（1928）的主席，1929—1934 年同善堂"公推总理芳名列"的确未见高可宁的名字，但到 1934 年，他和李际唐、崔诺枝和麦明等四人并列"公推永远值理"，参见《同善堂甲戌年征信录》，第 18—20 页。

⑥ 同善堂于 1934 年曾经扩充义学，现存一批纪念捐助者的半身瓷相，其中一张记黄豫樵夫妇于"癸酉十二月念七日"六一大寿，同善堂刚好扩充义学，曾捐助 500 元（毫银），癸酉年十二月念七日即 1934 年 2 月 10 日。该笔捐助参见《同善堂甲戌年征信录》（叶 106 上），但高可宁只捐 30 元（叶 108 下）。

敬绘肖像悬堂，而伸景仰。皆中华民国式十年孟春吉日，本校谨识"；后
者是"李际唐先生首倡设立本堂义学，慨助学金，辛未年倡议扩充义学
额，又蒙捐助学费壹仟元，足见廑怀乐育，恢儒右文，至堪钦敬。爰绘
玉照悬堂，以留纪念，而伸景仰。中华民国二十年仲春谷旦，本堂谨
识"①。在堂内悬挂捐赠者画像是同善堂申谢的方式，而这两则资料说明
义学于1931年得到崔诺枝募捐和李际唐捐赠而得以将学额扩充。② 现存
的《同善堂置业碑记》记"义学会业列：冯家围街门牌一号、三号、五
号、七号、九号、十一号、十三号、十五号、十七号、十九号共十
间"③。位于冯家围的这些物业购于辛未年（1931），连"衙门使用"共
银西纸11574.62元。④ 高可宁为义学"募养学基金"，崔诺枝和李际唐
二人又曾于1931年为义学筹募经费，应促成置业一事。陈清泉记崔诺
枝在同善堂的勋劳，指"迨至壬申……因发起募捐，筹资购产，以为
养学基金……凑置冯家围屋业数间，所收租息，悉充校费"⑤，但客观
资料显示壬申年（1932）应为误记。又该碑记上另有"施棺会"和"保
产会"，以及由"周恤善会、水陆超幽会、施药剂会、施棺木抬工会"
合置的产业。置业碑记提供了一项重要信息，那就是同善堂设有"义学
会"，其性质或与堂内其他善会相同，或是由值理"集同人倡举劝捐，将
捐项统交同善堂历年值事收管，行息或置业收租，因入量施"⑥。同善堂

---

① 王熹等主编：《同善堂历史档案文物选录》，（澳门）同善堂2020年版，第128页。

② 现存同类的文物另有董庆堂的全身画像，其中有说明："董庆堂先生捐助本堂经费双毛
银式仟元，又助义学经费壹仟元，又捐施粥款伍佰元。爰绘玉照悬堂以留纪念而伸景仰。中华
民国三十二年季夏吉日，同善堂谨识"，参见《同善堂历史档案文物选录》第130页，但这次
捐赠是他的遗嘱，参见《董庆堂家属遵遗言捐款充善团经费》，《华侨报》1943年7月2日。

③ 林发钦、王熹主编：《同善堂金石碑刻匾联集》，第52—53页。

④ 《同善堂甲戌年征信录》，1934年，叶78。原物业于1931年4月30日经由澳门民事
兼商事法院拍卖，参见《法院告白》，《澳门政府公报》1931年4月11日第15号。

⑤ 陈清泉：《同善堂之勋劳》，《崔诺枝先生善绩纪略》，1938年，第17页。

⑥ 《同善堂甲戌年征信录》附有各善会的劝捐小引、本堂规则和进支数列，引文来自保
产善会（叶92）。

甲戌年（1934）在义学项下所得捐款为 4072.4 元，从义学会业所得租金为 1320.17 元，总收入 5392.57 元，支出 1283.4 元，结余 4109.17 元（毫银），① 观乎租金的收入已足够支付义学的支出。"义学会"自置物业的租金收入为义学提供了稳定的经济来源，其中运作应仿照传统宗族以公田收入为族中贫寒子弟提供免费教育。从 1934 年征信录所见，除每年一度的沿门劝捐外另有义学募捐，义学募捐共见十六本"缘部"（募捐的簿册），分别冠以崔诺枝翁、蔡文轩翁、郑雨芬翁、陆直兴翁、麦明翁、罗余翁、陈伯埔翁、李卓廷翁、高可宁翁、潘德馨翁、李如楷翁、梁彦明翁、陆翼南翁、尹月洲翁、余显荣翁和林鉴宸翁等，应即由各人负责不同的捐册。②

## 四　义学的管理和发展

关于同善堂早期的管理，就《同善堂庚辰年征信录》（1940 年）所录《大公堂规条》可见，值事每逢周日十一点在大公堂聚会议事，其中又提及曾将值事的数量从 10 位增至 12 位；全体值事在每年的正月互相推举总理 2 人和值理 10 人，每班轮值一年，而前一班再留作下年的帮班，总理专管"银两契券附件等项、夹万分匙"，值理则"管理医堂药剂执字纸并讲堂等事，又要稽查总理所管数目"③。然而，由于同善堂有不同的事务，值理各有专长，随着堂务的发展，在管理上采用的是分工合作的模式。报载该堂于 1938 年 2 月 14 日（正月十五日）"援例"推选总务、财政、租务、会务、工程、施药、校务和交际等部

---

① 《同善堂甲戌年征信录》，叶 40、叶 109—叶 110。

② 《同善堂甲戌年征信录》，叶 106—叶 109。1940 年 9 月 16 日第 23 次值理常会，财政部报告善款窘绌，便曾议决"应发缘部各值理，请求募集，以弥缺款"，参见《同善堂昨开值理会议》，《华侨报》1940 年 9 月 17 日。

③ 《同善堂庚辰年征信录》（1940 年），叶 4 下—叶 5 上。又所录《中华民国四年乙卯岁订立规条例》（叶 9），显示其时值理只有 10 人，当中包含正副总理。

主任，梁彦明、徐佩之和刘耀墀三位值理当选校务部主任。① 分部办事的惯例始于何时暂不可考，但笔者从报章整理所得的资料，同善堂的值理会截至 1976 年仍设有校务部，从 1977 年开始才改为校务委员会。②

(一) 申办准照

据黄鸿雁整理所得，同善堂值理会的架构到 1933 年以后才基本完备。③ 就报章所见，同善堂义学早期应如其他学校般设有校董会，1938 年和 1941 年该校的毕业典礼均见有出席校董的名字，④ 估计校董应是值理的一个角色，至于日常与教学相关的事务应由校务部办理，至于须讨论的事情则交由值理会议决，例如教员的续任和延聘。⑤ 1924 年同善堂新址落成后，周凤池和高可宁在 7 月 26 日分别当选该堂正副主任；⑥ 高可宁于其时倡办义学，义学理应由他主持，之后也许就交由历年的

① 《同善堂常会纪》，《华侨报》1938 年 2 月 15 日。
② 这个改动可能是同善堂于 1976 年开了第一所托儿所，所以 1977 年才分设校务委员会和托儿所所务委员会，托儿所 11 名委员有 7 名也是校委。
③ 黄鸿雁：《同善堂与澳门华人社会》，商务印书馆 2012 年版，第 232 页。
④ "到校参加者有校董会主席兼校长崔诺枝及校董蔡文轩、陆翼南、郑雨芬、陆直兴、李如楷、卢宗绪、黄仲良、余达洪、罗余、尹月洲、冯泱、黄汉兴及各生家长等"，见《同善堂义学校昨行毕业礼纪》，《华侨报》1938 年 1 月 17 日。"有校董郑雨芬、叶子如、陈伯墉、余达洪、李如楷、卢宗绪、陆直兴、陆翼南、黄渭林（霖）等"，参见《同善堂义学行毕业礼》，《华侨报》1941 年 1 月 14 日。以华侨公立平民义学为例，早期采用总理制度，有名誉总理、总理、协理以及各部职员，崔诺枝正是 1928 年该校的总理，大概是 1930 年前后总理制度改为校董事制，名额 15 人，正副主席及各部职员由校董互选兼任。
⑤ 中华教育会曾商借同善堂三楼的义学教室办理国语班，经主席黄渭霖和三位校务主任同意后，也是经过讨论才决定。参见《同善堂值理常会纪》，《华侨报》1947 年 2 月 26 日。
⑥ 关于值理的任期，现存甲戌年（1934）"征信录"的残页与庚辰年（1940）"征信录"所见的相同，值理于每年十二月初一日恭辞，下年正月十五日商定，至二月十五日交代。这个安排与同善堂 1893 年的章程规定相近，但 1924 年该堂新址落成后，曾在六月廿五日（1924 年 7 月 26）推举该堂正副主任和总理。结果是周凤池 15 票当选主任，高可宁 5 票当选副主任，其他总理有李际唐、曹子英、崔诺枝、麦明、蔡克庭、利希慎、黄叔平、李雁宾、林颐山、徐俊廷、许祥、马瑞南、曾焯周、余赞初、黄锡元、刘振晃、温连、阮穗楠、卢凤文、萧汝辉、蔡本和余惠民，合共 24 人。参见《澳门同善堂公举主任总理》，《香港华字日报》1924 年 7 月 29 日。

值事共同管理。据澳门华视学会 1927 年 11 月 9 日的函件记录，[①] 同善堂于 1927 年 10 月申办义学"准照"，何肃、刘振晃和华视学会秘书（当时是 Mário Horácio Gracias，汉译名"雅马廖"）前往视察。该报告含四所学校，其中记义学设于同善堂二楼一个宽敞、光线足和空气流通的大房间，有一位校长和三名教员，完全免费，由同善堂的经费维持，只收男生；视察员对各校教员的能力没意见，又认为应是向同善堂值理会颁发设校准照。[②] 可以补充的一点是，崔诺枝曾于 1926 年 2 月 17 日与卢煊仲、许祥、刘振晃、何宝岩、陈七和徐佩之共七人被委任为华视学会委员，崔诺枝于翌年获准卸任并由华务局汉文文案何肃替代，[③] 而崔诺枝、许祥和刘振晃三人的身份刚好也是同善堂的总理。

### （二）早期的校长和主任

《同善堂沿革概况》一文记述同善堂于 1924 年重建后之首任主席为周凤池，继之者为高可宁、卢焯孙、李际唐、崔诺枝、蔡文轩，及当届主席为黄渭霖，[④] 顺序与《同善堂甲戌年征信录》历年"公推总理芳名列"居首位的名字完全一致。甲子（1924）至丙寅（1926）这三年是周凤池，丁卯年（1927）和戊辰年（1928）是高可宁，己巳年（1929）和庚午年（1930）是卢焯孙，辛未年（1931）和壬申年（1932）是李际唐，癸酉年（1933）和甲戌年（1934）是崔诺枝。[⑤] 1929 年至 1947 年义学校长谁属应可以此为据。1938 年至 1976 年同善

---

① 华视学会的其中一项职能是监督和视察由华人开办的私立学校。参见 "Portaria No. 300"（规定本澳中国学堂所收各学生之规则），*BOGPM*，Vol. 14，No. 51（1914. 12. 19），p. 694。

② 澳门档案馆藏，资料号：MO/AH/EDU/JIECM/03/0001。

③ "Portaria No. 42"（委任华视学会会员），*BOGPM*，No. 8（1926. 2. 20），p. 114；"Portaria No. 149"（委任华务局汉文文案何肃兼任华视学会委员），*BOGPM*，No. 28（1927. 7. 9），p. 532.

④ 《澳门今日之侨运》，（澳门）澳门世界出版社 1948 年版，第 17 页。

⑤ 《同善堂甲戌年征信录》，叶 17 下至叶 20 上。崔诺枝从 1933 年开始出任主席直至离世，参见黄雁鸿《同善堂与澳门华人社会》，第 311 页。

堂设置校务部的这个时期，前十年仍然由主席兼任校长，唯 1947 年 11
月同善堂值理会议决应向侨务委员会立案，同年 12 月即推选黄渭霖
（董事长）、叶子如、梁松、黄仲良、冼碧珊、蔡文轩（校长）和高可
宁七名值理为义学校董，徐佩之和李世明为后补校董，然后具呈侨务
委员会立案，[①] 是故 1948 年春值理互选时未有推选校务部主任，当时的
校董会曾定下每月开会一次，以推进校务。[②] 1949 年值理会改选后由卢
怡若出任校长，并加入李际唐，另前述的九人除蔡文轩外全都出任校董
会成员，又曾议决由卢怡若全权负责一切工作。[③] 1950 年同善堂恢复由
主席兼校长的旧制。然而，由主席兼任校长的安排从 1952 年开始改
变，应是考虑到义学发展的需要，故当年推举莫培樾为专责校长，[④] 而
莫培樾一直出任该职位至 1966 年止，到 1967 年才由崔德祺出任校长。
这个时期亦应不设校董会。[⑤] 从笔者整理的资料所得，[⑥] 校务部 1950 年
至 1959 年的人数（连校长）维持 4 人（1954 年例外），1960 年至 1974
年的人数从 5 人逐渐增加至 8 人，1969 年增设副校长，整个团队相当
稳定。崔德祺早于 1955 年便开始一直担任同善堂的正主席，[⑦] 故 1967
年出任校长时又隐约回复由同善堂主席兼任校长的传统。见表 6 – 1。

---

① 《同善堂义学进行向侨委会立案》，《华侨报》1947 年 11 月 28 日；《同善堂开会议
决，同善［堂］义学声请立案》，《世界日报》1947 年 12 月 8 日。
② 《同善堂值理常会》，《华侨报》1948 年 2 月 25 日。
③ 《同善堂互选》，《华侨报》1949 年 2 月 3 日；《同善堂主席叶子如当选》，《华侨报》
1949 年 2 月 23 日。
④ 《同善堂昨开值理会》，《华侨报》1952 年 2 月 1 日。
⑤ 《华侨报》上关于该校 1956 年至 1970 年在七、八月间举行的毕业礼报道，从来只是
值理出席、捐赠又或颁发证书奖品云云，从没提及校董二字。
⑥ 《华侨报》所见同善堂每年正月值理会的报告。
⑦ 同善堂的文物中有一幅崔德祺先生的赞文，记"先生膺任本堂主席，领导善举"，赞
文的日期是 1953 年 1 月 15 日。参见《同善堂历史档案文物选录》，第 136 页。然而，据《华
侨报》1953 年 2 月 19 日的报道，黄仲良获选正主席，黄汉兴和崔德祺获选副主席，又《华
侨报》1954 年 2 月 8 日报道，三人分别蝉联正副主席；又《华侨报》1955 年 1 月 29 日报道，
崔德祺当选正主席，黄汉兴和冼碧珊当选副主席。

**表6-1**　　同善堂义学/同善堂小学校早期的校长和校务部主任

| 年份 | 校长 | 主任 |
|------|------|------|
| 1937 | | 不详 |
| 1938 | | 梁彦明、徐佩之、刘耀埠 |
| 1939 | | |
| 1940 | | 不详 |
| 1941 | 崔诺枝① | 梁彦明、郭秉琦、徐佩之 |
| 1942 | | 不详 |
| 1943 | | |
| 1944 | | |
| 1945 | | |
| 1946 | 蔡文轩 | 徐佩之、刘启明、卢宗缙 |
| 1947 | 黄渭霖 | 冼碧珊、卢怡若、徐佩之 |
| 1947.12 | 蔡文轩 | 校董会 |
| 1949 | 卢怡若 | |
| 1950 | 叶子如 | 徐佩之、李荣贵、王德彰 |
| 1951 | 黄仲良 | 不详 |
| 1952 | | 徐佩之、王德彰、李荣贵 |
| 1953 | 莫培樾 | |
| 1954 | | 黄杰源、黄深明 |
| 1955 | | 黄杰源、黄深明、李世明 |
| 1956 | | |

---

①　崔诺枝于1945年8月逝世后，主席一职由蔡文轩接任。就所见1941（1940.12）、1942（1941.11）、1943（1943.4.1）、1944（1943.12.31）和1945年（1944.12.28）同善堂的预算册都是蔡文轩以主席的身份向政府呈交的。然而从报章所见，崔诺枝在该时期仍然是以主席身份出席同善堂的值理会和活动，只有1943年8月以前曾向各社团告假多月。参见《崔诺枝病愈销假，昨复出席各善团》，《华侨报》1942年8月3日。

续表

| 年份 | 校长 | 主任 |
|------|------|------|
| 1957 | 莫培樾 | 黄深明、李世明、刘明新 |
| 1958 | | |
| 1959 | | 覃桂、李世明、刘明新 |
| 1960 | | 李世明、覃桂、刘明新、李瑞章 |
| 1961 | | |
| 1962 | | 覃桂、李世明、刘明新、李瑞章、冼永就 |
| 1963 | | |
| 1964 | | |
| 1965 | | |
| 1966 | | 覃桂、李世明、刘明新、李瑞章、冼永就、区子燕 |
| 1967 | 崔德祺 | 莫培樾、覃桂、李世明、刘明新、李瑞章、冼永就、区子燕 |
| 1968 | | 莫培樾、覃桂、陈满、刘明新、李瑞章、冼永就、区子燕 |
| 1969 | 崔德祺 陈满（副校长） | 莫培樾、覃桂、刘明新、李瑞章、冼永就、区子燕 |
| 1970 | | 莫培樾、覃桂、刘明新、李瑞章、许世元、区子燕 |
| 1971 | | 不详 |
| 1972 | | 莫培樾、覃桂、刘明新、李瑞章、许世元、邓颂仪 |
| 1973 | | 不详 |
| 1974 | | 莫培樾、谭基、刘明新、李瑞章、许世元、邓颂仪 |
| 1975 | | 不详 |
| 1976 | | 许世元、覃桂、刘明新、黎卓彬、莫培樾、谭基、邓颂仪 |

表6-1部分不详是因为未见报道，但仍可以用前一年或后一年的名单来推测。1941—1944年是非常时期，同善堂的值理都是连任，[①]至于1944年和1945年的值理则加入陈瑞槐、梁松、卢宗缙和李际唐，取代尹月洲（身故）、郑雨芬、徐庆成和李宝书等。[②]

### （三）义学的学生和教员

同善堂义学原属书塾式学堂，崔乐其忆述幼年时就读于同善堂义学，指当时"教授的科目只有尺牍、珠算、书法、三字经、千字文，以及千家诗等"[③]，据称同善堂是1937年秋才改办初级小学。[④]黄雁鸿在《澳门年鉴》中找到早期教员的名字：1925年的是 Iong-liu-poc 和 Chiang-in-tou，学生45名；1927年的是 Kiang-in-tou 和 Iong-lin-pac，学生60名。[⑤]余活仙和钟荣阶是另外两位早期的教员。[⑥]崔诺枝在1941年的毕业典礼上致辞时曾提及"爰乃发起扩

---

① 《商会及同善堂值理将四届连任》，《华侨报》1943年12月6日。
② 《斯人不出，如苍生何，李际唐允就同善堂值理》，《华侨报》1945年1月31日。
③ 崔乐其：《在发展中的同善堂小学与托儿所》，《同善堂九十周年特刊》，第8页。
④ 荣：《同善堂大事纪要》，《同善堂九十周年特刊》，第83—84页。
⑤ 黄雁鸿：《同善堂与澳门华人社会》，第225页。教员名字的写法虽然有点不同，但估计只是音译和误植问题。当时澳门的其他义学人数并不多，如妈阁庙义学40名，镜湖医院义学60名，莲峰义学35名。又 Chiang-in-tou 或即郑彦陶。
⑥ 《同善堂甲戌年征信录》的明细中有余活仙和钟荣阶两位教员的"修金"和"福食"的支出，分别同为300元（毫银）和102元（毫银）（叶40），故二人于1934年已在职。澳门"致知学校"于1927年12月填报华视学会的资料，余活仙时年40岁，南海县（今佛山市南海区）籍，"前清时代肄业有年，曾在本县师范毕业"，任教历史、经学和国文，又曾在"澳门德隆新街十号充当专席五年"，参见《尊德学校校员学历报告》，澳门档案馆藏，资料号：MO/AH/EDU/CP/06/0056，第11页；又澳门"尊德学校"于1927年9月填报的资料，钟荣阶时年25岁，籍贯顺德，"澳门崇实学校修业叁年，广东岭南中学修业叁年"，任教国文和算术，又曾在"广东海康县陈氏家塾任职叁年"。参见《致知学校校员学历报告》，澳门档案馆藏，资料号：MO/AH/EDU/CP/06/0077，第7页。此外，明细中另有一笔罗八教织藤隐师十个月的福食支出，以及经由罗八购买刀、剪、拀、藤和草席等工具和物料的开支（叶50），这说明当时义学校的学生也学习谋生的工艺。

充女校，招收女生六十名"①，钟荣阶记崔诺枝于 1936 年首创女子义学。② 当时社会仍较保守，故男女分班教学，而另一位女教员钟兆贞于 1937 年已在职。③ 现存癸未年（1943）值理就职时拍摄的一张照片，④ 背景见同善堂门外栏栅上一则告白："陈胜佳先生任□□□□/钟荣阶先生任男校教员/钟兆贞先生任女校教员。"陈胜佳是余活仙于 1941 年 9 月病逝后才聘用的。⑤ 义学设初小有四个年级，男女学生要分班教学，故当时采用的应是复式教学，也就是同一个课室有不同级别的学生，但只有一位教员。

从历年"在华视学会注册的私立学校"的报告所见，同善堂义学 1928—1935 年，学生人数维持在 100 名，教员 2 名。1936 年同善堂增设女校，原有男生 100 名，添加女生 60 名，教员 3 名；1937 年和 1938 年男女生人数同前。⑥ 义学于当时仍是春季始业，⑦ 也就是农历正月下旬开学，陈清泉曾记戊辰年（1928）学额扩充至 100 名，经费亦由当年值理负责。⑧ 现存摄于 1931 年 9 月纪念该义学成立八周年的全体师生合照共见 94 名学生，1934 年 9 月 11 周年的有 89 名。⑨ 就 1929—1930 年度的资料所见，澳门各义学只有莲峰义学有 100 名学生，漳泉、孔教、镜湖、李际唐，以及各所平民义学等，人数约为 60 名。1938 年 1 月 16 日（即丁丑年十二月十五日）的毕业礼有 14 名学生及格毕

---

① 《同善堂义学行毕业礼》，《华侨报》1941 年 1 月 14 日。

② 钟荣阶：《同善堂义学之维持与扩充》，《崔诺枝先生善绩纪略》，第 19—20 页。

③ 《同善堂常会纪》，《华侨报》1938 年 1 月 17 日。

④ 李璟琳、温学权主编：《同善堂历史图片选粹》，（澳门）同善堂 2018 年版，第 14 页。

⑤ 《同善堂施粥经费□大》，《华侨报》1941 年 9 月 20 日。陈胜佳于 1943 年 4 月向同善堂告假后教席由何桂邦暂代，参见《同善常会议决增派难童餐五百分》，《大众报》1943 年 4 月 30 日。

⑥ 澳门档案馆藏，档案号：MO/AH/EDU/JIECM/03/0001；MO/AH/EDU/JIECM/03/0002。

⑦ 同善堂义学于 1948 年的正月开学仍为春季始业，1951 年秋增设高小，即当时已改为秋季始业。参见《同善堂义校增五六年级》，《华侨报》1951 年 7 月 11 日。

⑧ 陈清泉：《同善堂之勋劳》，《崔诺枝先生善绩纪略》，第 17 页。

⑨ 李璟琳、温学权主编：《同善堂历史图片选粹》，第 107—108 页。

业，[①] 1948 年 1 月的毕业礼也是 14 名学生毕业，[②] 毕业的学生人数似乎不多。1940 年春，同善堂曾有意在当年秋季增加男女义学学额各 100 名，但条件是必须先觅得校址，[③] 但 1939—1940 年度呈报的学生人数仍然是男生 100 名，女生 60 名，[④] 故或未成事。据 1943 年 5 月的报道，同善堂其时有 240 多名学生，[⑤] 之后应有递减。1947 年年初，报道指义学的人数从过往每年 160 名增加至 250 多名，故值理会议决定增聘一年级女教员陈蕙蓉，教员由是增至 4 人。[⑥] 为求扩大招生额，同善堂于 1948 年年初征得该堂后座租客同意迁出，原有空间改作课室用途。钟荣阶报告当时有二百多名学生，一二年级相当拥挤，三四年级则尚有名额 18 个。[⑦] 钟荣阶的说法反映当时或许正是一二年级和三四年级分别采用复式教学。该堂后座于住户迁出后被改建为三个课室，提供 120 个学额；课室增至六个，一二年级各有甲乙两班，三四年级各一班，并增聘三名教员即何桂邦、廖芳和汤慧文。[⑧] 四年级于 9 月开学后仍有名额，同善堂在报上刊登招生广告。[⑨] 从报章的一些新闻所见，1946 年 12 月有 160 名学生，1947 年 12 月有 226 名学生（男 149 名，女生 77 名），1948 年 12 月已增至有 300 名学生。[⑩]

---

① 《同善堂义学校昨行毕业礼纪》，《华侨报》1938 年 1 月 17 日。

② 《崇实学校体恤同善堂苦学生给予免费学额升学》，《华侨报》1948 年 2 月 15 日。

③ 《同善堂将赠种牛痘》，《华侨报》1940 年 1 月 24 日。

④ 澳门档案馆藏，档案号：MO/AH/EDU/FA/15/0001。

⑤ 《同善堂鼓励义学，优异者获赠难童餐》，《大众报》1943 年 5 月 4 日。

⑥ 《同善堂值理常会纪》，《华侨报》1947 年 1 月 17 日；《各界继续助同善堂》，《华侨报》1947 年 2 月 9 日；《黄豫樵热心善举》，《华侨报》1948 年 1 月 26 日。

⑦ 《同善堂值理推动善举》，《华侨报》1948 年 2 月 15 日；《崇实学校体恤同善堂苦学生给予免费学额升学》，《华侨报》1948 年 2 月 15 日。

⑧ 《同善堂义学增设课室三间》，《大众报》1948 年 7 月 2 日；《同善堂值理常会》，《华侨报》1948 年 8 月 1 日。后座指的是林家围四号楼下和六号楼上，参见《同善堂值理常会》，《华侨报》1948 年 3 月 18 日。

⑨ 《同善堂招收免费学生》（广告），《大众报》1948 年 9 月 20 日。

⑩ 《圣诞带来幸福！辅助贫童会拨款分惠贫苦学生》，《华侨报》1946 年 12 月 24 日；《圣诞节同善堂值理胶鞋赠学生》，《华侨报》1947 年 12 月 23 日；《华侨报》1948 年 12 月 21 日。

同善堂义学原只设初小一至四年级，毕业生升学即须往其他学校。1951 年 7 月，校董会议决于秋季增设高小五至六年级，以便学生原校升读，其后并获钟子光捐助经费。① 然而，早在之前一年同善堂便有继续扩充义学的计划。黄仲良于 1950 年 8 月代表同善堂投得林家一围（教师里）七号和九号屋后，公开表示该两址将用作扩充义校，广收失学儿童。② 1952 年春，莫培樾任义学校长，小五和小六两级亦先后于 1951 年的 9 月和 1952 年的 9 月增设。③ 由于增设高小，1951 年 7 月增聘郑志杰为小五级教员。④ 1952 年春，何佳邦任教导主任，郑志杰任辅导主任，并继续聘用其余五位教员。⑤ 1951 年 9 月，校长黄仲良向教育督导处呈报 1950 年度下学期的资料，当时学校只设初小；男教员 5 名，女教员 3 名；男生 225 名，女生 119 名。1952 年 4 月校长莫培樾呈报 1951—1952 年度下学期的资料，学校设初小和高小；男教员 5 名（何桂邦、郑志杰、钟荣阶、梁宝璿和廖芳），女教员 2 名（钟兆贞和汤慧文）；男生 225 名，女生 100 名；其中高小男生 39 名，女生 14 名，因其时尚未有小六级。至于课程方面，初小设有国语、国文、尺牍、常识和算术五科，高小不设常识，但增加历史、地理、自然和英语，共八科。⑥ 梁宝璿（璇）于 1953 年 7 月离职后教席由胡咏雯接任，钟兆贞于 1960 年身故后教席由区

---

① 《同善堂义校增五六年级》，《华侨报》1951 年 7 月 11 日；《钟子光捐助同善堂办学葡币二千元》，《华侨报》1951 年 7 月 21 日。

② 《同善堂投得两户，将扩充平民义校》，《华侨报》1950 年 8 月 18 日。

③ 《同善堂义学增设六年级》，《华侨报》1952 年 8 月 21 日。

④ 《同善堂增办高小义学校》，《华侨报》1951 年 7 月 19 日。

⑤ 《同善堂义学刷新》，《华侨报》1952 年 1 月 25 日。

⑥ 澳门档案馆藏，资料号：MO/AH/EDU/CP/08/0019，第 425 页；资料号：MO/AH/EDU/CP/08/0019，第 221 页。从该校 1952 年度至 1956 年度的成绩表所见，初小尚有美、劳、音、体等科目，参见陈志峰编《双源惠泽，香远益清——澳门教育史料展图集》，（澳门）澳门中华教育会 2010 年版，第 128 页。

舜肃接替，① 1958 年又增聘卢超，而同善堂小学的教员数目截至 1965 年 7 月一直维持在 8 名，② 1966 年 7 月增至 10 名，③ 但到 1969 年年底已是 19 名。④

　　顺笔一提，同善堂从 1944 年春开始便获得政府资助为学童提供葡文课程，经费是政府津贴，教员或由政府介绍或任命，而政府对于课程也有一定的管理，如 1944 年 7 月 3 日的考试便是由民政厅厅长亲自到场监考，当时义学的葡文教员为方苏。⑤ 查澳葡政府至迟于 1924 年便有拨专款资助华童学习葡语，对成绩优异的华籍学生和葡文教员均定有奖励的措施。⑥ 1954 年 7 月，更有接受资助的九所澳门学校举行葡文会考。⑦ 1944—1960 年的津贴见表 6 – 2。

---

　　①　《同善堂值理会决定下期义校教员照聘》，《华侨报》1953 年 7 月 26 日；《同善堂值理会议推出下届新值理》，《华侨报》1961 年 1 月 12 日。

　　②　关于同善堂小学 20 世纪 60 年代的 8 名教员，《同善堂中学校友会银禧纪念特刊》（澳门，2014 年）刚好有一篇 1958—1959 年度小学第七届毕业校友的回忆文章，参见该书第 101—105 页。

　　③　《同善堂常会议决教员医生约满》，《华侨报》1965 年 7 月 14 日；《同善堂值理，前常务会议》，《华侨报》1966 年 7 月 15 日。当时或聘有兼课教员，该堂呈报教育处的资料显示 1962—1963 年和 1963—1964 年均见 2 名辅助教员，参见澳门档案馆藏，资料号：MO/AH/EDU/FA/15/0017，第 78 页；MO/AH/EDU/FA/15/0018，第 74 页。

　　④　澳门档案馆藏，资料号：MO/AH/EDU/FA/15/0031，第 128 页。

　　⑤　《民政厅长到同善堂义学考试》，《大众报》1944 年 7 月 5 日。

　　⑥　"Proposta No. 35"（关于特给华人所设之公教学校补助费），BOGPM，No. 25（1924.6.21），p. 473. 第 35 号提案于当年 7 月 1 日给予公教学校年度补助费 1296 土姑度，让该校聘请葡语教员，其中规定每月上课学童人数不得少于 25 名，否则终止补助。"Proposta No. 34"（关于政府自办及补助各校之华籍学生），BOGPM，No. 50（1926.12.11），p. 876；"Diplomas Legislativos Provinciais No. 26"（饬设立奖额十名以鼓励中国学生），BOGPM，No. 22（1927.5.28），p. 415. 第 34 号提案讨论鼓励在政府或政府补助学校学习葡文的华籍学生，择优给奖；第 26 号立法证书设立 10 个奖额奖励各小学校葡文读写程度优异的华籍毕业生，又连续三年有最多华籍学生获奖的三名教员将获颁发荣誉证书，另每年有最多学生获奖的教师可获奖励 100 元。

　　⑦　《葡文会考莫德炎冠军》，《华侨报》1954 年 7 月 20 日。参加会考的包括同善堂、孔教、圣若瑟、吴灵芝、粤华、慈幼、公教、氹仔圣善和路环方济觉等校。

表 6 - 2　　　　　　　同善堂义学从政府所得推广葡文教学津贴①

| 年份 | 津贴(元) | 年份 | 津贴(元) |
|---|---|---|---|
| 1944 | 600 | 1953 | 1200 |
| 1945 | 300 | 1954 | 1200 |
| 1946 | 600(55 人) | 1955 | 1200 |
| 1947 | 600(55 人) | 1956 | 1200 |
| 1948 | 900 | 1957 | 1200 |
| 1949 | 1200 | 1958 | 900 |
| 1950 | 1200 | 1959 | 900 |
| 1951 | 1200 | 1960 | 900 |
| 1952 | 1200 | — | — |

1960 年以后的情况有待整理。至于葡文课的具体授课情况如何，暂不详，如若参照另一所接受津贴的公教学校的情况，也许就是每天下午有两小时的葡文课。②

## 五　1949—1970 年的发展

同善堂义学于 1948 年 8 月获准立案，③ 但因立案须符合一些原则，故值理会曾议决义学改名为"同善堂小学校"④。除了办理日校外，同

---

① 资料整理自《华侨报》的报道，并与《澳门政府公报》上刊登的参校，为省篇幅，不另作注。另可参见郑振伟《1940 年代的澳门教育》，第 160—163 页。

② 《公教学校增设葡文专修班》，《华侨报》1942 年 3 月 15 日。

③ 圣若瑟附小、纪中附小、崇实附小和同善堂义学四校于 1948 年 8 月同时获准立案，参见《学校消息》，《世界日报》1948 年 8 月 17 日。

④ 《同善堂值理议决中元节办超幽》，《华侨报》1948 年 8 月 10 日。前引《同善堂大事纪要》记义学于 1965 年正式易名为同善堂小学，应有所据，但该校 1952 年度的成绩表和 1959 年度的毕业证书等文献已见用上"澳门同善堂小学"的名称。此外，就报章断续所见同善堂祀孔的祝圣仪式，于恭读祝文后例有奏唱校歌，1959 年及以前唱的是同善堂义学校歌，但 1960 年开始改唱同善堂小学校歌。

善堂此时亦开始筹设夜校。1949 年 1 月，副主席叶子如提议开设夜校，由于钟子光早已同意赞助，免费夜校旋即于 1949 年的正月上旬招生，正月二十一日（2 月 18 日）便即启课，名额 200 人，[①] 初小四个年级刚好是每级 50 人。至于教员方面，则是由日校教员兼任，钟荣阶和何桂邦两人月薪 30 元，其余五位教员月薪 20 元。[②] 1952 年秋，日校续聘教员一律按月加薪 10 元，以资鼓励。[③] 此外，同善堂或曾于 1951 年秋举办夜间识字班，对象是失学青年，课程以信札、珠算和笔算等为主。[④] 1950—1954 年正月值理会上报告前一年日夜男女义学人数，即 1949—1953 年各年度岁末的人数，凑巧同样都是 560 名，也许这就是当时义学能够容纳的学生人数上限。[⑤] 1953 年 12 月，有一则新闻可以佐证日校学生人数为 360 名。[⑥] 1959 年 7 月值理会又决定扩充夜校名额，小一至小四年级各增收新生 25 名，[⑦] 但 1961 年 9 月开学时的班额仍是每级 50 名，报道指夜校的教学侧重商业常识，如二年级便有珠算，以便学生在商场谋生。[⑧] 就该校夜班成绩表所见，1961 年度的科目有国语（分读书、尺牍、作信和书法）、算术（分珠算和笔算）和

---

① 《同善堂嘉惠贫童》，《市民日报》1949 年 1 月 24 日；《同善堂互选》，《华侨报》1949 年 2 月 3 日。据初级教育督导处的统计数字，1948—1949 学年，该校的学生数量是 179 名，澳门档案馆藏，资料号：MO/AH/EDU/FA/15/0002，第 67 页。

② 《同善堂夜学已定期开课》，《大众报》1949 年 2 月 13 日。

③ 《同善堂以药品赠氹仔难民营》，《华侨报》1952 年 7 月 28 日。

④ 《同善堂增设夜学识字班》，《华侨报》1951 年 7 月 29 日。

⑤ 《同善堂值理互选》，《华侨报》1950 年 2 月 22 日；《一年之计在于春》，《华侨报》1951 年 2 月 11 日；《同善堂昨开值理会》，《华侨报》1952 年 2 月 1 日；《同善堂值理互选结果黄仲良仍任主席》，《华侨报》1953 年 2 月 19 日；《收入减少救济支销浩繁》，《华侨报》1954 年 2 月 8 日。1960 年的一则报道中就有同善堂小学每年收容日夜贫苦学童 560 名的说法，见《李际堂遗训捐款同善堂小学》，《华侨报》1960 年 11 月 16 日。

⑥ 《鞭爆声声街道畅旺，圣诞节市面热闹》，《华侨报》1953 年 12 月 25 日。澳门救济总会拨赠圣诞恩物款 500 元予同善堂义学，每人 1.4 元，共 504 元，不足数额由校方补足，人数刚好是 360 名。

⑦ 《同善堂小学夜校添招新生》，《华侨报》1959 年 7 月 28 日。

⑧ 《同善堂招夜班生，九一考试》，《华侨报》1961 年 8 月 26 日；《同善堂夜校招生，今起报名》，《华侨报》1962 年 8 月 27 日。

常识三科，1962 年度开始增加英语。① 1967 年增设预备初班，翌年再设高班；1968 年夜校也增设高小班级，1970 年 7 月夜班第一届学生毕业。② 1949—1970 年学生人数见表 6-3。

表 6-3　　　1949—1970 年同善堂义学/小学日夜校学生人数③

| 年份 | 人数 | | 年份 | 人数 | |
|---|---|---|---|---|---|
| | 日 | 夜 | | 日 | 夜 |
| 1949④ | 360 | 200 | 1957 | 365 | |
| 1950 | 360 | 200 | 1958 | 366 | |
| 1951 | 360 | 200 | 1959⑤ | 426 | |
| 1952 | 360 | 200 | 1960 | 不详 | |
| 1953 | 360 | 200 | 1961 | 420 | |
| 1954 | 不详 | | 1962 | 408 | |
| 1955 | 384 | | 1963⑥ | 398 | |
| 1956 | 382 | | 1964⑦ | 284 | 97 |

① 陈志峰编：《双源惠泽，香远益清——澳门教育史料展图集》，第 129 页。
② 《同善堂学校结业，廿八日考入学试》，《华侨报》1970 年 7 月 18 日。
③ 数据来自《华侨报》所见同善堂每年正月值理会的报告，只来自他处资料加注。数据是每年岁末的人数，又大部分是日夜校合计的人数。《同善堂一百周年特刊》第 82 页所见的历届学生人数，日校的记录始于 1953 年，夜校的记录则始于 1970 年，故笔者不惮其烦，于此表列相关数据。
④ 同善堂曾将澳督夫人从足球义赛善款拨赠的 500 元为 570 名学生各购鞋一对。见《同善堂明天派恩物》，《华侨报》1949 年 12 月 24 日。
⑤ 1959—1960 年度学生共 436 名(男生 252 名，女生 184 名)，教师 8 名(男 5 名，女 3 名)。澳门档案馆藏，资料号：MO/AH/EDU/FA/15/0006，第 215 页。
⑥ 1963 年 12 月底学生人数为 381 名(男生 218 名，女生 163 名)，澳门档案馆藏，资料号：MO/AH/EDU/FA/15/0017，第 78 页。
⑦ 1964 年 12 月底学生人数为 328 名(男生 190 名，女生 138 名)，澳门档案馆藏，资料号：MO/AH/EDU/FA/15/0018，第 74 页。

续表

| 年份 | 人数 | | 年份 | 人数 | |
| --- | --- | --- | --- | --- | --- |
| | 日 | 夜 | | 日 | 夜 |
| 1965 | 261 | 64 | 1968 | 不详 | |
| 1966 | 307 | 103 | 1969① | 519 | |
| 1967 | 不详 | | 1970② | 477 | |

同善堂从 1925 年开始每年从政府获得 500 元（西纸）的资助，③ 1939 年又得"慈善救济委员会"按月资助 166.66 元（西纸），④ 1947 年被纳入"公共救济总会"辖下。⑤ 由于是接受补助的机构，平政院（现称"行政法院"）于 1935 年 8 月公布规定同善堂须每年 9 月 30 日前呈报预算册，⑥ 而《澳门政府公报》中核准的同善堂预算册始于 1937 年。1937—1970 年预算册中的部分数据见表 6 - 4。

---

① 1969 年 12 月底学生小学人数为 519 名（男生 317 名，女生 202 名），预备班 120 名（男生 68 名，女生 52 名），澳门档案馆藏，资料号：MO/AH/EDU/FA/15/0031，第 128 页。

② 1970 年 12 月底学生小学人数为 477 名（男生 311 名，女生 166 名），预备班 120 名（男生 71 名，女生 59 名），澳门档案馆藏，资料号：MO/AH/EDU/FA/15/0027，第 40 页。

③ "Diplomas Legislativos，No. 3"（准每年拨给同善堂补助费），*BOGPM*，No. 10（1925.3.7），p. 136. 见于民政厅的相关资料可参黄雁鸿《同善堂与澳门华人社会》，第 201—204 页。

④ 《澳门政府捐助慈善费》，《华侨报》1939 年 2 月 15 日。

⑤ 《公共救济事业革新章程》中译本参见《澳门政府立法条例第九八四号》，《澳门政府公报》1947 年 4 月 5 日第 14 号。

⑥ 澳门平政院会计科 1935 年 8 月通知各机关的布告，其中同善堂属行政团体，须依《属地改善条例》第 725 款各项规定向平政院呈核账目，限期是每年九月三十日以前。《澳门平政院会计科布告》，《澳门政府公报》1935 年 8 月 10 日第 32 号。又 1947 年《公共救济事业革新章程》第 13 款规定接受补助之慈善机构须于每年 11 月 30 日前将下年度预算册经传教会会长转送公共救济总会审核，另值理会的记录亦见依照总会要求送交收支预算数目，参见《同善堂值理常会》，《华侨报》1948 年 10 月 8 日。

表 6 – 4　　　　1937 至 1970 年同善堂预算册的总预算和义学预算①　　　　（元）

| 年度 | 总预算 | 义学预算 | 年度 | 总预算 | 义学预算 |
|---|---|---|---|---|---|
| 1937 | 25283 | 2500 | 1954 | 45993.69 | 6500 |
| 1938 | 24670 | 2500 | 1955 | 45696.87 | 6500 |
| 1939 | 25960 | 2500 | 1956 | 45419.67 | 6500 |
| 1940 | 25400 | 2500 | 1957 | 49321.89 | 6500 |
| 1941 | 28900 | 2500 | 1958 | 56091.29 | 7200 |
| 1942 | 28800 | 2500 | 1959 | 71578.34 | 9000 |
| 1943 | 34888.72 | 2500 | 1960 | 71091.73 | 9000 |
| 1944 | 34680 | 2500 | 1961 | 71022.6 | 9000 |
| 1945 | 34403 | 2500 | 1962 | 不详 | 9000 |
| 1946 | 38983 | 2500 | 1963 | 82167.08 | 9000 |
| 1947 | 35479.73 | 2500 | 1964 | 82206.7 | 9000 |
| 1948 | 35926.67 | 3000 | 1965 | 83075.55 | 9000 |
| 1949 | 39762.46 | 6000 | 1966 | 83134.01 | 9500 |
| 1950 | 41353.23 | 6000 | 1967 | 84461.46 | 9500 |
| 1951 | 45358.37 | 6000 | 1968 | 84955.11 | 11000 |
| 1952 | 46165.72 | 6500 | 1969 | 252887.75 | 50000 |
| 1953 | 46196.87 | 6500 | 1970 | 283298.25 | 50000 |

　　上述的预算大致能反映义学发展的一些踪迹。1947 年以前大致稳定，1949 年的预算从前一年的 3000 元倍增至 6000 元，其时正是同善堂义学成立校董会并向侨委会注册，之后便是加设高小和开设

---

① 数据整理自 1936 年 12 月至 1969 年 12 月《澳门政府公报》刊登的资料，1944 年及以前预算的币值为毫银，1945 年及以后的为西洋纸，1956 年及以后的不再标明。

夜校。1959 年的预算增加至 9000 元，增幅也是明显的，其时有报道指同善堂积极策进校务，文娱方面多方建树，包括聘用体育老师，开辟乒乓球室和增设图书馆，1960 年 4 月该校举行春季旅行；又有指学校当局锐意创新，特别是对体育发展迅速，及乒乓一项极有好评。[①] 体育老师指的是 1958 年年初受聘的卢超，他是篮球宿将，绰号"生张飞"[②]。卢超和张剑秋也擅长乒乓球，二人曾以同善堂队的名义角逐乒乓总会第十四届理监事之职。[③] 至于图书室则是于己亥年（1959）春祭那天正式开幕的，报载图书室"纵横达三丈，四面皆窗，中置长台，及木椅，已藏有图书三千本"[④]。又往后数年也见学校旅行和学生运动比赛的报道。[⑤] 此外，同善堂或于 1960 年便已有意建设小学校舍，报道见李际唐于 1960 年 10 月逝世后，他的后人按其遗愿捐赠 5000 元作为同善堂小学的建设经费，又值理胡俸枝于 1961 年 8 月亦曾致函向同善堂认捐建校经费 5000 元，[⑥] 只是建校所费不菲，才迟至 1966 年由新马剧团义演筹款玉成其事。[⑦] 1969 年同

---

① 《春日好郊游同善堂校旅行》，《华侨报》1960 年 4 月 14 日；《学校消息》，《华侨报》1961 年 7 月 18 日。

② 《体坛蟹眼浮香》，《华侨报》1958 年 5 月 20 日。

③ 《乒乓总会定期改选》，《华侨报》1962 年 3 月 23 日。澳门乒乓总会于 1951 年成立后的办事处其实就设在同善堂。

④ 《同善堂昨春祭》，《华侨报》1959 年 3 月 18 日。

⑤ 《两间小学发生打斗，同善堂打胜，踢小球公进负二比零》，《华侨报》1960 年 4 月 25 日；《同善堂义学生秋季旅行氹仔》，《华侨报》1963 年 10 月 30 日；《同善堂举办班际小球比赛》，《华侨报》1963 年 11 月 25 日。同善堂小学的教员钟荣阶约在 1947 已是公进义学的校长。

⑥ 《李际唐遗训捐款同善堂小学五千元为建设经费》，《华侨报》1960 年 11 月 16 日；《同善堂筹建校舍胡俸枝捐五千元》，《华侨报》1961 年 8 月 7 日。

⑦ 《为同善堂义学筹扩建经费》，《华侨报》1966 年 9 月 16 日。从 1965 年 7 月至 1966 年间 9 月期间的报道所见，同善堂收到社会各界捐款约为 133400 元，大宗捐款包括高德成堂和救济总会各五万元，区子燕和李世明各一万元，另新马剧团义演筹得 155000 元。又庇山耶街改建为校址的地段只有部分为同善堂产业，其后由黄慧珍女士捐赠 64 号和 64 号 A 的五成业权，参见《扩展免费教育同善堂扩建校舍》，《华侨报》1965 年 6 月 26 日。捐赠者与何贤的妻子姓名相同。

善堂小学的预算激增至 50000 元，与 1968 年小学校舍的落成以及学生和教师人数在 20 世纪 60 年代末持续增长不无关系。《华侨报》在报道同善堂值理会的会务时似乎总是把校务并入施济部的报告，这或是出于篇幅的考虑，由于施济的报告在先，结果是校务总是列于赠医、施药、施棺、施粥、施寒衣、施姜醋柴米、施种洋痘等善举之后。笔者将《一九六七年度第七十六届议案簿》2 月 13 日的会议记录与 2 月 14 日的报道对比后才发现其中端倪，①《华侨报》大约是 1963 年初才间歇出现"校务部报告"独立于"施济部报告"的报道，也许是校务报告内容增加，已不宜合并，而暂时看到最早标示为校务报告的是 1963 年正月开学和日夜校学生注册人数事宜。②"施济部"从 1968 年开始改名为"福利部"，而这时候的教育和福利才成为两个被分别报道的项目。

预算并不等于同善堂的实际进支，值理会每年正月的年度报告所列的支出总是远超预算，救济所需总是难以预料的。当然，义学的支出是相对稳定的。即使在报上所见的预算经费，与《澳门政府公报》上的其实也有出入，如 1942 年 3 月的报道，大意是依照上年度的支出来估算，壬午年（1942）的预计收入为双毫 13168.5 元并港纸 16748.5 元，而预计支出为双毫 45770 元并港纸 4250 元，但所见各项支出就只义学一项双毫 2500 元与《澳门政府公报》上的相同。③ 1945—1956 年的收支和义学支出见表 6 - 5。

---

① 《同善堂值理互选，崔德祺蝉联主席》，《华侨报》1967 年 2 月 14 日。编辑将"（乙）校务部报告"标题删去，将该项的一则报告作"施济部报告"的第十项。1967 年度的议案簿是同善堂现存最早的议案簿，该页面见《同善堂历史档案文物选录》，第 31 页。
② 《同善堂值理就职后，澳督首长致函道贺》，《华侨报》1963 年 2 月 20 日。
③ 《同堂善经费不敷》，《华侨报》1942 年 3 月 22 日。

表 6 - 5 　　　　　1945—1956 年同善堂进支数及义学项目支出① 　　　　（元）

| 年份 | 收入 | 支出 | 义学项 |
| --- | --- | --- | --- |
| 1945 | 172559 | 163333 | 2680 |
| 1946 | 58588.8 | 62687 | 2925 |
| 1947 | 42100 | 32200 | 4830 |
| 1948 | 48890 | 42119 | 13270 |
| 1949 | 60884 | 58403 | 12160 |
| 1950 | 86313 | 93337 | 10775 |
| 1951 | 126998 | 139084.6 | 15047 |
| 1952 | 222556.5 | 233452.5 | 12464.9 |
| 1953 | 133284 | 165460 | 13380 |
| 1954 | 136462 | 115806 | 不详 |
| 1955 | 120475.61 | 130314.1 | 14327.65 |
| 1956 | 100552 | 126835 | 14386 |

## 六　小结

澳门的华人教育一直沿袭中国传统的教育模式，设立义学教导族党乡闾子弟是固有的传统，清代康熙五十二年（1713）曾"令各省府州县多立义学，聚集孤寒，延师教读"②，晚清时期有识之士深谙读书明理关乎风俗人心，也认为中下家庭子弟的养和教，官府责无

---

① 数据来自《华侨报》所见同善堂每年正月值理会的报告，不另作注。又《同善堂戊戌征信录》（1958）所录各年的进支与报章所见数据不同，原因待考。

② 爱新觉罗·弘历：《皇朝文献通考》（四库全书本），第 69 卷，第 42 叶下。

旁贷，① 又陈子褒更把义学视之为"救国之命脉"②。澳门华人社群在
20世纪前期的教育主要是由华人自理和教会办理，当时的义学主要就
是镜湖义学、莲峰义学、平民义学、公教义学、孔教义学和同善堂义
学等，而笔者发现这些义学的与事者或有重叠。回顾同善堂的历史，
救济失学并不是创办时的业务，所以谭钟麟在同善堂的碑序中才希望
能次第举行养老和义学等义举。近现代华人社会自发筹设义学供贫困
家庭儿童求学是一种常见的救济模式，同善堂于其后的发展并无例外。
也许是基于民胞物与的精神，同善堂的前贤就是这样建立了一所由华
人慈善团体办理的义学。1933年澳门有98所私立华人学校，当中便有
14所男义学和两所女义学，到20世纪40年代更因难民的涌入而出现
不少男童义学，③ 而随着澳门社会环境的变化，20世纪50年代以后有
更多公会和行业名义的义学。同善堂义学不是澳门最早的义学，跟其
他义学也有不同的发展轨迹，它经过书塾至小学的转变，但却不是那
种设于宗祠或庙宇的义学，也不像宗族、公会又或行业类型的义学那
般规定入学的对象。20世纪20年代的平民义学有明确的目标，所以通
过各种筹款和募捐的方式尽力开设分校至七所之多，尽量救济失学的
贫困儿童，并筹建校舍而不只是寄身于民房或庙宇；镜湖义学源于
1892年的义塾，历史悠久，更早开始各方面的变革，于1928年便已有
独立的校舍而不是散落在医院各处的课室。④ 而这两所学校其后更在何

---

① 《推广义塾说》一文提出地方有育婴堂、养老院、清节堂、义仓、义塾五种善举，当
中以义塾为大，中下人家子弟能稍读数年书，可以粗知大义而不至性情气质尽丧，及长能成
为善良之民，而养正在于童蒙。参见《申报》1882年3月25日第1版。

② 陈子褒：《为留港中国学生设立策群义学代劝各界捐助小启三》，《策群杂志》
1922年第1期。此文于陈子褒《教育遗议》中题作《圣士提反义学劝捐启》，见该书第
165—166页。

③ 1950年以前澳门义学的一些发展情况可参拙著《1940年代的澳门教育》的第三章。

④ 据梁彦明所述，镜湖值理会筹设义学校舍的建议实来自崔诺枝，用抽彩法募款万余
元，新校落成，名额从每年三百扩充至五百，其后又在下环大街设分校，以便幼童和渔民子
弟上学。参见梁彦明《镜湖医院的善绩》，载《崔诺枝先生善绩纪略》，第11页。

贤的推动下合并并不断改进。[①]

同善堂的绅商以施济为心，在华人社群中以身作则地从事各种救济和慈善活动，不但凝聚出各界同心向善的力量，且随着善誉日隆而澳葡政府亦不得不予以重视、认可甚至是笼络，但即便如此，从政府所得资助仍是有限的。办理义学的初衷原是救济失学，但同善堂并没有开设分校，只是以有限的资源不断增加课室和学额，开设夜校扩大收生的对象，最后是筹建独立的校舍改善教学环境和设备，提供更好的免费教育。某些取名义学的学校或只是免收学费，仍酌量收取杂费，但同善堂坚持的是完全免费，并且提供书籍和文具，又由于出外活动时须顾及观瞻，同善堂早期亦曾为学生订制校服，又或给学生购置鞋履或衣帽之类的用品。[②] 由于资料有限，本章未能对同善堂义学的课程和教学有具体的论述，但报道所见义学十分关注学生的品行，期望他们在社会上循规蹈矩、毋负善长的期望，而 1944 年更有一则报道学校增教"道理书"一科。[③] 1945 年 3 月澳门华视学会曾有学校调查，其中一项是关于学校的课程、设备、卫生和管理等，同善堂义学位列十所办理得最好的小学，但令人诧异的是有四所均为义学。[④] 在学校的活动方面，早期义校学生多是参与孔诞和全澳的一些巡行或庆祝活动，20 世纪 50 年代末才有康体文娱类的活动。在奖

---

① 镜湖和平民两校合并初期，镜湖慈善会的会议上曾讨论过一项题为"平民学校应予改善"的议案，直指镜湖平民联合小学收容学童未符救济失学原则，大意是收生只以考试成绩为标准，出现有能力交学费者被取录，无能力交学费者则落第失学的情况，有失慈善会救济文盲和收容失学的宗旨，应予改善。该议案经议决后原则上通过，并交由下届董事会办理。参见《镜湖慈善会昨代表大会》，《华侨报》1950 年 2 月 16 日。

② 《同善堂义学校购帽赠予学生》，《市民日报》1945 年 1 月 11 日；《有姓名助三千元赏同善堂学生鞋》，《大众报》1945 年 5 月 11 日。

③ 《同善堂义学校昨行毕业礼纪》，《华侨报》1938 年 1 月 17 日；《教育消息》，《华侨报》1944 年 7 月 5 日。

④ 郑振伟：《1940 年代的澳门教育》，第 81 页。

励学习方面，主要是学期末品学兼优的学生能获得礼物或奖金，更曾有以金牌作为奖品，丰富程度堪称冠绝澳门。过去的义学主要是为贫困家庭的儿童而设，师资和课程的规范也许不如某些私立学校，学生或许有一定的流动性，也不是所有入学的都能够完成初小或完成小学阶段的学习，但前贤所设义学对于推动澳门普及教育的作用毋庸置疑。

# 第七章　百年师范：澳门师范
## 教育的轨迹

## 一　中国师范教育的发轫

中国的师范教育始于清末，盛宣怀于光绪二十三年（1897）奏请在上海设置南洋公学，在校内设置四院，其中之一即为"师范院"[①]；孙家鼐于翌年奏请筹备京师大学堂，章程总纲第四节为设立"师范斋以养教习之才"[②]，但1898年正是戊戌政变，一切新政戛然而止。1902年张百熙具奏的《钦定学堂章程》（壬寅学制）规定，京师大学堂有"师范馆"之设，省会高等学堂设"师范学堂以造就各处中学堂教员"，府治中学堂设"师范学堂以造成小学堂教习之才"[③]。张百熙、荣庆、张之洞于翌年重订章程，是为《奏定学堂章程》（癸卯学制），其对师范教育有更详备的计划。章程中师范教育分初级和优级，前者由州县设立，修业期5年，后者由京师和省城设立，修业期3年；另实业学堂内亦设实业教员讲习所，毕业年限则视乎学科，一至三年不

---

[①] 陈宝泉：《中国近代学制变迁史》，北京文化学社1927年版，第11—13页。

[②] 《总理衙门筹议京师大学堂章程》，载汤志钧、陈祖恩、汤仁泽编《中国近代教育史资料汇编：戊戌时期教育》，上海教育出版社2007年版，第228—239页。

[③] 《钦定京师大学堂章程》《钦定高等学堂章程》《钦定中学堂章程》，载璩鑫圭、唐良炎编《中国近代教育史资料汇编：学制演变》，上海教育出版社2007年版，第243—260、264—272、273—279页。

等。初级师范学堂培养小学教师，除完全科及简易科外并添设预备科和小学师范讲习所，优级师范学堂为培养初级师范学堂及中学堂教员，实业教员讲习科用作培养各实业学堂、实业补习普通学堂和艺徒学堂教员。[①] 宣统年间，师范教育又曾略有变动。至于女子师范，初只见于"家庭教育法章程"，1906 年天津设立北洋女子师范学堂，次年学部拟定《女子师范学堂章程》，其中限定各州县必须设立一所女子师范学堂，对象为高等小学堂毕业的女生，修业期 4 年。学部又曾致电各省督抚，要求全力增加各省城师范名额，要求至少"设一年卒业之初级简易科生五百人，以养成小学教习。并设两年卒业之优级选科生二百人；选科中分四类，一历史地理，二理化，三博物，四算学；每类学生五十人，以养成府立师范学堂、中学堂教习。并须附设五个月卒业之体操专修科，授以体操、游戏、教育、生理教授等法，名额百人，以养成小学体操教习"[②]，学部并计划于五个月内派视学官分省巡视。光绪三十四年（1908）广东的师范学堂和学生人数见表 7–1。[③]

表 7–1　　　　　　　　1908 年广东的师范学堂和学生人数

| 类型 | 优级师范学堂 | | | 初级师范学堂 | | 女子师范学堂 |
|------|------|------|------|------|------|------|
| | 完全科 | 选科 | 专修科 | 完全科 | 简易科 | |
| 学校 | 1 | 1 | 1 | 6 | 1 | 2 |
| 学生 | 299 | 206 | 141 | 413 | 60 | 437 |

[①] 《钦定学堂章程》包含各种章程、通则和纲要，相关内容参见《奏定初级师范学堂章程》《奏定优级师范学堂章程》《奏定实业教员讲习所章程》，载《中国近代教育史资料汇编：学制演变》，第 403—419、420—432、474—478 页。

[②] 《学部注重师范》，《香港华字日报》1906 年 4 月 25 日。

[③] 数据来自《广东省学务统计总表》，《广东教育官报》宣统二年（1910）二月第一期；《广东师范学堂统计表》及《广东师范学堂学生统计表》，《广东教育官报》宣统二年（1910）三月第二期。

这些学校大概就是两广优级师范学堂、教忠师范学堂、坤维女子师范学堂、洁芳女子师范学堂等。[①]民国元年公布《师范教育令》(1912.9)，又先后颁布《师范学校规程》(1912.12)、《高等师范学校规程》(1913.2)和《师范学校课程标准》(1913.3)等，初级师范学堂改称师范学校，优级师范学堂改称高等师范学校，并将全国划分为六个"国立"高等师范区，其中有广东区由教育部直接管辖。截至1916年年底，广东或有九所师范学校，总在学人数为617名，毕业生人数为231名。[②]

## 二　师范制度确立前后澳门的教育改良

清朝的洋务运动持续了三十多年，从同治元年（1862）到光绪二十一年（1895）年所开设的学校，前贤已大致将该时期的学校分为三类。一为京师同文馆、上海和广州的广方言馆，以及湖北自强学堂之类的专门学习外国语言文字的学校；二为福建的船政学堂、天津和广东的水师学堂这一类专门造就造船和驾驶人才的学校；三为天津的武备学堂、广东的陆师学堂、湖北的武备学堂和南京的陆军学堂之类的造就陆军官弁的学校。[③]澳门在这期间的人口本就不多，而华人办理的学校仍以传统的私塾为主。虽然1878年的记录是70所男校，3所女校，但平均就读的人数极少。[④]至于政府和教会办理的西式学校也不

---

① 黄佐：《广东师范教育制度的变迁》，载政协广东省委员会文史资料研究委员会编《广东文史资料》第10辑（1963），内部发行，第143—149页。

② 《全国师范学校一览表》，教育部普通教育司编印，1917年5月，第2页，载民国时期文献保护中心、中国社会科学院近代研究所编《民国文献类编》第858卷，国家图书馆出版社2015年版。

③ 何炳松：《三十五年来中国之大学教育》，《最近三十五年之中国教育：商务印书馆创立三十五年纪念刊》（1931），上卷，第61页。载吴永贵编《民国时期出版史料汇编》第1册，国家图书馆出版社2013年版。

④ João de Andrade Corvo, *Estudos Sobre as Provincias Ultramarinas*, Vol. 4, Lisboa：Academia Real das Sciencias, 1887, pp. 169 – 173.

多，1899 年的记录是两所初学义塾（即公局义学，即男子中心学校和女子中心学校），澳门通商义学、华童学习西洋文义学、若瑟堂书院、啰哆唎嘛女书院，以及利宵学校。①

　　洋务运动未能让大清强盛的原因固然是多样的，而教学就是其中之一。梁启超主张维新变法，在《时务报》上就曾发表过系列的论文，其中有《论师范》一文。梁启超看到日本的成功，所以一开始便是"善矣哉，日人之兴学也"。洋务派兴办教育的成效不彰，梁启超归因于学堂教习多用西人，并提出同文馆和水师学堂等聘用西人充当教习有"五不相宜"，中国有四万万之大众却缺乏人才充任教习，慨叹："天下事之可伤可耻，孰过此矣？"梁启超提出欲革旧习、兴智学，必以立师范学堂为变法的第一义，而他提出的正是日本寻常师范学校的制度。梁启超认为变法应该由基层做起，也就是从小学堂开始，而不是立刻建设大学堂。梁启超建议"师范学校，与小学并立。小学校之教习，即师范学校之生徒也"，"以师范学堂之生徒，为小学之教习，而别设师范学堂之教习，使课之以教术，即以小学堂生徒之成就，验师范学堂生徒之成就，三年之后，其可以中教习之选者，每县必有一人，于是荟而大试之，择其尤异者为大学堂中学堂总教习，其稍次者为分教习，或小学堂教习"②。以师范学校的学生作为小学教师，当师范学校的学生水平提升后又可以选拔为中学和大学的教师，自是开创性的主张。晚清的师范学堂便是设有附属学校，民国的《师范教育令》第十条规定，师范学校应设附属小学校，高等师范学校应设附属小学校、中学校，女子师范学校于附属小学校外应设蒙养园，女子高等师范学校于附属小学校外应设附属女子中学，并设

---

　　① *The Chronicle & Directory for the Year* 1899，HK：HK Daily Press Office，1899，pp. 346–349.

　　② 梁启超：《论师范》，载《中国近代教育史资料汇编：戊戌时期教育》，第79—82页。

蒙养园。①

戊戌政变，康有为和梁启超师徒亡命日本，而当时前赴日本的还有陈子褒（荣衮）。陈子褒与康有为于 1893 年同应乡试，且名列在康有为之前，据冼玉清所述，陈子褒读康有为的文章，"叹为不及。往谒大服。执贽万木草堂称弟子，攻读两年"。对于康有为和陈子褒二人，冼玉清以为一主变法图强，一主教育救国；一身历五洲名震中外，一伏处闾里闇然敛抑；一为政治家，一为教育家。② 陈子褒伏处的闾里和身体力行的地方正是澳门。

清政府所建立的师范教育制度是模仿日本的，③ 而陈子褒在日本期间曾考察过当地的中小学，回国便尝试改良小学教育，在澳门时又曾与弟子门人等办理佩根平民义学、赞化平民义学及灌根劳工夜学。④ 1900 年年初，陈子褒在《汉报》上发表《论中国教育亟宜改良》，⑤ 以日本教育作为参照，指出西方人以为中国人无爱国之性质，其原因在于教育，日本人爱国如爱身，国民开化，也是由于教育。日本三十年的变法，内政外交，成果赫赫，他认为应师法日本之兴学，并提出"编教育书、倡教育学会、开教育报"三者相辅而行，不应该只羡慕"外人国势之强，国民之良，而不得其要纲"。陈子褒以为局势危急，故又提出教育有急激和温和两派，"急激教育有类演说，所以救现在，温和教育按级教

---

① 《中华民国教育新法令》第一册，第 36—37 页，载孙燕京、张研主编《民国史料丛刊续编》，大象出版社 2012 年版，第 1055 册。

② 冼玉清：《万木草堂与灌根草堂》，《大风》（半月刊）1940 年第 63 期。

③ 《癸卯学制》基本上是直接取法日本，甲午战争以后往留学的地点也以日本为主。参见徐宗林、周愚文：《教育史》，（台北）五南图书出版公司 2019 年版，第 129—156 页。

④ 冼玉清：《改良教育前驱者——陈子褒先生》，参见《教育遗议》，（台北）文海出版社 1973 年版，第 293—298 页；夏泉、徐天舒：《陈子褒与清末民初澳门教育》，《澳门研究》2004 年第 22 期。

⑤ 陈荣衮：《论中国教育亟宜改良》，《汉报》光绪二十五年十二月廿一日（1900 年 1 月 21 日）。本文未见收入《教育遗议》。陈子褒另有《论教学童作论》（1901 年 9 月 19 及 1901 年 9 月 20 日）和《论学童为蒙师之师》（1901 年 10 月 5 日及 1901 年 10 月 7 日）见刊于《香港华字日报》，应是借报章提倡其改良教学的具体办法。

育，所以种将来也"。陈子褒于返国后倡设"蒙学会"，当时约有二十余人，分布在中山、新会、台山各处的书塾，1905 年 2 月的一则广告曾见18 名成员（见图 7-1）。陈子褒原倡议发起教育学会，后改为蒙学会，以教育二字问题太大，故舍大取小。① 陈子褒认为"中国地处温带，国民脑慧，不让外人，而竟湮郁于野蛮教法之中……至谓中国之亡，亡于学究之手，岂谬语哉！衮以为学堂不难，难于在今日兴学之教习；不难于聘教习，难于教科新书"②

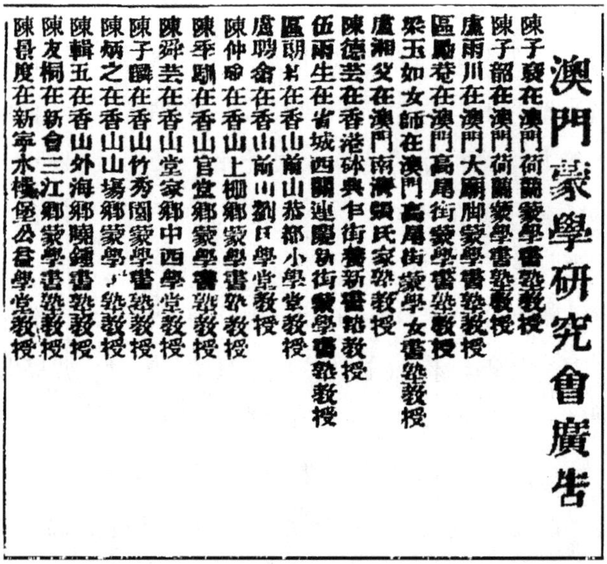

图 7-1　澳门蒙学研究会广告

陈子褒初到澳门时曾就聘于澳门邓氏，兼原生学堂助教。原生学堂于 1901 年停办后，陈子褒在荷兰园 83 号开设蒙学书塾，曾先后改称子褒学塾和灌根学校。③ 冼玉清在《万木草堂与灌根草堂》一文忆述

---

① 见陈德芸在《教育学会缘起》一文的按语，载《教育遗议》，第 20 页。
② 陈子褒：《教育学会缘起》，载《教育遗议》，第 20 页。
③ 王文达：《维新之塾师：陈子褒兄弟》，载《澳门掌故》，（澳门）澳门教育出版社2003 年版，第 294 页。

陈子褒初设馆时学校名为灌根草堂，她在灌根草堂读书六年，前文提及陈子褒的《论中国教育亟宜改良》，署名正是"澳门灌根草堂陈荣衮"（原刊"荣衮"二字倒植）。

陈子褒于新学的提倡，一方面是教授方法的改变，另一方面是编写新教材。如冼玉清所述，前者包括注重实验、废止读经、废止体罚，后者包括编辑小学国文读本、改良习字帖和创编七级字课。[1] 崔师贯（百越）对陈子褒有如下的评述。

> 设学于澳门，行新法教授，编《七级字课》《小学释词》《诸史小识》等书。盖务求语文之沟合，使学龄儿童，更无不通国文之患。又以学校教育，必本于家庭，而妇女不识字者居多数，亟倡女学，期造就平等之智识。……其教科采圆周法，不为强灌，以养成学徒自动力为主。教化大行，信徒日众，每有母子同堂受业者。时省学务处犹未设立，内地兴学者，皆来取法，澳门一隅，教育遂为全粤冠。[2]

这个评价同时说明该时期澳门在改良私塾教育方面的进步和贡献，以及在女学方面的倡议。《七级字课》在清季民初十数年曾一度通行香港、澳门、中山及台（山）、新（会）、恩（平）、开（平）各小学，[3]而从澳门档案馆卷宗所见，《七级字课》直至 20 世纪 30 年代仍然用作培性、维德、何星堂、习成、菁莪、养正、明德、蒙学、培德、卓豪、子裳、志道、尚德、崇新、展文等小学校课程的教材。[4]

---

① 冼玉清：《改良教育前驱者——陈子褒先生》，载《教育遗议》，第 297—298 页。

② 崔师贯：《陈子褒先生行略》，载《教育遗议》，第 4 页。

③ 参见陈德芸在《七级字课说略》一文的按语，载《教育遗议》，第 82 页。

④ 澳门档案馆藏，资料号：MO/AH/EDU/CP/06。1952 年，莲峰义学初小的"字课"、慈惠学校的低级班、菊庵国文专科的"小学国文专科班"仍然列有七级字课作为教材。参见澳门档案馆藏，资料号：MO/AH/EDU/CP/08/0019，第 270、261、225 页。

## 三　澳门及从内地迁澳的师范学校

澳门早期学校的专业师资主要来自广东的师范学校。[①] 1916 年 3 月，当时向"监察华学公会"（即后来的"华视学会"）申领学校准照的学校共 102 家，其中有两所女校的负责人（陈子褒和莫远公）分别为另一男校的负责人。[②] 从其他政府档案卷宗所见部分人士的简历，如张驰南［南海县（今佛山市南海区）籍，学历为"增生"］、何星堂［顺德县（今佛山市顺德区）籍，学历为"顺德高村乡国文修业十年"］、冯燕芬［鹤山县（今鹤山市）籍，学历为"上海美界渣文书院国文专修科"］、蔡寿慈［中山县（今中山市）籍，学历为"陈子褒高等学校"］、郭杓［南海县（今佛山市南海区）籍，学历为"佛山师范讲习所毕业/香港圣士提反书院毕业/英国牛津大学高级试验文凭"］、汪蕢初（番禺县籍，学历为"澳门镜湖义学"）、陈受廷（新会县籍，学历为"汉文专修十九年"）、梁玉如（香山县籍，学历为"汉文专修十年/子褒学校普通四年"）、莫耀廷（新会县籍，学历为"专修文学"）、郑翼唐［中山县（今中山市）籍，学历为"专修文学十六年"］等，[③] 应可大致确定当时的学校负责人不必具备任何师范学历。然而，也并非没有师范出身的校长，比如创办崇实学塾的梁彦明，先后毕业于南海师范学堂和两广优级师范学堂，崇正学校和其后的中华初级中学校（1927 年创立）校长郑叔熙毕业于两广优级师范学堂，维基学校校长李仲齐也是广东优级师范学堂毕业，尚贤学校校长宋荫棠是广东高等师范学校毕业，但这些毕竟都是少数。至于当时对于教员的要求，似乎至多也只是要求相关的毕业文

---

① 刘羡冰：《澳门教育史》，人民教育出版社 1999 年版，第 177 页。该书有专章讨论澳门的师范教育，见第 176—199 页。

② 澳门档案馆藏，资料号：MO/AH/EDU/JIECM/01/0001，第 3 页。

③ 澳门档案馆藏，资料号：MO/AH/EDU/CP/06。

凭，如圣若瑟书院聘英文教师的要求是文凭，民主学校聘华文教师，基本资格关乎年龄、品行、健康、学问和能说粤语，之后就是毕业证书和教学经验，另外还会考虑文凭数量和教学年资。①

澳门的师范教育或始于 20 世纪 20 年代。1921 年 10 月澳门某项庆典的报道中曾提及一所"师范夜学"参加提灯会活动，② 但具体不详。而澳门在当时应有一所"澳门师范学校"，证据是 1927 年 9 月某些学校向华视学会呈交的 1927—1928 学年教员学历报告，其中坤元学校（女校）见冯秋雪曾于该校任教一年，允文学校见刘君卉于该校任教一年，郑智盦则曾在该校修业；又维基学校见李仲齐曾任"本澳女子师范教员一年"③。1929 年 8 月，澳门的华视学会曾收到开办"中文师范学校"的呈请，资料显示申请人拟开办"初级师范预科"班，并拟"将中文学校汉文专科学生尽行编入师范预科，暂设一班，一年毕业，升入师范正科，三年毕业"。该校名誉校长为何泽永，校长兼主任教员为苏菊庵。在课程设置上，列有 20 门课，但部分为"选择教授"。资料中的前两门课为教育学和心理学，而教授方法栏上分别注明"详解说明教育原理"和"研究各种人心的现象及儿童心理"；至于所用书籍栏上，教育、心理、物理、国文、历史、地理、算术、动物、植物、生理、矿物、公民等科目的教材，虽然没有具体的出版资料，但都冠以"师范学校"等用词。④ 然而申办一事并不成功，华视学会在 1929 年 8 月 12 日的会议上曾讨论并否决两项设校的申请，一是鲍澍澧呈报

---

① 《澳门三巴仔圣若瑟书院聘请英文老师及招生》，《香港华字日报》1915 年 7 月 30 日；《澳门民主学校委员会通告》，《香港华字日报》1915 年 10 月 19 日。

② 《澳门华人国庆纪念补志》，《香港华字日报》1921 年 10 月 15 日。又 1927 年 9 月至德学校呈交的教员学历报告中见林吉六曾于"澳门半夜师范学校"肄业（澳门档案馆藏，资料号：MO/AH/EDU/CP/06/0068）。

③ 澳门档案馆藏，资料号：MO/AH/EDU/CP/06/0027；MO/AH/EDU/CP/06/0064；MO/AH/EDU/CP/06/0043。

④ 《学校各级课程报告》，澳门档案馆藏，资料号：MO/AH/EDU/CP/06/0094，第 12 页。

开设中学校一所，二是何泽永呈报开设师范学校一所。前一项是因为申请人的资历只是初中毕业的程度，后一项则是因为申请人何泽永的资历是法政学校毕业而并非师范毕业。华视学会的会长诺拉斯古（Pedro Nolasco da Silva）在会上并提议拟定师资的标准，具体如下。

（1）凡欲设立小学校者，其校长资格最低限度须曾在初级中学校毕业领有证书者，或曾任小学教员三年以上具有证明者。

（2）凡欲设立中学校者，其校员资格最低限度须曾在师范学校或大学毕业领有证书者，或曾任中学教员三年以上者具有证明者。

（3）凡欲设立师范学校者，其校长暨所有教员，一律须曾在师范学校毕业领有证书及曾任师范学校教员两年以上具有证明者。[1]

"中文学校"于1928—1929学年有三名教员，男生37名，女生12名，[2] 而往后数年的政府档案未见该校的名字，估计是未能转型为"中文师范学校"，所以也就只能结束了。

澳门于1933年似乎有一所圣罗撒初级中文女子师范学校，葡文名称为 Escola Normal da Primaria Chinesa para o Sexo Feminino da Santa Rosa de Lima。该校设在加辣堂街2号，与圣罗撒书院相邻，申办人也是圣罗撒书院的雷淑英修女（Rev. Mother Marie Louis Agnes）。学校分为两年高级小学（Primária Complementar）和三年初级师范（Normal Primária），高小的学科有国语、算术、公民教育、历史、地理、自然科学、音乐、英语和卫生，初级师范的学科有公民教育、教学法、心理学、本国文学、英语、历史、地理、算术和自然科学等。学校的教员除了雷淑英修女外，另有4名女教员和3名男教员。由于各人中文

---

① 澳门档案馆藏，资料号：MO/AH/EDU/JIECM/01/0001，第24页。
② 澳门档案馆藏，资料号：MO/AH/EDU/JIECM/03/002，第291—292页。

名字皆为葡文拼音，暂未能辨认，但从文件的简介中可知各人的籍贯，包括南海 2 名、中山 2 名、肇庆 1 名、番禺 1 名，另有 1 名为法国籍。① 1933 年在澳门华视学会注册的私立中文学校名单所见，截至 1934 年 1 月，这所圣罗撒师范学校共有 24 名女生，校名是 Escola Normal da Santa Roza de Lima。② 华视学会 1933 年 9 月 6 日致民政厅的信件和其后民政厅于 9 月 9 日致雷淑英修女的信函中，都重点提及这所中文师范学校是开创先河，但疑惑的是 1933—1934 这学年往后的卷宗上就只见圣罗撒学校（附设小学），再也没看到有圣罗撒师范学校的记录。笔者其后发现圣罗撒女子中学校的招生简章，这所师范学校原来就是该校的高中师范部，而师范课程的宗旨是培养小学教师，招生的对象是初中毕业生（见图 7 - 2）。③

20 世纪抗日战争爆发，广州和澳门邻近乡镇的中小学校因逃避战事而迁校，当时也有迁到澳门的，如执信女子中学、洁芳女子中学、私立协和女子中学、南海联合中学、中山县（今中山市）立联合中学等，这些学校，除了高中、初中和小学的课程外，亦设高师、简师和简师科的课程。④

执信女子中学 1921 年于广州创办，创办时即设有师范科。1938 年 1 月该校迁澳复课，当时全校共 24 名教员，设有初中一至三年级、高中一至三年级和高中师范一至三年级，全校女生有二百余人，曾租用罗地利忌博士路的一座洋楼（即黎登别墅）作为学生宿舍，学校和办事处则设在天神巷 24 号屋，其后该校再租南湾街 33 号作为中学

---

① 澳门档案馆藏，资料号：MO/AH/EDU/JIECM/03/001，第 227—231 页。
② 澳门档案馆藏，资料号：MO/AH/EDU/JIECM/03/001，第 260—263 页。另一份日期为 1938 年 11 月的文件却又记录该校 1933—1934 年度男女教员各 5 名，女学生 60 名，参见澳门资料馆藏，资料号：MO/AH/EDU/JIECM/03/002，第 301—303 页。
③ 《澳门指南》，澳门经济局 1935 年，第 314—315 页。又《华侨报》上曾见以这学校名义捐款救济逃难学生的报道。《港澳侨团源源接济逃澳难生》，《华侨报》1940 年 4 月 4 日。
④ 广告，《华侨报》1942 年 8 月 23 日。

# 聖羅撒女子中學校附設小學
## 招 生 簡 章
校 址 澳 門 南 灣

**A 宗旨**:遵照本國教育宗旨及其實施方針;初中部以繼續小學之基礎訓練,發展青年身心,培養健全國民,並為升入高級中學之預備;高中師範部,以陶冶德性,提高女子職業地位,造就優良之小學教師,使其充富學識技能,以服務於社會為宗旨.

**B 編制**:本校依照教育部頒行之新學制辦理,分高中師範部三年,初中三年;小學部高小二年初小四年.

**C 學科**:

高中師範部:

(一)必修科:

國文,英文,歷史,地理,數學,物理學,化學,生物學,公民,衞生,勞作,美術,音樂,教育概論,教育心理,小學教材及教學法,小學行政,教育測驗及統計,體育,軍事看護,論理學.

(二)選修科:

哲學,文學概論,英文文選,法文,教育史,幼稚教育,民衆教育,鄉村教育,農村經濟及合作,地方教育行政,教育視察,小學教育實習,小學教師應用音樂,小學教師應用美術,社會學及社會問題.

初中部:

(一)必修科:

黨義,公民,國文,英文,歷史,地理,數學,理化,博物,衞生,工藝,音樂,圖畫,體育,童軍.

(二)選修科:

兒童文學,教育學,小學行政,小學課程,兒童心理,法文.

小學部:

黨義,國文,英語,公民,算術,歷史,地理,自然,社會,常識,衞生,圖畫,工作,音樂,體育,

[高初中各級數學,除按級分授算術,代數,幾何,三角外,每級另加授珠算一科,初小除一二年級外三四各級上均加授英語一科.]

專修科:

風琴,鋼琴,油畫,水彩畫,炭畫,打字,刺綉.

**D 資格**:凡初中畢業,或與初中畢業程度相當者,得入高中師範部一年級,凡小學畢業,或與小學畢業程度相當者,得入初中一年級,本校為利便各校學生轉學來校起見,自本期起,招生高初中各年級插班生,以有原讀校介紹書或學業成績表為合格;小學部各級以程度相當者得編入。

**專修科**不論學歷,但均須經本校試驗合格及品行端方者,始取錄

**E 學費**:

中學部:

高中師範科每學期 ........................$20.00

初中普通科每學期 ........................$15.00

小學部:

高小級每學期 ..............................$12.00

初小級每學期 ..............................$ 8.00

專修科:

(A)風琴,鋼琴,每週授課一小時 ........$ 3.00

(B)打字,每週授課一小時 ..............$ 2.00

(C)油畫,水彩畫,炭畫,每週授課二小時$ 3.00

(D)刺綉,每週授課二小時 ..............$ 3.00

專修科學費以每月計,校外來學者一律五元

**F 寄宿**:本校特設宿舍,以備遠方來學者.

膳宿費每月 ....................................$30.00

走學生如在校用午膳者,每月 ..............$10.00

(以上各項概收港幣)

**G 報名**:報名時須填寫報名書,及最近二寸相片兩張,報名費西紙一元,此款在學費內扣回.

**H 試驗**:入學試驗,在國歷弍月十二十三日上午十時均在本校舉行.

試驗科目:

初中部:國文,英語,數學.

小學部:國文,數學.

(有畢業証書,修業証書,或學業成績表之一者,概准予免試,編入相當學級.)

啓課:國歷弍月十四日。

校長雷淑英訂

图 7－2　圣罗撒女子中学校招生简章

部，小学校舍则设于天神巷。1939—1940 年度奉教育厅批准招收初中一年级三班，高中普通科一年级两班，幼稚师范科一年级一班，共六班，[①]而该校在广州是特准兼办师范的私立学校。1939 年度下学期广东省教育厅的中学师范毕业试，办事处就设在南环（即南湾）的执信学校。[②]1939 年年初租三巴仔横街 3 号屋作分校，但该分校只维持至 1940 年 7 月月底便结束。该校刚在澳门复课时师范科的学科及教材见表 7-2。[③]

表 7-2　　执信女子中学 1937—1938 学年师范课程学科及教材

| 学科 | 学　　级 | | |
| --- | --- | --- | --- |
| | 高中师范一年级 | 高中师范二年级 | 高中师范三年级 |
| 公民 | 复兴高中公民课本第二册[④] | 复兴高中公民课本第四册 | — |
| 国文 | 复兴高中国文第二册 | 复兴高中国文第四册 | 复兴高中公民课本第六册 |
| 文学史略 | 中国文学史略 | — | — |
| 卫生 | 师范卫生 | — | — |
| 几何 | 温氏高中几何 | — | — |
| 三角 | 温氏高中三角 | — | — |
| 历史 | — | 标准师范历史 | — |
| 代数 | — | 高中乙组代数 | — |
| 算术教学法 | — | — | 小学算术教学法之研究 |

---

① 《执信新生举行入学试》，《华侨报》1939 年 8 月 6 日。

② 《廿八年度下学期考试试期已定》，《华侨报》1940 年 6 月 20 日。

③ 《执信学校各级课程报告》，澳门档案馆藏，资料号：MO/AH/EDU/CP/06/0157，第 41—43 页。

④ 商务印书馆于 1932 年年初被日军炸毁，一度被迫停业。1932 年中小学课程标准相继公布，商务于 1933 年 5 月推出复兴教科书，1936 年修订课程标准，1937 年再度出版修正课程标准适用的复兴教科书。

续表

| 学科 | 学 级 | | |
|---|---|---|---|
| | 高中师范一年级 | 高中师范二年级 | 高中师范三年级 |
| 地理 | 标准高中师范地理 | — | — |
| 论理学 | — | — | 师范论理学 |
| 生物学 | 师范最新生物学 | | |
| 化学 | | 复兴高中化学上册 | |
| 物理 | | | 复兴高中物理上册 |
| 教育 | 教育概论 幼稚教育 | 民众教育 | 教育测验与统计 |
| 心理学 | | 教育心理学 | |
| 教学法 | — | 小学教材及其教学法上册 | 小学教材及其教学法 |
| 教学视导 | — | — | 教育规导 |
| 小学行政 | — | — | 小学行政 |
| 英文 | 师范英文选第一册 | 师范英文选第二册 | 师范英文选第三册 |
| 国音 | — | — | 标准国语会话 |
| 图画 | 自编 | 自编 | — |
| 体育 | 自编 | 自编 | 自编 |
| 音乐 | — | — | 自编 |
| 家事 | 自编 | — | |
| 工艺 | — | 自编 | — |

　　校长杨道义于 1940 年 7 月离开澳门，[1] 校长职务由金曾澄接

---

　　① 杨道仪与汪精卫有亲戚关系，汪曾派人与杨道仪联系，希望她和执信女子中学及校产能迁往日占区。参见单文经《穗澳教育先贤陈道根先生传述稿》，载张伟保主编《澳门教育史论文集》第 1 辑，中国社会科学出版社 2009 年版，第 95 页。澳门档案馆的卷宗见杨道仪于 1942 年 7 月 1 日致函校长金曾澄要求取回所借的图书、仪器和校具。澳门档案馆藏，资料号：MO/AH/EDU/CP/06/0157，第 25 页。

任，同年 12 月金曾澄委任教务处主任陈道根为代表，负责处理澳门的公务。1942 年 7 月 31 日该校即停办。① 陈道根原是随杨道仪来到澳门，及后成为中华教育会的骨干，并为圣若瑟中学创办师范课程。

洁芳女子中学在广州办学三十多年，1938 年 12 月 26 日在澳门复课，校长姚学修，教务主任梁继，校址设在龙头左巷 10 号。该校在广州原设有师范本科及高初中学、小学、幼儿园，随校长迁澳者共 86 人。1939 年 2 月间，有学生二百多人，因附属小学人数较多，曾商借望厦普济禅院作第二校舍。② 1942 年年初复设师范，③ 同年 9 月，该校承租近西街已停办的崇新小学校址作第一分校，崇新的张志城校长并致函华视学会表示将校舍校具借予洁芳女中分校。④

中山县（今中山市）立临时联合中学，校长是林伟廷，该校由中山县（今中山市）立中学、中山县（今中山市）立女子中学和乡村师范三校组成。日军空袭石岐，张惠长及林伟廷二人将各校合并后移至南屏，后再迁澳门；乡师唐颖波校长改任副校长，中学孙恩沛校长改任训育主任，女中简□□校长改任事务主任。⑤ 1939 年 3 月 15 日，该校在澳门开课，⑥ 初时借用协和、培英等学校上课，学生约 300 人。1939 年 8 月取录高中师范一年级新生 23 名，高中普通科一年级 68 名，初中一年级 72 名。⑦ 1940 年 9 月，在台山菜园涌北街第 2 和第 4 号设校，而原址是旧时的裕安丝厂，该校并为附近贫困失学儿童设立一所民众夜学，晚间七时至九时上课，学费和杂费全免，并提供用书。⑧

① 澳门档案馆藏，资料号：MO/AH/EDU/CP/06/0157，第 31 页。
② 澳门档案馆藏，资料号：MO/AH/EDU/CP/06/0161。
③ 《教育消息》，《华侨报》1942 年 2 月 4 日。
④ 澳门档案馆藏，资料号：MO/AH/EDU/CP/06/0161，第 6—7 页。
⑤ 《中山三校合组联合学校》，（香港）《大公报》1939 年 3 月 4 日。
⑥ 《中山县立女中/中学/简师学生注意》，（香港）《大公报》1939 年 3 月 6 日。
⑦ 《县立临时中学定期举行入学试，新生取录揭晓》，《华侨报》1939 年 8 月 23 日。
⑧ 澳门档案馆藏，资料号：MO/AH/EDU/CP/06/0168。

1940 年 8 月第一次取录新生，初中部 45 名，高中部 30 名，之后再续招高中普通师范科一年级、初中一年级和初中三年级各一班。[①] 1941年 8 月第一次招考新生，取录高中师范生 11 名，高中普通科 46 名，初中 62 名。[②] 1942 年年初，该校共有 11 班，1942 年 8 月第一次招考生，高中普通科 35 名，师范科二十多名，初中 28 名。[③] 依据 1940 年 11 月该校呈具的编制，该校共 39 名教员，有高中普通科一至三年级，高中师范科二至三年级，简师四年级，初中一至三年级。该校师范科的学科及教材见表 7 – 3。[④]

表 7 – 3　　　中山联合中学 1940—1941 学年师范课程学科及教材

| 学科 | 学 级 | | |
| --- | --- | --- | --- |
| | 高师三年级 | 高师二年级 | 简师四年级 |
| 公民 | — | 高中师范公民(经济概要)(正中版) | 简易师范公民(第七册)(正中版) |
| 体育 | 自编教材 | 自编教材 | 自编教材 |
| 国文 | 新课程标准师范适用国文读本第五册(中华版) | 新课程标准师范适用国文读本(第三册)(中华版) | 复兴初级中学国文(第七册)(商务版) |
| 论理 | 新课程标准师范适用论理学全册(中华版) | — | — |

续表

---

① 《中山联合中学增招班额扩充校舍》，《华侨报》1940 年 8 月 26 日。

② 《中山联合中学招考新生揭晓》，《华侨报》1941 年 8 月 14 日。

③ 《学校消息》，《华侨报》1942 年 1 月 24 日；《学校消息》，《华侨报》1942 年 8 月 23 日。

④ 《中山联合中学校各级课程报告》，澳门档案馆藏，资料号：MO/AH/EDU/CP/06/0168，第 12—14 页。

| 学科 | 学 级 | | |
|---|---|---|---|
| | 高师三年级 | 高师二年级 | 简师四年级 |
| 算学 | 师范适用算学第五六册（中华版） | 新课程标准算学（第三册）（中华版） | — |
| 物理 | 师范物理上册（正中版） | — | |
| 化学 | — | 师范化学（上册）（正中版） | — |
| 历史 | — | 新课程标准本国史（第一册）（中华版） | — |
| 农艺 | — | — | 农艺及实习（第三册）（中华版） |
| 图画 | — | 自编教材 | — |
| 音乐 | 自编教材 | 自编教材 | 自编教材 |
| 工艺 | — | | 自编教材 |
| 劳作 | 自编教材 | 自编教材 | |
| 小学行政 | 新课程标准师范适用小学行政（中华版） | — | 简易师范小学行政（商务版） |
| 教育心理 | — | 新课程标准教育心理（上册）（中华版） | — |
| 小学教材及教学法 | 新课程标准师范适用小学教材及教学法（中华版） | 新课程标准小学教材及教学法（上册）（中华版） | 小学教材及教学法（上册）（中华版） |
| 实习 | 新实习（锦章版） | — | 新实习（锦章版） |
| 选修科目 | 地方教育行政（正中版） | — | — |

1942 年 8 月的招生情况似乎不错，高中部普通科招了三十多名，师范科二十多名，初中也有三十多名。① 然而，因为澳门生活成本高，该校于 1943 年 8 月向华视学会缴销学校的证照，迁返内地的恩平。②

佛山南海县（今南海区）立师范学校于 1940 年 3 月 20 日由南海迁澳，原先借镜湖学校复课，之后借用英文专科学校上课，到 1941 年 3 月校长李兆福才正式向华视学会请求备案发给准照自主办理。③ 佛山南海师范其时与广州市南海中学和南海第一初级中学联合组成南海联合中学，校址曾设在雅廉访马路陈园。④ 该校有高初中、小学、春秋季师范科、简易师范科，以及一年制简易师范科等。⑤ 1942 年 8 月招考新生，高中 10 名，师范科 10 名，初中 8 名，小学 20 名；9 月续招，高中 8 名，高中师范科 6 名，简易师范科 10 名，初中 12 名，小学 15 名。⑥ 又该校亦曾派师范生每日到镜湖义学教导难童。⑦ 1942 年，该校被勒令停办高中及师范科，由于抗命不从，最终被广东省教育厅取消立案。⑧ 南海联中和执信女子中学两校曾被评为腐败，唐彬向陈立夫呈报（1942 年 7 月 23 日）称协和在澳门办理的师范成绩最佳，建议将执信和南海两校并入协和，并要求准许将协和的幼稚师范科改为普通师范

① 《学校消息》，《华侨报》1942 年 8 月 23 日。

② 《中联中学迁校恩平》，《华侨报》1943 年 8 月 16 日。该校于 1943 年 8 月 20 日正式迁返国内，澳门档案馆藏，资料号：MO/AH/EDU/CP/06/0168，第 9 页。《广东中山战区教育督学员周守愚呈送广东各县中小学校调查表教育概况等报告及有关文书》，中国第二历史档案馆藏，资料号：全宗号五/案卷号 13815/1943. 10－1944. 5。

③ 澳门档案馆藏，资料号：MO/AH/EDU/CP/06/0175。

④ 广告，（香港）《国民日报》1941 年 2 月 2 日；《学校消息》，《华侨报》1942 年 9 月 7 日。

⑤ 《教育消息》，《华侨报》1942 年 2 月 6 日；广告，《华侨报》1942 年 8 月 24 日。

⑥ 《学校消息》，《华侨报》1942 年 8 月 25 日，1942 年 9 月 7 日。

⑦ 《南海联中学生教育难童》，《华侨报》1942 年 5 月 11 日。

⑧ 《教育部关于南海联中案的文电》，载《第二历史档案馆澳门地区档案史料选编》，资料号：273/1942.9/五/13342/35J－181/537。

科，在澳门培养师资。①

关于私立协和女子中学，该校于 1935 年奉教育部令改办中学，易名为"私立协和女子中学校"。该校于 1937 年暑假从广州迁至台山，1938 年寒假时再迁澳门，同年 2 月 5 日在澳门复课。1939 年 9 月，该校上学期开学，设有高级和初级中学、三年制幼稚师范科、附属小学，以及幼儿园，中学部设于高楼下巷，小学则设于风顺堂街。② 1940 年 4 月，该校初中生 210 名，高中生 138 名，幼师生 62 名，小学生 231 名，幼儿园生 120 名，共计 771 名。③ 1942 年，教育部曾特令澳门协和中学幼稚师范科改为普通师范科，以资造就师资，其他澳门各校所开设的师范科一律停办，师范生可转学协和，并照原校收费。④ 1938 年 6 月，该校三年制的幼稚师范科 34 名学生毕业，⑤ 1939 年 6 月 24 名，⑥ 1942 年 6 月 9 名。⑦ 1943 年 6 月有 13 名高中师范科学生毕业，⑧ 1944 年 6 月 12 名。⑨ 该校于 1944 年增设"高级特别师范科"，毕业后可以担任高初级小学教员或行政人员，但有舆论质疑高中毕业生于一年所学是否能够胜任初中教员。当时教育部法令的规定，师范学生及特别师范科毕业生只能充任小学教员，幼稚师范科毕业生只能充任幼儿园

① 《教育部关于澳门学生回内地投考事宜的文书》，载《第二历史档案馆澳门地区档案史料选编》，资料号：271/1942.7/五/13342/35J – 181/523。

② 《私立协和女子中学概况》，载吕家伟、赵世铭编《港澳学校概览》戊篇，（香港）中华时报 1939 年版，第 17 页。

③ 《各地基督教中学讯》，《申报》1940 年 4 月 11 日。

④ 《中华教育会庆祝教师节之盛况》，《华侨报》1942 年 8 月 28 日；《协和中学师范科邀准办理》，《华侨报》1942 年 8 月 26 日。

⑤ 《协和中学结业礼中华视学会长呼中国万岁》，《华侨报》1938 年 6 月 26 日。

⑥ 《协和女中昨行毕业礼》，《华侨报》1939 年 6 月 18 日。

⑦ 广告，《华侨报》1942 年 6 月 15 日；《学校消息》，《华侨报》1942 年 6 月 21 日。

⑧ 《教育消息》，《华侨报》1943 年 6 月 27 日。

⑨ 杜：《协和女中昨行毕业礼》，《华侨报》1944 年 6 月 25 日。

及小学教员。① 抗战胜利后，该校在澳门只继续开设小学和幼儿园，直至 1949 年才又在澳门招考高中和师范各年级学生，校舍设在高楼上巷。

这个时期迁澳的其他学校，因为在内地时就设有师范科，如设在南湾 63 号（利为旅酒店右侧）的思思中学，分校主任是郑雨芬和李震，1938 年 12 月 12 日在澳门复课，招生广告便见招收"师范科"和"简师班"学生，② 但具体情况不详。另外，培正中学亦可能于 1944 年新学期设有培养小学教师的高中师范科。③

## 四　20 世纪 50—70 年代的师范教育

澳门高等院校开设师范科始于 1950 年前后。20 世纪四五十年代，由于抗战和政权的转移，澳门曾出现一些高等院校，其中某些院校亦曾设有师范课程。1938 年年底，江亢虎曾致函华视学会，表示在澳门复办原在上海的南方大学；1939 年，戴恩赛也曾向华视学会呈请开办望厦大学；1944 年 9 月，培正中学办理的"私立培正临时文理学院"曾正式上课，只是后来未获侨委会批准办理；1945 年，岭南大学也曾计划在澳门设立分校，并已获准，但因抗战胜利故未有办理。华南大学于 1949 年 8 月成立，校长王冠英，时任澳督曾答应出任该校名誉董事长。④ 该校于 1949 年 10 月开学，设文学、商学、理工、艺术四学院共 13 个学系，当时文学院社会教育系曾增设夜班，为教师提供进修机

---

① 《协和增设师范科班》，《华侨报》1944 年 7 月 15 日；雷学钦引述该特别师范科的报道："招收高中毕业或具有同等学力之女生入学，修业期限为一年，期满由学校发给证书，俾使担任高初级小学教师及行政人员，并择其对文理科或专科具有特长者，施以特殊之训练，使担任初中教员"。参见雷学钦《研究高级特别师范科》，《大众报》1944 年 7 月 19 日。按《师范学校规程》（1933 年 3 月教育部公布）第 12 章："师范学校及特别师范科毕业生得充任小学教员，幼稚师范毕业生得充任幼稚园及初级小学教员"，载《中华民国法规汇编》第九编"教育"，第 121 页，收入《民国史料丛刊续编》第 1049 册。

② 《思思中学澳校招生》（广告），《华侨报》1938 年 12 月 11 日。

③ 《教育消息》，《华侨报》1944 年 7 月 7 日。

④ 《澳督赞助创办华南大学》，《市民日报》1949 年 8 月 5 日。

会，本地小学教师经审查合格即可免试入学，且学费减半，夜班学额为 100 名，但招生情况并不理想，该校大约于 1954 年前后迁往台湾花莲港。① 私立越海文商学院（后改名粤海）于 1949 年 10 月开学，院长谢文龙，规划有中国语言文学、英国语言文学、教育学、会计银行学、经济学和工商管理学六个学系，但该校于 1952 年 4 月向教育督导处提交的报告未见有教育学系的学生。②

私立中山教育学院于 1949 年 10 月开办，院长吴兆棠。该学院设中小学部，1950 年 8 月获澳门政府特许设立师范部，主任为苏卓明，师范部分高级师范科（分普通师范和幼稚师范两组）和简易师范科，前者修读三年毕业，后者一年，对象均为初级中学毕业生。③ 从"澳门中山教育学院暨附属中小学" 1950 年 2 月的招生广告所见，该校有两处地址，一在妈阁街 26 号，一在下环街 99 号，应是前后相邻的楼宇。该校文史及数理专修科及特别师范科各招学生 20 名，并招收高中一二年级、初中一二年级下学期插班生；小学一上新生，一下、二下、三下、四下、五下各级插班生，而各级均设奖学金名额及免费生名额各三名，半费生各十名。④ 据 1950 年 8 月下旬该校招生的数字所见，大学部 4 名，专科部 5 名，师范部 10 名，中学部 24 名，小学部 32 名，共 75 名。据 1951 年 7 月该校向澳门教育督导处呈报的资料显示，当时全校共 21 名教员，师范科由 8 名高级中学的教员兼任，师范科及格男生 1 名，女生 15 名；剔除退学者，高初级小学男生 57 名，女生 26 名，

---

① 郑振伟：《1940 年代的澳门教育》，中国社会科学出版社 2016 年版，第 95—97 页。1949 年 10 月 8 日该校第二次招生，社会教育学系只见 8 名学员，参见《华南大学招生揭晓》，《华侨报》1949 年 10 月 10 日。

② 澳门档案馆藏，资料号：MO/AH/EDU/CP/08/0019，第 14 页。1949 年 9 月第一次入学试只取录新生 37 名，其中教育学系 10 名，一年级 8 名，三四年级各 1 名，参见《文商学院新生放榜》，《大众报》1949 年 9 月 27 日。

③ 《中山教育学院今年增师范部》，《华侨报》1950 年 8 月 17 日。

④ 广告，《华侨报》1950 年 2 月 4 日。

高初级中学男生 31 名，女生 12 名；1952 年 4 月，师范科女性 15 名，男生 1 名。① 1953 年 9 月，孙甄陶任院长。1954 年 2 月，该院的升大预备班、师范部、高初中及附小学生有三百多名。② 中山学院和粤海大学曾于 1960—1961 年度合并办理，为期五年，取名"中山粤海联合学院"，校址在妈阁街 28 号的中山学院，当时只设高初中小学各部，大学部暂停，冯汉树为院长兼附中主任，尹嘉为副院长兼训导主任，郑逸雄为教务主任，梁守谦为总务主任。③ 1965 年 7 月月底双方合约结束，中山学院继续在原来的院址（即妈阁街 28 号和下环街 99 号）办学，时任院长为尹嘉。④ 华侨大学是当时另一所提供师范课程的院校，校址曾设于高园街，1953 年迁至柯高马路 30—32 号，之后在东望洋斜巷 1 号，该校于 1954 年 3 月奉准增设师范学院，院长为甘履及，该院主要培养中等教育师资，先开设英语和教育两学系，课程与台湾师范学院所设的必修课程相衔接⑤。1957—1958 年度，中山、粤海文商、华侨工商三校，仅华侨工商的大学部还有 35 名男生和 5 名女生。中山和粤海文商有中小幼各级学生，后者并有专科课程 52 名男生和 23 名女生。⑥

---

① 澳门档案馆藏，资料号：MO/AH/EDU/CP/08/0019，第 284 页，第 23 页。

② 《中山学院办升大班》，《华侨报》1954 年 1 月 19 日；《中山学院昨日开课》，《华侨报》1954 年 2 月 17 日。1960 年 7 月 3 日该校举行初中第 9 届中学第 8 届毕业礼，已没提及师范毕业生，参见《夏日炎炎暑期开始，澳门各校纷毕业礼》，《华侨报》1960 年 7 月 5 日。

③ 1962—1963 年度截至 1963 年 12 月底的统计，中学生 248 名，小学生 365，幼儿园生 77 名（资料号：MO MO/AH/EDU/FA/15/0017/076）；1963—1964 年度截至 1964 年 12 月底的统计，中学生 251 名，小学生 421，幼儿园生 95 名（资料号：MO/AH/EDU/FA/15/0018/051）。

④ 《中山、粤海两学校合并设联合书院》，《华侨报》1960 年 8 月 11 日；澳门档案馆藏，资料号：MO/AH/EDU/FA/18/109，第 6 页。私立中山学院（下环街 98 号）于 1968 年仍然存在，校长梁守谦，但当时只有小学部一至六年级学生 95 名，幼稚园高低班学生 25 名，教职员 7 名。见《圣公会圣马可堂福利部社会福利品分发单位数量减增调查报告表》，蔡高中学档案藏，1968 年 4 月 6 日。

⑤ 《教育消息》，《华侨报》1954 年 3 月 16 日。

⑥ 澳门档案馆藏，资料号：MO/AH/EDU/FA/18/0009，第 123 页。

上述院校虽然提供师范课程，但师范生不多，其时高中毕业生往内地和台湾修读师范课程是另外的选择，当然也有投考香港的葛量洪师资学院。[①] 就资料所见，北平师范学院曾为港澳立案侨校提供"保送"名额，但给予澳门的名额只有五个，高中毕业生须经侨委会审核后，再依期到北平参加复试。[②] 中国台湾地区"台湾省立师范学院"于1951年开始在澳门招生，学院设国文、地理、教育、理化、博物、数学、英语、音乐、体育、艺术等十个学系，而最重要的是有公费待遇。1953年3月台湾的教育部更公布了保送高中毕业侨生升学的办法，[③] 又前文已提及当时澳门的中山学院曾为学生举办升大预备班。

澳门本地学校能够提供师范教育，澳门中华教育会的一项举措至为关键。该会于1948年5月16日第五次常务会议议决向侨委会请求准许澳门的私立学校增办小学师范科，[④] 呈请获侨委会核准后，理事会于7月20日通函各校。[⑤] 当时的侨委会定下三项条件。

（1）附设各该科之中学，应为该区立案中学中规模较大，设备充实，师资健全之中学为宜，并应将附设之中学名称，及设科计划报会备查。（2）教育系专业性质，于招收新生时，除应对入学资格加以注意外，并宜以志愿从事国民教育工作者为合格。（3）关于各该科教学科目及主持人，应分别遵照特别师范科，或简易师范科暂行办法规定斟酌办理之。

---

① 《文件存稿》，蔡高中学，1951年，第83页。
② 《侨校保送高中生按期回国升学》，《世界日报》1948年6月18日。
③ 《台湾四大学在港澳招生》，《华侨报》1951年8月11日；《台湾教育部公布暑期保送侨生赴台升学办法》，《华侨报》1953年3月25日。
④ 《中华教育会请示侨委会私立学校增办师范科》，《华侨报》1948年5月17日。
⑤ 《侨委会复函教育会准中学附设师范科设立者须呈教育会汇报》，《市民日报》1948年7月23日；《侨委会准澳侨校设特别简易师范科》，《大众报》1948年7月23日。

圣若瑟中学在接到相关的通知后，遵令添招"简易师范科"①。何心源校长正是借重陈道根在师范教育方面的专业知识，由他在圣若瑟中学第二校开设简易师范科。② 1952 年 4 月该校呈交教学督导处 1951—1952 年度的资料显示，简易师范科课程包括教育概论、体育与游戏、工用艺术、形象艺术、小学行政、教学实习、教材及教授法、教育心理、算学和国文等科目。当时圣若瑟中学全校共 36 名教员，男生 505 名，女生 252 名，除师范科外，另设有高初级中学和高初级小学；任教师范科的教员共 6 名，5 男 1 女，就读师范科的共 15 名女生。③ 1952—1953 年度，该校改办二年制幼稚师范科，1953 年第一届幼稚师范科学生毕业。1954—1955 年度共 23 名幼稚师范科毕业生，因就业理想，故 1955 年 8 月投考者多至 86 人。④ 1961—1962 年度，幼稚师范科一和二年级各有 40 名学生，⑤ 各级科目及教材见表 7 - 4。

表 7 - 4　　　　　澳门圣若瑟中学高中部暨师范用书一览表
（1961 年度上学期）（部分）

| 级别 | 书　名 | 册次 | 编著者 | 出版 |
|---|---|---|---|---|
| 幼稚园师范一年级 | 1. 高中国文 | 一 | 高明 | 正中 |
| | 2. 中国历史大纲 | 全 | 黄大受 | 大中 |
| | 3. 教育概论 | 全 | 孙亢曾 | 正中 |
| | 4. 教育心理 | 全 | 程法泌 | 正中 |

---

① 《本校增设师范科的经过》，转引自《七十五年雅歌声：校史述析》，（澳门）澳门圣若瑟教区中学 2006 年版，第 52 页。
② 单文经：《穗澳教育先贤陈道根先生传述稿》，载张伟保主编《澳门教育史论文集》第 1 辑，中国社会科学出版社 2009 年版，第 98 页。
③ 澳门档案馆藏，资料号：MO/AH/EDU/CP/08/0019/028，第 49—56 页。
④ 《学校消息》，《华侨报》1955 年 8 月 31 日。1952—2006 年间该校师范科毕业生见老志钧论文，详后注。
⑤ 澳门档案馆藏，资料号：MO/AH/EDU/FA/15/0002，第 302 页。

续表

| 级别 | 书　　名 | 册次 | 编著者 | 出版 |
|---|---|---|---|---|
| 幼稚园师范一年级 | 5. 基本国语 | | 乔砚农 | — |
| | 6. 进步国语 | — | 乔砚农 | — |
| | 7. 本国地理提纲 | 上册 | — | 本校 |
| | 8. 简易和声教材 | — | — | 本校 |
| | 9. 幼儿园歌选 | — | — | 本校 |
| | 10. 圣若瑟歌集 | — | — | 本校 |
| | 11. 现代问题的解答（甲组人生真理） | — | — | 本校 |
| 幼稚园师范二年级 | 1. 高中国文 | 三 | 高明 | 正中 |
| | 2. 幼稚教育 | — | 葛承训 | 正中 |
| | 3. 保育法 | — | — | 本校 |
| | 4. 节奏乐曲选 | — | — | 本校 |
| | 5. 律动进行曲选 | — | — | 本校 |
| | 6. 简易和声教材 | — | — | 本校 |
| | 7. 幼儿园歌选 | — | — | 本校 |
| | 8. 圣若瑟歌集 | — | — | 本校 |
| | 9. 现代问题的解答 | — | — | 本校 |

又 1965 年该校增设一年制的特别师范课程，培训小学教师。圣若瑟中学于 1974 年 2 月重归天主教澳门教区管理，高秉常主教于 1979 年 6 月训令私立圣若瑟中学、望德中学和真原小学合并，正名为教区中学，以利发展教育事业。教区中学同时续办师范教育，1979 年度开办两年制的夜间特别师范科，培养小学和幼儿园教师，学员主要为在职教师，上课地点是望德堂前地的第一校。然而这个课

程却有点特别，学员于两学年共四学期均须修读葡文，且每周三节，其他科目包括教育概论、教育心理、辅导概论、健康教育、小学行政、教师修养、教材教法通论，以及分科教材教法（英语、算术、社会、自然、劳作、美术和体育）等，但这些科目每周大多只有一节，只第二学年教育心理上下学期每周两节，第二学年的辅导概论在上学期每周二节，到下学期也只是一节。① 当时的圣若瑟教区中学还设有一年制的（日间）特别师范科和两年制的幼稚师范科。圣若瑟中学过去所开办的师范课程附设于中学内，以培养幼儿和小学的师资，规模不大却历史悠久，为澳门造就不少优良师资。依据老志钧的分析，该校培养幼儿和小学教师的课程共七项，其中幼稚师范科为时最长，培养小师的日间和夜间特别师范科次之。② 当然，20 世纪五六十年代的师范课程并不是只有圣若瑟中学，濠江中学于 1952 年曾开设简易师范班，但大概只办了一届。

圣约翰英文书院于 1953 年由曾询创立，他本人原为浸信会基督教教友，后于 1957 年将书院改隶基督教，1972 年 9 月又由圣公会接办。该校于 1953 年 11 月获准立案，校址原设在圣味基街，开校时的课程依照香港英文书院编制，创办时共分八班。该校多次迁址，1955 年 6 月在风顺堂街，1956 年又因来自香港的寄宿生增加，迁往南湾巴掌围斜巷 6 号，1959 年 12 月又曾迁入西坑街三号；③ 1963 年中购入荷兰园 87 号全幢作为女生宿舍。1965 年男女分校，男校在西坑街，女校则在荷

---

① 文件显示这个课程是应政府邀请而办理的，政府档案卷宗见罗玉成神父给教育厅信件的说明，政府中葡中小学的教员如能在该年（1979）注册则该课程于 1981 年 6 月将会结束，也许这就是葡文课占去几近三分之一课时的原因。《澳门圣若瑟教区中学附设夜间部特别师范科学则》，澳门档案馆藏，资料号：MO/AH/EDU/FA/18/0617/03，第 6—7 页。

② 老志钧：《澳门圣若瑟教区中学的师范课程》，载张伟保主编《澳门教育史论文集》第 1 辑，中国社会科学出版社 2009 年版，第 211—230 页。该文数据止于 2008 年。

③ 《圣约翰书院今日始业礼》，《华侨报》1953 年 11 月 22 日；《圣约翰书院最近迁址》，《华侨报》1956 年 3 月 28 日；《圣约翰书院增小学幼稚园》，《华侨报》1960 年 1 月 15 日。

兰园，1966 年租用岗顶夜姆斜巷 2 号作为英文部男校。① 圣约翰英文书院颇具规模，1966 年 5 月，全校八百多名学生；② 1966 年开设一年制特别幼稚师范科，同年 8 月份该校公布取录中英文部及幼稚师范新生共 348 名。师范科于 1967 年度因政治事件暂停一学期后于 1968 年 1 月才招春季班（只招女生），学期改为 1968 年 2 月至 1969 年 1 月底止，同时 1968 年秋又继续开班招生。报载第一届毕业生多在香港和九龙各校幼儿园担任教职，并获准注册；1969 年 6 月，中五及中六两级毕业男女学生共 61 名，小学 14 名，特别幼稚师范生 26 名。③

　　圣公会幼稚师范学院与圣约翰英文书院同属于澳门圣公会。1967 年余艳梅校长退休以后，蔡高于同年 7 月 1 日移交澳门圣公会圣马可堂接办，林汝升牧师出任校长，当时蔡高的幼儿园则迁至东望洋斜巷五号马礼逊会所，圣公会幼稚师范学院的校址即设于该所二楼。1973 年蔡高中学在白马巷 53 号新校舍落成后，该院亦一并迁入，原址则辟作女生宿舍。④ 1967 年开办的幼稚师范学院，招考 16—25 岁的女性（香港招生的年龄上限似乎为 30 岁），申请人须中学毕业或具同等学力，课程包括教育概论、教材教法、儿童心理、幼稚教育、钢琴、唱游、舞蹈、国文、英文、图书、手工、体育、护理常识等科，⑤ 开学时

　　① 《圣约翰书院今行毕业礼，由下学期起决扩充校舍》，《华侨报》1963 年 6 月 26 日；《伦大文凭试中心，圣约翰增设女校》，《华侨报》1965 年 6 月 29 日；《圣约翰增设中文部，将在岗顶设新校舍》，《华侨报》1966 年 5 月 31 日。

　　② 《圣约翰增设中文部，将在岗顶设新校舍》，《华侨报》1966 年 5 月 31 日。

　　③ 《圣约翰幼中文筹备成熟》，《华侨报》1966 年 6 月 24 日；《圣约翰新生放榜》，《华侨报》1966 年 8 月 18 日；《圣约翰幼儿班今恢复》，《华侨报》1968 年 1 月 22 日；《圣约翰书院女校续办特别幼师班》，《华侨报》1968 年 6 月 25 日；《圣约翰行毕业礼》，《华侨报》1969 年 6 月 24 日。1969 年 9 月后未见该校师范科的报道，或许于是年停办。1967 年第 1 届幼稚师范毕业生共 21 名女生，纪念册的通讯录见 4 名居于澳门，17 名居于香港。见 St. John's College 1966 – 1967, The Pioneers' Club Students' Souvenir（1967），p. 70.

　　④ 《圣公会属下各校昨在新校舍行开学礼，幼稚师范班人数大增迁新校舍上课》，《华侨报》1973 年 9 月 2 日；卢伯雄，《本校史略》，《蔡高中学第 25 届狮社同学录》，1976 年。

　　⑤ 《澳门圣马可堂》，《港澳教声》1967 年第 165 期。

共招 25 名学生，[①] 其后增至三十多人。由于学员在澳门和香港两地就业理想，故有报道于 1968 年度即扩大招生。[②] 该学院重视教学，评核严谨，对学生的操行尤其重视，1972 年 6 月由校长亲自召开学期结束会议，校长强调学校的宗旨是培养品学兼优的学生，随后并由教师布告教学课程，同年 9 月开学时又召开教学座谈，听取教师报告，将评分制改为评级制等，务使学生掌握专门技术，学以致用。[③] 该学院前十届的学生人数见表 7-5。[④]

表 7-5    1967—1968 年度至 1976—1977 年度圣公会
幼稚师范学院毕业生人数

| 年度 | 人数 | 年度 | 人数 |
| --- | --- | --- | --- |
| 1967—1968 | 35 | 1972—1973 | 25 |
| 1968—1969 | 18 | 1973—1974 | 25 |
| 1969—1970 | 17 | 1974—1975 | 20 |
| 1970—1971 | 19 | 1975—1976 | 23 |
| 1971—1972 | 20 | 1976—1977 | 21 |

学院历届毕业生就业情况理想，而该院的毕业证书并获香港承认。[⑤] 又该校的剧场艺术和古典舞蹈等应为特色科目，其内容包含布景化装、儿童剧写作、改编童话、布景制作以及化装油彩制作等，因实用

---

① 《澳门圣马可堂》，《港澳教声》1967 年第 169 期。

② 《圣公会学校通讯》，《华侨报》1968 年 7 月 22 日。

③ 《圣公会幼稚师范学院昨晨开学期结束会议》，《华侨报》1972 年 6 月 28 日；《圣公会属下幼稚师范学院今届学生剧增》，《华侨报》1972 年 9 月 13 日；《圣公会属下幼师学院开校务会议讨论考试评分等问题》，《华侨报》1972 年 11 月 26 日。

④ 毕业生数字来自《圣公会幼稚师范学院第十届毕业同学录》（澳门，1977）所见的毕业照，但 1972/73 年度或有 26 名毕业生，见《圣公会属校得奖者及毕业生名表》，《华侨报》1973 年 7 月 5 日。

⑤ 《圣公会幼稚师范学院毕业证书受香港承认》，《华侨报》1975 年 8 月 10 日；《圣公会属校获奖及毕业生名单揭晓》，《华侨报》1977 年 7 月 4 日。

而颇受欢迎。<sup>①</sup> 由于往后两届学生人数锐减，林汝升牧师于 1979 年 1 月亦奉调离开澳门，该学院也许因此于 1978—1979 学年结束后便停办。<sup>②</sup>

1949 年前后有内地学校迁澳办学，德明中学也是当时开设一年制特别师范科的学校。该校先后设于贾伯乐提督街和近西街（小学部），中学部于 1951 年迁往白鸽巢前地 1 号，校长为李雪英。1953 年该校增设特别师范科，招生对象为高中毕业的女生，同年 9 月开学时有三十多名学生，分别来自港、澳、沪、穗等地的高级中学。<sup>③</sup> 1961 年 7 月，第 8 届幼师毕业学生两班共 55 名，1965 年 7 月第 12 届幼师毕业生 56 名，1966 年 7 月第 13 届 85 名，1967 年 9 月更曾增设夜校幼师班，特别注重教材教学法、钢琴、舞蹈、唱游、美术、手工等学科的教学。<sup>④</sup> 1966 年陈博望接任校长，1967 年底曾宣告停办，在教职员的反对下该校选举了新校长。该校第 17 届幼稚师范科于 1969 年 9 月开学，当时更增聘来自香港的教师，加设教育概论和教育行政等科目，<sup>⑤</sup> 1970 年幼师科毕业生 18 名。<sup>⑥</sup> 1970 年 9 月开办特别幼师夜校。<sup>⑦</sup> 该校于 1971 年停办中学，小学部迁至新桥福安街，而截至 1971 年 12 月 31 的统计，师范班在读女生仍有 12 名。<sup>⑧</sup>

---

① 《圣公会属下幼稚师范学院今晨行开学礼》，《华侨报》1971 年 9 月 6 日。

② 梁永康：《圣公会幼稚师范学院》，载赵思源编《澳门圣马可堂五十周年金禧纪念特刊 1939—1989》（澳门，1989 年），第 81 页。最后两届分别有 9 名和 7 名学员毕业，参见刘羡冰《澳门教育史》，第 191 页。

③ 《德明中学幼稚师范班九月初开课》，《华侨报》1953 年 8 月 27 日；《学报消息》，《华侨报》1953 年 12 月 25 日。

④ 《德明中学七月四日行结业礼》，《华侨报》1961 年 7 月 3 日；《德明毕业生名单》，《华侨报》1965 年 7 月 6 日；《德明中学毕业礼晚会在岗顶举行》，《华侨报》1966 年 7 月 2 日；《德明幼师开办夜班》，《华侨报》1967 年 9 月 7 日。

⑤ 《德明幼师今日开课》，《华侨报》1969 年 9 月 1 日。

⑥ 澳门档案馆藏，资料号：MO/AH/EDU/FA/15/0027/091，第 78 页。

⑦ 《德明中学开办特别幼师夜校》，《华侨报》1970 年 9 月 21 日。

⑧ 澳门档案馆藏，资料号：MO/AH/EDU/FA/15/0031/019，第 17 页。1953—1969 年各届毕业人数可参刘羡冰《澳门教育史》，人民教育出版社 1999 年版，第 189 页。

澳门学校所开设的幼稚师范科课程，招生的对象并不限于澳门学生，在圣公会幼稚师范学院的招生简章中，其宗旨就明确表明因"年来香港幼稚教育蓬勃发展"才开设幼稚师范学院，章程强调"将尽力介绍毕业生至本教会及他教会所属之幼儿园或护幼园任教"①，所以该校的办学动机至为明确。查当时香港并无幼儿园师范学校，只有教育司署的"幼儿园在职教师训练班"，但名额远不及所需，1980 年的《小学教育及学前服务绿皮书》指出香港约有 93% 幼儿园师资未经认可。② 另圣若瑟中学亦曾主动在香港招生，提供两年制的课程，招收初中毕业女生，并在近西街 5—9 号设立女生宿舍。③

澳门连胜仿林联合学院是一所几乎被遗忘的学校，④ 该校于 1960 年由连胜和仿林两所学校合并而成，并增设师资班，院长为徐济东。⑤ 就该校 1960 年 10 月的广告所见，学院设有"大学部"和"师资专修班"，校址设于河边新街水字巷 22 号，⑥ 1964 年 3 月迁至三巴仔街二号及二号 B。⑦ 该校 1964 年的招生简章列有文史、社会教育、外国语文、工商管理和经济共五个学系，另设有两年制的高级师范专修科和一年制的特别幼稚师范科（只招女生）。⑧ 从 1966 年 2 月该学院呈澳门教育厅的资料所见，该学院分六个学系，包括两年制的高级师范班、一年制的特别幼稚师范班，以及四年制的文史学系、工商管理系、会计学系和社会

---

① 《一九七二年度圣公会幼稚师范学院招生简章》（蔡高中学档案藏），印刷单张。

② 《幼稚园师资训练绿皮书有新建议》，（香港）《大公报》1980 年 4 月 30 日。

③ 《澳门圣若瑟中学增设特别师范班》，（香港）《华侨日报》1965 年 6 月 23 日。

④ 老钧志：《澳门连胜仿林联合学院初探》，载郑振伟主编《澳门教育史论文集》第 2 辑，中国社会科学出版社 2012 年版，第 79—93 页。

⑤ 《仿林师资班将开课》，《华侨报》1960 年 11 月 16 日；《学校消息》，《华侨报》1961 年 1 月 27 日。

⑥ 《澳门连胜仿林联合学院招生》（广告），《中国学生周报》1960 年第 431 期。

⑦ 《连胜仿林学院下周迁址上课》，《华侨报》1964 年 3 月 14 日。

⑧ 《澳门连胜仿林联合学院招生简章》，《澳门连胜仿林联合学院特刊》，1964 年，第 50 页。

教育学系，另附设普通高初中、小学和幼儿园。然而，两个师范班不能算作学系。师范班的课程包括普通教育学、分科教学法、教育心理、儿童心理学、普通教学法、国学概论、教育行政、学校应用文、健康教育、中国教育史、教育测验与统计、教育哲学、教学示范及批评，以及乡村教育等。校长及教员共 15 人，师范班的主任由教务长蓝丹山兼任。[①] 又该校接受台湾（教育部）、侨委会和难胞救济总会的资助。政府档案卷宗上的资料未见该校列出师范科学生人数，但估计不多，[②] 至于报章上的报道则略见含糊，1963 师范专修科毕业生或有二十多名，1964 年或没有，1965 年特别幼师科 4 名、高师科 3 名，1966 年合大学及师范科只 4 名。[③]

霖生英文书院于 1965 年在澳门创立，校长曹霖生，[④] 该校属天主教学校，初期设文、理、商三科，毕业生（香港教署核准）可以参加香港区的普通教育文凭试（G. C. E.，英语教育系统国家的考试），校址在肥利喇亚美打大马路 113 号（荷兰园正街）。除日间课程外，该校另设有夜间的英语进修课程。1970 年前后，澳门英文学校增多，如中华英文书院、培青英文学校、澳门英专学院、循序英文学校、关氏英文专科学校，当中部分属补习性质。或许有见及此，故曹霖生在书院内附设一师范学院，目的是培养英语教师。曹霖生曾在报章发表告校长书，直言在澳门未受过中学以上训练的教师恐尚居多数，实为教育

---

① 《澳门连胜仿林联合学院校务概况》（1966 年 2 月 8 日），载澳门档案馆藏，资料号：MO/AH/EDU/FA/18/0126。

② 1962—1963 年度 12 月底的统计，专科男生 37 名，女生 14 名，中学生 106 名，小学生 210 名，幼儿园生 88 名（澳门档案馆藏，资料号：MO/AH/EDU/FA/15/0017/090，第 84 页）；1963—1964 年度 12 月底的统计，专科男生 38 名，女生 14 名，另有商科生 46 名，中学生 116 名，小学生 250 名，幼稚园生 86 名（资料号：MO/AH/EDU/FA/15/0018/091，第 79 页）。

③ 《连胜仿林行毕业礼》，《华侨报》1963 年 7 月 16 日；《连胜仿林联合学院行毕业礼》，《华侨报》1964 年 7 月 25 日；《连胜仿林学院今举行毕业礼》，《华侨报》1965 年 7 月 13 日；《连胜仿林联合学院前日举行毕业典礼》，《华侨报》1966 年 7 月 22 日。

④ 曹霖生，1918 年毕业于美国西点军校，任中国驻美使馆武官，1919 年巴黎和会时任中国代表王正廷的秘书。

系统的漏洞，又强调澳门须靠自己培养教育的人才，并期望各校校长鼓励教员和学生参加师范训练课程。[①] 该校原计划于 1969 年 2 月上课，但因所招收学员的英语水平参差不齐，临时改为教授一般英语的预备班，其后曹霖生在同年 7 月份的毕业典礼上表示于 9 月创立澳门师范学院，该校获政府批准以"澳门中英文师范学院"名义在霖生书院内暂时设立，逢周一至周五于夜间上课。[②] 截至 1969 年 12 月，英语师范班有三十多名学生，学生修读的科目应包含教育心理学和英语教授法，报道指该校得到联合国教育机构支持，并有专员实地调查考察云云。[③] 原校舍最终于 1973 年卖盘，校务结束。

## 五　澳门政府对师范教育的资助

1982 年澳葡政府成立私立学校教育辅助处，在推动教育改革方面开始有所作为，师资培训的工作顿时迫在眉睫。查澳门政府曾于 1965 年 10 月成立"澳门小学师范学校"（Escolas do Magistério Primário de Macau），附设于当时的"国立"中葡小学校内，以葡文授课，目的是培训葡文小学教师。[④] 该校早于 1974 年便因学生不足

---

① 《成立英文师范学院，曹霖生发表告校长书》，《华侨报》1969 年 6 月 14—15 日。

② 《霖生书院附设英文师范学院开课》，《华侨报》1969 年 3 月 2 日；《霖生书院昨行结业礼》，《华侨报》1969 年 7 月 16 日；阮树华译：《就澳门师范学院创办澳洲教育家司空海曼谈师资培养之重要性》，《华侨报》1969 年 8 月 14 日。

③ 《澳门中英文师范学院兴建校舍》，《华侨报》1969 年 12 月 7 日。该校 1970—1971 学年的招生简章未见相关课程，故该学院于 1970 年以前应已结束。《澳门霖生英文书院招生简章 1970—1971》，"双源惠泽，香远益清——澳门教育史料展"，澳门中华教育会主办，2010 年 9 月 10—30 日。

④ 据欧礼诺所述，澳门议事公局早于 1919 年已设有一所师范学校，惟资料不详，而该校在 1919 年 11 月 19 日以前一直在男子中心学校的一间教室内授课；欧礼诺认为该校是这所师范学校的先驱。参见 Aureliano Barata, *O Ensino em Macau*: 1572 - 1979, Macau: DSEJ, 1999, p. 101, p. 160. 又 Manuel Antunes Amor 于 1919 年 7 月受聘为公局学校校长，合约要求他开设小学任教资格的简便课程。引见 Rui Simões, "Os Discursos sobre a Instrução dos Macaenses: da Monarquia à República", *Population and Development in Macau*（Rufino Ramos eds., et al., Macau: University of Macau/Macau Foundation, 1994）, pp. 510 – 511, ft note 26。

和缺乏特定资格教员等因素而处于闲置的状态，即使创校时学生的人数也极少。[①] 1966 年底该校只有 3 名男生和 7 名女生，1967—1968 年是 2 名男生和 6 名女生，而从该校的报告所见，1967—1968 年只有 4 名学生参加考试，1970—1971 年也只有 8 名学生在读。[②] 课程方面，有一般教育学和教育史、教育心理学、特殊教学法、美术和工艺、女性教育、法律学和学校行政、政治组织和国家行政、德育教育、音乐教育、体育、教学实习等科，但 1965 年至 1974 年只培养了 24 名教师，长期以来，老师的数量比学生还要多。[③] 澳葡政府其后于 1982 年重开师范学校，夜间授课，先是第 27/82M 法令设立三年制"幼儿园教员训练班"和一年制"教育助理员训练班"（分学前教育和特殊教育）。其后又再颁布第 31/82/M 号法令和第 24/82/ECT 号批示，[④] 前者是规定三年制"葡语教师任职资格课程"（包括教学实习）和一年制"葡语辅导员任职资格课程"的运作，后者则是任命以马迪士（José Mateus）为协调员所组成的四人师范学校委员会，负责招生考试、课程设置、审查立法、学校运作等任务。学校于 1982 年 10 月 26 日正式上课，学生有一百多名，分别修读幼儿教育（三年制）、葡语教师（三年制）、教育助理（一年制）及葡语导师课程（一年制）。澳葡政府为郑重其事，举办了为期五天的开课

---

① 澳门档案馆藏，资料号：MO/AH/EDU/SIDE/13/0452，第 11 页。第 39/78/M 号法令（在澳门师范小学设立中葡小学葡文教员为期二年之一门课程）曾拟设立的课程最终亦未能展开。

② 澳门档案馆藏，资料号：MO/AH/EDU/FA/15/0021，第 175 页；MO/AH/EDU/FA/15/0027，第 145 页；MO/AH/EDU/FA/09/0005，第 13 页；MO/AH/EDU/FA/09/0015，第 10 页。

③ Padre Manuel Teixeira, *A Educação em Macau*, p. 109.

④ 第 27/82/M 法令（设立幼稚园教员训练班及教育助理员训练班），《澳门政府公报》1982 年 6 月 19 日第 25 期；第 31/82/M 号法令（设立中葡教育葡语教员及督导训练班），《澳门政府公报》1982 年 7 月 24 日第 30 期；第 24/82/ECT 号批示（关于小学师范学校筹备委员会），《澳门政府公报》1982 年 7 月 31 日第 31 期。

演讲周，① 在山顶医院的会议室举行，但教育文化司蒙地路（Fernando Amaro Monteiro）于 1982 年 12 月 10 日黄昏却突然宣告学校暂时结束，官方的解释是学校属于试验性质，且缺乏教师和校长，而停课前仍有六十多名学生。② 一年期的两门课程于翌年二月重开，上课地点在南湾的商业学校。1983 年 9 月，由于报读人数过少，该校只再新增一年制的葡语教师班。③ 1984 年 3 月，重开后的第一届学生毕业，18 名学员完成教育助理员和中葡学校葡语导师的课程。④ 1986 年 3 月 24 日该校结业礼，有 7 名葡语导师、3 名葡语教师和 11 名幼儿导师毕业。⑤ 在澳门回归的过渡期内，澳葡政府为求推动中葡双语教育，曾规划设立一所中葡文小学师范学校以培训中、葡文师资，但最终未有成事。⑥ 师范学校于 1990 年正式撤销，澳葡政府的用意相当明显，如法令所述"是

---

① 演讲周共有 12 项专题演讲，包括"指导外国人学习葡语的方法"（葡国大学教授加里路）、"幼稚园儿童的卫生问题"（山顶医院儿科医生莫拉士）、"教育是促进国际文化关系的重要因素"（东亚大学校长薛寿生）、"教师作为德育教育者应有的责任"（取洁中学校长潘日明神父）、"培养教师的需要"（湛伯伦教授）、"讲述幼稚园的管理方法"（幼儿导师马玉）、"葡语在澳门的过去、现在及将来"（东亚大学杜默士）、"文法的应用"（里斯本大学文学院教授加里路）、"传播界对教育的影响"（新闻处长古维杰）、"学前教育的重要性及儿童学习的过程"（幼儿教育专家陈宝琼）、"葡文基本文法及动词的用法"（加里路教授）、"葡国的集体教育法"（教育文化司长蒙地路），10 月 22 日闭幕时全体发表演讲的人士出席研讨会，主题为"教育作为个人及团体发展的因素"。资料整理自《华侨报》如下的报道。《葡小师范开学周昨日假山顶揭幕》（1982 年 10 月 19 日）、《葡小师范开学周今继续举行演讲》（1982 年 10 月 20 日）、《葡小师范开学周今日有三项演讲》（1982 年 10 月 21 日）、《葡小师范周开课结束》（1982 年 10 月 22 日）。

② 《葡小师范学校昨日正式上课》，《华侨报》1982 年 10 月 27 日；《当局对停办葡师有解释》，《华侨报》1982 年 12 月 12 日。澳葡政府于 1982 年 2 月颁布第 12/ECT/84 号批示（关于小学师范学校教育试验制度事宜）和第 13/ECT/84 号批示（关于幼儿园教师课程规则事宜），师范学校试验性质的课程最终改为正式课程。该两项批示见《澳门政府公报》1984 年 2 月 25 日第 9 期。

③ 《报读政府师范学校今年人数得十二人》，《华侨报》1983 年 9 月 20 日。

④ 《政务司黎祖智昨主持葡小师范学校毕业礼》，《华侨报》1984 年 3 月 29 日。另有报道引述该校校长罗沙女士所述，1983 年 7 月已有 20 名葡语师范班学生毕业，参见《本澳师资问题探讨》（澳门电台供稿），《华侨报》1983 年 9 月 26 日。

⑤ 《葡文小学师范学校昨日举行结业仪式》，《华侨报》1986 年 3 月 25 日。

⑥ 《教育司谈推行双语制》，《华侨报》1986 年 9 月 23 日。

由于回应本地区教师培训的东亚大学教育高等学院的设立"①，所以才有往后对于澳门大学在教师培训方面的支持，也就是将师资的培育交由高等院校负责。

1985 年年初，广州华南师范大学开始为澳门在职教师开办函授课程，该"教育专业澳门地区函授教育班"的开学仪式于同年 3 月 6 日举行。查中华教育会于 1984 年 3 月便开始与华南师范大学接洽，与澳门教青司同为协办单位，而主办方华南师大为澳门在职教师开办教育专业文凭函授课程，也是开创国内院校在境外办学的先河。澳门时任教育文化暨旅游政务司黎祖智（Jorge A. H. Rangel）曾于 1984 年 1 月下旬访粤，返澳后即宣布与广东省教育厅达成协议。85 级的三年制教育专业函授教育班共取录 166 名学员，其中 120 人获当时教育文化司署津贴学费一千元。②86 级于半年后再度招生，并经广东省高教局批准为该两级学员完成教学计划后续升级为本科。学员先后修读 12 门专业基础课程，最终 85 级有 105 名学员毕业，86 级 161 名。③ 1990 年又再开设三年制的学前教育专科，取录 108 名学员，毕业人数 90 名。1989 年 8 月，华师大成人教育学院在澳门招生，开设在职兼读制课程，授课形式包括学员在教师指导下的自学（每周不少于 12 学时）、课堂面授和辅导（每年约210 学时）、指定作业等，最后就是考试，其中与教育相关的专业为学校教育、学校管理、学前教育、幼儿心理与教育、电化教育等，均设专科（三年制文凭课程）和本科（五年制学位课程）。④ 1985—2000

---

① "Decreto，No. 46616"（着在澳门省设立师范学校一间），*BO*，1965 – No. 46 (1965.11.13)，pp. 1308 – 1309；第 14/90/M 号法令（关于撤销师范小学学校事宜），《澳门政府公报》1990 年 4 月 30 日第 18 期。

② 《华南师大函授教育班录取教师共一六六人》，《华侨报》1985 年 2 月 25 日。

③ 赵育生：《"华师旋风"在澳门》，《华南师大报》2015 年 7 月 18 日第 4 版；刘羡冰：《澳门教育史》，人民教育出版社 1999 年版，第 193 页。

④ 《华南师范大学成人教育学院在澳招生工作展开十四专业接受报名》，《华侨报》1989 年 8 月 16 日。

年，报读华师大教育专业课程的学员有 1551 人次，获得专科文凭的有 1024 名，大学毕业的有 431 名，而当中获颁授学士学位的有 236 名。[①]

1989—1990 年度澳门教师数为 3245 名，师范教育学历的 911 名（28.07%），1990—1991 年度的数字分别为 3204 名和 1031 名（32.18%）。[②] 澳门的教育调查始于 1985 年，20 世纪 80 年代的数据大致可以看到澳门小学师范学校、圣若瑟中学师范课程，以及东亚大学师范课程毕业生的情况，见表 7 - 6。[③]

表 7 - 6　　　1983—1991 年澳门的师范课程、教师及学生数

| 学年 | 学校 | | 教师 | | 注册学生 | | | 升级或毕业 |
|---|---|---|---|---|---|---|---|---|
| | | | | | 学年初 | 学年终 | | |
| | 官立 | 私立 | 官立 | 私立 | | 官立 | 私立 | |
| 1983—1984 | 1 | 1 | 18 | 7 | 72 | 36 | 36 | 70 |
| 1984—1985 | 1 | 1 | 12 | 5 | 66 | 29 | 37 | 63 |
| 1985—1986 | | | 5 | 8 | 52 | 17 | 35 | 52 |
| 1986—1987 | 1 | 1 | 14 / 7（夜） | 5 | 61 | 17（日） / 5（夜） | 39 | 56（日） / 5（夜） |
| 1987—1988 | 1 | 1 | 19 | 13 | 91 | 9 | 75 | 84 |
| 1988—1989 | 1　1 | 1 | 13 / 6（兼） | 7 / 3（兼） | 196 | 8　101 | 80 | 183 |
| 1989—1990 | 1 | 1 | 10 | 12 | 322 | 162（日） | 132（夜） | 294 |
| 1990—1991 | 1 | 1 | 17 / 4（兼） | 5 / 8（兼） | 412 | 270 | 118 | 386 |

注：升级率不全是 100%。

---

① 刘羡冰：《澳门高等教育二十年》，《澳门公共行政杂志》2002 年第 15 卷第 3 期。
② 《教育调查 1990/91》，（澳门）统计暨普查司 1992 年版，第 66 页。
③ 资料整理自 1985—1992 年先后由统计司和统计暨普查司接续出版的各年度《教育调查》。

　　1987—1988 年度的教育调查未有考虑一些师范的数据，该年度学校"程度"的各项类别中只设"师范"和"中学及师范"，分属官立和私立类别；前者由政府监管，即澳门小学师范学校的课程，后者由教区监管，即圣若瑟中学的师范课程。1988—1989 年度的调查才见东亚大学师范课程的数据，类别中增设"中学、师范及高等"，同样由政府监管，数据显示注册和升学或毕业人数激增。1989—1990 年度恢复原来的两类，但其时政府的师范学校已停办，"师范"指的就是东亚大学的师范课程。

　　私立东亚大学于 1981 年成立后，澳葡政府于 1984 年便开始在暑假期间合办教师／行政人员进修课程，共三百多名教师参加，其中约十分之一来自官校。1987 年双方又签署协议，为澳门私立学校和官立中葡文学校培训教师。1987 年 7 月东亚大学设立"教师专业训练课程指导委员会"，专责中小学教师的培训工作。指委会于 1989 年 1 月结束后便成立"教育学院筹备委员会"，其任务为如下。第一，改进原有的在职教师训练课程；第二，开设全日制职前教师训练课程；第三，筹备明年开设初中教师培训课程；第四，筹备成立教育学院。[①] 经过半年多的筹备，教育学院于 1989 年 9 月 12 日成立。

　　澳门政府教育司于 1987 年委托澳门东亚大学为在职的小学和幼儿园教师分别开设两年制的文凭课程，经费由该司负责。教育学院成立之际，第一届"教师专业训练课程"共 62 名学员亦顺利结业。这两项教师专业训练课程为教育学院奠立了基础。护督范礼保（Francisco Luís Murteira Nabo）在成立典礼上的致辞，明确提出要从多方面培训教师，"一方面是职前培训，目的是增加教师人数；另一方面是在职培训，目的是为未受过教学训练的在职教师提供补充训练；还有一方面是持续

---

　　① 李天庆：《澳门东亚大学教育学院成立典礼致辞》，1989 年 9 月 12 日，印刷单张。

的培训，目的是为整体教学人员提供轮番的训练"①。1991 年东亚大学重组为澳门大学，1992 年教育学院的课程亦正式纳入大学的本科教育体系。时任校长费利纳（Mário Nascimento Ferreira）认为教育学院是东亚大学"重组计划中一项最创新的举措"，而教育学院亦"将配合澳门社会、经济和文化发展，逐步将培训和进修课程扩展到澳门不同层次的学校教师"②。从此，澳门大学的教育学院一直肩负着本地中学、小学和幼儿教师的培训工作。

根据 1991 年年初教育司澳门教育情况的统计，1990—1991 年度在学人士，3—5 岁的在学人士 100%，6—11 岁的在学人士 89.7%，12—14 岁的在学人士 58.2%，15—17 岁的在学人士 31.3%。官校就读学生 4887 人，私校就读学生 70297 人；在幼儿园就读的 20986 人，小学 35738 人，中学 18271 人，特殊教育学生 189 人。教师方面，官校教师 439 人，私校教师 2388 人；幼儿园教师 709 人，小学教师 1171 人，中学教师 947 人。学校方面，官校 21 间，官制私校 3 间，非官制私校 70 间；官立幼儿园 11 间（包括特殊教育），官制私校幼儿园 2 间，非官制私校幼儿园 58 间；官立小学 8 间（包括特殊教育），官制私校小学 3 间，非官制私校小学 61 间；官立中学 2 间，官制中学 2 间，非官制中学 32 间。③ 当时澳门社会的舆论是学额严重不足，政府其后于 1992 年 9 月公布第一期批地建校计划，及 16 个获选批地建校的社团、机构名单，预计可于三年内提供一万两千个不同教育程度的学额，但当时必须配合的师资培训问题也就更显迫切。1990 年前后澳门学生与教师人数见表 7 – 7。④

① 范礼保：《教育、卫生暨社会事务政务司范礼保在东亚大学教育学院成立典礼上的讲话》，1989 年 9 月 12 日，印刷单张。
② 编辑委员会编：《澳门大学三十年：历任校长手记》，（香港）三联书店 2014 年版，第 146 页。
③ 《澳门教育情况分类统计》，《澳门日报》1991 年 5 月 10 日。
④ *Educational Data*（*EDU91 – 92*），Education Department of Macau，1992.

表 7－7　　1989—1990 年度至 1991—1992 年度澳门学生与教师人数

| 年份 | 性质 | 学前教育 | 小学教育 | 中学教育 | 特殊教育 | 学生总数 | 教师总数 |
|---|---|---|---|---|---|---|---|
| 1989—1990 | 官立 | 20074 | 33342 | 17102 | 110 | 4631 | 488 |
| | 私立 | | | | 118 | 65997 | 2168 |
| 1990—1991 | 官立 | 20986 | 35738 | 18271 | 189 | 4887 | 479 |
| | 私立 | | | | 108 | 70297 | 2368 |
| 1991—1992 | 官立 | 21475 | 38540 | 19340 | 280 | 5175 | 491 |
| | 私立 | | | | 128 | 74180 | 2538 |

　　教育学院成立以后，不再只限于为在职教师开设培训课程，各类教育文凭课程和教育学士学位课程亦陆续开办。1989 年开设培训小学和幼儿教师的全日制职前教育文凭课程；1990 年开设全日制教育学士（文科）课程，培养中学的中文和英文教师；又为曾接受培训而又未及文凭水平的小学和幼儿园教师举办高级教育证书课程。

　　1991 年 9 月 17 日澳门大学教育学院举行开学典礼，陈琦院长致辞时引述澳门政府 1990 年的统计，指出当时澳门师资队伍缺乏师范教育训练的严重状况——2800 多名教师，中学或以下程度占 28.7％，有师范训练的仅占 26.9％，大专程度而没有师范训练的占 44.8％。因此，教育学院的首要任务，就是要努力提高澳门教师队伍的质和量，为未受师范训练的教师提供专科及师范培训，并为大专程度者提供师范训练，以提高澳门教育的水平。为配合教育发展的需要，教育学院于 1991 年9 月增设四门课程，包括全日制中学数学教育学士学位课程，以培养中学数学教师；幼儿教育学士学位课程和学校教育学士学位课程，为在职的小幼教师和学校行政员提供延续培训，以及学位后教育证书课程，培训具有大专学历但未受师范训练的教师。幼儿教育和学校教育课程初只设文凭课程，增加学士学位课程是为了培养能兼顾实验研究或行政工作的教师。另教育学士学位（文科/理科）是兼收在职中学教师的，学员可以以选课方式在四至七年内完成课程。教育学院成立之时只设立四门课程——幼儿教育文凭课程（在职/职前）；小学教育文凭课程（在职/职前）。1991—1992 学年增加至六门课程，学生人数激增。这些课程将澳门师资培训推向多元化，也为澳门高等院校的教师教育填补了空白。1992—1993 学年，教育学院的招生工作纳入大学内统一进行，改变由学院自行安排入学考试的方式。对于报读学校教育及幼儿教育专业的在职学士学位课程和文凭课程的人士，则另设考试科目。

为了吸引更多的优秀人才加入教师队伍，澳门政府教育司在 1991 年 6 月与东亚大学签署一项资助教育学院教师培训课程的协议书，为期五年。协议规定，除原有的在职教师外，职前的学生亦将被一并纳入受教育司资助之列。① 澳门本地学生的学费，40% 由澳门基金会（其后由澳门政府）支付，如属教育学院学生，余下的 60% 由教育司支付，但学生须承诺毕业后为澳门学校服务若干年。这个安排促使更多中学毕业生报读教育学院的课程。1996 年 2 月再签订有关资助教师培训计划之议定书，1998 年 7 月又再签订为期两年的教师延续培训课程合作协议书。② 教育学院在成立后的首个十年，先后开设各类课程，包括教育文凭课程（职前/在职）、教育学士课程（学校教育/幼儿教育）、全日制教育学士（文科/理科）课程、高级教育证书课程、学位后教育证书课程、教育科学高等专科学位课程（小学教育专业/学前教育专业）、教育学学士学位课程（学前教育专业/小学教育专业）等，完成教师培训课程的人数相当可观，见表 7 – 8。③

---

① 《资助在职教师培训课程》，《华侨报》1991 年 6 月 13 日。
② 《教青司与澳大签合作协议》，《澳门日报》1998 年 7 月 5 日。
③ 李向玉、谢安邦编：《澳门现代高等教育的转制变革：过渡期澳门高校的发展（1987—1999）》，广东高等教育出版社 2020 年版，第 36 页。

表 7 –8　　澳门大学教育学院各类课程及人数（1991—1992 学年至
1999—2000 学年）

| 课程 | 1991—1992 | 1992—1993 | 1993—1994 | 1994—1995 | 1995—1996 | 1996—1997 | 1997—1998 | 1998—1999 | 1999—2000 |
|---|---|---|---|---|---|---|---|---|---|
| 教育学硕士学位课程 | 0 | 0 | 0 | 0 | 0 | 10 | 31 | 41 | 67 |
| 学士学位课程 | 105 | 201 | 307 | 328 | 333 | 277 | 242 | 225 | 256 |
| 文凭课程 | 233 | 206 | 195 | 176 | 88 | 260 | 252 | 272 | 244 |
| 其他课程 | 20 | 31 | 22 | 26 | 21 | 33 | 66 | 86 | 101 |
| 总计 | 358 | 438 | 524 | 530 | 442 | 580 | 591 | 624 | 668 |

## 六　小结

从澳门 20 世纪初学塾负责人的学历和籍贯可以推知，澳门早期的师资与内地是一脉相承的，故本章尝试从中国师范教育发轫之始，追踪以陈子褒为中心的蒙学会众人的一些改良教材和教学的活动；陈子褒的学生在澳门办学，而陈子褒所编著的《七级字课》更是一直沿用至 20 世纪 30 年代。澳葡政府在 20 世纪 20 年代已开始接管由华人办理的私立学校，设立小学者只要求校长须初中毕业或拥有小学任教的资历，但设立中学则提及"师范"作为教员的条件选项，至于设立师范学校则校长和教员必须是师范毕业或拥有在师范学校任教的资历。20世纪 30 年代初，当时的中学教育尚未普及。1934 年 1 月在华视学会注册的学校有 113 所（其中 14 所停办，1 所解散），但当中只有 5 所男子中学（并附设小学）和 2 所女子中学，而圣罗撒女子中学的高中师范部，是有文献可征的澳门小学师范教育的开端。抗日战争期间，内地一些附设师范科的中学迁澳办学，部分颇有规模，但最终仅余下私立协和女子中学的师范课程。1949 年前后再有内地学校迁澳，澳门出现高等院校开办的师范课程，但这些院校的收生情况并不理想，最终只是昙花一现。20 世纪 50—60 年代，师范教育以圣若瑟中学和来自广州的德明中学分别于 1951 年和 1953 年开办师范课程为主，而圣约翰英文书院和圣公会幼稚师范学院亦随后分别于 1966 年和 1967 开设幼师课程，但 1966 年底的政治事件对这些学校都有一定的冲击，而这期间还有连胜仿林联合学院和霖生英文书院的加入，后者更是强调要培养英语教师。澳葡政府曾于 1965 年为葡语教师开设了一所师范学校，但因办校思想因循守旧，以致长期培训和一些研究澳门具体实际教学的计划无法付诸实践。① 20 世纪 80 年代，澳门本地的教育开始得到澳葡政府应有的关注，政府积极参与私立学校的教育，提升师资水平成为当时迫在眉睫的问题。根据 1983—1984 年的教育调查数据，日校官私立小学教师只有 25.1% 持有师范文凭，但幼儿园教师有 56.7% 持有师范文凭，② 这个情况足以说明在这以前澳门各校所提供的简师或幼师科课程的重要作用。在过渡期前后，澳门教师的培训工作主要就是政府以协议的形式提供资助，由圣若瑟中学、华南师范大学和澳门大学来办理，而澳门师范教育的方向随着澳门大学教育学院的成立也就正式确立下来，也就是由本地高等院校承担培训中学、小学和幼儿园各级教师的责任，以促进教师的专业成长并提升教师的专业地位。

① ［葡］龚水桑·阿尔芙斯·斌多：《澳门教育：对教育制度之探索》，王明译，（澳门）教育文化政务司办公室 1987 年版，第 44 页。
② 澳门政府统计司：《教育调查 1983—84》，1985 年，图表 30。

# 第八章　师资培育：中国语文师资培育近况述评

## 一　前言

20 世纪八九十年代，澳门中小学师资的学历普遍偏低，本地和外地的院校或机构于时开始提供证书或文凭课程。本章以中国语文科师资培育为重点，综论各个院校和机构在过去二十多年来为澳门持续提供的培训课程，关注相关课程能否提升在职和非在职学员在学科知识和学科教学知识方面的素养。澳门特区政府的教育部门在中国语文科师资培育和培训方面担当着重要的角色，在回归前的教育暨青年司和回归后的教育暨青年局更是积极完善澳门的教育法规，[①] 明确教师的义务和权利，为语文科教师创设有利的专业成长条件，推动中国语文学科在课程和教学方面的改革，制定长远的语文教育政策，等等，各种举措都有利于教师专业的成长。

---

① 澳门的教育文化司于 1986 年改名为教育司，1992 年改名为教育暨青年司，1999 年再改名为教育暨青年局，2021 年教育暨青年局与高等教育局合并后命名为教育及青年发展局。

## 二 澳门的师范教育和教师培训概述

澳门的教育历史曾被形容为"放任自流"①，直至 1991 年 8 月 26 日第 11/91/M 号法律，澳门才规定"从事教师工作和其他教育工作须具备适当学历"，将教师的培训规定为"职前培训、在职培训和延续培训"②。1997 年 9 月 22 日的《制定培训幼儿园及中小学教师之法律制度，以及订定有关之协调、行政及辅助制度》（第 41/97/M 号法令），又加入"专门培训"，并定义职前培训为"对尚未担任教学职务者给予教学专业资格之培训"，在职培训为"对在职之幼儿园教师及其他教师给予教学专业资格之培训"，延续培训"旨在补充、更新及深化已具有教学专业资格者之与其教学职务有关之知识、能力及才能之培训"，专门培训乃"从学术及教学观点出发，使教师能于教育制度范畴内担任特定职务之培训"。2006 年 12 月的《非高等教育制度纲要法》（第 9/2006 号法律）再提出"专业培训"，规定"职前培训旨在通过特别编排的课程使修读者取得专业资格"，"在职培训旨在使尚未拥有专业资格的在职教学人员获得专业培训和证明，或提高已拥有专业资格者的专业水平"。

澳门师范教育的开端已难追寻，或许肇始于 20 世纪 20 年代。1921 年的一份报章曾见有"师范夜学"参加提灯会活动；③ 1929 年澳门曾有一项"中文师范学校"的申请，但未获批准，而华视学会在会议的

---

① 《澳门高等教育新纪元策略性发展咨询研究报告（撮要翻译本）》，参见郭晓明编：《回归以来澳门教育法要文献汇编》，（澳门）濠江法律学社 2017 年版，第 1—18 页。

② 第 11/91/M 号法律（澳门教育制度），《澳门特别行政区公报》，（澳门）澳门政府印刷署版，第 3693—3712 页。下引澳门特区法律、法令、批示等均见澳门特别行政区政府印务局网站（https://www.io.gov.mo/cn/bo/），除必需情况外，不另作注。

③ 《澳门华人国庆纪念补志》，《香港华字日报》1921 年 10 月 15 日。

记录上记下办理师范学校的指标；① 1933 年或曾有过一所圣罗撒初级中文女子师范学校。② 1948 年 7 月，中华教育会呈准当时侨务委员会后通函各校，澳门立案中学如符合条件——规模较大、设备充实和师资健全——经呈报后可设置师范科或简易师范科。③ 1985 年 3 月，华南师范大学在澳门举办教育专业（澳门地区）函授教育课程，由澳门教育司、澳门中华教育会协办，当时设有第一阶段的三年制大专课程，其后续有第二阶段的两年制本科课程，④ 而培训的对象是小学教师和中小学的主任和校长。⑤ 华南师范大学在澳门开办教育培训课程已逾三十年，但若计算历时最长的师范课程，那就非圣若瑟中学于 1951 年开始办理的师范课程莫属，而该课程主要是培养小学和幼儿教师。⑥

截至 2016 年 1 月，在澳门开设并获教育暨青年局（下称"教青局"）认可具备师范培训资格的课程共有三类。第一类为包含师范培训在内的高等教育课程，第二类为高等院校开设的师范培训证书课程（包括学位后教育证书课程、教育文凭课程和师范专业文凭课程），第三类为其他证书课程。第一类累计共有 38 项，第二类累计有 15 项，第三类累计有 8 项。第一类的高等教育课程，开办的机构包括澳门大学、澳门理工学院、华南师范大学和圣若瑟大学，可获取的师训资格

---

① 《学校各级课程报告》，澳门档案馆藏，资料号：MO/AH/EDU/CP/06/0094。华视学会于 1929 年 8 月 12 日的会议上曾否决了设立师范学校的申请，文件显示当天会议拟定了设立小学中学和师范学校的师资标准，当中"凡欲设立师范学校者，其校长暨所有教员，一律须曾在师范学校毕业领有证书及曾任师范学校教员二年以上具有证明者"。澳门档案馆藏，资料号：MO/AH/EDU/JIECM/01/0001，第 24 页。

② 该校为圣罗撒女子中学的高中师范部，见本书第七章。

③ 郑振伟：《1940 年代的澳门教育》，中国社会科学出版社 2016 年版，第 54、233—234 页。

④ 刘羡冰：《澳门教育史》，人民教育出版社 1999 年版，第 176—199 页。

⑤ 1985—2000 年广州华南师范大学澳门班的资料和数据，可参见刘羡冰《澳门高等教育二十年》，《澳门公共行政杂志》2002 年第 15 卷第 3 期。

⑥ 老志钧：《澳门圣若瑟教区中学的师范课程》，载张伟保主编《澳门教育史论文集》第 1 辑，中国社会科学出版社 2009 年版，第 211—230 页。

涵盖幼儿、小学和中学。第二类的师范培训证书课程，开办的机构包括圣若瑟大学（前称澳门高等校际学院）、澳门大学（前身为澳门东亚大学）、华南师范大学、天主教辅仁大学，可获取的师训资格同样涵盖幼儿、小学和中学。至于第三类课程，主要为教青局与高校合办的特殊教育师资培训课程。第三类课程中另有圣若瑟教区中学提供的幼儿和小学教育的师训课程，但 2014—2015 学年或以后完成相关课程的学员已不再视为具备相关资格。①

在职教师的培训工作，除了鼓励教师修读师范课程以提升学历外，提供持续进修的机会也同样重要。然而，澳门的私立学校在这方面较过去的澳葡政府显得更为积极。澳门的浸信联会学校在 20 世纪 70 年代至少连续四年举办过暑期教师研讨会。第一届于 1977 年 7 月中举行，为期一周。该活动由澳门浸信联会和港澳美南浸信会合办，浸信会或非浸信会学校教师均可参加，14 所学校合共 125 名教师参加，每日下午三时至六时进行研讨，专题讲座在高士德马路的二龙喉浸信会举行，分组研讨则在培正中学进行。美国及港澳的教育专家应邀主席专题讲座，研讨的内容包括中文科、英文科、音乐、儿童心理学、训导行政、问题儿童分析等。② 第二届于 1978 年 7 月中举行，同样为期一周，约 160 多教师参加，安排大致相同，讨论的项目包括讨论项目包括国文科教学、英文科教学、数学科教学、自然科教学（上述分中学组及小学组进行研讨）、儿童本位学习（分幼儿园教师组和小学教师组）、课堂纪律与管理、个别儿童施教问题、教育行政等。③ 第三届于

① 《在本澳开设并获本局认可为具备师范培训资格的课程（2016 年 1 月 11 日）》，教青局网站主页，https：//portal. dsedj. gov. mo/webdsejspace，2022 年 9 月 4 日（引用日期）"教职员"标签页下的"非高等教育"的"教育培训资讯"。

② 《暑期教师研讨会十六起举行》，《华侨报》1977 年 7 月 13 日；《利用暑期进修，提高教学质量》，《华侨报》1977 年 7 月 15 日；《暑期教师研讨会逾百二教师参加》，《华侨报》1977 年 7 月 20 日。

③ 《澳门教师暑期研讨会昨行开学礼》，《华侨报》1978 年 7 月 17 日。

1979 年 7 月中举行，约八十多名教师参加，研讨课程包括幼儿活动教学、中国语文教学、小学教学法、英语教学、动机与教程，以及学校行政意见专题报告。① 第四届于 1980 年 7 月中举行，研讨的课程包括幼儿园教学法、小学教学法、差异与应对、改进课室技术以及适合高小以上的中国语文教学法和英语教学法等，参加者可以自由选修。② 此外，从第二届或开始由当时的浸会学院校外课程部于结业时颁发证书。关于教师在暑期进修的安排，接续下去的或应是 1984 年 7 月由教育文化司与东亚大学合办的师资训练课程，合共有 345 名教师（其中 37 名来自官校）参加为期约一个月的课程。课程分两项，第一项是英文科，以英语授课；另一项是一般课程，为小学教师而设，以粤语授课。③ 这个由政府赞助的暑期教师培训课程在 20 世纪 90 年代和 21 世纪初是持续举办的，而课程的类别和参加的教师也是不断增加的，更是成为澳门大学教育学院为本地教师提供培训的年度重点活动。1991 年由教育学院主办的暑期课程便分通识教育、中学教育、小学教育、幼儿教育、教育行政和特殊教育六大类，47 个项目合计 1537 个学额。④

## 三 澳门两所大学培训中文师资的本科课程

澳门大学的教育学院已有三十多年的历史。⑤ 1990 年，教育学院

---

① 《澳教师暑期研讨会十六起在培正举行》，《华侨报》1979 年 7 月 1 日；《教师暑期研讨会昨午假培正揭幕》，《华侨报》1979 年 7 月 17 日。

② 《浸信及培正主办澳门教师暑期研讨会》，《华侨报》1980 年 7 月 14 日。

③ 《将设立中葡文师范学校，毕业教师工作可获津贴》，《华侨报》1984 年 7 月 10 日。

④ 《教育学院暑期课程今年增至四十七班》，《华侨报》1991 年 6 月 26 日。

⑤ 教育学院前身为 1987 年澳门政府委托东亚大学所设置的小学及幼稚园在职教师文凭课程。1989 年 9 月 12 日教育学院（School of Education）正式成立，自设课程；1992 年改称 Faculty of Education。参见姚伟彬等编《澳门大学银禧纪念图册》，（澳门）澳门大学出版中心 2006 年版，第 28、104、243、255 页。

因应大学本科课程从三年制改为四年制，该院正式开设培养中学教师的四年制教育学士本科课程；2004—2005 学年，培养小学及幼儿教育教师的本科课程亦改为四年制。从 2008 年开始，澳门大学为配合"提供全人教育"的使命，本科课程开始全面改革，前任校长赵伟教授制定了四位一体的新教育模式，将专业教育、通识教育、研习教育和社群教育融为一体。① 通识教育的目的，是要突破专业教育传统的界线，培养融会贯通、见识广博的人才；而社群教育的目的，是经由住宿式书院设置的系统化学习规划，让学生达到健康生活、人际关系和团队合作、领导与服务、文化参与，以及具有全球视野和国家情怀五项软实力的能力指标。② 而相关的能力指标于 2021 年又再蜕变为公民责任心、全球竞争力、知识整合能力、团队协作、服务与领导、文化参与和健康生活七项胜任力。③

因应澳门大学的新教育模式，教育学院于 2011—2012 学年施行新的课程，④ 2017—2018 学年又因通识课程的调整和多样选修课的取消而略作调整，但专业教育部分的学科结构只作微调。⑤ 2011—2012 学年的"教育学学士（中文）学位课程"有四个部分，分别为通识（36 学分）、主修（66 学分）、多样选修（12 学分）⑥ 和自由选修（21 学分），总学分为 135。中学中文专业的主修学科部分为不同的板块，

① "General Education Programme Office", *General Education Programme Handbook* 2015 – 2016, Macau: University of Macau, 2015, p. 4.

② 《四位一体教育模式》，澳门大学网站"学在澳大"，http://www.umac.mo/zh – hant/study – at – um/the – 4 – in – 1 – education – model. html，2018 年 2 月 22 日（引用日期）。

③ 《澳门大学住宿式书院系统》，澳门大学网站，https://rc. um. edu. mo/，2022 年 9 月 4 日（引用日期）。

④ 《通告一则》[关于核准澳门大学教育学院教育学士学位（中文）课程及教育学士学位（英文）课程的新学术与教学编排及学习计划]，《澳门特别行政区公报》，（澳门）澳门印务局 2010 年版。

⑤ 《通告一则》（关于修改澳门大学教育学院多个教育学士学位课程的学术与教学编排及学习计划），《澳门特别行政区公报》，（澳门）澳门印务局 2016 年版。

⑥ 课程要求学员在所属专业以外的其他四类专业课程各选修一门课，共 4 门课。

包括教育核心科目、中文学科、中文学科教学、教学支援和实习。2017—2018 学年的新课程，总学分下调至 132。主要改变为"特殊教育"（易名"特殊教育导论"）和"教师伦理与教师专业发展"被列作必修科，而"教育哲学"和"中学中文章法教学"则被列作选修科。

至于"教育学士学位（小学教育专业）课程"，学分和结构与上述的中学中文教育专业课程完全相同。在这个框架下，小学教育的主修学科设有不同的板块，分别为教育核心科目、语文（选中文或英文）、数学、常识和音体美、教学支援和实习。修改前的课程于2005—2006 学年正式施行，总学分为 144，① 原课程的结构分六大区块，分别为通识教育、专业基础、学科知识、专业技能、辅助教学和教育实践，因应大学的新教育模式，大部分原有的通识类科目由新设的通识科目取代。2017—2018 学年的新课程，总学分由 135 再下调至 132，中文区块并无改动，主要的改变为"特殊教育导论"和"教师伦理与教师专业发展"被列作必修科，而"教育哲学"则被列作选修科。

又澳门大学教育学院的"学士后教育证书课程"为一年制课程，分幼儿教育、小学教育和中学教育专业，各专业课程的学分皆为 24，② 但并不强调中国语文师资的培育。

圣若瑟大学开设的教育学士学位课程，包括幼儿教育学士学位课程、小学教育学士学位课程、基督宗教教育学士学位课程（中学教育）、葡语教育学士学位课程（中学教育）和英语教育学士学位课程

<hr />

① 第 121/2005 号社会文化司司长批示（修改澳门大学教育学院教育学学士学位课程），《澳门特别行政区公报》，（澳门）澳门印务局 2005 年版，第 1022—1028 页。
② 《通告一则》（关于修改澳门大学教育学院学士后教育证书课程的学术与教学编排及学习计划），《澳门特别行政区公报》，（澳门）澳门印务局 2015 年版，第 19163—19167 页。

（中学教育），① 其中与中国语文师资培育相关的只有小学教育学士学位课程。该校于 2013—2014 学年开始提供相关的四年制课程，学生须修读 148 学分，幼儿教育、小学教育、基督宗教教育和英语教育四个专业课程设有共同的必修科（112 学分），第三和第四学年各专业有各自的必修科（36 学分）。该校 2018 年的培养小师的课程设置在学科和学分方面都有所调整。② 然而，就学科的设置而言，仍然以教育学理论、方法、技巧等培养教师素养和教学技能为主，并未凸显中国语文师资的培育。就学科描述所见，原课程在第三和第四学年分别设有"中文 I"（3 学分）和"中文 II"（3 学分），而这两门课的主要教学内容，分别是小学 1—3 年级和 4—6 年级中国语文课程结构和内容、教学技巧和方法，以及设计教案的技巧等，③ 但修订后的课程只设"小学语言教学教育"（3 学分）。

## 四 其他院校在澳门开办的师资培训课程

在澳门开设并获教青局认可为具备师范培训资格的课程，包括澳门大学、澳门理工学院、圣若瑟大学、华南师范大学和天主教辅仁大学在澳门开设的师范课程。④ 然而，澳门理工学院所提供的师范培训课程，以音乐教育、视觉艺术教育、体育及运动学为主。本节整理澳门大学以外其他三个机构近年所提供的教育专业课程，以课程内容包含

① 第 172/2013 号社会文化司司长批示（在圣若瑟大学开设教育学士学位课程及核准该课程的学术与教学编排和学习计划），《澳门特别行政区公报》，（澳门）澳门印务局 2013 年版，第 614—622 页。

② 第 30/2018 号社会文化司司长批示（修改圣若瑟大学教育学士学位课程的学术与教学编排和学习计划，并核准该课程的新学术与教学编排和学习计划），《澳门特别行政区公报》，（澳门）澳门印务局 2018 年版，第 213—221 页。

③ 《教育学学士学位课程》，圣若瑟大学网站，https：//www.usj.edu.mo/zh/courses/教育学/，2018 年 2 月 22 日（引用日期）。

④ 《修读教育课程及师范培训课程学费资助章程》，教青局网站主页"教职员"标签页下的"非高等教育"的"教育培训资讯"的"学历及师范培训"，2022 年 9 月 4 日（引用日期）。

中文学科的教学为限。

（一）天主教辅仁大学和天主教澳门教区

由天主教辅仁大学主办、天主教澳门教区协办的课程共三项，即"培育中学教师师范专业文凭课程""培育小学教师师范专业文凭课程"和"培育幼儿园教师师范专业文凭课程"。圣若瑟中学有八十多年历史，开办夜间师范课程的历史超过六十年，主要培训幼儿和小学的师资。2011年10月，圣若瑟教区中学夜间部与中国台湾的天主教辅仁大学首次为中学教师提供师范课程。"培育中学教师师范专业文凭课程"共设置十门课，包括教育概论、教育心理学、课程发展与教学设计、班级经营、教育社会学、教育研究法、多媒体教材设计与实作、教师专业发展、教学实习（教学理论及中学课堂教学实习共90学时）、教学法（分科进行培训）。每门课程安排45—90学时，总面授课时共计504学时，另学员需每周自学10小时。"培育小学教师范专业文凭课程"和"培育幼儿园教师师范专业文凭课程"的课程设置基本相同，共七门课，包括教育学、教育心理学、课程与教学、特殊教育、多媒体教材设计与实作、教师专业发展和教学实习（含教学理论及小学或幼儿园学校课堂教学实习共90学时）。总面授课时共计360学时，另学员需每周自学10小时。课程完成后可获相应学部天主教辅仁大学培育教师师范专业文凭课程证书。①

（二）华南师范大学

华南师范大学现提供四项与师范相关的课程，分别为教育学专业

---

① 《培育小学教师师范专业文凭课程2017—2018年报名简章》和《培育小学教师师范专业文凭课程2017—2018年报名简章》，澳门圣若瑟教区中学网站"教育专业文凭课程及培训课程"，http://cdsj.edu.mo/high_ school_ teacher_ diploma/index. php，2018年2月22日（引用日期）。

学士学位补充课程、一年半制（中学教师）师范专业文凭课程、一年
制（小、幼教师）师范专业文凭课程和四个月学制的小、幼教师师范
专业文凭补充课程。

"教育学专业学士学位补充课程"由华南师范大学主办，澳门本地
的合作实体为澳门业余进修中心，课程共 128 学分，为兼读形式，完
成后可获学士学位。① 第一学年有六门必修科，包括大学英语（三）、
教育学、外国教育史、教育技术学、教育心理学和中国教育史。第二
学年有八门必修科，包括大学英语（四）、学校管理学、教学多媒体课
件制作、教育社会学、学校德育、学校管理心理学、教育科学研究方
法和班级经营与学生指导。第三学年有六门必修科，包括教师专业发
展、学生学习心理辅导、课程与教学论、教师博客及其应用、教学实
习和毕业论文。此外，另有六门选修科，包括中学语文教学法、中学
英语教学法、中学数学教学法、中学其他科目教学法、小学教学法、
幼儿园教育教学法。学生须修读其中一门，以决定学员学科教学的方
向。2011 年 11 月开办的这个课程，主要是因应澳门区《非高等教育私
立学校教学人员制度框架》（详见下文）规范澳门现职教师学历要求
而设。②

又华南师范大学从 2010 年开始在澳门开办一年半（中学教师）和
一年制（小、幼教师）师范专业文凭课程。课程由华南师范大学主办，
澳门中华教育会和业余进修中心两个机构协办。一年半（中学教师）
师范专业文凭课程（澳门班），共设十门课。教育学、教育心理学、课

---

① 第 193/2011 号社会文化司司长批示（确认华南师范大学开办的教育学专业学士学位
补充课程为澳门特别行政区带来利益，并许可该课程的运作），《澳门特别行政区公报》，（澳
门）澳门印务局 2011 年版，第 2758—2760 页；第 148/2014 号社会文化司司长批示（核准华
南师范大学教育学专业学士学位补充课程的新学习计划），《澳门特别行政区公报》，（澳门）
澳门印务局 2014 年版，第 536—538 页。

② 《52 澳人华师进修毕业》，《澳门日报》2015 年 4 月 19 日。

程与教学论、教育技术学、教师专业发展、教育科学研究方法、教学多媒体课件制作、学生学习心理辅导、教育实习为必修科；中学语文教学法、中学数学教学法、中学英语教学法和中学其他科目教学法四选一。每一门课42—56学时不等，教育实习为90学时，总面授课时为552学时，另学员需每周自学10小时。[①] 至于一年制（小、幼教师）师范专业文凭课程（澳门班），共设六门课。现代教育学、教育心理学、教育科学研究方法、教育技术导论、教育实习为必修科；小学教学法和幼儿园教育教学法二选一。每一门课45—56学时，教育实习为90学时，总面授课时356学时，另学员需每周自学10小时。[②] 以上各项的证书均由华南师范大学颁发。另小、幼教师师范专业补充文凭课程（澳门班）的对象是持有中学师范学历的学员，课程设四门课，幼儿教育心理学、融合教育、教育实习为必修科，小学教学法和幼儿园教育教学法二选一，证书由该校继续教育学院颁发。[③]

## （三）圣若瑟大学

圣若瑟大学于2013—2014学年开办学位后教育文凭课程，[④] 该课程分幼儿、小学和中学教育专业，毕业学分为30。[⑤] 在该校2017年公布的资料中，建议报读的人士须有"社会科学、自然科学、数学、资

---

① 《2017一年半（中学教师）师范专业文凭课程（澳门班）招生简章》，澳门业余进修中心网站，http：//www.caep.edu.mo/news2017/2017 - secondary.htm，2018年2月22日（引用日期）。

② 《2017一年制（小、幼教师）师范专业文凭课程（澳门班）招生简章》，澳门业余进修中心网站，http：//caep.edu.mo/news2017/2017 - primary.htm，2018年2月22日（引用日期）。

③ 《2018小、幼教师师范专业补充文凭课程（澳门班）招生简章》，澳门业余进修中心网站，http：//www.caep.edu.mo/news2017/2018edu_ notice.htm，2018年2月22日（引用日期）。

④ 《非高等教育统计数据概览2017》，（澳门）澳门教育暨青局2017年版，第31页。

⑤ 第149/2014号社会文化司长批示（修改圣若瑟大学学位后教育文凭课程的学术与教学编排和学习计划及核准该课程的新学术与教学编排和学习计划），《澳门特别行政区公报》，（澳门）澳门印务局2014年版，第538—540页。

讯及通讯科技、语言、文学或论理及宗教教育学士学位"①。课程有五门共同的必修科，共 15 学分，包括教育原理、课程发展与评鉴、资讯及通讯科技教育、教室管理与领导、家庭、社区与学校。之后学员可选择幼儿、小学或中学教育的专业，各专业的必修科学分皆为 15。幼儿教育范畴有四门课，包括教学法（幼儿教育）、儿童发展心理学、教学实习Ⅰ（幼儿教育）和教学实习Ⅱ（幼儿教育）。小学教育范畴有四门课，包括教学法（小学教育）、儿童发展心理学、教学实习Ⅰ（小学教育）（6 学分）和教学实习Ⅱ（小学教育）（6 学分）。中学教育范畴有四门课，包括教学法（中学教育）、青少年发展心理学、教学实习Ⅰ（中学教育）（6 学分）和教学实习Ⅱ（中学教育）（6 学分）。

## 五　澳门教师的在职培训

澳门的教育制度在回归后已有相当大的转变。2012 年 12 月的《非高等教育私立学校教学人员制度框架》（第 3/2012 号法律），规定任职小学和中学教师的资格，小学教师须具备"包含师范培训在内的属小学教育范畴的高等专科学位或同等或以上学历"或"具有不包含师范培训在内的高等专科学位或同等或以上学历，但须具备教育暨青年局认可的小学教育范畴的师范培训课程资格"。中学教师须"具有包含师范培训在内的与主要任教学科领域相关的学士学位或同等学力"，或"具有不包含师范培训在内的与主要任教学科领域相关的学士学位或同等学力，但具备教育暨青年局认可的师范培训课程资格"，又或"具有与主要任教学科领域相关的学士学位或同等学力"。资格的获取主要是通过修读职前和在职的师范培训课程。另教师的起点职级分为六级，最高为第一级。首次在教青局登记为教学人员时，其起点职级为第六

---

① 参见圣若瑟大学网站，https：//www.usj.edu.mo/zh/courses/学位后教育文凭课程 – 2/，2018 年 2 月 22 日（引用日期）。

级，如具主要任教学科领域相关的学士学位及同等或以上学历并具备师范培训课程资格者为第五级。而晋级的其中一项规定为平均每年完成 30 小时专业发展活动。法律规定脱产进修、休教进修和校本培训都是在职培训的重要方式。澳门过去数年的高中毕业生，修读与教育或教育与辅导的课程，比率持续上升，见表 8-1。①

表 8-1　　　　澳门高中毕业生升读与教育相关的高等专科学位或
学士学位课程（2011—2017）

| 学年 | 2011—2012 | 2012—2013 | 2013—2014 | 2014—2015 | 2015—2016 | 2016—2017 |
|---|---|---|---|---|---|---|
| 教育 | — | 274(5.7%) | 321(6.7%) | 377(8.0%) | 413(9.2%) | 424(9.8%) |
| 教育与辅导 | 245(5.0%) | 341(7.1%) | 388(8.1%) | 444(9.4%) | 492(10.9%) | — |

注：2016 年和 2017 年的调查简报归类不同。

在澳门提供师资课程的高校和外地院校，主要就是澳门大学、圣若瑟大学、华南师范大学和天主教辅仁大学。然而，每年负笈海外修读师范专业课程的澳门高中毕业生亦不在少数，只要他们所完成的课程能够符合教青局的规定，便可以登记成为及格教师。此外，澳门学校也有招聘来自外地的教师，当中自然也包括中文科的教师。教青局审核的标准是所完成的师范课程至少须含有"教育学、教育心理、教学法（教材与教法）和教育实习这四个领域的系列科目，并符合一定的学时要求"②。

---

① 数据整理自教青局公布的《2015—2016 学年澳门高中毕业生升学调查简报》（上载日期：2016 年 12 月 30 日）和《2016—2017 学年澳门高中毕业生升学调查简报》（上载日期：2017 年 10 月 13 日）。参见教青局网站主页"资源库"标签页下"出版物及研究文献"的"研究文献"，2022 年 9 月 4 日（引用日期）。

② 《"教学人员入职资格"Q & A》，见教青局网站主页"教职员"标签页下"非高等教育"的"寻求教席"，2022 年 9 月 4 日（引用日期）。

教青局在整体师资的培训方面，其中一项主要工作就是提高教学人员的专业水平，其表现在为符合条件的在职教师提供资助以修读师范学位和培训课程。以 2015—2016 学年为例，有 494 名在职或非在职的学员修读幼儿教育小学师范培训课程，190 名在职或非在职学员修读中学师范培训课程，146 名教学人员修读小幼师范补充课程，当中部分学员获教青局资助。此外，教青局亦为新入职教师举办培训课程，并推行各类计划，包括骨干教师培训计划，[①] 内地优秀教师来澳交流计划，[②] 休教进修、脱产培训以及校本培训计划等。2015—2016 学年参与校本培训的教师数为 24099 人次。[③] 数据显示澳门具备师范培训学历的教学人员在过去数年持续增加，见表 8－2 和表 8－3。

表 8－2　　　澳门具备师范培训学历教学人员数（2011—2017）[④]

| 性质 | 2011—2012 | | 2012—2013 | | 2013—2014 | | 2014—2015 | | 2015—2016 | | 2016—2017 | | 2017—2018 | |
|---|---|---|---|---|---|---|---|---|---|---|---|---|---|---|
| | 私 | 公 | 私 | 公 | 私 | 公 | 私 | 公 | 私 | 公 | 私 | 公 | 私 | 公 |
| 幼儿 | 706 | 25 | 765 | 23 | 835 | 23 | 916 | 32 | 1038 | 35 | 1212 | 35 | 1297 | 38 |
| 小学 | 1613 | 94 | 1630 | 95 | 1678 | 93 | 1729 | 93 | 1914 | 95 | 2113 | 93 | 2243 | 100 |
| 中学 | 2616 | 163 | 2736 | 166 | 2784 | 168 | 2780 | 160 | 2844 | 164 | 2859 | 159 | 2880 | 161 |

---

①　2003—2004 学年和 2004—2005 学年分别有小学语文科和中学语文科的骨干教师培训。参见《前瞻规划励学育人：2010 教育暨青年局年刊》，（澳门）澳门教青局 2011 年版，第 29 页。

②　该计划于 2008—2009 学年开始实施，邀请中文、数学、幼儿教育等学科的内地教师来澳，派驻各校，主持培训课和示范教学。《化雨常新共创未来：2009 教育暨青年局年刊》，（澳门）澳门教青局 2010 年版，第 30 页。

③　《优先发展教育培育建澳人才：2016 教育暨青年局年刊》，（澳门）澳门教青局 2017 年版，第 32 页。

④　数据综合整理自教青局历年公布的《TE001B—教学人员人数（按学校和教育阶段划分）》和《TE007B—各类学校、教育阶段和最高学历的教学人员人数分布》，统计日期为每年的 11 月 26 日，见教青局网站主页"资源库"标签页下的"统计数据"的"非高等教育统计"的"教学人员资讯"，2022 年 9 月 4 日（引用日期）。

续表

| 性质 | 2011—2012 | | 2012—2013 | | 2013—2014 | | 2014—2015 | | 2015—2016 | | 2016—2017 | | 2017—2018 | |
|---|---|---|---|---|---|---|---|---|---|---|---|---|---|---|
| | 私 | 公 | 私 | 公 | 私 | 公 | 私 | 公 | 私 | 公 | 私 | 公 | 私 | 公 |
| 特教 | 91 | 37 | 96 | 38 | 109 | 47 | 112 | 45 | 124 | 48 | 133 | 48 | 138 | 47 |
| 其他* | 258 | 29 | 363 | 21 | 340 | 20 | 345 | 21 | 368 | 21 | 397 | 18 | 404 | 21 |
| 总人数 | 5284 | 348 | 5590 | 343 | 5766 | 351 | 5903 | 351 | 6309 | 363 | 6714 | 353 | 6962 | 367 |
| 有师训 | 4258(81%) | | 4655(83%) | | 4918(85%) | | 5399(91%) | | 5887(93%) | | 6360(95%) | | 6642(95%) | |
| 没师训 | 1026(19%) | | 935(17%) | | 848(15%) | | 504(9%) | | 422(7%) | | 354(5%) | | 320(5%) | |

注：* 代表校长及其他中高层人员，2011—2012 年列作"非担课人员"。

表 8 – 3　澳门具备师范培训学历教学人员（幼儿、小学和中学）比率（2011—2016）[1]

| 分项 | 2011—2012 | | | 2012—2013 | | | 2013—2014 | | | 2014—2015 | | | 2015—2016 | | |
|---|---|---|---|---|---|---|---|---|---|---|---|---|---|---|---|
| 学阶 | 幼 | 小 | 中 | 幼 | 小 | 中 | 幼 | 小 | 中 | 幼 | 小 | 中 | 幼 | 小 | 中 |
| 比率(%) | 93.2 | 87.9 | 74.3 | 94.4 | 88.2 | 76.9 | 92.1 | 88.2 | 81.8 | 98 | 96.2 | 87.4 | 99.3 | 98.2 | 90.7 |

2017 年"澳门 PISA2018"先导测试，澳门各中学（校部）的中文科老师共填写 241 份问卷，相关教师取得的教师资格，有 80.95% 来自正规教师教育或教师培训课程，16.2% 来自在职教师教育或教师培训课程。[2]

---

① 数据综合整理自《奠立专业乐育菁莪：2012 教育暨青年局年刊》，（澳门）教育暨青年局 2013 年版，第 31 页；《持续创新兴教育才：2013 教育暨青年局年刊》，（澳门）教育暨青年局 2014 年版，第 31 页；《建立机制育才兴澳：2014 教育暨青年局年刊》，（澳门）教育暨青年局 2015 年版，第 26 页；《优先发展教育增进家国情怀：2015 教育暨青年局年刊》，（澳门）教育暨青年局 2016 年版，第 35 页；《2016 教育暨青年局年刊》，（澳门）教育暨青年局 2017 年版，第 32 页。

② 资料由澳门大学教育学院教育测验与评核研究中心提供。

## 六　澳门非高等教育范畴语文教育政策和中文基本学力要求

澳门政府于 2008 年公布《澳门特别行政区非高等教育范畴语文教育政策》，[①] 该政策的其中一项关注点是"语文教育政策的文化功能"。相关的政策第 2.1 项，明确了中、葡、英三语的地位，并优先强调两文（中文和葡文）和三语（粤语、普通话和葡语）。政策的其中两项直接提及中文科教师和学生，在教师方面细分为三项："中国语文教师以普通话授课的能力逐步得到加强；选择以中文和葡文以外的语文作为教学语文的学校，有关教师具备政府所规定的相应语文的基本素养；各类语文教师的语文教学能力得到持续提升。"（第 2.3 项）在学生方面细分为五项："养成乐于学习语言的态度和通过语言进行交流的自信，语言潜能得到充分发展；中学毕业时教学语文的听、说、读、写均可满足升学与就业的需求；中学毕业时其具备熟练运用教学语文以外至少一门其他语言的能力；以中文为教学语文的学生，中学毕业时能说比较流利的普通话，书写正确的繁体字和通顺的中文，并认识规范汉字；阅读的兴趣和能力得到持续提升。"（第 2.4 项）为了实现上述的目标，文件同时提出相关的政策措施，包括"语文课程政策""教学语文政策"和"教师专业发展"。在语文课程政策中一项重要工作就是制定新的"基本学力要求"和相关的能力指标。

澳门特区政府其后制定了《非高等教育发展十年规划（2011—2020 年)》，[②] 其中学生语文能力的发展是重要目标，第 2.21 项即为"有效提高学生的阅读兴趣、书面表达能力、书写技能以及文学素养，

---

① 《澳门特别行政区非高等教育范畴语文教育政策》，附录于郭晓明、王敏《澳门回归以来教育发展与经验》，广东经济出版社 2020 年版，第 315—320 页。

② 该规划文本见于《2012 年财政年度施政报告》（澳门特别行政区政府，2011 年 11 月 15 日）的附录五，参见澳门特别行政区政府印务局网站主页（https://www.io.gov.mo/cn/lag/)。

学生在中学毕业时具备熟练运用至少一种外语的能力，以中文为教学语文的学生能说流利的普通话"①。在教师方面，关注的是教师的专业素养、专业能力和专业化水准，其表现在教学队伍建设方面为"制订中文科教师（包括普通话教师）普通话标准"②，表现在教育品质保障方面为"鼓励教师实施创新的教育、教学方法"，表现在改革课程与教学上为"鼓励教师与同侪分享教学经验"，提升"教师的课程素养"和"加强教师间的教学交流和协作"。③

中文科教师以普通话授课的能力要逐步加强，中文科教师要具备政府所规定的语文的基本素养，中文科教师的语文教学能力得到持续提升，故近年教青局在培训中文科教师方面都有所侧重。2010—2011 学年和2011—2012 学年开展"关注学生阅读素养的计划"，2012 年的重点是"加强教师的普通话及拼音教学技巧，并提升教师参加国家语委普通话水平测试的应试技巧"，2013 年的重点是"加强教师的普通话和中文写作的教学技巧，并提供以普通话教中文的方法与策略"，2014 年的重点是"加强教师的普通话和中文阅读及写作教学技巧"，2014—2015 学年的重点是"加强教师的普通话和中文阅读及写作教学技巧"，而 2015—2016学年的重点是"组织普通话和中文阅读及写作教学技巧的培训"④。与中文科相关的培训项目数见表 8 - 4。⑤

---

① 《2012 年财政年度施政报告》，第 125 页。

② 《2012 年财政年度施政报告》，第 128 页。

③ 《2012 年财政年度施政报告》，第 130—131 页。

④ 《作育英才共创未来：2011 教育暨青年局年刊》（澳门）教育暨青年局 2012 年版，第51 页；《2012 教育暨青年局年刊》，（澳门）教育暨青年局 2013 年版，第 33 页；《2013 教育暨青年局年刊》，（澳门）教育暨青年局 2014 年版，第 34 页；《2014 教育暨青年局年刊》，（澳门）教育暨青年局 2015 年版，第 27 页；《2015 教育暨青年局年刊》，（澳门）教育暨青年局 2016 年版，第 36 页；《2016 教育暨青年局年刊》，（澳门）教育暨青年局 2017 年版，第 33 页。

⑤ 数据整理自《2016 教育暨青年局年刊》，第 33 页；《2015 教育暨青年局年刊》，第36 页；《2014 教育暨青年局年刊》，第 27 页；《2013 教育暨青年局年刊》，第 34 页；《2012 教育暨青年局年刊》，第 33 页；《2011 教育暨青年局年刊》，第 51 页。

表 8 - 4　澳门语文科（中/英/葡）教师培训项目数（2011—2016）

| 学年 | 语文科(中/葡/英)培训项目数 | | | | 参加教师人次 | | | |
|---|---|---|---|---|---|---|---|---|
| | 中文 | 英文 | 葡文 | 总数 | 中文 | 英文 | 葡文 | 总数 |
| 2015—2016 | 28 | 14 | 19 | 91 | 1365 | 218 | 1356 | 2939 |
| 2014—2015 | 42 | 8 | 59 | 109 | 1624 | 125 | 903 | 2652 |
| 2014 | 28 | 10 | 45 | 83 | 1224 | 139 | 628 | 1991 |
| 2013 | — | — | — | 66 | — | — | — | 2163 |
| 2012 | — | — | — | 55 | — | — | — | 1449 |
| 2011 | — | — | — | 28 | — | — | — | 1015 |

　　澳门特区政府从 2014 年起陆续公布了连串的法规和批示，[①] 其中第 19/2016 号社会文化司司长批示的附件一为"小学教育阶段中文基本学力要求（第一语文即教学语文）"，附件二为"小学教育阶段中文基本学力要求（第二语文）"；第 55/2017 号社会文化司司长批示的附件一为"高中教育阶段中文基本学力要求（第一语文即教学语文）"，附件二为"高中教育阶段中文基本学力要求（第二语文）"；第 56/2017 号社会文化司司长批示附件一为"高中教育阶段中文基本学力要求（第一语文即教学语文）"附件二为"高中教育阶段中文基本学力要求（第二语文）"。小学教育基本学力要求于 2016—2017 学年在小一至小三实施，2017—2018 学年全面实施。初中、高中教育阶段的基本

---

　　① 《本地学制正规教育课程框架》（第 15/2014 号行政法规）、《本地学制正规教育基本学力要求》（第 10/2015 号行政法规）、《核准幼儿教育基本学力要求》（第 118/2015 号社会文化司司长批示）、《核准小学教育阶段基本学力要求的具体内容》（第 19/2016 号社会文化司司长批示）、《订定高中教育阶段的基本学力要求的具体内容》（第 55/2017 号社会文化司司长批示）、《订定初中教育阶段的基本学力要求的具体内容》（第 56/2017 号社会文化司司长批示）。基本学力全文的文本见教青局主页"教职员"标签页下"非高等教育"的"课程与教学资源网"。

学力要求分三年实施，2017—2018 学年在初一、高一实施，2018—2019 学年上延至初二、高二实施，2019—2020 学年全面在中学教育所有年级实施。上述的中文基本学力要求，已成为澳门中小学的语文教育课程体系的支架。

为配合澳门课程与教学的发展，教青局从 2010—2011 学年开始陆续为不同教育阶段的各个学科举办骨干教师研习计划、教师研习班和课程发展座谈会和讲座，为中小学中文科教师而设的共七项，见表 8－5。

表 8－5　教青局为中文科教师开设的研习计划及培训（2011—2017）

| 学年 | 研习计划及培训 | 单元 | 学时 | 参加人数/学校 |
| --- | --- | --- | --- | --- |
| 2010—2011 至 2011—2012 | 中国语文科骨干教师研习计划（小学） | 6 | 63 | 27 所小学/中文科教师 28 名 |
| 2011—2012 至 2012—2013 | 中国语文科骨干教师研习计划（中学） | 7 | 91 | 30 所中学/中文科教师 32 名 |
| 2015—2016 | 中学中文科课程发展研习班 | 6 | 15 | 初高中中文科教师 30 名 |
| | 中学中文科基本学力要求讲座（四场） | — | — | 中文科教师 222 人次 |
| 2016—2017 | 小学中文科课程发展研习班 | 6 | 15 | 小学中文科教师 55 名 |
| | 中学中文科课程发展研习班 | 6 | 15 | 各中学中文科教师 27 名 |
| | 中学中文科教学工作坊系列 | — | — | 中学中文科教师 51 人次 |
| | 听说教学工作坊 | 2 | 7 | |
| | 阅读教学工作坊 | 2 | 7 | |
| | 写作教学工作坊 | 2 | 7 | |

　　从教青局网站培训活动所见，2017—2018 学年另有"内地优秀教师来澳交流计划""小学中文科课程发展培训"和"中学中文科课程发展培训"等系列形式的培训活动，都是为中小学的中文科教师而设。①

　　又教青局为中文科教师所提供的培训工作，还包括推行各个教育阶段的"课程先导计划"，让部分学校率先实施相关教育阶段的《本地学制正规教育课程框架》（第 15/2014 号行政法规）和"基本学力要求"。小学中文科的课程先导计划共有八所学校参加，各校于2012—2013 学年至 2013—2014 学年分别在初小和高小实施"正规教育课程框架"内相关教育阶段的内容，并实施相关教育阶段的中文科"基本学力要求"。教青局邀请的中文科专家团队共四人，一学年分四次到校提供指导、观课评课和培训教师，教青局安排"内地优秀教师来澳交流计划"的中文科教师每周驻校，直接支援学校落实各项工作。初中和高中文科课程先导计划分别于 2014—2015 和2015—2016 学年举行，分别有十一所和四所学校参加，计划同样有中文科专家团队和内地优秀中文科教师每周驻校。② 上述计划完成后，教青局又为各学阶的中文科教师举办分享会，当中的重点就是如何将中文科基本学力转化为课堂教学。此外，亦为小学和中学的中文科教师举办基本学力要求讲座。最后就是发布小学和中学中文科的《课程指引》。③

---

①　参见教青局网站主页"教职员"标签页下"非高等教育"的"教育培训资讯"的"教育培训课程"，2022 年 9 月 4 日（引用日期）。
②　资料整理自教青局网站主页"学校、机构"标签页下的"非高等教育学校"的"教育计划/指引"的"课程先导计划"，2022 年 9 月 4 日（引用日期）。
③　见教青局网站主页"教职员"标签页下的"非高等教育"的"课程与教育资源网"的"课程指引"，2022 年 9 月 4 日（引用日期）。

## 七 小结

综上所述，随着二十多年来的教育改革，澳门的师资培育无论是质和量都有了极大的提升。20 世纪八九十年代，澳门学校教学人员学历偏低，[①] 当时各院校和机构所提供的证书或文凭课程，旨在提升在职教学人员的学历。时移世易，这类课程已逐渐成为有意取得教师资格人士的门径。这一类证书或文凭课程，过去因为在读的多为在职教师，而现在，预设学员已具备中国语言文学本科的学历，所以在课程的设置上除学科教学法和实习课以外，其他学科多属于教育学的类别。教师需具备不同范畴的知识，学者或有不同的分类，[②] 但如果按舒尔曼（Lee Shulman）的分类以审视中文科教师的培养，上述的证书或文凭课程的重点明显不在于学科知识和学科教学知识。就澳门大学教育学院所提供的小学教育和中学中文专业课程而言，前者突出中文科的学科教学知识的培养，后者更是着重中文科的知识，故基本上能为准中文科教师提供较全面的知识。此外，该院的小学课程尤为重视学生的实践能力，学生于第四学年需全年在校实习，夜间上课。据教青局委托北京师范大学的一项调查，[③] 澳门教师在专业发展的需求上，校内外研习活动方式的需求以教学观摩和案例研讨为主；在课程进修方面，绝大多数教师最需要的是学科类课程，其次才是教育理论知识；而在研习活动方面，有效沟通技巧、学科知识、学科教学法知识和学生心理辅导则居榜首。

---

① 当时澳门面对着教师严重流失、教师资历薄弱和教师薪酬偏低等问题，参见陈志峰《澳门私校教师法律制度之回顾与前瞻》，《"一国两制"研究》2007 年第 31 期。

② 周健、霍秉坤：《教学内容知识的定义和内涵》，《香港教师中心学报》2012 年第 11 卷。

③ 北京师范大学：《澳门教学人员专业发展状况之研究》，见教青局网站主页"资源库"标签页下的"出版物及研究文献"的"研究文献"2007 年 10 月 31 日（链接日期），2022 年 9 月 4 日（引用日期）。

由于历史的原因，澳门提供基础教育的学校以私立学校为主。2017—2018 学年，澳门有私立学校 67 所，公立学校 10 所；[①] 私立学校有 106 个校部，公立学校有 16 个校部，见表 8 - 6；教师人数 6962 名，见表 8 - 2；而估计中小学中文科教师约为 1600 人。

表 8 - 6          澳门学校校部数目（2017—2018）[②]

| 学校分类 | 幼儿 | 小学 | 中学 | 幼小 | 中幼 | 中小 | 中小幼 | 特教 | 总计 |
|---|---|---|---|---|---|---|---|---|---|
| 公立学校 | 1 | 2 | 7 | 4 | 0 | 0 | 1 | 1 | 16 |
| 私立学校 | 16 | 9 | 17 | 26 | 1 | 19 | 15 | 3 | 106 |
| 总计 | 17 | 11 | 24 | 30 | 1 | 19 | 16 | 4 | 122 |

根据《中华人民共和国澳门特别行政区基本法》第 121 条的规定，澳门"社会团体和私人可依法举办各种教育事业"，又第 122 条规定"澳门原有各类学校均可继续开办。澳门特别行政区各类学校均有办学的自主性，依法享有教学自由和学术自由。各类学校可以继续从澳门特别行政区以外招聘教职员和选用教材。学生享有选择院校和在澳门特别行政区以外求学的自由"。澳门属微型社会，上述规定有利师资的培育和引进各地培育师资的人才，而澳门特区政府自回归以来亦一直致力于完善相关教育的法规，为教师的权利和义务从法律的层面作出规范和保障，明确政府须提供条件和资源，资助校本培训，促进教师

---

① 《SH002—各类学校和教育阶段的学校数》，见教青局网站主页"资源库"标签页下的"统计数据"的"非高等教育统计"的"学校资讯"，2022 年 9 月 4 日（引用日期）。
② 《SH003—校部数（按学校分类和教育阶段划分）》，见教青局网站主页"资源库"标签页下的"统计数据"的"非高等教育统计"的"学校资讯"，2022 年 9 月 4 日（引用日期）。

的专业发展。① 在中国语文师资培育方面顺应改革课程和教学的需要，从 2010 年开始规划以语文学科为重点的培训，其中尤以 2008 年的《澳门特别行政区非高等教育范畴语文教育政策》，更为中文科教师的能力和素养定下政策目标和政策措施，为中文科教师专业发展定好工作方向。

---

① 王敏：《澳门教师专业发展政策分析与展望》，《全球教育展望》2009 年第 6 期。

# 第九章　教育研究：回顾三十年来的
　　　　澳门教育研究

## 一　前言

　　澳门当代教育发展的一个明显轨迹，是政府从撒手不管到介入再到积极参与私立学校的教育。澳葡政府于 1977 年立法资助私立学校的《对不牟利私立教育事业的扶助》（第 11/77/M 号法律），① 或可理解为对私立学校教育的关注。该法例主要规定了对澳门私立学校的各种税项的豁免和补助金等扶助方式。这种转变或源于葡萄牙 1974 年革命成功后放弃了殖民主义。刘羡冰认为自澳督李安道（José Garcia Leandro）于 1976 上任后，澳门的管治出现转变，先是委任培正中学校长邝秉仁进入立法会，1978 年 3 月批准澳门针对符合不牟利条件的 48 所私立中、小、幼学校给予资助。② 1991 年澳门立法会通过《澳门教育制度》（第 11/91/M 号法律），为过渡期的教育创立了自身的法律体制，之后再陆

---

① 黎义明：《对澳门地区教育立法的历史分析》，参见单文经编《澳门人文社会科学研究文选·教育卷》，社会科学文献出版社 2009 年版，第 126—143 页。下引澳门特区法律和批示均见澳门特别行政区政府印务局网站（https：//www. io. gov. mo/cn/bo/）。
② 刘羡冰：《澳门教师争取权益的五十年——团结自救，破除"唔穷唔教学"的宿命》，第八届两岸四地教育史研究论坛，2014 年 11 月 29—30 日。

续增设各类学校，于 1995 年开始按所颁布的法规编制课程大纲和学习计划，逐步在官校试行并扩展至私立学校。2006 年 12 月公布的《非高等教育制度纲要法》（第 9/2006 号法律）取代了第 11/91/M 号法律，再度调整了澳门特区的教育制度。从 20 世纪 80 年代开始，不管动机为何，澳葡政府关注私立学校的教育，开始进行教育调查和研究，当时的东亚大学成立学术研究单位，直接推动了本地的教育研究，而民间的教育社团参与其中亦逐渐发展为一股研究力量。本章将顺着这一线索，概述这些年来澳门的教育研究。

## 二　澳门教育研究的回顾

对于澳门教育研究的综述，较早期的见于冯增俊主编的《澳门教育概论》。① 该书是第一本较系统地研究澳门教育改革和发展的论著，也是粤澳两地学者合作的成果，② 全书重点分析和探讨了澳门教育的历史和未来的走向。该书第三章辟有专节介绍澳门的教育研究。作者举出 1991—1995 年有二十多种论著，这类研究主要是研讨会议成果的结集；第二类为研究生的论文，1992—1998 年有近二十篇；第三类是教育刊物，包括中华教育会的《澳门教育》和《教育资讯》，以及其他团体和学校的普及刊物；第四类是政府机关的出版物。作者得出以下结论。一是澳门教育研究主要起于 20 世纪 90 年代；二是开始重视某些重大的教育主题，但仍欠深入全面；三是刊物中深入讨论研究教育的论文较少；四是没有从宏观和整体的角度把握澳门教育未来走向的论文，也没有全面探讨澳门教育的著作。冯增俊其后于 2009 年与周红莉曾发表《回归十年来澳门教育发展的回顾与前瞻》，该文分三部分。

---

① 冯增俊主编：《澳门教育概论》，广东教育出版社 1999 年版。

② 编者在后记说明重点参考某些资料，如第三章参考刘羡冰的研究，第六章参考许国辉的论文，第九章参考张碧莲、杨子秋和林雨生三人的硕士学位论文。

一是总结十年来关于基础教育体系的创建、高等教育的转型、职业技术教育的进展，以及全民教育的发展等；二是剖析和探讨澳门教育发展的特点和战略思考；三是澳门教育未来的走向和对策。①

2006 年 12 月 7—8 日，澳门基金会主办的"首届澳门人文社会科学大会"，共有两篇回顾澳门教育研究的文章，一是单文经和黄素君的《澳门教育学研究的回顾与思考》，二是林发钦的《澳门教育研究的回顾与思考》。② 单、黄二人的文章点出两个问题。一是有哪些人从事教育学研究？二是有哪些研究的成果？该文处理的是第一个问题。作者回答这个问题的思路，大致是把研究者分为在澳门境内和境外的。从事教育学研究的人至少包括以下两种。一是修读教育学专业的博、硕士学位课程的人士，二是在高等教育机构从事教育学研究的人士。然而，因资料所限，作者整理的范围只限于澳门的研究者。针对澳门境内的研究者，作者补充不能忽视在澳门成立的、与教育研究相关的民间社团，其中尤以澳门中华教育会为最。该文的第四部分即以澳门大学教育学院为切入点作思考，作者认为应该鼓励以下三种举措。一是多研究多发表，包括争取研究经费、参加研讨会议发表研究成果、修改会议论文发表、将论文结集成书，以及编辑专书或论文集，二是办理各种学术活动，包括境内、国内和国际三个层面，三是强化学术交流与合作研究，包括国内和国际的项目。至于林发钦的文章，大略将澳门的教育研究分为四期。一是兴起时期（20 世纪 70 年代），二是探索时期（20 世纪 80 年代），三是发展时期（20 世纪 90 年代），四是深化时期（1999 年以降）。作者认为兴起时期的成果不多，相关文章也

---

① 周红莉、冯增俊：《回归十年来澳门教育发展的回顾与前瞻》，《比较教育研究》2009 年第 11 期。

② 程祥徽主编：《澳门人文社会科学：回顾与前瞻论文集》，（澳门）澳门基金会 2007 年版，第 295—302、303—309 页。

多为当时的记录，严格而言不属于研究论文；探索时期伴随着澳门师范培训的开展，研究成果有理论基础，省思澳门的教育，研究者以在职教师为主体，未见有系统和重大的研究成果；发展时期正是澳门主权交接的过渡期，本科学历以上的教师数量增加，澳门的教育引起外地学者的注意，这一时期举办过大量的研讨会议，结集出版不少论文；深化时期的研究队伍出现本地的博士人才，外地学者继续参与澳门教育的研究。

上述二文的主要观点，在《澳门人文社会科学研究文选·教育卷》的序言中结合，单文经和林发钦以《澳门教育研究的回顾与前瞻》为题撰文，作为该书的代导论。① 该文回顾了澳门教育研究的人员，也回顾了澳门教育研究的成果。前瞻方面，就是在经历兴起、探索、发展和深化阶段以后对澳门的教育研究提出期许，即增加培训本地人才以强化研究人员的阵容，改善研究环境以提升研究人员的理论探究与实务能力，形成教育研究的学术体系。

王国强曾整理了2000—2009年与澳门教育相关的书刊，用出版数据来分析澳门教育研究的情况。该文所涉及的出版物，就数量而言，澳门的545种，外地的78种，合计623种，但不包括期刊论文和学位论文等资料。就类别而言，第一类属澳门教育概况，包括教育统计、教育法规与制度、教育单位（通信、同学录、教育单位特刊、招生及课程简介、教科书、升学指南、工作年报及计划等）。第二类为教育研究著作，分普通教育研究著作43种和以澳门为题的教育研究著作165种，共208种。从出版物的数量而言，作者认为澳门教育研究仍处于起步阶段。作者在总结中加入两项数据，在他个人收录约2500种外地出版有关澳门的书刊当中，只有78种（约3%）属教育类书刊，另

---

① 单文经、林发钦：《澳门教育研究的回顾与前瞻——〈澳门人文社会科学研究文选·教育卷〉》，《澳门研究》2010年第56期。

2000—2009 年澳门本地出版约 7000 种书刊，本地教育研究只占整体研究的 7.8%，较其他学科薄弱。① 此外，澳门基金会网站上过去曾有《澳门图书出版概况：1998—2014》，该文由澳门图书馆暨资讯管理协会供稿。1998—2014 年图书主题统计表总计 9385 笔，教育类别共 698 笔资料，位居第 6。笔者再用该系统的"精确检索"检索（数据库出版物起讫年期是 2000—2011 年），教育类别只有 482 笔，其中仅 133 笔有书号。从书名来判断，属澳门教育研究的约 50 笔，主要为会议论文集、学位论文集、个人文集或研究专集，以及一些由学校出版的教研论文集。如要追踪澳门教育研究的数据，在澳门举办的会议目录及论文题目，澳门大学的图书馆曾有"澳门会议目录及论文索引（1987—2016）"的电子资料库可供检索，惜已关闭，至于期刊论文题目则可检索"澳门期刊论文索引"②。又《华裔学志》在 2001 年曾刊登一份澳门 20 世纪的研究书目，③ 当中便收录了一些与教育研究相关的著述。只是书目的编者在导言中已表示不甚完备，因有大量相关研究的图书和文章未具学术特质，且多由规模较小的书商出版，又或文章并非在澳门研究或相关的专刊上发表，故难于搜求。

## 三 政府推动教育改革与教育研究

1982 年澳葡政府成立私立学校教育辅助处，首任处长施绮莲（Maria Edith da Silva）忆述当时手上所有的资料就是六十所私立学校的名称、地址、电话和校长的姓名。④ 澳门统计司于 1985 年首次公布 1983—1984

---

① 王国强：《回归十年来有关澳门教育范畴的图书出版状况与分析：以澳门地区出版品为例》，《澳门图书馆暨资讯管理协会学刊》2012 年第 14 期。

② https：//libdigital. um. edu. mo/macau－periodical/journal－title

③ Roderich Ptak, "Twentieth Century Macau: History, Politics, Economy A Bibliographical Survey", *Monumenta Serica*, Vol. 49, 2001, pp. 529 – 593.

④ 郭婉雯：《施绮莲情难舍教青司工作》，《澳门日报》1997 年 2 月 14 日；小麦子：《访澳门葡文学校行政委员会主席施绮莲女士》，《终身学习》（教青局）2013 年第 24 期。

学年的"教育调查"①。1987 年教育文化政务司办公室出版的研究报告《澳门教育——对教育制度之探索》，② 是首份官方对澳门教育的调查研究。1988 年 8 月教育司出版《澳门学校的特征》，该书序言表示，"只有清楚地掌握这个问题的范围，才能开始作出任何实际的计划"。③

（一）政府的教育调查

澳葡政府于 1986 年委托里斯本大学科学院教育系教授龚水桑·阿尔芙斯·斌多（M. Conceição Alves Pinto）调查澳门的教育，为制订教育方针提供参考，而在这以前政府从没有相关的研究。斌多访澳一月，发现澳门在 1986 年 6 月以前的文献中从未出现"教育制度"，学校之间缺乏联系，教育大纲千差万别。该报告从澳门的历史、地理、人口和语言入手，再分析澳门学校的体制、学校、教师、师资培养以及葡语教学等情况。20 世纪 80 年代澳门的学校分官立学校、官制私立学校和非官制学校三类，根据 1988 年出版的《澳门学校的特征》所提供的数据，当时有官立学校 9 所，官制私立学校 3 所，私立学校 67 所。然而，数字表示的是校舍单位数量。如"官立学校综合体"包含了三所学校（高诗华预备中学/殷皇子中学/高美士中葡中学暨预备班），非官制学校的"利玛窦中学"共有三个单位——一所中学和两所小学。"圣罗撒学校（葡文部）"属官制私立学校，设幼儿园和小学；但"圣罗撒学校（中、英文部）"和"圣罗撒学校（英文部）"属于私立学校，前者设幼儿园、小学和中学，但后者只有中学。因此，学校的情况可

---

① 1985 年 7 月 7 日澳门政府统计暨普查司才首次公布"教育调查"。1983—1984 学年，全澳门学生近 6 万名，私立学校有 54500 人，而官校学生有 4427 人，仅占学生总数 7.5%。教师方面，全澳门教师 2100 名，私立学校有 1731 名，占教师总数的 82.4%，官校教师只有 318 名。

② ［葡］龚水桑·阿尔芙斯·斌多：《澳门教育——对教育制度之探索》，王明译，（澳门）教育文化政务司办公室 1987 年版。

③ 教育司：《澳门学校的特征》，（澳门）澳门教育司 1988 年版，第 5 页。

以说是五花八门。从该书所见各类学校和学生数字，最突出的情况就是官立（并官制私立）和私立（非官立）学校数量的悬殊。① 私立学校主要由教会（天主教和基督教）和民间社团办理。从数据可见，当时在澳门承担基础教育责任的不是政府，而是教会和民间的社团。这种情况延至20世纪90年代仍没大的改变。②

澳葡政府之后数年陆续出版好几本《澳门学校的特征》，包括1994年出版的该书的第二版，同样提供学校校舍、位置和学生数目（1988—1989年至1992—1993年的数据）等资料，但增加了学校的历史。1994年以"课程"为主题，1996年又以"校规"为主题出版该书，1997年再以"校舍"为主题出版该书。事实上，20世纪90年代因学额短缺，澳葡政府在回归前先后分三期批地建校，截至1998年至少增加了27间校舍。③

## （二）教育改革技术委员会的成立

澳门社会开始广泛讨论和研究教育的问题，1987年中葡两国签署《中葡联合声明》是关键。《中葡联合声明》第二款第五项为"澳门特

---

① 根据该书各校的资料来计算，1982—1983学年有52133名学生，小幼官立学校计1893名，中小官制私立学校计960名，非官立学校计49280名；1983—1984学年有54397名学生，小幼官立学校计1717名，中小幼官制私立学校计897名，非官立学校计51783名。数据显示95%的学生就读于非官立学校。

② 1992年3月公布的数字，1991—1992学年澳门学生总数79355人，74180（93%）名入读私立学校，其余的5175名入读官立学校。澳门各类学校总数179所，其中官校18所，私校161所。官校中，14所是中文学校（7所幼稚园，6所小学，1所中学），4所是葡文学校（1所幼稚园，2所小学，1所中学）。161所私校中，137所中文学校（56所幼稚园，57所小学，24所中学），16所是英文学校（3所幼稚园，6所小学，7所中学），8所是葡文学校（2所幼稚园，4所小学，2所中学）。见《本澳各级学生七万九千名，比上年度增四千一百多人》，《澳门日报》1992年3月4日。

③ 《近六年建27间校舍，多所校舍年内落成》，《华侨报》1998年9月28日。首批16间校舍于1996年年底先后全部落成，第二批10间于1998年11月全部落成，第三批10间学校于2001年全部落成。

别行政区自行制定有关文化、教育和科技政策、并依法保护在澳门的文物"，另"联合声明"附件一第七项有具体说明："澳门特别行政区自行制定有关文化、教育和科技政策、诸如教学语言（包括葡语）的政策和学术资格与承认学位级别的制度。"而澳葡政府当时也得承认"在剩下的短暂时间内，无所事事或敷衍了事，都将被视为违背了澳门居民以及中葡两国的利益和需要"①。

　　1989 年 2 月澳葡政府成立"教育改革技术委员会"（第 16/GM/89 号批示），由时任教育司正、副司长卢倬智（Jorge Loureiro）和施绮莲分任正、副主席，时任澳门教育司教育活动暨计划室主任罗成达（Alexandre Rosa）负责委员会的统筹，另有 5 名委员，分别为高美士（José António Gomes）、张子明、黄就顺、黎义明和蔡梓瑜，其中有政府官员，也有私校教师。委员会的责任是草拟"澳门教育制度纲要法"。在一篇检讨澳门教育的文章中，罗成达指出过渡期教改工作就是要"设立一个适合澳门之教育制度"，而该制度应"不妨碍现有之动力及教育自由"。文中指出的措施包括以下几点。第一，组织教育制度；第二，设立教育制度之课程；第三，建立评审机构；第四，改善教师培训；第五，增加学校数目；第六，采取学校社会工作。第一项关乎学科的教学语言，第二项关乎获政府承认的课程，第三项关乎取得各教育程度文凭的条件，第四项关乎教师的素质，第五项关乎班级人数，第六项关乎社会中的弱势社群。② 另外，这篇文章亦曾以英文在 1990 年 3 月 26—30 日由教科文组织在墨西哥召开的"教育发展规划和管理国际大会会议"上报告。③

---

　　① 罗成达：《澳门过渡期的教育现状与前景》，参见黄汉强编《澳门教育改革》，（澳门）澳门东亚大学澳门研究中心 1991 年版，第 37—47 页。

　　② 罗成达：《检讨澳门教育》，《澳门公共行政杂志》1988 年第 1 期。

　　③ "International Congress on Planning and Management of Education Development", *Mexico*, 1990. 3. 26 – 30.

20 世纪 80 年代澳门社会所讨论的教育问题是什么？从 1991 年 3 月出版的《澳门教育改革》的编排可见端倪。这本文集原本就是东亚大学澳门研究中心 1989 年 10 月 7—8 日和 14—15 日主办的一次研讨会的成果。来自教育界的专家、学者和各界人士共 150 多人出席，26 次小组会议，19 篇文章，通过宣读论文、小组讨论和大会辩论等形式，集中讨论了澳门的教育制度、学校管理、免费教育、教师效能等问题。① 该文集的内容，大致也是把论文和讨论这两部分各自按教育制度、学校管理、普及教育和教师效能来编辑。研讨会由当时澳门的护督范礼保（Francisco Luís Murteira Nabo）主礼，大会主席是东亚大学校长薛寿生，主办单位是东亚大学的澳门研究中心，协办的包括澳门教育改革技术委员会、澳门中华教育会和澳门天主教学校联会。由官方、民间和学术机构三结合的阵容，为澳门过渡时期教育改革的研讨展开了序幕。这本文集另收录了三篇上述"教育改革技术委员会"的文件（中文及葡文本），分别是《澳门教育体系的组织》《评核》和《关于澳门教育制度纲要法的反省》。

## （三）回归前后的课程改革活动和各种调研和出版

教育暨青年司于 1994 年 9 月开始筹组课程改革活动，② 统筹编制幼儿教育、小学教育预备班、小学、初中和高中各学科领域的课程大纲和教学/学习组织计划，并于 1995—1996 学年逐步在公立学校试行。该局随后邀请北京师范大学、澳门大学和港澳儿童教育国际协会对澳门课程文件及实施的情况进行研究，《2000 年澳门课程改革研讨会论文

---

① 黄汉强：《澳门教育改革·前言》，《澳门教育改革》，（澳门）澳门东亚大学澳门研究中心 1991 年版，第 1 页。

② 教育暨青年司于澳门回归后改为"教育暨青年局"，另下文将提及的"高等教育辅助办公室"曾于 2019 年 2 月升格为"高等教育局"，两局于 2021 年 2 月合并为"教育及青年发展局"，仍简称"教青局"。

集》就是当时的成果。① 文集共收录 9 篇文章，作者大部分是当时教育学院的教授，论文包括课程设计的讨论、官立小学课程的检讨、资讯与通讯科技课程的设计与实施、中澳义务教育阶段的教学比较、课程改革中的数学科简报、中小学数学教学的问题、内地与澳门初中语文课标的比较、中学中文试行课程大纲的研究，以及对普通话和中文教学大纲的研究等。

澳门主权回归后，政府每年的施政报告都着墨于教育工作。随着澳门教育改革的推进，当时主管非高等教育的教青局，委托各地大专院校进行各种与教育相关的研究。根据该局网站所见的项目标题、摘要和简报，以"教育调查"为例，1999—2018 年就有 42 项，除了各年度定期的离校生状况调查，高中毕业生升学调查，也有教师延续培训，持续进修之类的报告。"其他研究文献"部分，2002—2018 年共 13 项，当中有关于学生辅导、学校自评、阅读等主题的报告；"教育研究"部分的专题十分丰富，2003—2018 年共 31 项，承担工作的有个别研究人员，但主要是香港和澳门的高校和学术机构，专题有关于教育发展的，如非高等教育发展；有关于教育评鉴的，如基础教育学科能力检定、学校综合评鉴、PISA 学生能力国际评估；有关于课程的，如中小学体育课程、小学品德与公民教育、性教育、小学自然科学、视觉艺术教育、特殊教育；有关于阅读的，如中文阅读计划、中小学阅读；有关于专业发展的，如教学人员专业发展、校长专业发展规划；还有其他如补习班和督课、小班教学、学校空间和环境等。②

---

① 教育暨青年局课程改革工作小组：《2000 年澳门课程改革研讨会论文集》，（澳门）教育暨青年局 2001 年版。

② 相关资料电子档可于教青局网站"资源库"标签页中的"统计数据"和"出版物及研究文献"检索，https：//portal. dsedj. gov. mo/webdsejspace/。

教青局曾于 2002 年出版《澳门数学课程试验计划——协作学校教师专业成长文集》，该计划由北京师范大学做学术指导，在澳门四所中学试行落实数学课程的改革。文集的第一部分是数学教学的理论，第二部分是协作学校教师教学研究与心得分享，第三部分是协作学校经点评的教案。该局为配合 2002 年的施政方针中提到的推广创思教学，亦曾向各地高等院校邀稿，出版《创思教学的理论与实践：论文专集》。①

澳门另一个与教育相关的政府部门是 1992 年成立的"高等教育辅助办公室"，但高教办所出版的年刊和教育杂志以资料为主，反而澳门行政公职局出版的《澳门公共行政杂志》有不少与教育相关的研究。笔者用浏览的方式并以"教育"作为关键词进行检索，看到 1988—2018 年至少有四十篇与教育相关的论文，讨论的范畴包括澳门的高等教育、历史上的教育家、语言教学等，其中阮邦球就有多篇以回顾和展望为副题的文章，讨论澳门的学前教育、小学教育、中学教育、中学职业技术教育，另有一篇比较普通中学和职业技术中学的文章。论文有关于澳门整体的教育和学校的系统，也有关于葡语教育和教学、中文教育、翻译教学、职业技术教育、公民教育、妇女教育等，也有关于过渡期的澳门教育和非高等教育发展的计划等。该刊 1993 年 12 月的第 6 卷第 4 期更是教育的专号。按《创刊词》所述，该杂志的目标是要将"在澳门公共行政内进行的工作"公开，所以第一期也就有当年教育司教育活动暨计划室主任罗成达《检讨澳门教育》这篇文章，往后官方人员发表的文章，包括张子明的《澳门教育的特征——自由和多样化》、苏朝晖和潘咏贤的《澳门教育改革》、杨子秋的《探析澳门特区非高等教育的未来发展》、郭晓明的《传承与创新——澳门第三

———

① 《创思教学的理论与实践：论文专集》，（澳门）教育暨青年局 2002 年版。

届特区政府教育政策的总结与展望》等。①

## 四　学术研究机构

中国内地的学术机构在早期已关注澳门的研究，广州的中山大学曾于 1987 年 7 月召开"澳门社会科学学术交流会"，主办的单位包括澳门社会科学学术访问团、中山大学港澳研究所、广东省社科院港澳研究中心、华南师范大学学术交流中心和暨南大学特区、港澳经济研究。各单位在会上曾介绍对澳门研究的基本情况，会上也归纳了当年在社会、历史、经济、文化等方面的一些研究。② 就笔者所见中国内地较早期的教育研究专著，有吴福光编著的《港澳教育评析》，③ 该书第九章是"澳门教育"，共有两节，但第一节的材料和数据主要引用了《澳门教育改革》中罗成达《澳门过渡期的教育现状与前景》一文的材料，而第二节主要的参考资料也限于《澳门教育改革》的一些论文，该书的附录四是《澳门教育：概况、政策及措施》（删节本），也是来自澳门教育司教育活动研究暨计划室的一份报告（1989 年 2 月）。另一本是《澳门教育、历史与文化论文集》，④ 由澳门大学、澳门基金会、澳门大学出版中心、广东省社会科学联合会、《学术研究》杂志社六个单位联合编辑，澳门大学和澳门基金会赞助出版经费。该书原为 1995年 11 月 9 日"澳门教育、文化的现状与前瞻"研讨会的论文结集，共收 29 篇文章，其中 7 篇与教育相关，主要讨论了免费教育、人才培

---

① 上述四篇文章见于《澳门公共行政杂志》总 22 期（1993 年）、总 47 期（2000 年）、总 72 期（2006 年）和总 107 期（2015 年）。该杂志各期全文见该局网站（https：//www. safp. gov. mo/safptc/magazines/index. htm）。

② 余积慧：《穗澳两地首次交流探讨澳门学术》，《华侨报》1987 年 8 月 2 日。

③ 吴福光编著：《港澳教育评析》，中山大学出版社 1992 年版。

④ 卢德祺：《澳门教育、历史与文化论文集》，广州学术研究杂志社 1996 年版。

养、澳门教育的过去和澳门教育的未来等。① 以下各小节再分述澳门的一些学术机构的研究。

（一）澳门大学的澳门研究中心

东亚大学澳门研究所于 1987 年 6 月由时任校长的林达光创办，1988 年易名澳门研究中心。澳门研究中心的其中一项任务就是研究澳门政治、经济、社会、文化、教育、艺术、历史等方面的发展，而"澳门教育现状与未来"是该中心的专题研究范围。② 前文已提及由该中心于 1989 年主办的教育改革研讨会。1991 年刚好是东亚大学建校十周年，该中心于同年 4 月 27—28 日召开"澳门公民教育研讨会"，研讨会的内容共四项，包括公民教育的定义和内涵、澳门公民教育的现状和推广公民教育的迫切性、澳门公民教育的目标和特点，以及澳门公民教育的内容和方法。③ 会议得到澳门中华教育会、天主教学校联会、教育工作者协会、教师联谊会和成人教育协会等社团的参与，极具代表性，同样是当时澳门教育界广泛参与的研讨会议。论文集《澳门公民教育研讨会文集》于 1992 年由该中心出版。

澳门研究中心出版的《澳门研究》原为东亚大学澳门研究所的学报，1988 年 6 月创刊，曾出版一期，1993 年 9 月复刊，截至 2018 年第 3 期共出 91 期，合共出版逾 1900 篇论文，与教育相关的文章 110 篇——1999 年以前 13 期，约 22 篇；2000—2009 年出版 43 期，约 65 篇；2010—2018 年第 3 期出版 35 期，约 23 篇。中段的数量尽管有所

---

① 周礼杲《从澳门大学看澳门的高等人才培养》、刘羡冰《澳门免费教育的回顾与前瞻》、杨允中《澳门人才开发的迫切需求与大学教育的加速发展》、高桂彪和梁英《澳门教育的特点和启迪》、李盛兵《澳门未来教育问题探析》、马林《对澳门免费教育立法的比较分析》和邓国光《澳门教育四百年展示的文化风韵》。

② 《东大研究所介绍》，《华侨报》1987 年 9 月 25 日。

③ 黄汉强：《"澳门公民教育研讨会"的总结》，载黄汉强编《澳门公民教育（研讨会论文集）》，（澳门）澳门大学澳门研究中心 1992 年版，第 16 页。

递增，但该刊原为综合性刊物，教育研究论文数量的比例也就有限。从题目来判断，这批研究论文包含教育史、学科教学、教育调查、成人教育、考试制度、高等教育、教会教育、课程改革、家庭教育等方面的研究。

### （二）澳门大学教育学院和研究中心

1981 年澳门东亚大学的成立是澳门当代高等教育发展的新里程。东亚大学原是香港商人在澳门办理的一所私立大学，时任澳督高斯达（Vasco Almeida Costa）于 1984 年为该大学制订新任务，表明其对澳门的教育及培训的政策——筹备教师培训课程及其他对发展澳门应予优先考虑的课程，并委任一位葡人副校长和开设葡语研究中心。[①] 李天庆忆述接任东亚大学校长后的一项工作就是成立"教育学院"[②]，为澳门的中小学校和幼儿园培养教师。教育学院源自 1987 年开设的两项教师培训课程，该学院于 1989 年成立，1992 年正式纳入大学的本科体系。时任行政、教育暨青年事务政务司黎祖智（Jorge Rangel）在 1992 年 11 月举行的学术会议上，明确表示教育学院的任务，除负责师资培训以提高澳门教育水准外，更要从事教育研究工作，调查澳门的教育实况，协助教育委员会的工作并向教育委员会多提建议。[③] 关于澳门大学教育学院的研究，从澳门大学 1994—1996 年所见的资料，[④] 研究委员会资助该院教授的项目只有 3 项。在澳门大学 1995—1999 年的工作报告中，也只见零星由大学资助的研究项目和参与国际会议的活动。从 1999—

①　《澳大成为本地区公营大学，组织架构未来两周内设立》，《澳门日报》1992 年 2 月 9 日。

②　李天庆：《从东亚大学到澳门大学》，载《澳门大学三十年：历任校长手记》，（香港）三联书店 2014 年版，第 97 页。

③　《澳大教育学院学术会议》，《澳门日报》1992 年 12 月 10 日。

④　*Research Projects and Conference Participation Supported by University Research Committee, 1994 – 1996 Academic Years*, Macau: Research Committee, UM, 1996.

2004 年的澳门大学研究目录所见，出版数量明显增加，除专书和专书篇章外，该院发表的论文中，11 项刊于受审评期刊，35 项刊于学术期刊。① 从 2005—2008 年的澳门大学研究目录所见，② 该院在研究方面有更多的产出，见表 9 – 1。

表 9 – 1　　　　2005—2008 年澳门大学教育学院的各类研究

| 文献类型 | 2005 | 2006 | 2007 | 2008 | 小计 |
|---|---|---|---|---|---|
| 期刊论文 | 22 | 31 | 19 | 8 | 80 |
| 书籍(章) | 6 | 11 | 19 | 4 | 40 |
| 书籍(章)合作 | 1 | 0 | 3 | 2 | 6 |
| 研讨会论文 | 13 | 23 | 14 | 8 | 58 |
| 研讨会报告 | 21 | 40 | 54 | 11 | 126 |

当然，上述数据所显示的只是该院同人在教研方面的成果，研究的范围也不只限于教育。

1992—1993 学年，教育学院当时只有 1 位教授、5 位助理教授和 17 名讲师，研究力量有限。然而，大学作为学术机构对于推动教育研究是至关重要的。前文所述的《澳门教育改革》就是最好的例子，而研讨会后结集出版的论文就是后续研究的基础。教育学院累计主办和合办过不少的研讨会议。1992 年 2 月 29 日至 3 月 1 日，澳门教育文化艺术协会和澳大的教育学院曾合办教育研讨会，主要针对澳门基础教育中存在的问题作探讨，共有三个专题演讲，分别为国家教委基础教

① *UM Research Directory* 1999 – 2004, Macau：University of Macau Publications Center, 2005, pp. 25 – 26, 41 – 44.

② *UM Research Directory* 2005 – 2008, Macau：Faculty of Science and Technology, University of Macau, 2008. CD.

育司副司长马立的《中小学课程的改革问题》，广西教育学会会长余明炎的《中学教育质量的问题》，以及香港大学教育学院彭敬慈的《迈向专业发展》。

　　古鼎仪在 20 世纪 90 年代曾任教于澳门大学的教育学院，曾是教育研究中心主任。古鼎仪长期从事澳门教育的研究，1997 年 1 月 4 日在香港珠海书院主办的"过渡期的澳门现状"学术座谈会上，就曾发表《后过渡期的澳门教育》，该文的重点是评估殖民时期教育偏差，衔接中国教育制度，以及教育革新为特区社会做准备。[①] 古鼎仪编著了不少与澳门教育相关的书刊，其中与马庆堂合编的《澳门教育——抉择与自由》（1994 年），是继《澳门教育改革》以后另一本关于澳门教育研究累积下来的成果，撰稿者是当时教育学院的导师和澳门专业的教育工作者（校长、资深教师和行政人员），内容包括了教育政策、教师教育、特殊教育、教育研究，以及教育展望，该书有六个附录，当中包括澳门教育基本资料、近年澳门教育（补充）资料、澳门人口资料、澳门大学教育学院幼儿/学校教育 1993—1994 年度毕业论文题目、澳门大学教育学院课程等，在今天看来已是重要的文献资料。他与贝磊（Mark Bray）合编的中英文版《香港与澳门的教育与社会：从比较角度看延续与变化》，[②] 是以澳门和香港作为比较研究的个案，用历史和比较分析的角度研究两地从殖民时期、过渡期、后过渡期和回归中国后教育发展的状况，另中英再版（2004，2005）不但原篇章的内容有所更新，还增加两个篇章。他与蔡昌主编的《澳门教育与社会发展》（2001），是港澳两地大专学生和准教师参与"澳门教育交流及研究计

---

① 古鼎仪：《后过渡期的澳门教育》，《亚洲研究》（香港）1997 年第 22 卷。
② 古鼎仪、贝磊编：《香港与澳门的教育与社会：从比较角度看延续与变化》，（香港）香港大学比较教育研究中心 2002 年版；（台北）师大书苑 2005 年版；人民教育出版社 2006 年版。人教版的书名改为"香港和澳门的教育"。

划"的成果，前两章分别是蔡昌、古鼎仪的《九零年代初期澳门官私立小学的特色》和古鼎仪的《廿一世纪澳门教育发展的方向》，其余是学生的专题研究，主要是澳门的小学教育、中学教育、教师教育和教育政策。

澳门大学教育学院的教育研究中心早期曾出版"澳门大学学术研讨会论文系列"，除系列一是以澳门人口和人口政策为题外，往后的都是以教育为题。教育学院于 1996 年与教青司开始合作主办学术研讨会，当时的会议都是根据教师培训和教育发展的需要，由双方磋商议题后再联合邀请专家撰稿。① 教育学院与教青司举办的会议列述如下。

● 系列二"教育支援：学校，家庭与社会"（1996 年 3 月 22 日），文集于 1997 年出版，② 论文主要以学生行为、辅导和家校合作等为题。

● 系列三"优质教育：传统与创新国际教育研讨会"（1997 年 4 月 25—26 日），文集于 1999 年出版，论文分当代优质教育的发展、优质教育的课程与实施、特殊教育的优质化等四个部分。

● 系列四"跨世纪学科教育——中国语文、历史与地理教学研讨会"（1999 年 5 月 21—22 日），文集于 2000 年出版，论文分为中国语文、历史和地理三个部分。

● 系列五"澳门教育如何迈进新纪元教育研讨会"（2000 年 5 月 20—21 日），文集于 2001 年 4 月出版，论文的范围包括澳门的教育方向、教育改革、课程发展、学校行政、语文教育、公民教

---

① 《教青司与澳大签合作协议，进一步加强教师培训工作》，《澳门日报》1998 年 7 月 5 日。

② 澳门大学教育学院编辑：《为澳门青少年健康综合成长创造良好环境》，（澳门）澳门大学出版中心、澳门教育暨青年司 1996 年版。

育和资讯教育等。

● 系列六"多元化教育的探讨教育研讨会"（2001 年 5 月
19—20 日），文集于 2002 年 1 月出版，论文分课程及内容设计、
教育政策及行政、教师培训和教育制度四大部分。

● 系列七"21 世纪教师的专业成长教育研讨会"，论文集于
2002 年 5 月出版，第一部分为学术论文，包括师资培训、教师专
业素质、教师专业知识、教师专业的行政管理；第二部分为教师
教学实验和方法的经验分享。

● 系列八"教与学的改革和创新教育研讨会"（2003 年 11 月
29—30 日），文集同时出版。

● 系列九"两岸四地教育改革的实践与反思学术研讨会"
（2005 年 5 月 28—29 日），文集于 2006 年 6 月出版，除专题演讲
外，分设教育改革的成效与过失、教育改革的展望与趋势、课程
与教学、教师专业成长、校内评核与校外评核、教育全球化与资
讯化、教育制度与学校组织、教育素质、不同地区教育改革的比
较，以及其他相关课程十个专题。

教育学院于 2006 开始推出"华人社会的教育发展学术研讨会"的
系列，先后以不同的主题举办相关的研讨会，包括"华人社会的教育
发展"（2006 年 4 月 29—30 日）、"教师教育"（2007 年 3 月 30 至 4 月
1 日）、"课程与教学改进"（2008 年 11 月 22—24 日）、"教师说故事，
说教师的故事"（2009 年 10 月 23—25 日）和"教育对话"（2011 年
11 月 11—13 日）。这些会议的文集大都于会议的翌年由该中心出版。
近年教育学院另举办过第一届（2006）和第八届（2014）"两岸四地
教育史研究论坛"和"2017 年大中华地区小班化教学研讨会"。前者
截至 2018 年已办 12 届，由中国内地、澳门和台湾地区六个单位轮流主

办，后者同样是系列研讨会，在澳门召开的是第 6 届，时任教青局局长梁励在主题演讲中阐述了澳门自回归以来推动小班教学的政策和措施并展望未来的发展。

### （三）研究生学位论文和期刊论文

澳门本地各所大学与教育相关的硕士和博士学位课程，每年有不少学位论文获得通过。澳门大学教育院从 1996—1997 学年开始办理硕士课程（分别是教育行政和教育心理专业），先后增加不同专业。该校图书馆目录自 1998—2018 年共有 656 篇硕士论文，大致分属课程（204 篇）、幼儿教育（59 篇）、教育心理（109 篇）、体育教学（121 篇）、学校辅导（53 篇）和教育行政（110 篇）等专业。至于教育学的博士论文，截至 2018 年年底共 23 篇。除澳门大学以外，澳门城市大学于 2014 年成立教育学院，招收硕士和博士研究生，该校图书馆目录显示，该院 2016 年至 2018 年硕士和博士论文共 103 篇，2016 年为 31 篇和 5 篇，2017 年为 27 篇和 2 篇，2018 年为 25 篇和 13 篇。另澳门圣若瑟大学亦提供教育类的硕士和博士学位课程，该校前身为 1996 年成立的澳门高等校际学院，2002—2003 学年即已开设教育学博士学位课程，2009 年 12 月更名为圣若瑟大学。截至 2018 年底，该校图书馆学位论文类见 298 篇，约 75 篇与教育研究相关，另该校网站 23 篇博士论文，约 9 篇属教育的研究。① 近年在本地修读教育学博士学位课程和在外地修读教育范畴博士学位课程的人数正不断增加，见表 9 - 2。②

---

① https：//www. usj. edu. mo/en/research/doctoral - thesis/.

② 数据整理自高等教育辅助办公室各年度的"高教统计数据汇编""高等教育辅助办公室年刊""澳门高等教育资料"等刊物。现相关资料电子档可于教青局网站"资源库"标签页中的"统计数据"和"出版物及研究文献"检索，https：//portal. dsedj. gov. mo/webdse-jspace/。

表 9－2　　　2002—2018 年教育学博士课程注册及毕业人数
（附本地生外地升学人数）

| 学年 | 注册（人） | | 毕业（人） | | 学年 | 注册（人） | | 毕业（人） | | 本地生外地升学（人） |
|---|---|---|---|---|---|---|---|---|---|---|
| | 本地 | 外地 | 本地 | 外地 | | 本地 | 外地 | 本地 | 外地 | |
| 2002—2003 | 2 | | 0 | | 2010/11 | 16 | 7 | 1 | | — |
| 2003—2004 | 3 | | 0 | | 2011/12 | 12 | 11 | 1 | 0 | 17 |
| 2004—2005 | 5 | | 0 | | 2012/13 | 17 | 13 | 2 | 0 | 17 |
| 2005—2006 | 12 | | 0 | | 2013/14 | 31 | 24 | 1 | 2 | 15 |
| 2006—2007 | 10 | | 0 | | 2014/15 | 35 | 41 | 5 | 1 | 25 |
| 2007—2008 | 14 | | 2 | | 2015/16 | 43 | 62 | 2 | 7 | 30 |
| 2008—2009 | 15 | 2 | 0 | | 2016/17 | 50 | 71 | 2 | 4 | 31 |
| 2009—2010 | 13 | 5 | 1 | | 2017/18 | 46 | 76 | 11 | 16 | 28 |

　　《澳门研究》于 2004 年曾刊登的一篇文章，内容为统计国内大学澳门研究博士论文数量，共 35 篇，但当中与教育相关的就只有李向玉的《澳门圣保禄学院研究》（中山大学，2000）和田野的《多元文化与幼稚教育：澳门幼儿课程发展模式研究》（华东师范大学，2002）。[①]在澳门境外地区的硕、博士论文，笔者利用"中国优秀硕士学位论文全文数据库"的主题检索功能，先用"澳门"再用"教育"做二度检索，2002—2018 年共得 82 篇，当中华南师范大学的论文就占 46 篇，2002 年、2003 年和 2005 年的论文都在 10 篇以上。"中国博士学位论文全文数据库"的主题检索，用相同方式，2003 年至 2018 年共 20 笔，其中 8 篇属华东师范大学的论文，数量 1 篇至 4 篇不等。

---

[①]　杜继东整理：《国内大学澳门研究博士论文标题一览》，《澳门研究》2004 年第 25 期。

利用"台湾博硕士论文知识加值系统"进行检索，用论文摘要中有"澳门"二字检索"教育学门"类论文，截至 2018 年，合共有 40 篇，再检视论文题目确认与澳门教育相关的论文，合共 20 篇，其中一篇为博士论文。

单篇学术论文方面，笔者检索"中国期刊全文数据库"中的核心期刊，不设年限，先用"澳门"作关键词检索论文摘要，再用"教育"二度检索，结果发现 1992—2018 年只得 296 笔资料；用相同方式检索论文主题，也只得 271 笔资料。这个数量明显偏低，见表 9 - 3。

表 9 - 3　　　中国期刊全文数据库核心期刊论文（1992—2018）

| 检索词 | 1992—1999 | 2000—2009 | 2010—2014 | 2015—2018 | 小计 |
|---|---|---|---|---|---|
| 摘要（澳门＋教育） | 49 | 87 | 92 | 61 | 296 |
| 主题（澳门＋教育） | 68 | 93 | 66 | 41 | 271 |

笔者另检索 Eric 和 Education Research Complete 这两个常用的教育研究数据库，结果发现以外文发表的学术期刊论文，在 2009 年以后的数量明显增多，尽管总数量仍低，见表 9 - 4。

表 9 - 4　Eric 和 Education Research Complete 期刊论文（1990—2018）

| 数据库 | 1990—1999 | 2000—2009 | 2010—2014 | 2015—2018 | 小计 |
|---|---|---|---|---|---|
| Eric | 6 + 1 | 13 + 6 | 12 + 9 | 8 + 3 | 58 |
| Educational Research Complete | 4 + 0 | 19 + 13 | 16 + 10 | 12 + 5 | 79 |

注：各栏均有两个数字，是分别用外文 education 加 macau 和外文 education 加 macao 检索文章"摘要"的数字，不属论文者已剔除。

## 五 教育社团的研究力量

与教育相关的团体都积极参与和讨论 20 世纪 80 年代的教育改革，并与澳葡政府的掌管教育的官员积极斡旋。例如 1991 年 8 月 16 日公布《澳门教育制度》（第 11/91/M 号法律）以前，澳门的五大教育团体（澳门中华教育会、天主教学校联会、教育工作者协会、教师联谊会和教育学会）和东亚大学教育学院的代表先后举行了五次联席会议，讨论了"教育制度纲要法建议案"中备受关注的条文，最终达至较为统一的意见，并提交与时任立法会社会、卫生、教育及文化事务委员会主席何思谦。[①] 其时讨论的问题包括幼儿教育、学制多元化、教师独一制度、强制性第二种语言、教育资助等，当中澳门中华教育会历史悠久，态度积极，担当着重要的角色。在推动教育研究方面，该会参与举办"海峡两岸暨港澳地区教育学术研讨会"是重要的一环。会议原初由香港教师会、台湾教师会和上海教育会于 1992 年共同召开，截至2016 年已举办了 18 届。澳门中华教育会多年来联同澳门天主教学校联会和澳门大学教育学院组成研讨会筹委会（澳门地区），积极推动此项学术活动，具体的工作包括征集论文、组织专家进行论文评选、组成参会代表团、承办以澳门为主办地的会议等。1997 年第 4 届、2002 年第 8 届（主题：21 世纪的教育改革与发展）和 2012 年第 16 届（主题：品德教育的挑战、对策和发展）的会议就是在澳门召开。此外，该会的教育科学研究组曾于 2009 年发表《回归后澳门中学生政治次文化的延续与变化》，[②] 探讨澳门的公民教育；2013—2014 年又与华东师范大

---

① 《教育团体完成综合意见书》，《澳门日报》1991 年 5 月 28 日；《孔志刚刘羡冰谈〈教纲法〉》，《澳门日报》1991 年 6 月 2—3 日。

② 余振、邝锦钧、余永逸编：《双城记Ⅲ——港澳政治、经济及社会发展的回顾与前瞻》，（澳门）澳门社会科学学会 2009 年版，第 453—477 页。

学的教育科学学院高等教育研究所共同完成一项"澳门留级制度研究专案报告"。

澳门中华教育会于 2011 年开始编辑出版第一辑"澳门教育丛书"，2012 年与中国社会科学出版社合作，由该会负责组织、策划、评审工作。丛书的征稿对象是"本澳在职或曾任职之非高等教育工作者"，大致分澳门教育文选和教师的专著两类。陆续出版的论文集包括第 1 辑《语文教学与品德教育》（2011）、第 2 辑《数学教育》（2012）、第 3 辑《班主任工作心得》（2013）、第 4 辑《科学文选》（2014）等。教师的专著则包括《北枫晓雨》（邓海棠，2011）、《学海羁旅偶得》（许建忠，2011）、《学海浪花：数学教育闲思集》（郑志民，2012）、《南岭知春：数学教学及教育探研集》（邓海棠，2013）、《中学数学教学研究》（李祥立，2014）、《语坛探新录：邓景滨教授笔耕五十秋纪念文集》（邓景滨，2015）、《学海心影录》（孙鹏飞，2015）、《高等几何简论》（李祥立，2015）、《润物细无声数学教育探研集》（郑志民，2015）、《沧浪之声：陈家良教育文章选集》（2015）、《留级问题研究论集》（陈志峰、郑英杰编，2015）、《薪火相传育英才：数学教育研思集》（邓海棠、郑志民，2017）。此外，还有《路漫修远上下求索：澳门教育论文集》（陈志峰编，2013），是澳门中华教育会教育科学研究组对教育范畴的研究成果，包括澳门多元化教育的剖析与探索、教师的专业形象、公民教育、基础教育的留级问题、十五年的免费教育、学生厌学问题、品德教育、诚信教育、乡土教育、阅读素养、教学人员的校本评核制度、培养学生创新能力、学生的数学学习等，以及《澳门回归十年非高等教育范畴大事记，1999.12—2009.12》（陈志峰编，2011）等。这些工作都有利于研究的推动和成果的总结。

刘羡冰曾于 1994—1998 年任澳门中华教育会的理事长，长期从事澳门教育研究的推动工作，是教育社团研究力量的表率。从 20 世纪 60

年代开始参加教育团体的工作，她是前线的教师，也是教育团体的骨干，"刘羡冰系列"至少已出版八种。《双语精英与文化交流》（1994）是她的第一本论文集，收录作者兼读硕士学位时期的文章，包括原来的学位论文、修业时的论文，以及1988—1994年在刊物和研讨会上发表的论文。《澳门教育史》（1999，2002）包括了澳门教育四百年史略，分章介绍了澳门的高等教育、中等及初等教育、专科教育、妇女教育、多元化教育、教师队伍与教育团体，2002年的新版增加了《澳门高等教育回归前后的二十年》和《〈基本法〉决定全民教育的新路向》二文，该书于2009年由杨秀玲和李丽青英译出版。《从教议教》（2005）是"刘羡冰系列"的第二种，当中收录不少作者在研讨会上宣读的论文。

## 六　澳门教育史的研究

关于澳门教育史的研究，刘羡冰在这方面的著述至今无出其右。郑润培《澳门教育史研究述略》一文，曾把澳门教育史的研究成果大致分为两类，一属教育通史，一属专题研究。第一类多属于澳门史著作辟有澳门教育发展历程的专章或专节，该文列出至少20种，其中刘羡冰的《澳门教育史》《世纪留痕——二十世纪澳门教育大事志》（2002）、《从教议教》（2005）等，都是分量十足的著述，另外就是冯增俊主编的《澳门教育概论》（1999）和林发钦的《澳门教育省思》（2007）。第二类为澳门教育的专题研究。一是李向玉的专著《澳门圣保禄学院研究》（2001）和关于圣保禄学院的论文，这些论文大都见于澳门文化司署出版的《文化杂志》。二是教会在澳门办学活动的研究，包括天主教和基督教，这些文章多刊于《澳门研究》，夏泉就至少有4篇相关的研究。三是教育人物的研究，以望厦赵氏和陈子褒的研究为主。四是关于学科教育的研究，包括音乐、历史、地理、数学、社会、公民、体育等学科，以及与课程、制度和教改的研究。五是其他层面的研究，诸如学前教育、中小学校教育、高等教育、成人教育、回归教育等。郑文只限于中文类的著述，在葡文方面的研究，第一类著述可补上文德泉神父（Padre Manuel Teixeira）的《澳门教育》（*A Educação em Macau*，1982）、欧礼诺（Aureliano Barata）的《1572—1979 年的澳门教育——贡献自己的历史》（*O Ensino em Macau*，1572–1979：*Contributos para a sua História*，1999）、安文哲（António Aresta）的《葡萄牙远东教育：教育史研究》（*A Educação Portuguesa no Extremo Oriente：Estudos de História da Educação*，1999），以及潘日明神父（Padre Benjamin Videira Pires）的《殊途同归——澳门的文化交融》（*Os Extremos Conciliam-se*，1988；中译本，1992 年）（第 19 章为"现代教育发展"）。第二类可补上欧若坚（Joaquim Morais Alves）的《澳门土生教育协进会及澳门商业学校》（*Para a História do Ensino Português em Macau：Associação Promotora da Instrução dos Macaenses e Escola Comercial "Pedro Nolasco"*，2003），白奕衡（João F. O. Botas）的《澳门利宵中学 1893—1999》（*Liceu de Macau 1893–1999*，2007）和安文哲的《澳门葡藉教育家》（*Educadores Portugueses em Macau*，中译本，2013）。

郑润培的文章是 2009 年发表的，上述的第一类著述，新作有何伟杰的《澳门：赌城以外的文化内涵》（2011），该书第九章探讨的就是晚清到现代的澳门教育。刘羡冰的《从教议教之二：教书育人再思考》（2012），其中第三部分收录论文和建言共十二篇；《鉴古知今再思考》（2014）收录 2006 年至 2013 年发表的十一篇论文，约占全书一半篇幅。汤开健的《天朝异化之角——16—19 世纪西洋文明在澳门》（2016），该书下册第六章探讨的就是澳门的西方教育。至于第二类的专题研究，可补上陈志峰的《早期澳门培正发展轨辙》（2009）和《一生承教——黄就顺老师与澳门教育》（2018），以及黄绮妮和陈志峰合著的 *Reforming Education in Contemporary Macao：Issues and Challenges*（2014 年）。另有张雪玲的《澳门教育制度与受教育权保护》（2015），该书底稿应是作者在社科院的博士学位论文。此外，还可以举澳门大学教育学院在澳门教育史研究方面的一些成果，当中包括郑振伟编《邝秉仁先生与澳门教育》（2009）、张伟保主编《澳门教育史论文集》第 1 辑（2009）、郑振伟主编《澳门教育史论文集》第 2 辑（2012）、杨兆贵、孔德立编著《辉煌的历程：澳门菜农子弟学校材料汇编》、郑振伟《1940 年代的澳门教育研究》（2016）、老志钧《澳门教育——人物、学校、课程与语文教学》（2016）、张伟保《振叶寻根：澳门教育史、历史教育与研究》（2016）、郑润培编《杜岚校长与澳门教育》（2018）等。

## 七　小结

本章大致回顾了澳门过去三十多年教育研究的一些情况，最后一节补充了澳门教育史的一些研究成果。澳葡政府在 20 世纪 80 年代对本地的教育开始有所作为，而教育改革势必需要相关的教育数据和研究作支撑，在学术机构、政府和社团三方力量的支持下，澳门举办过不少与教改和课程相关的研讨会议并将论文结集出版。[①] 本地和境外高校的研究力量除体现在发表学术论文外，也催生了不少教育学的学位论文。政府对教育的投入，包括委托澳门和境外学术单位的调研以及对学术研讨会议的资助，尤其有利于引进各地的研究成果和经验。如果围绕回归这个议题，大概就会注意到不少以过渡期和回归后的发展为题的各类文章。1999 年 11 月澳门教育界庆祝澳门回归国活动委员会就曾主办"澳门回归祖国后教育发展影响学术研讨会"，除主题演讲外，会议上所设的一个专场就是讨论回归后澳门高等教育、成人教育

---

① 黎祖智于 1992 年 5 月 12—16 日年访京，曾与国家教委签订了一份包括九项内容的合作备忘，其中一项为"内地协助澳门教育改革，包括课程、教材的改革，以举行研讨会等形式予以帮助"。参见《国家教委与澳签九项备忘录》，《澳门日报》1992 年 5 月 19 日。

和基础教育的发展路向，经专家挑选出十篇论文在会上宣读。① 澳门基金会于澳门回归十周年之时曾整理出版澳门在人文和社会科学方面的研究成果共 12 卷，其中的《澳门人文社会科学研究文选·教育卷》（2009）将 1994—2007 年间共 37 篇论文合为一集，② 其后续出版的《澳门人文社会科学研究文选（2008—2011）》（2013 年）和《澳门人文社会科学研究文选（2012—2014）》（2017 年）共收录 11 篇论文，③ 囊括不少高校教师和长期关注澳门教育人士的文章。此外，近年某些本地学校也开始鼓励教师的教研活动，而个人和社团也着意于出版一些教育研究的成果。单文经和林文钦在《澳门人文社会科学研究文选·教育卷》的序言中指出澳门教育的研究偏重在教育史和一般的课程与教学两大领域，这个观察完全应合了澳门三十多年来教育的改革和发展状况。

① 李向玉《试论回归后澳门高等教育发展的路向》、黄竹君《澳门旅游高等教育的发展路向》、谢英《对推动教育改革一些问题的思考》、区锦新《建构特区政府与非官立学校的新关系》、李祥立等《对澳门基础教育政策之探讨与寄望》、梁文慧《澳门回归后成人教育专业化的发展路向》、崔宝峰《澳门特区应构建终身教育体系》、李宝田《迈进 21 世纪发展澳门学前教育问题的探讨》、彭德群《回归后小学教育发展策略与〈澳门教育制度〉的衔接》和刘羡冰《〈基本法〉决定全民教育的路向》。

② 全卷论文分十类。价值与指标（3 篇）、回顾与展望（8 篇）、比较与借鉴（3 篇）、和谐教育（3 篇）、课程议题（4 篇）、行政与管理（3 篇）、品德与公民教育（3 篇）、终身学习与成人教育（2 篇）、各科教育（7 篇）和教师教育（1 篇）。

③ 2008—2011 年，黄素君《回归后澳门公民教育发展路向的检视》、谢安邦、张红峰《澳门回归 10 年高等教育的发展历程研究》、刘羡冰《澳门 15 年免费教育的意义与展望》、杨秀玲、梁洁芬《博彩业发展与澳门教育事业》、黄逸恒、单文经《澳门公立中葡学校社会科课程的现状分析》、代百生《澳门学校音乐教育的困境与改进策略》；2012—2014 年，黄素君《澳门持续教育的现状、发展和挑战》、宋明娟《澳门非高等教育的现状及其特点》、陈志峰《澳门高等教育财政制度改革刍议》、向天屏《小学语文科诗歌教材的比较研究》、谢金枝《澳门中学教师之教学关注》、郭忠耀《澳门特殊体育教育现况调查研究》。

# 参考文献

一　原始资料

（一）报纸

*A Voz de Macau*（澳门之声）

*Hong Kong Daily Press*（孖剌西报）

*Hong Kong Telegraph*（士蔑西报）

*Ilustração Portugueza*（Lisboa）

*The China Mail*（德臣西报）

（澳门）《澳门日报》。

（香港）《大公报》。

（澳门）《大众报》。

（广州）《广州民国日报》。

（香港）《国民日报》。

（汉口）《汉报》。

（澳门）《华侨报》。

（香港）《华侨日报》

（新加坡）《南洋商报》。

（汉口）《申报》。

（澳门）《世界日报》。

（澳门）《市民日报》。

（澳门）《西南日报》。

（香港）《香港工商日报》。

（香港）《香港华字日报》。

（澳门）《新声报》。

（北京）《政治官报》。

（澳门）《知新报》。

（南京）《中央日报》。

（二）期刊、校刊及专刊

1. 期刊

《崇实概况》（澳门）。

《大风》（香港）。

《港澳教声》（圣公会港澳教区）。

《广东民教》（广东省立民众教育馆）。

《广东童子军》（广东童教出版社）。

《广义童子军团年刊》（上海广义童子军团）。

《教育杂志》（商务印书馆）。

《镜湖医药》（镜湖医药社）。

《孔教会杂志》（上海孔教会杂志社）。

《女学报》（上海）。

《侨民教育季刊》（重庆侨民教育季刊社）。

《时事月报》（南京时事月报社）。

《世界华侨月刊》（南京世界华侨月刊社）。

《新广州》（广州市政府）。

《新教育》（上海新教育杂志社）。

《新青年》（上海）。

《亚洲研究》（珠海书院亚洲研究中心）。

《中国学生周报》（香港友联出版社）。

《中华教育界》（上海中华教育界杂志社）。


2. 校刊

《广大附中学生自治会期刊》（广大中学）。

《广州大学校刊》（广州大学）。

《岭南大学校报》（广州私立岭南大学）。

《岭南学生界》（广州）。

《民教半月刊》（广东省立民众教育馆）。

《培道学生》（培道中学）。

《培正青年》（培正中学）。

《培正同学会会刊》（培正中学）。

《培正校刊》（培正中学）。

《省立第九中学校刊》（广州）。

《香港培正同学通讯》（香港）。


3. 专刊

《澳门连胜仿林联合学院特刊》，澳门，1964 年。

《澳门陶英小学建校四十周年纪念校刊》，澳门，1963 年。

《蔡高中学第 25 届翀社同学录》，澳门，1976 年。

《都哉圣若瑟：澳门圣若瑟教区中学六十周年纪念刊 1931—1991》，澳
　　门圣若瑟教区中学 1991 年版。

《广大十年》，澳门广大中学 1948 年版。

《广州大学计政班第七届（二十八／二十九）班毕业同学录》，澳门，
　　1941年。

《国立广东大学童子军年刊》，广东，1925年。

《黄校长启明哀思录》，澳门，约1940年。

《培英青年自治会纪念特刊》，（澳门）广州培英中学1943年版。

《培正1940年级：毓社离校三十五周年纪念册》，香港培正中学毓社
　　1977年版。

《培正学校四十周年纪念特刊》，私立培正学校1929年版。

《培正荫社离校卅周年纪念册》，1967年。

《培正中学六十周年纪念刊》，广州市私立培正中学1949年版。

《培正中学五十周年纪念特刊》，广州私立培正中学1939年版。

《七十五年雅歌声：校史述析》，澳门圣若瑟教区中学2006年版。

《青年会五十二／学治会二十五周年纪念特刊》，（澳门）培英中学1945
　　年版。

《圣公会幼稚师范学院第十届毕业同学录》，澳门，1977年。

《私立广州培正中学附属小学校二十九年度校务概况职教员一览册》，
　　1940年9月。

《私立广州培正中学六十周年暨香港分校十六周年特刊》，香港培正中
　　学1949年版。

《同善堂庚辰年征信录》，濠镜同善堂1940年版。

《同善堂甲戌年征信录》，濠镜同善堂1934年版。

《同善堂九十周年特刊》，（澳门）同善堂1982年版。

《同善堂戊戌年征信录》，濠镜同善堂1958年版。

《同善堂一百周年特刊》，同善堂值理会1992年版。

《同善堂中学建校九十五周年纪念特刊》，（澳门）同善堂中学2019
　　年版。

《同善堂中学校友会银禧纪念特刊》，澳门，2014 年。

《香港培正中学莹社同学录 1956》，香港，1956 年。

《中国童子军广东省第一次全省总检阅特刊》，（广州）中国童子军广东省支会理事会 1947 年版。

赵利民：《粤北坪石广西桂林培正培道联合中学建校回忆录》，2002 年 2 月，自刊本。

赵思源编：《澳门圣马可堂五十周年金禧纪念特刊 1939—1989》，澳门，1989 年。


（三）网站、档案、史料汇编

1. 网站

澳门记忆（https：//www. macaumemory. mo）。

澳门档案馆（https：//www. archives. gov. mo/webas/）

澳门档案馆：《政府公报 1850—1999》（https：//www. archives. gov. mo/cn/bo/list）

澳门特别行政区政府印务局（https：//www. io. gov. mo/cn/bo/）。

澳门特别行政区教育及青年发展局（https：//www. dsedj. gov. mo/）。


2. 档案及史料汇编

Corvo，João de Andrade，*Estudos sobre as Provincias Ultramarinas*，Lisboa：Academia Real das Sciencias，1887.

Silva，Albina dos Santos，António Aresta & Aureliano Barata，eds.，*Documentos para a História da Educação em Macau*. Macau：Direcção dos Serviços de Educação e Juventude. 1996 – 1998. 3 Volumes.

陈元晖主编：《中国近代教育史资料汇编》，上海教育出版社 2007 年版。

多贺秋五郎编：《近代中国教育史资料·民国编》，（台北）文海出版社 1976 年版。

方骏等编：《香港早期报纸教育资料选萃》，湖南人民出版社 2006 年版。

广东省政协广州市委文史资料研究委员会编：《广州文史资料》第 14
辑，广州，1965 年。

广东省政协委员会编：《广东文史资料》第 10 辑，广州，1963 年。

广东省政协学习和文史资料委员会编：《广东文史资料存稿选编》，广
东人民出版社 2005 年版。

李景文、马小泉主编：《民国教育史料丛刊》，大象出版社 2015 年版。

李璟琳、温学权主编：《同善堂历史图片选粹》，（澳门）同善堂 2018
年版。

林发钦、王熹主编：《同善堂金石碑刻匾联集》，（澳门）同善堂 2018
年版。

林广志、张中鹏、陈文源主编：《澳门档案馆藏晚清民国中文档案文献
汇编》，澳门特别行政区政府文化局 2017 年版。

林家骏：《澳门教区历史掌故文摘》一，澳门天主教教务行政处 1989
年版。

林亚杰主编：《广东文史资料存稿选编》，广东人民出版社 2005 年版。

孙燕京、张研主编：《民国史料丛刊续编》，大象出版社 2012 年版。

王熹、李璟琳、温学权主编：《同善堂历史档案文物选录》，（澳门）
同善堂 2020 年版。

吴永贵编：《民国时期出版史料汇编》，国家图书馆出社 2013 年版。

萧国健：《澳门碑刻录初集》，（香港）显朝书室 1989 年，自印本。

中国第二历史档案馆编：《第二历史档案馆澳门地区档案史料选编》，
2002 年摄制，微缩品，澳门档案馆藏。

中国第二历史档案馆编：《中华民国史档案资料汇编：教育》，江苏人
民出版社 1979 年版。

（四）年鉴、法规、公报、报告、年刊

*Anuario de Macao* 1925. Escola de Artes e Oficios – Macau，1925.

*Anuario de Macau* 1922. Macau：Imprensa Nacional，1922.

*Directorio de Macau para o Anno de* 1890，Macao：Typographia Correio Macaense，s. d.

Edição dos Serviços Económicos – Secção de Propaganda e Turismo，*Anuário de Macau，1950*（澳门年鉴1950 年）. Macau：Imprensa Nacional，1950.

Govêrno da Província. Anuário de Macau – Ano de *1927*（澳门行政当局1927 年年鉴）. Macau：Imprensa Nacional de Macau. Rpt. Macau. Kazum – bi Multimedia，2000.

*The China Mission Year Book 1919*，Shanghai：Kwang Hsueh Publishing House，1920.

*The Chinese Recorder and Missionary Journal*，Shanghai：American Presbyterian Mission Press，1867 – 1941.

*The Chronicle and Directory for China*，*Corea*，*Japan*，*the Philippines*，*Indo – China*，*Straits Settlements*，*Siam*，*Borneo*，*Malay States &c. for the Year* 1890. HK：Daily Press Office，1890.

*The Chronicle and Directory for China*，*Japan and the Phillippines for the Year* 1864，HK：Daily Press Office，1864.

*The Chronicle and Directory for China*，*Japan*，*Corea*，*Indo – China*，*Straits Settlements*，*Malay States*，*Siam*，*Netherlands India*，*Borneo*，*the Philippines*，*&c.* HK：Daily Press Office，1899，1902.

*The Directory and Chronicle for China*，*Japan*，*Corea*，*Indo – China*，*Straits Settlements*，*Malay States*，*Siam*，*Netherlands India*，*Borneo*，*the Philippines*，*&c.* HK：Hong Kong Daily Press，1907，1908，1909，1910，1912，1915.

《2012 年财政年度施政报告》，澳门特别行政区政府，2011 年 11 月 15 日。

《持续创新兴教育才：2013 教育暨青年局年刊》，（澳门）教育暨青年局 2014 年版。

《大学院公报》（上海）。

《第二次中国教育年鉴》，载沈云龙主编《近代中国史料丛刊三编》，（台北）文海出版社 1986 年，影印原刊本，第 107 册。

《第一次中国教育年鉴》，载吴相湘、刘绍唐主编《民国史料丛刊》，（台北）传记文学出版社 1971 年版，影印原刊本。

《奠立专业乐育菁莪：2012 教育暨青年局年刊》，（澳门）教育暨青年局 2013 年版。

《非高等教育统计数据概览 2017》，澳门教育暨青年局 2017 年版。

《广东省政府公报》（广东）。

《广州市市政公报》（广州）。

《化雨常新共创未来：2009 教育暨青年局年刊》，（澳门）教育暨青年局 2010 年版。

《建立机制育才兴澳：2014 教育暨青年局年刊》，（澳门）教育暨青年局 2015 年版。

《教育调查 1990/91》，澳门统计暨普查司 1992 年版。

《前瞻规划励学育人：2010 教育暨青年局年刊》，（澳门）教育暨青年局 2011 年版。

《优先发展教育培育建澳人才：2016 教育暨青年局年刊》，（澳门）教育暨青年局 2017 年版。

《优先发展教育增进家国情怀：2015 教育暨青年局年刊》，（澳门）教育暨青年局 2016 年版。

《作育英才共创未来：2011 教育暨青年局年刊》，（澳门）教育暨青年局 2012 年版。

澳门政府：《澳门数据》（EDU 91 - 92），1992 年。

澳门政府统计司，《教育调查 1983 - 84》，1985 年。

北京师范大学：《澳门教学人员专业发展状况之研究》（2007 年 10 月 31 日上载），2006 年 11 月。

广州年鉴编纂委员会编：《广州年鉴》，广州年鉴编纂委员会 1935 年版。

广州市市政府统计股：《广州市市政府统计年鉴》，第一回，1929 年。

黄浩然编：《澳门华商年鉴》，澳门精华报 1952 年版。

教育部中小学课程标准起草委员会编：《中小学课程暂行标准（初级中学之部)》，卿云图书公司 1929 年版。

教育部中小学课程标准起草委员会编：《中小学课程暂行标准（幼稚园及小学之部)》，中华印书局 1929 年版。

司德敷（Milton T. Stauffer）主编：《中华归主：中国基督教事业统计 1901—1920》，中国社会科学院世界宗教研究所 1985 年版，重排本。

吴相湘、刘绍唐编：《第二次全国教育会议始末记（民国十九年)》，（台北）传记文学出版社 1971 年版。

中国国民党中央执行委员会党史史料编纂委员会编：《中国国民党年鉴（民国十八年)》，南京，1929 年。

## 二 著述

### (一) 专书

Alves, Joaquim Morais, P*ara a História do Ensino Português em Macau*：*Associação Promotora da Instrução dos Macaenses e Escola Comercial "Pedro Nolasco"*，Macau：Rigor Texto Lda. ，2003.

Aresta, António, *A Educação Portuguesa no Extremo Oriente*：*Estudos de História da Educação*，Porto：Lello, cop. ，1999.

Barata, Aureliano, *O Ensino em Macau*, 1572 - 1979：*Contributos para a sua História*，Macau：Direcção dos Serviços de Educação e Juventude，1999.

Botas，João F. O.，*Liceu de Macau*（1893 – 1999），Macau：n. p.，2007.

Bray，Mark and Ramsey Koo，eds.，*Education and Society in Hong Kong and Macao：Comparative Perspectives on Continuity and Change*，HK：Comparative Education Research Centre，The University of Hong Kong，2004.

Guedes，João & Machado，José Silveira，*Duas Instituições Macaenses*（1871 – 1998），Macau：Edição da APIM，1998.

Pires，Benjamin Videira，*Os Extremos Conciliam – se*，Macau：Instituto Cultural de Macau，1988.

Ramos，Rufino，et al.，eds.，*Population and Development in Macau*，Macau：University of Macau Publication Centre，1994.

Ribeiro，Eduardo，*História dos Escoteiros de Portugal*，Lisboa：Alianca Nacional das ACM de Portugal，1982.

Silva，Beatriz Basto da，*Cronologia da História de Macau*，*4 vols*，Macau：Livros do Oriente，2015.

Teixeira，Padre Manuel，*A Educação em Macau*，Macau：Direcção dos Serviços de Educação e Cultura，1982.

Teixeira，Padre Manuel，*Macau e a Sua Diocese*，Macau：Tipografia Soi Sang，1961.

《崔诺枝先生善绩纪略》，澳门，1938 年。

《抗战期间的岭南》，广州岭南大学，约 1946 年。

澳门教育暨青年司：《澳门学校特征 1993/94》，澳门教育暨青年司 1994 年版。

澳门教育司：《澳门学校的特征》，澳门教育司 1988 年版。

澳门世界出版社编：《澳门今日之侨运》，澳门世界出版社 1948 年版。

编辑委员会编：《澳门大学三十年：历任校长手记》，生活·读书·新
　　知三联书店 2014 年版。

陈宝泉：《中国近代学制变迁史》，北京文化学社 1927 年版。

陈志峰编：《双源惠泽，香远益清——澳门教育史料展图集》，澳门中
　　华教育会 2010 年版。

陈子褒：《教育遗议》，（台北）文海出版社 1973 年版。

程祥徽主编：《澳门人文社会科学：回顾与前瞻论文集》，澳门基金会
　　2007 年版。

单文经编：《澳门人文社会科技研究文选·教育卷》，社会科学文献出
　　版社 2009 年版。

丁中江总编撰：《华侨志：澳门》，（台北）华侨志编纂委员会 1964 年版。

冯汉树编：《澳门华侨教育》，（台北）海外出版社 1960 年版。

冯增俊主编：《澳门教育概论》，广东教育出版社 1999 年版。

[葡] 龚水桑·阿尔芙斯·斌多（M. Conceição Alves Pinto）：《澳门教
　　育：对教育制度之探索》，王明译，澳门教育文化政务司办公室 1987
　　年版。

古鼎仪、[英] 贝磊编：《香港与澳门的教育与社会：从比较角度看延
　　续与变化》，香港大学比较教育研究中心/台北师大书苑 2005 年版。

郭晓明、王敏：《澳门回归以来教育发展与经验》，广东经济出版社
　　2020 年版。

郭晓明编：《回归以来澳门教育法要文献汇编》，（澳门）濠江法律学
　　社 2017 年版。

何伟杰：《澳门：赌城以外的文化内涵》，香港城市大学出版社 2011 年版。

何信泉主编：《培正校史 1889—1994》，培正中学 1994 年版。

何翼云、黎子云编：《澳门游览指南》，澳门，1939 年，哈佛燕京大学

图书馆藏本。

黄炳炎、赖适观编：《冼玉清文集》，中山大学出版社 1995 年版。

黄汉强编：《澳门公民教育（研讨会论文集)》，澳门大学澳门研究中心 1992 年版。

黄汉强编：《澳门教育改革》，东亚大学澳门研究中心 1991 年版。

黄鸿雁：《同善堂与澳门华人社会》，商务印书馆 2012 年版。

教育杂志社编：《新学制的讨论》，（上海）商务印书馆 1925 年版。

［美］来会理（David Willard Lyon）：《中华基督教青年会二十五年小史》，上海青年协会书局 1920 年版。

李向玉、谢安邦编：《澳门现代高等教育的转制变革：过渡期澳门高校的发展（1987—1999)》，广东高等教育出版社 2020 年版。

刘澄清编：《中国童子军教育》，（长沙）商务印书馆 1938 年版。

刘万章：《澳门考略》，广州省私立女子中学图书馆 1929 年版。

刘羡冰：《澳门教育史》，人民教育出版社 1999 年版。

刘粤声：《广州基督教概况》（1937），载《广州基督教概况·两广浸信会史略》，（香港）香港浸信教会 1997 年 2 月，重排本。

［瑞］龙思泰（Anders Ljungstedt）：《早期澳门史》，吴义雄等译，东方出版社 1997 年版。

卢德祺：《澳门教育、历史与文化论文集》，（广州）学术研究杂志社 1996 年版。

吕家伟、赵世铭编：《港澳学校概览》，香港中华时报 1939 年版。

［葡］潘日明（Benjamin António Videira Pires）：《殊途同归——澳门的文化交融》，苏勤译，澳门文化司署 1992 年版。

［葡］施白蒂（Beatriz Basto da Silva）：《澳门编年史：20 世纪（1900—1949)》，金国平译，澳门基金会，1999 年。

石鸥：《百年中国教科书忆》，知识产权出版社 2015 年版。

孙党伯、袁謇正编：《闻一多全集》，湖北人民出版社 1993 年版。

汤开健：《天朝异化之角：16—19 世纪西洋文明在澳门》，暨南大学出版社 2016 年版。

王达才：《二十世纪八十年代澳门教育发展之研究》，海华文教基金会 2001 年版。

王文达：《澳门掌故》，澳门教育出版社 2003 年版。

吴润生主编：《澳门镜湖医院慈善会会史》，澳门镜湖院慈善会 2001 年版。

吴志良、汤开建、金国平主编：《澳门编年史》，广东人民出版社 2009 年版。

徐宗林、周愚文：《教育史》，（台北）五南图书出版公司 2019 年版。

姚伟彬等编：《澳门大学银禧纪念图册》，澳门大学出版中心 2006 年版。

余日章：《中华基督教青年会史略》，上海青年协会书局 1927 年版。

余振等编：《双城记Ⅲ——港澳政治、经济及社会发展的回顾与前瞻》，澳门社会科学学会 2009 年版。

张瑞芬：《澳门圣罗撒英文中学史略》，澳门理工学院 2019 年版。

张伟保主编：《澳门教育史论文集》第 1 辑，中国社会科学出版社 2009 年版。

郑振伟：《1940 年代的澳门教育》，中国社会科学出版社 2016 年版。

郑振伟编：《邝秉仁先生与澳门教育》，中国社会科学出版社 2009 年版。

郑振伟主编：《澳门教育史论文集》第 2 辑，中国社会科学出版社 2012 年版。

中国人民政治协商会议广东委员会文史资料研究委员会编：《广东辛亥革命史料》广东人民出版社 1981 年版。

朱素兰、吴琦主编：《海外赤子心——培正与华侨》，广州培正中学 2004 年版。

（二）论文

Ptak，Roderich，"Twentieth Century Macau：History，Politics，Econo-
　　my A Bibliographical Survey"，*Monumenta Serica*，Vol. 49，2001，
　　pp. 529 – 593.

陈志峰：《澳门私校教师法律制度之回顾与前瞻》，《"一国两制"研
　　究》2007 年第 31 期。

陈志峰：《民国时期澳门孔教会及孔教学校汇考》，《澳门理工学报》
　　2017 年第 2 期。

单文经、林发钦：《澳门教育研究的回顾与前瞻——〈澳门人文社会科
　　学研究文选·教育卷〉》，《澳门研究》2010 年第 56 期。

杜继东整理：《国内大学澳门研究博士论文标题一览》，《澳门研究》
　　2004 年第 25 期。

樊学庆：《"剪发易服"与晚清立宪困局（1909—1910）》，《"中央研究
　　院"近代史研究所集刊》2010 年第 69 期。

郭晓明：《明清时期澳门三轨并行课程传统的形成及其影响》，《文化杂
　　志》2020 年第 109 期。

李华兴：《论民国教育史的分期》，《上海师范大学学报》1997 年第 1 期。

李兴韵：《二十年代广东国民政府对教会学校的"收回"——以广州私
　　立培正中学为例的研究》，《开放时代》2004 年第 5 期。

刘宝真：《澳门岭南学堂（1900—1904）研究》，《五邑大学学报》（社
　　会科学版）第 15 卷第 4 期。

刘羡冰：《澳门高等教育二十年》，《澳门公共行政杂志》2002 年第 15
　　卷第 3 期。

刘羡冰：《澳门教师争取权益的五十年——团结自救，破除"唔穷唔教
　　学"的宿命》，第八届两岸四地教育史研究论坛，2014 年 11 月 29—
　　30 日。

陆鸿基：《战前香港市区私塾教育的一环：卢湘父及其思想与事业》，《教育学报》1982 年第 10 卷第 2 期。

［葡］罗成达（Alexandre Rosa）：《检讨澳门教育》，黎鸿辉译，《澳门公共行政杂志》1988 年第 1 期。

区志坚：《怎样教导妇孺知识？卢湘父编撰的早期澳门启蒙教材》，《澳门历史研究》2011 年第 10 期。

王国强：《回归十年来有关澳门教育范畴的图书出版状况与分析：以澳门地区出版品为例》，《澳门图书馆暨资讯管理协会学刊》2012 年第 14 期。

王敏：《澳门教师专业发展政策分析与展望》，《全球教育展望》2009 年第 6 期。

沃茨（Ian E. Watts），《双文化的地位，两族裔的认同：澳门两位由嘉诺撒修女养育的中国孤女》，《文化杂志》1997 年第 3 期。

夏泉、刘晗：《广州格致书院（岭南学堂）澳门办学研究（1900—1904)》，《文化杂志》2011 年春季刊。

夏泉、徐天舒：《陈子褒与清末民初澳门教育》，《澳门研究》2004 年第 22 期。

颜广文、张海珊：《早期澳门的教会教育》，《文化杂志》2009 年第 71 期。

周红莉、冯增俊：《回归十年来澳门教育发展的回顾与前瞻》，《比较教育研究》2009 年第 11 期。

周健、霍秉坤：《教学内容知识的定义和内涵》，《香港教师中心学报》2012 年第 11 卷。

周愚文：《澳门近代教育发展的研究史料分析》，《澳门研究》2018 年第 91 期。

# 跋

　　炎炎夏日，书稿终于编校完毕。这本小书，是笔者以澳门教育为题的第二本书。书稿原是过去发表的一些文章，最早的见于 2009 年，最近的是今年初才发表。笔者十多年来研究的方向是澳门教育史，故原先的选题虽不曾作仔细规划，但所累积下来的文章却也呈现出一点脉络。用作书题的百年树人这句话虽然是老生常谈，却也是至理名言。国之大计从来就不可能是朝夕之策，故笔者近日出版的一篇关于晚清学务的文章，于文章完稿时曾顿生莫名之感，文章的正题就直截取名为"大梦已觉，人才未备"。

　　有朋友相告，阅读笔者的文章时有一种特别的感觉，那就是文章似乎不是为了能在期刊上发表而写。这句话似是一语道破了某些玄机。笔者于文章送交出版以后，习惯上都会继续增补修订，而最兴奋不过的事情就莫过于读到可供补充的新资料。兴奋，那是因为资料从来就是研究的基础。笔者的想法是文章结集出版时，内容要更翔实，文字要更准确，而这也是基于笔者要对自己文章负责的想法。

　　单文经教授出掌澳大教育学院之时，曾致力推动澳门教育史的研究，多年来经学院同仁戮力笔耕，在大学和各方的支持下，曾出版过一些书刊，而近年也看到同行陆续出版澳门校史的研究，笔者忝为这股动力的一员,实倍感欣幸。2016 年出版了《1940 年代的澳门教育》,如今的这本小书或可权作近年研究的小结。笔者补写了一篇约七千字的前言,各章除了内容上的增订以外,标题亦稍作增润,以兹醒目。

笔者当年在梁锡华教授麾下,他曾给我说了一句话:写文章对你是好的。1993 年正式发了第一篇文章,转眼 30 年,人也步入花甲之年,他的那句话亦早已应验了。学术研究之路从来不乏同行的、策励的、提携的,尤其是给我们指引方向的人,但走得如何就得看个人了。在澳门教育史这个研究方向,笔者必须感谢单文经教授的引领,以及刘羡冰校长和杨秀玲教授的提携,而在漫长的写作和增订过程中,还有不少学界前辈、同事和朋友的无私帮忙,恕匆匆不一。又拙著辱承单文经教授和丁钢教授的厚爱,惠赐序文,本人深感荣幸。部分文章曾见刊于论文集,部分亦辱蒙诸位编辑和评审青睐见刊于《当代港澳研究》《澳门研究》和《澳门公共行政杂志》,谨在此一并申谢。

小书奉呈读者案头之日,正是澳门回归祖国 25 周年,爱祝澳门教育事业继续大步向前迈进。

郑振伟

澳门大学教育学院 E33 楼

2023 年 6 月 8 日